西班牙美食史

A HISTORY OF FOOD IN SPAIN

西班牙料理不只TAPAS

DELICIOSO

MARÍA
JOSÉ SEVILLA

瑪麗亞・何塞・塞維亞　杜蘊慈 譯

SPAIN

西班牙飲食史

Delicioso

A History of Food in Spain

瑪麗亞・何塞・塞維亞 María José Sevilla

目錄

前言   005

第一章　位於未知邊緣的土地   009

第二章　摩爾人、猶太人、基督徒   031

第三章　城堡裡的生活   073

第四章　黃金時代   109

第五章　馬德里、凡爾賽與那不勒斯，最好的則是巧克力   149

第六章　餐桌上的政治   189

第七章　飢餓、希望、成功   217

第八章　西班牙的地方烹調   247

引用書目 References   311

參考書目 Bibliography   318

致謝 Acknowledgements   324

圖像來源   327

【 INTRODUCTION 】

前言

　　過去學者一直忽略了西班牙飲食史。在西班牙這個多元國家裡，歷史隨處可見。西班牙的多樣化是歐洲其他地區都難以匹敵的，它的多樣化也是一切西班牙風貌的起源：土地與人民、音樂、傳統風俗、語言，當然也包括了飲食。從古代起，不同的外來文化就一直滋養著西班牙飲食，當時此地已經有巴斯克人與伊比利亞人，部分歷史學家認為他們就是伊比利半島的原住民。半島的地中海沿岸與南大西洋沿岸的伊比利亞人，以及移入半島北部與西北部的凱爾特人，都食用來自地中海東岸的穀物與豌豆；凱爾特人在半島定居下來，飼養家畜，從事農耕。來自地中海東岸的還有腓尼基人，他們來此是為了貿易，尋找貴金屬與寶石，尤其是為了獲取醃製魚類所用的海鹽。希臘人將葡萄酒傳入加泰隆尼亞地區，而羅馬人則取用西斯班尼亞（Hispania）的橄欖油、魚醬（garum）、穀物與黃金。在羅馬人到來之前，猶太人就已經為了避難而遷居伊比利半島，他們稱此地為西法拉（Sepharad）。

　　到了西元五世紀，日耳曼部族翻越庇里牛斯山脈，佔領了這個曾經隸屬羅馬帝國的行省。稍晚，柏柏爾人及阿拉伯人在這裡定居將近八百年，把半島大部分地區轉變為美麗的沃土樂園，他們稱此地為安達盧斯（Al-Andalus）。西元十三與十四世紀，天主教徒漸次收復伊比利半島，最後為卡斯提亞王國所繼承，然而在這之前，由亞拉岡王國、加泰隆尼亞公國，以及地中海岸瓦倫西亞公國組成的強大邦聯在當地擴張，為此地飲食增添了深受義大利影響的風味與傳統。自十六世紀以來，與美洲的交流擴充了西班牙的食材種類，增進西班牙食品的趣味與變化。十八世紀初，波旁王室取得西班牙王位，並且對西班牙的生活與飲食帶來了法國影響，因而激起當地人民的強烈反感。

　　時至十九世紀，西班牙的作者與餐廳評論家已經成為正宗西班牙食物的保衛者。他們深感國族認同受到了威脅，因此堅決守護「國菜」，

可是事實上，此一概念在以前並不存在。如果他們擁護的是西班牙的「地方菜」（regional cocinas），可能會更好一些；西班牙各自治區的烹飪，今天的正確名稱是「Las Cocinas de las Autonomías de España」，在當時已經岌岌可危。一八九八年，西班牙帝國失去了古巴及菲律賓，對西班牙人的自尊以及國家經濟而言，這是很大的打擊。接下來的連年饑饉與匱乏，以及一九三〇年代內戰的可怕經歷，更重創了農業與烹調。

要為西班牙飲食寫一本詳盡可讀的歷史，很不容易。我是西班牙飲食作家、定居在國外，祖國與其文化令我著迷，關於我的烹飪方式與食品偏好，我都已經在西班牙社會史裡找到了原因。三十年來，這份迷戀已經讓我對西班牙食品與酒產生歸屬感，並且由於遷居海外，歸屬感益發強烈，相同的情況也發生在被迫去國的流亡者身上（不過我是自願遷居）。一路以來，我與人分享西班牙食品、旅行、做菜、寫作相關書籍，這些事都扶了我一把，並且讓我能與自己的根保持聯繫，尤其是正當西班牙國內飲食也在劇烈改變的時候。

我在一九七一年離開西班牙，當時正是佛朗哥獨裁政權尾聲，通往民主與經濟發展的道路已經逐漸開展。在其時之前數年，英國著名歷史學家J‧H‧艾略特（J. H. Elliott）在《帝國時期的西班牙》（*Imperial Spain*）的早期版本裡，曾經如此描述：

> 那是一片乾燥、荒蕪、窮困的土地，其中一成是光禿的岩石，三成五貧瘠無產出，四成五還算可耕，只剩下一成是沃土。伊比利半島與世隔絕而偏僻，庇里牛斯山是一道屏障，把它與歐洲大陸區隔開來。這個國家內部也是切割分裂的，中央一片高地，從庇里牛斯山一直延伸到南方海岸，因此沒有天然的中心位置，也沒有容易通行的路線。它支離破碎、差異極大，不同的種族、語言、文明，錯綜複雜。這就是過去的西班牙，也是現在的西班牙。[1]

從一九七〇年代以來，情況已經大幅改善，但是艾略特這番話可能有部分永不過時。他不只描述了這個國家的質地與結構，也寫出了它的獨特以及強烈複雜的個性。尤其在當下，一方面必須接納西班牙

的多元化，同時還要設法達成社會的融合與一致、並且保持相異的特性，這些都有助於了解西班牙飲食的獨特性格。

今天的西班牙已經是現代化國家，複雜多變的地形風景向為詩人與畫家所稱道，如今已經有公路與高速列車穿梭。農村地區的長期落後曾經嚴重拖累這個國家，但如今已成為過去，而且應該不會重現；此一弊端曾經使得西班牙農民以及大部分人的生活難以為繼，長達數百年之久。

佛朗哥去世之後，西班牙重新施行民主制。一九七八年，西班牙劃分為十七個自治區，主要根據的是中世紀諸王國疆域；這是一幅複雜的拼布，由眾多不同的地形、氣候、農產、食品與廚藝所組成。西班牙料理（cocinas）的根源在於當年封建領地上的農民階級，但是今天我們所知的西班牙料理卻未必是這些窮苦民眾的日常食物，並非那樣簡單而缺乏變化。就像塞萬提斯筆下所描寫的，當時大部分人仍然會花上一大筆錢，以高級材料準備菜餚，尤其是為了慶祝天主教聖徒紀念日、節慶、婚禮。幾世紀以來，這些菜餚逐漸改變，含納了當地的農產品、來自美洲的新作物，以及貴族階級食品的一些影響。

十九世紀的評論家為了尋求國族認同，認為必須證明世上存在著西班牙「國菜」，現今的西班牙已經不需要如此了。人們已經完全接受了西班牙烹調（Cocinas de España）的確存在，而且具有獨特性。至於十九世紀及二十世紀初的「國際菜餚」，當時西班牙的美食評論家十分排斥，現在也已經被「alta cocina」（西班牙版的高級烹調〔haute cuisine〕）所取代。西班牙的「高級烹調」充滿藝術創意與革新精神，因而廣受讚賞，許多餐廳不斷改進，提供出色的獨創菜餚。西班牙是歐元區第四大經濟體，國內生產總值一點一兆美元，人口四千六百四十萬。這是一個工業化國家，而且在水果、蔬菜、橄欖油、乳酪、稻米、火腿、葡萄酒等物產方面都是主要出口國，甚至還輸出食譜與主廚。四十年以來，專業主廚的創意與革新發軔於巴斯克，然後加泰隆尼亞以及全國其他地區隨之跟進，再加上工業與經濟進步，已經使得西班牙烹調躋身於世界最佳之列。也因此，許多出身於塞維亞、馬德里、巴塞隆納、畢爾包的年輕主廚追隨幾十年來西班牙前衛廚藝大師的腳步，得到了名氣與認可，現在又回歸傳統烹調，為其增

添特色。這些年輕主廚採用現代手法與材料，必要時加以改造，同時保留了維護本地特色不變的基本原則與食材。主廚們不但各展身手，也合作建立不同傳統流派之間的聯繫，以品質為基礎，確保全國各地都能品嘗到美食。這種聯繫十分堅韌，即使在政治上要求分裂獨立的人也無法否認其存在。

至於過去的隔絕與偏僻，在今日，每年都有數百萬新時代的短暫入侵者——也就是觀光客，自願來到這個大部分地區乾燥、但是絕不荒蕪的國家，想要一嚐里奧哈紅酒（Rioja）、曼查戈乳酪（Manchego）、伊比利火腿（Ibérico）、卡拉斯帕拉稻米（Calasparra）。遺憾的是，他們也要吃速食、工業化製造的糕點、加了糖的甜味飲料，而西班牙的年輕人也喜歡這些。

在過去，西班牙吸引的是某些外國遊客與作家，他們尋找刺激有趣的故事，以便回家之後加以講述，這些講述可能並不公平，也不寬容，但總是引人入勝；然而那樣的時代已經遠去了。不久以前，正宗的西班牙食物還遭到忽視，人們不屑一顧，不然就是把它拿來襯托法國或義大利菜，不過現在國內外評論家的看法已經大為改觀。如今西班牙的飲食，無論是傳統風格或者前衛風格，在全世界都受到喜愛，並且仍在為自身的悠久歷史寫下新的篇章。西班牙的美與多元特色無可比擬，而且全國各地都絕對能夠奉上滿滿一盤美食。

【第一章】
位於未知邊緣的土地

　　伊比利半島的飲食歷史由來已久。馬德里國立自然科學博物館的貝爾穆德斯教授（José María Bermúdez de Castro）說，阿塔普埃爾卡山（Atapuerca）是個適宜居住的地方。這裡地勢高，為狩獵者提供有利的制高點，附近還有一條河。阿塔普埃爾卡山位於卡斯提亞—雷昂自治區（Castile-León），是舊石器時代遺址，曾有數十位來自各國的考古學家在此挖掘。他們要找的是遠古西班牙人在此定居的證據，年代大約是八十萬年前甚至更早。專家找到當年人類在此生活與狩獵的方式、他們的食物與工具、死因以及墓葬。在其中一處稱為大滲穴（Gran Dolina）的山洞中，考古學家發現了用以屠宰動物的石器，更重要的是，有鮮明跡象可以推論這些古代人類烹煮食物。他們還發現了迄今最古老的食人遺跡。沒想到的是，還有比大滲穴更令人振奮的發現，那就是在格拉納達（Granada）的奧爾塞遺址（Orce）找到了一百五十萬年前人亞科（hominid）製作工具的證據。這些在西班牙境內的考古成果，對於人類最早在非洲開始進化這一主流觀點，提出了合理的質疑。[1]

　　考古學家迅速檢視整個史前時期，想要填補奧爾塞遺址與阿塔普埃爾卡遺址之間的空白，而最近在加泰隆尼亞的卡佩利亞德斯（Capellades）有了新發現，定年大約是西元前八萬年。卡佩利亞德斯的發現更能讓研究者一窺伊比利半島早期居民的日常飲食。遺址居民使用火爐烹煮食物，製造工具，此處還有一系列石製與骨製工具以及木製器皿。考古學家已經確定，這些早期居民的飲食包括狩獵得來的獸肉。他們也吃昆蟲與蠕蟲、根莖類、堅果、野果。他們在遷移時穿越茂密森林覆蓋的河谷與山丘，這些野果就是在途中採集的。他們通常住在靠海的地方，所以也撿拾貝類及其他海洋生物。他們大量食用牡蠣、帽貝、海螺，食用方式包括生食以及連殼放在石爐台上烘烤。

後來巴斯克人嗜吃的傳統海鮮湯，說不定就曾經是本地山洞裡烹製的特色菜。巴斯克考古的重要人物巴蘭迪亞蘭神父（Barandiarán）認為事實上就是如此。[2] 他曾經記錄位於比斯開省（Bizkaia）格爾尼卡（Guernica）附近的桑提馬密涅洞穴（Santimamiñe），那裡發現了木炭與灰燼、幾個牡蠣殼與帽貝，還有以大石塊建造的火爐，直徑達一一五公分。知名的西班牙考古學家維加迪西拉伯爵（Count de la Vega de Sella）曾向巴蘭迪亞蘭神父指出，他們發現的貝類不是以外力強行撬開，而且也沒有直接放在火上烘烤。伯爵認為這些貝類應該是放置在某些天然成形的器皿中煮熟的。

一八二〇年，在西班牙北部坎塔布里亞自治區（Cantabria），發現了壯觀的阿爾塔米拉洞穴（Altamira），洞穴裡的壁畫距今約一萬四千年至一萬八千年。當時人類以木炭與赤鐵礦石為畫筆，描繪出黑色與鮮橘紅色的野牛、馬、鹿、野豬，還有人們狩獵為食、歡快起舞、採集野果與葉片的景象。胡優洞穴（El Juyo）同樣位於坎塔布里亞，是伊比利半島馬格德林文化（Magdalenian）最豐富的遺址之一。胡優洞穴保存了馬格德林時期各種活動的社會組織，以及日常物質生活證據。

阿爾塔米拉洞穴壁畫：舊石器人類狩獵野牛為食。

凱庫木碗（現代仿製品），一種古老的巴斯克烹具。

在這裡還發現了兩萬兩千多件可辨識的獸骨，種類有山羊、鹿、獅子、馬、野豬、狐狸。從此處發現的海貝看來，坎塔布里亞的史前居民喜歡吃海膽，現今阿斯圖里亞斯（Asturias）的人們依然將這種海膽視為無上美食。

　　考古學家咸認，在伊比利半島開始製陶之前，庇里牛斯山麓的居民使用一種叫做凱庫（kaiku）的木製器皿作為烹具。凱庫是以實木剜製成形，伊比利半島早期居民把燒熱的石塊餘燼放進凱庫碗裡燒水，然後以這種方法煮食介殼類與根莖類。後世則將水改為鮮奶與牛羊胃中的天然凝乳酶，以同樣的凱庫碗與同樣的方法，製作出濃郁的乳酪點心，稱為馬米（mamia）或甘斯坦貝拉（gaztambera）。[3]

　　與世界上其他地區相比，伊比利半島的農業起源晚了兩百年。能夠種植哪些植物取決於此地複雜的地理條件與氣候，尤其在北邊，濕冷的大西洋氣候使得小麥與大麥等穀物種植不易。

　　二〇一五年，瑞典烏普薩拉（Uppsala）大學的馬提亞斯・約可布

松教授（Mattias Jakobsson）與團隊分析了阿塔普埃爾卡的八組人類遺骸基因物質，這些遺骸年代為西元前五千五百年至三千五百年。他們得到的結論是，今天巴斯克人的遠祖，是當地開始農耕之後居住於此的伊比利亞人。他們與當地北邊的漁獵採集者混血之後，就與外界隔絕了一千年。這群瑞典科學家提供了遠古西班牙的漁獵採集與農耕資料，並且有助於了解巴斯克人的起源，這是一個充滿謎團的歐洲族群。數百年來，巴斯克人的起源困擾著西班牙國內外歷史學家。約可布松教授說：「我們的分析結果顯示，巴斯克人的祖先是伊比利半島的早期農耕族群，而從前學界認為他們是中石器時代漁獵採集者的餘緒。」他們深愛這片難以耕作的土地，在此安頓之後，又征服了北邊地區，於是就此安全地與入侵者分隔開來，而這些試圖入侵巴斯克領土的人們也終將離去。[4]

巴斯克地區的東鄰則是不同景象。在庇里牛斯山的調查顯示，西元前六千年至五千四百年，當地已經種植裸粒小麥（free-threshing wheat）、大麥、豌豆。至於西班牙其他地區，尤其是加泰隆尼亞與瓦倫西亞，也都有古代地中海農業成功發展的許多證據。

雖然伊比利半島開始農耕較晚，但是進展很快，而且擁有歐洲最多樣的作物。不過這個情況的具體成因還沒有定論。一塊農地裡同時種植不同作物，是為了降低歉收的風險嗎？還是古代農夫在試驗耕作不同作物？選擇不同作物的理由是為了區分人食與畜食嗎？比如有些用於製作麵包，而有些適於牲口草料？無論是什麼理由，新石器時代的伊比利作物種類，在不同地區的差異極大。有用以製作麵粉與麵包的船型麥（hulled wheat）、大麥、豌豆，還有其他一些莢豆類（pulses），比如扁豆、亞麻仁、罌粟籽。畜牧是農業的基礎之一，也是伊比利半島古代人群生活中的大事。這個地區除了最北邊與西北邊，大多普遍缺乏鮮草，因此他們飼養山羊、豬、牛，以適應此地的氣候與地理條件。

▌早期定居者與後來者

西班牙的定居者包括許多不同部族。對於這片世界盡頭遙遠土地上的居民，古代典籍裡的描述頗為古怪：他們舉行血腥的祭典，與其

西元前一世紀的凱爾特聚落，位於加利西亞（Galicia）自治區的聖塔特克拉（Santa Tecla）。

他部族作戰，喝啤酒，在冬季長夜裡跳舞；他們飼養牛群、豬、綿羊，從事農耕。他們被稱為伊比利亞人，他們可能是那處半島上最古老的部族，而且那片土地將永遠繼承他們的名號。

　　伊比利亞人的起源尚無定論。有些專家認為他們本來是北非的柏柏爾人，也有人認為他們在西元前六千年來自小亞細亞。古希臘人與羅馬人熟知伊比利亞人，伊比利亞人擁有廣大的西班牙東部與東南部以及安達魯西亞部分地區。他們種植小麥、大麥、黑麥、燕麥，吃的是一種原始的麵餅托爾塔（torta），這是以磨碎的穀粒加水，直接在燒熱的炭火餘燼上烤製而成。他們遷移時還帶來了小米與包心菜。肉類食用量也增加了（綿羊、山羊、公牛，尤其是豬）。伊比利亞人的農業進步，而且在西班牙南部採礦，因此吸引了實力強大的地中海東岸商人。此前伊比利亞人已經知道鹽、礦物、貴金屬都很有價值，於是此時就與來自歐洲與非洲的其他文化彼此交流。

　　凱爾特人是印歐民族，他們最早在西元前九百年就已經開始翻越庇里牛斯山，但這並不是常見的入侵，而是漫長的遷徙過程，延續六百年之久。他們喜愛大自然，也喜愛戰鬥；數百年之後，羅馬人試圖征服他們，於是凱爾特人對戰爭的熱愛得到了明證。他們本質上是牧人，愛吃奶油與山羊肉、自己醃製的火腿。他們居住在北部的高丘上，房舍是獨特的圓形，冠以圓錐形茅草屋頂。再往東則是海岸以及庇里牛斯山麓，巴斯克人在這裡耕作農地、從海裡捕魚。凱爾特伊比利亞人（Celtiberians）這個族群，在基督降生前數百年裡，逐漸據有伊比利半島的中部與東部。後來與羅馬人做殊死鬥的也是凱爾特伊比利亞人，因為他們的領袖決心永遠留在這裡，直到最後。

▎他們都喜歡麵包

　　古希臘學者斯特拉波（Strabo）的著作《地理志》（*Geography*）第三卷主題完全是伊比利亞。在第三卷第三章，提及伊比利半島西北部凱爾特部族製作一種簡單麵餅，這個地區是今天的葡萄牙北部以及西班牙的加利西亞自治區。這種麵餅以橡樹子製成，而且作法非常容易。在冬月裡，人們從樹上採集成熟的橡實。如果此時橡實外皮還有大量鞣酸，就先烤熟或者煮熟。乾燥之後，以原始的磨石磨成粗粉，然後加上一點水做成麵團，就可以烘烤了。

二粒小麥（spelt）是一種原始小麥，用來製作托爾塔麵餅。圖中是源自二粒小麥的斯佩爾特小麥（學名Triticum Spelta）麥穗。

在伊比利半島定居的凱爾特人比起高盧地區的凱爾特部族較為先進。他們知道在麵團裡加進發酵劑就能做出更精緻的麵包。這樣做出來的麵包更輕、風味更佳，經常在進餐時用來吸抹烤小山羊肉或者其他肉類的肉汁。這種麵包的名稱也是托爾塔，在半島南部與東部是以小米或價值更高的小麥與大麥製作。因為他們沒有烤爐，所以直接將麵團放在木炭上；有時候以大的楓樹葉片包裹麵團作為保護，今天在加利西亞與奧斯圖里亞斯烤製玉米糕餅的時候，依然是同樣的作法。有時候凱爾特人使用陶鍋來烤麵包，他們把陶鍋放在火堆中間，蓋上略微凹陷的蓋子，再把燒紅的木炭放在蓋子上。

他們來自東方

後來者來自遙遠的地中海東岸，他們拉近了近東地區與西方的距離。當時伊比利半島部分地區已經種植葡萄數百年之久。不過學者仍在爭論，這些葡萄是地中海西岸原產，還是人類發現釀酒術之後從東方帶過來的。[5]古城加地爾（Gadir，今名加的斯Cádiz）奠基於西元前一千一百年，建立者是來自泰爾（Tyre）、拜布魯斯（Byblos）、的黎波里（Tripoli）三海港同盟的海上貿易商，也就是腓尼基人。腓尼基文明起源於古代迦南（Canaan）的北部地區，即現今的黎巴嫩。他們是偉大的航海家與商人，尤其專精紡織品、玻璃、陶器的貿易，也買賣雪松、橄欖油、葡萄酒。他們造船航行地中海，並且更往西到西非海岸，永遠在尋找生意與利潤。他們所到之處都建立了殖民地，包括賽普勒斯島（Cyprus）、羅德島（Rhodes）、克里特島（Crete）、馬爾他島（Malta）、西西里島（Sicily）、薩丁尼亞島（Sardinia）、馬賽（Marseilles）、迦太基（Carthage）、加的斯（Cádiz）。他們相信神明美刻爾（Meqart）的神諭，在已知世界的盡頭可以找到礦物與貴金屬，這些是最珍貴的貨物，此外還有用來保存魚類的海鹽。西班牙南部盛產白銀、黃金、銅，也有豐足的海鹽與鮪魚。在腓尼基時代，加的斯還控制了錫的買賣，這些錫來自半島其他地區以及卡希特里德群島（Cassiterides），意即「錫群島」，位於北方大西洋中，其地至今不明。海船沿著葡萄牙以及加利西亞海岸往北走，抵達某些地點，與來自神

祕錫島的商人交易。錫島的位置可能在加利西亞海岸對面，也就是布列塔尼（Brittany）或者北方的不列顛群島。

起先，腓尼基人在直布羅陀的東邊與西邊建立了一些殖民地。這些沿海的小聚落都是港口，彼此之間距離短。從西元前八世紀至六世紀中葉，大量腓尼基移民在這個地區定居。考古學家從墓葬發掘的證據顯示，這些遺物與遺骸都屬於富有的家庭，而且已經數代定居在這個地區，因此並非短暫貿易往來。在位於河流出海口的聚落裡，人們耕作土地，飼養牛群、山羊、綿羊。他們前往半島內陸也很容易，因此可以尋找礦物與其他貴重商品。溫和的氣候以及富饒的海洋也是他們在此定居的重要原因。阿布德拉（Abdera，古名阿德拉〔Adra〕）、阿爾穆涅卡爾（Almuñécar，古名瑟克西〔Sexi〕）、綽瑞拉斯（Chorreras）、莫洛─德梅斯克提亞（Morro de Mezquitilla）、托斯卡諾斯（Toscanos）、馬拉加（Málaga，古名Malaka）都是這個地區的腓尼基聚落。

從一開始，這些移民與內陸原住民之間的商業活動就非常頻繁，雖然規模不及加的斯周邊與其他沿海地區。腓尼基人帶來了紡織品、珠寶、陶器。他們還帶來存放在雙耳細頸陶瓶的葡萄酒，這種容器運輸方便，而且腓尼基人已經使用了數百年。在西班牙南部出土了無數陶土瓶碎片，這些碎片也是明證。這種瓶子是完美的容器，不僅用來運輸橄欖油與葡萄酒，還可以儲存穀物以及多種物品。到了稍晚的羅馬時代，這種經典陶土瓶又被許多本地工匠加以仿製，並稍微變化。最近的考古發現顯示，在腓尼基時期，葡萄酒已經是伊比利亞最重要的進口貨物；看來當地原住民對於來自地中海東岸的發酵葡萄汁愈來愈有胃口。啤酒也一直很受原住民歡迎，男女都釀造啤酒。腓尼基人還建立了工廠醃製鮪魚、生產有名的紫色紡織品。在加的斯城出土的一些古幣上有鮪魚圖形，可見在那時對於當地經濟而言，捕撈鮪魚以及醃製產業有多麼重要。在早期的數百年間，原住民與外來文化的交流產生了良好影響，包括在採礦、農耕、漁業與貿易方面，也順理成章提升了當地人的飲食。古希臘人在文化上造福許多地區與民族，他們也來到了地中海西岸，並且在加泰隆尼亞建立了貿易殖民地。

▌ 塔特索斯

在古典時代，伊比利半島的西南海岸就令地理學家著迷，而今日它依然吸引著考古學家。有人在此地尋找雙耳細頸陶瓶、烹具、古老的種子，有人尋找的是卡蘭波羅窖藏（El Carambolo）那樣的寶藏。這一批古代金飾出土於一九五八年，位置在塞爾維亞以西數公里，目前於塞爾維亞的考古博物館展出。這些燦爛精美的珍寶證明了它所代表的文化是多麼先進精緻，雖然尚無法確定它是出自伊比利亞人或者腓尼基工匠之手，但是人們認為這批寶藏與塔特索斯（Tartessos）有關。

直到二十世紀上半葉，塔特索斯一直是神祕的地方，有許多藏寶與探險壯遊的故事流傳。據信西元前九世紀至六世紀，它存在於西班牙的西南端。現在考古學家認為塔特索斯的地點就在今天的多涅那（Doñana）國家公園，位於安達魯西亞西部的威爾瓦省（Huelva）。多涅那風景秀麗，有許多野生動植物，猶如一處庇護所，候鳥每年在此休息進食，然後飛越直布羅陀海峽，前往非洲。塔特索斯的疆域可能遠至現在的埃斯特雷馬杜拉（Extremadura）。

這是一個富有的國家，古希臘人稱其港都為塔特索斯。它在政治與文化上都有所發展，是位於遠西地區最早為人所知的有組織文明。它也是最早航越海洋、與地中海東岸文化開始貿易的本地文明。在那個時代，瓜達幾維河（Guadalquivir）注入大西洋的河口分為兩條支流，形成潟湖。潟湖中有一座島，有些學者認為那就是塔特索斯王國的首都，不過最近學界懷疑是否真有這麼一個首都存在。[6]

斯特拉波在《地理志》第三卷第二章提到，伊比利半島中部與北部居民的生活簡樸，不過他對南部人民更感興趣，尤其是瓜達幾維河谷的居民，當時該地區稱為土爾德塔尼亞（Turdetania），斯特拉波相信那裡就是塔特索斯。在他看來，那裡的人更先進富有。他們的土地更肥沃，盛產礦物、金屬、海鹽。他們開採金、銀、錫、銅，這些金屬在整個地中海地區都非常寶貴。斯特拉波描述當地的生活、那片土地的富庶與多采，也記錄了當地與整個地中海岸的農業、漁業、礦業發展，這一切在他的筆下栩栩如生。他極為讚賞安達魯西亞，尤其是塔特索斯，也就是土爾德塔尼亞：

　　土爾德塔尼亞的肥沃不可思議，盛產各種物品。它的物產外銷之後，價值倍增，眾多商船前來貿易，多餘的物產銷路極好。

　　在同一章裡，他繼續描述這個地區：「土爾德塔尼亞外銷大量穀物與酒，以及頂級的油，還有蜂蠟、蜂蜜、樹脂、胭脂蟲、朱紅顏料。」斯特拉波稱大西洋為「外海」，他筆下大西洋的豐足，令人印象深刻：

　　在整片外海沿岸，都能找到牡蠣還有各種介殼類，數量既多，個頭也大……海豚、獨角鯨、鯨魚也是如此。

　　他提到海中的康吉海鰻（conger eel），「如怪獸般駭人」，還有七鰓鰻及其他同種魚類，名單鉅細靡遺，彷彿永無止境。他還寫到鮪魚，這是最受重視的魚類：「眾多鮪魚游過海峽而來，以海底的墨角藻（stunted oak）果實為食，因而十分肥腴。」他相信三位赫斯珀里得斯女神（Hesperides）種植金蘋果的果園就在美麗的塔特索斯。對斯特拉

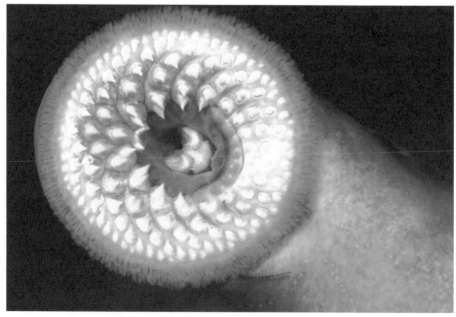

一世紀的希臘地理學家斯特拉波形容這種美味的七鰓鰻（lamprey）「如怪獸般駭人」；照片中是七鰓鰻的吻部，貌似吸盤。

波而言，西班牙與食物之間的關聯已經昇華到了神話的境界。雖然他沒有記載塔特索斯人的飲食，但是他詳盡描述了此地北方的斗羅河谷（Douro）的盧西坦人（Lusitanians）烹調的食物，他們的日常飲食包括烤山羊肉以及營養豐富的托爾塔麵餅。[7]

瓜達幾維河口的潟湖最後乾涸了，分岔的河口支流完全消失。到了西元前五世紀，半島上最生氣蓬勃的文化所在地就從西海岸轉移到了東海岸。東海岸的伊比利亞人一直與希臘人及迦太基人進行貿易，在歷史上留下了自己的痕跡。一八九七年，在瓦倫西亞附近的拉爾庫迪亞（L'Alcúdia），發現了一座迷人的雕像，被稱為《埃爾切的仕女》（Dama de Elche）。據信這是伊比利亞人的墓葬雕像，定年為西元前五世紀，外型是一位極美的女性，可能是女神，戴著繁複的頭飾與項鍊。這是半島上最古老的伊比利造像。

隨著塔特索斯消亡，伊比利半島開始了新的篇章，塔特索斯消亡的主要原因可能是政治分裂，而且強大的迦太基開始攻擊半島上的腓尼基貿易點與聚落。外來強權首次改變了此地人民的生活方式。迦太基本身是一個腓尼基文明城邦，位於北非突尼斯灣。自從它脫離泰爾的控制而獨立，地中海西岸就變成了戰爭的劇場，首先是迦太基人對希臘人，然後是羅馬人對迦太基人，為了權力與領地打得你死我活，而西西里、科西嘉、薩丁尼亞、巴利亞利群島（Balearic）以及整個伊比利亞就是戰利品。

他們稱其地為西斯班尼亞

最後的勝利者是羅馬。羅馬下定決心要從地中海地區徹底剪除迦太基，因此之前決定暫不騰出兵力入侵伊比利亞。西元前二一八年，羅馬人終於來了。在他們眼中，伊比利亞不是敵人心甘情願拱手讓人的地方，他們親自征服了它，但是這項任務的代價高昂。羅馬人用了將近兩百年的時間，才制伏了凱爾特伊比利亞人的戰鬥精神。而坎塔布里亞人與巴斯克人一直保持獨立，他們的精神永不屈服。

在羅馬時代，努曼西亞（Numancia）是最後一處英勇抵抗的凱爾特伊比利亞據點。關於這座悲劇性城市原住民的日常飲食，考古學家

已發掘出鮮明證據，可以看出當地飲食三分之二是穀物、綠色蔬菜與根莖類，以及堅果比如橡實，三分之一是肉類與魚類。西元前一四三年，羅馬元老院派出名將大西庇阿（Scipio Africanus）的孫子小西庇阿（Scipio Aemilianus），前來收服努曼西亞。羅馬人包圍了這座城市。由於沒有糧食，部分城中居民甚至淪落至相食，接著降臨的是餓死與疾病。到了最後，他們決定集體自殺。

希臘史學家阿庇安（Appian）在著作《羅馬史》中記載，小西庇阿在領軍離開厄波羅河（Ebro），往努曼西亞行軍途中，下令割掉大片田野上的青麥作為草料。當地凱爾特伊比利亞部族耕種珍貴的小麥（硬粒小麥〔durum〕與二粒小麥），以及其他穀物諸如大麥與小米。考古學家在努曼西亞的麵粉磨坊發現了橡實，在這些古代居民被圍困的時候，橡實也是很重要的食物來源。他們使用傳統的陶鍋（olla，用來烹煮及儲存食物）製作麵包與穀粉粥，在圍困剛開始的時候，也許還能以野生香草植物與菜薊（cardoon）充當蔬菜。

直到奧古斯都時代，羅馬才終於取得了整個伊比利半島。這片伊比利人的古老土地，羅馬人稱之為西斯班尼亞（Hispania）。這裡不只為羅馬提供了黃金、白銀、橄欖油、穀物以及奴隸，也是共和羅馬與帝制羅馬最寶貴的領土之一、羅馬成長的重要支柱。

伊比利半島原住民按照羅馬要求繳稅，半島本身也是羅馬的糧倉。這個羅馬行省盛產小麥，這是最珍貴的穀物。以小麥、酵母、水，以及羅馬式烤爐烘焙出來的白麵包，在後世的西班牙象徵基督的純潔，也代表財富與渴望。西斯班尼亞成為存貨豐足的食品儲藏室，供給著羅馬貴族以及正在對日爾曼尼亞作戰的軍團。短短數十年之內，西斯班尼亞的經濟有了發展，與羅馬之間的貨物交易也很成功，於是這個新行省開始持續進口羅馬奢侈品，其中包括精緻的薄胎黑釉陶器，這種陶器配得上每一個顯赫的家庭。

關於羅馬時代的伊比利半島飲食，目前已知的實物線索非常少，不過有大量農業研究以及醫藥與考古方面的結論，能夠彌補這個空白。羅馬時代西班牙的宅邸與別墅裡裝飾著馬賽克鑲嵌畫，畫面中提供了許多證據，此外還有眾多食器、烹具與容器，都讓學者能夠研究伊比利半島在西元一至五世紀的烹飪傳統。[8]

　　在塔拉哥納（Tarragona）、瓦倫西亞（Valencia）、薩拉戈薩（Zaragoza）、昆卡（Cuenca）及加的斯（Cádiz）等地的博物館都有保存良好的雙耳細頸瓶、長頸瓶、磨杵與研缽、小淺碟（patella）、寬緣淺碟（patina）、寬口赤陶鍋（caccabus）、各種赤陶鍋（olla）。這些精心保存的遺物讓每個人都能記住西班牙歷史上迷人的時代。

　　羅馬人很早就區分出伊比利半島哪些地區適宜農業，比如中央高原、瓦倫西亞、安達盧西亞，以及厄波羅河谷的肥沃土地。厄波羅河是西班牙的重要河流，河流以北是坎塔布里亞，另一邊是加泰隆尼亞，其下游在加泰隆尼亞注入地中海。它流經里奧哈、納瓦拉（Navarra）、亞拉岡、加泰隆尼亞等地區，在羅馬對半島用兵初期，羅馬將軍與軍隊對這個區域就已經十分熟悉。不久後羅馬人建造了複雜精細的灌溉系統、改善了當地農業，以及儲存穀粒保持乾燥的筒倉（silo）。「cereal」（穀物）這個字來自「Ceres」（刻瑞斯），她是掌管豐收與農業的羅馬女神。

　　士兵麵包（panis militaris）很能代表羅馬人對穀物的偏好，他們尤其喜愛剛出爐的溫熱麵包。在羅馬時代，每個士兵都隨身攜帶一些穀粒、鹽、一點點油，以及醋（posca，用來消毒飲水與小傷口），還有行軍途中嚼食的乾臘腸。住在同一頂帳篷的士兵會攜帶小型磨石，用來磨製麵粉。這樣每個士兵都可以自行準備穀物粥、小的托爾塔麵餅或者加耶塔（galleta，小的乾麵餅），當然也包括麵包，那是一種粗糙而難消化的棕黑色麵包。白麵包只供給軍官，就像在羅馬只有上層階級能吃到白麵包，而黑麵包與農民階級才是同義詞。有趣的是，直到晚近，西班牙人都不喜歡黑麵包。一開始這種麵包是以品質低劣的穀物製成，幾乎是全黑色的。時至今日，西班牙的老人仍然把黑麵包與西班牙內戰及飢餓時期聯想在一起，他們說，永遠都不該再給人吃這種麵包。

　　老加圖（Cato the Elder）是羅馬作家、政治家、軍人，他以樸素的寫作風格以及對迦太基人作戰而聞名，而且他喜愛麵包。他的農業手冊記載了一種麵包食譜，以平底烤爐（clibanus）烤製：「首先徹底清洗雙手與攪拌盆。盆裡倒上麵粉，慢慢加水，徹底揉透。揉好麵團之後，倒出麵團，放在帶陶蓋的鍋中烘烤。」拉丁文的「clibanus」有

\ 橄欖樹 /

我們從兒時就知道，白鴿飛回諾亞方舟的時候，銜著橄欖枝，因此諾亞明白洪水正在消退。這種植物在舊約聖經《士師記》裡被稱為萬樹之王，遍布整個西班牙，直到今天，西班牙依然是全球橄欖樹與橄欖的主要生產國。

西班牙生產橄欖油已經有數千年之久。橄欖油裝在雙耳細頸瓶中，並且以出口商的印章加以封口，由帆船運輸至羅馬。印章封口是很好的做法，遺憾的是，如今在義大利、尤其是因為限於歐盟法規，這個習俗已經差不多被遺忘了。現在產於安達盧西亞、卡斯提亞、埃斯特雷馬杜拉、加泰隆尼亞、瓦倫西亞、巴利亞利群島的橄欖油，在當地裝瓶並銷往全世界，每年達數百萬瓶。但是每一季也有數千公升西班牙橄欖油裝在現代油槽裡，批發運往義大利，這就未必是最好的商業行為了。因為接下來這些油被分裝在桶裡或者義大利高級設計的玻璃瓶裡出售，卻沒有加上註明實際產地的封印。不過在商言商，我們要知道，義大利一直是西班牙的好主顧，本身也一直是傑出的橄欖油生產國與行銷商。

現代的橄欖油與古代甚至幾十年前的橄欖油都不是一回事，尤其是特級初榨橄欖油，在這種油裡，每一款品種的橄欖特性都能表現得淋漓盡致。

伊比利半島有數百種橄欖品種，有些品種依然和兩千五百年前一樣，以尖錐形的花崗岩石磨在磨盤上榨油。大部分則採用更現代的方法，不過其間的主要差異在於照料橄欖樹以及冬月裡採集橄欖的方式。有名的橄欖品種包括皮夸爾（Picual）、歐伊布蘭卡（Hojiblanca）、寇爾尼卡布拉（Cornicabra）、曼薩尼亞（Manzanilla）、皮庫多（Picudo）、卡拉斯克那（Carrasqueña）、摩里斯卡（Morisca）、安佩爾特雷（Empeltre）、阿爾貝克那（Arbequina）等等。現代的橄欖樹比較矮小，在樹苗時期就加以灌溉。橄欖果實是以手採，這樣可以避免果實受傷導致香氣減損、酸度增加，這種情況必須盡量避免。老樹也同樣以這種良好方式採收，但是對高大的橄欖樹就不得不使用傳統方法，比如以大木棍敲打樹枝。這樣一來，要減少果實擦傷就只能在樹下拉開大網收集掉落的橄欖。採下的橄欖必須小心運輸至橄欖油磨坊，這類磨坊稱為almazara，這是阿拉伯人留下的字詞之一。最好的橄欖油是特級初榨橄欖油（aceite de oliva extra virgin），是在製油過程一開始，一滴接著一滴取得，事實上沒有經過任何壓榨。市面上其他橄欖油就只標示為「橄欖油」（olive oil），是經過提煉的，通常用來燉煮煎炒。

很多不同字義：烤爐、灶，或者是帶有錐形蓋的大盤，類似北非的尖蓋鍋（塔金鍋〔tagine〕），用來烘焙麵包。[9]

　　西元一世紀，奧古斯都把西斯班尼亞的兩個行省重新劃分為三個行省：貝提卡（Baetica，安達盧西亞與埃斯特雷馬杜拉南部）、盧西塔尼亞（Lusitania，現今葡萄牙），半島其他地區則是近西斯班尼亞（Hispania Citerior）。西斯班尼亞的城鎮逐漸繁榮，羅馬的觀念與習俗在此地更加穩固，此地也完全融入了羅馬的生活圈。奧古斯都深知食物分配在所有社會階層裡都是大事，尤其是對軍隊而言，因此他在位期間，始終親自掌管來自西斯班尼亞的食品生產及運輸。西斯班尼亞與非洲殖民地都是很有價值的地區，若把這等大事交在包藏野心的人手中，會是十分危險的。在奧古斯都的統治下，農業與貿易更加興盛。

人與貨物（包括食品）的運輸系統：羅馬時代的橋梁，哥多華。

中央高原（Meseta）出產的小麥通常由陸路運往帝國的北部邊疆，橄欖油與葡萄酒則裝在雙耳細頸瓶中，從貝提卡經由瓜達幾維河，然後出海運往羅馬。雖然生產與運輸方式有限，但是長途貿易是羅馬人的一項經濟策略，甚至也是帝國境內實行政治控制的手法之一。從這方面來說，橄欖油就是好例子。[10]貝提卡出產大量橄欖油，而且幾乎全部運往羅馬，交易的受益者則是居住在西班牙的羅馬菁英後人。

當地許多羅馬人是退休的軍人，家庭背景都有從事農業的經驗，比如皇帝圖拉真（Trajan, 53-117）的父親就是如此。圖拉真是羅馬帝國五賢帝之一，出生在塞維亞城外的羅馬聚落，距離瓜達幾維河不遠。為了增進行省與羅馬之間的商業運輸，他下令建造了重要的驛道（vías de comunicación），這些道路網中的許多條路今日仍在使用。葡萄酒在當時是加熱飲用，添加了松香、香草植物、蜂蜜與香辛料。葡萄酒出口也是賺錢的生意，是伊比利半島貿易的重要基礎之一。起初西斯班尼亞的羅馬商人從義大利進口葡萄酒來此，不過此地酒類品質提高之後，他們的生意重心就轉為出口本地酒。羅馬城一年的橄欖油消耗量就超過兩千五百萬公升，葡萄酒則是一百萬公升，這兩者大部分都來自西斯班尼亞，如此龐大的出口量經常迫使羅馬城內降價。每當發生這種情況，還有為了避免市場之間的衝突，西斯班尼亞就必須不時稍微減產。前文已提到，當地出口貨物走的是海路，這是商人偏好的路徑；如果發生戰爭或者其他不利情況，就經由河運與陸運。為了出口貨物，也為了紀念奧古斯都，羅馬人在西斯班尼亞修建了長達一千五百多公里的奧古斯都大道（Via Augusta），從貝提卡的加的斯到庇里牛斯山，翻越山脈後連接朗格多克行省（Languedoc）的多密提亞大道（Via Domitia）。

新行省出口的另一重要財富來源則是品質優良的魚醬，這是以腐魚做成的濃烈調味品，可以混合油、醋，或者水，每一種組合都很合羅馬人口味。新卡爾塔勾（Cartago Nova，現在的卡塔赫納〔Cartagena〕）出產的魚醬公認為品質最佳，在市場上能賣出好價錢。名為「salazones de pescado」的鹽醃鮪魚與鱘魚，以當年腓尼基人傳入的方法製作，也讓許多商人大發利市。海鹽是珍貴的調味品，來自伊維薩島（Ibiza）與卡塔赫納的海岸，加的斯也有出產。這種鹽也用來

醃製伊比利本地豬腿與豬肩肉，羅馬的美食家經常提及這兩種肉品。雖然這些產品的主要市場是義大利，但是也銷往羅馬帝國其他地區比如不列顛。很有意思的是，雖然羅馬人在貿易上十分成功，但他們還是看重農業勝於貿易及製造業，把農業看作比較體面的發家方式。

　　從人類開始混合水與麵粉以來，麵包一直是西班牙的主食。自從羅馬式烤爐傳入西班牙，此地的麵包就脫胎換骨了。烤小山羊及綿羊、烤乳豬的技術也臻於完美。羅馬人喜歡吃動物幼崽的肉，烤至全熟，非常嫩而鮮美，而現在的西班牙人也依然如此。在烤肉叉上烤好的一隻完整小動物，是晚宴上最令人難忘的主菜。分割肉食的技術在帝國早期就已成熟。這件工作通常都交給奴隸，這些奴隸可能也負責清理地板與家具，因為羅馬帝國的上流社會習慣在宴會中催吐，以便繼續大啖那些不斷從廚房端上桌的異國美食。

　　斯特拉波、老普林尼（Pliny the Elder）、柏拉圖、馬提亞爾（Martial）留下眾多關於西斯班尼亞生活的記載，瓦羅（Varro）以及出生在西班牙的柯魯邁拉（Columella）都有著作全面論及西斯班尼亞的農業發展。柯魯邁拉的《論鄉村事務》（De re rustica）對西班牙農業的影響一直延續至啟蒙時代。彷彿這樣還嫌太少，他還寫了大量關於羅馬莊園的著作。羅馬莊園本來是上層階級在義大利的鄉間別墅，後來遍及整個帝國，現今在西班牙仍留存著十三座精美莊園的遺跡。這些莊園經營大規模農業生產，莊園裡有專業廚師，他們的烹調食譜也留存在書中，比如《阿庇修斯之書》（Apicius，又稱《論烹飪》〔De re coquinaria〕）。莊園大廳的精美馬賽克鑲嵌畫也經常描繪儲藏室裡的食物：鴨子、兔子、菜薊、新鮮的豬肋排，甚至還有狩獵野豬以供晚餐烤食的景象。在安達盧西亞的莊園（hacienda）及有土地的農莊（cortijo），生活步調比西班牙其他地方都來得慢，其本質就是羅馬大農莊（latifundia）以及農業莊園的西班牙版本。在數百年中，這類莊園一直與大量的合約長工有關，主人很少來到莊園，由長工負責維護龐大的土地產業。關於羅馬時代的西班牙烹調，尤其是最後兩百年的資料，可說是付之闕如，不過我們還是可以推斷出西斯班尼亞的食物與羅馬差不多。部分歷史學者認為西班牙的宴席並不像羅馬那般習以為常的奢華。

加的斯附近的羅馬醃魚工廠。

馬拉加省佩里亞納（Periana）附近，橄欖園中的農莊（cortijo），可說是羅馬莊園的現代版。

打獵是流行的羅馬活動；帕倫西亞省（Palencia）一座羅馬時代莊園，「榆樹園」（La Olmeda）的馬賽克鑲嵌畫。

隨著羅馬人征服其他土地與文化，全世界物產齊聚羅馬，羅馬的烹調傳統已經改變，並且更加豐富。這可說是最早的全球化，改善了上層階級的日常飲食，最後也改善了窮人的三餐。在羅馬擴張初期，無論是城市還是鄉村居民，情況還很不一樣。當時他們的主食是粥糊（puls，又稱 pulmentum）。這種粥糊與穀粒粥不同，使用的是烤製的穀物，通常是大麥或小麥，搗碎之後加水或鮮乳煮熟。今日在西班牙這種食品稱為「gacha」或「poleada」。在古代羅馬，麵包漸漸成為富人與大部分平民都吃得起的食物。根據羅馬習俗，免費麵包經常發放給買不起的窮人，他們的日常三餐主要是新鮮與乾燥的豆類，還有蔬菜比如甜菜、洋蔥、蘆筍，在當時蘆筍是低階層人民的食物。對大多數人來說，肉食是奢侈品。羅馬人喜愛乳酪，條件許可的時候還喜歡吃鹽醃肥魚。採野蘑菇也是羅馬人傳入西班牙的習慣。

到底是哪種外來文化為伊比利半島飲食注入了與眾不同的個性，學者對此有不同見解。很多人認為是伊斯蘭影響，也有一派基於有力

證據認為是羅馬，尤其是在羅馬統治的末期。[11]在那個時候，拉丁語已經是官方語言，複雜的灌溉系統造福了從前因缺水而無法種植莊稼與蔬果的地區。數世紀之後，這些灌溉系統在阿拉伯人手中更是精益求精。至於砍伐森林，學術著作中很少提到這個爭議性主題，但相對於羅馬統治西班牙時期在農業上的極大進步，這的確是瑕疵。從前腓尼基人就已經開始砍伐森林，到了羅馬時代更是帝國政策之一。當時濫墾極為嚴重，甚至找不到合適的木材來支撐當地銀礦的礦坑，以至於這種貴金屬出產大受影響。

▌ 蠻族的世界

由於羅馬國力日漸衰弱，加上北方邊境蠻族持續進攻，羅馬帝國在西元五世紀瓦解了。西斯班尼亞的地中海飲食曾經那般豐盛，現在變得匱乏，這片土地也再次面臨破壞與貧困。

五世紀初，不少蠻族翻越了庇里牛斯山。從古以來，他們就一直在遷移，他們的古老遊牧習慣是大自然一切為我所用，卻沒有加以回報。首先是蘇維匯人（Suebi）及汪達爾人（Vandals）受其他部族壓迫而南移，取代了西班牙的羅馬人。城鎮與村落遭毀，整片土地變成荒蕪的戰場。這些後來者對羅馬飲食的精緻與豐盛是完全陌生的，他們依然保留自己的習慣與偏好；而原住民的生活已不復往日，作物也被破壞，只能掙扎求生。[12]

蘇維匯人及汪達爾人到來之後，豬油脂取代了橄欖油，啤酒取代了原先西班牙年產數千升的葡萄酒。關於蠻族入侵早期的飲食，我們所知的是每個部族都喜歡豬肉勝過羊肉，而且通常在熱炭上烤製。西哥德（Visigoth）王國在西元五七三年統治整個西班牙之後，基督徒與猶太人的農業及飲食都改善了，不過到此時農作物的種類已經大為減少。

西哥德人起源於羅馬帝國東部行省邊疆之外的早期哥德人部族，一直與羅馬人有接觸，受到羅馬習俗與法律的影響。西哥德國王雷卡雷德（King Reccared）從亞流派（Arianism）改宗羅馬天主教會，並且將整個半島的基督教信仰統一在同一個教會之下，於是社會與經濟

開始有了進步。然而不幸的是，宗教上的排除異己也再次爆發。西瑟布特（Sisebut）在位時期（約六一二－六二一年），猶太人又開始受到迫害。西瑟布特受過良好教育，擅長寫作，而且十分虔誠，他立志要讓伊比利半島的其他信仰族群改宗，不然就把他們剷除。雷克斯溫特（Recceswinth）立下了更嚴苛的法律，禁止慶祝逾越節（Passover）以及所有古老的猶太節慶與儀式。雷克斯溫特在位期間，還以羅馬法律為基礎，編纂了《西哥德法典》，稱為《Lex Visigothorum》或《Liber ludiciorum》。

《西哥德法典》裡沒有那個時代的飲食資料，不過可以讓人一窺當時的社會結構。關於那數百年間的生活各方面及飲食，天主教會人士尤其是聖依希多祿（Isidoro de Sevilla）的著作，提供了引人入勝的紀錄。聖依希多祿是天主教會親王，也是備受敬重的學者，不同領域的學界都經常引用他的著作。他大約生於西元五六〇年，是引領西哥德貴族皈依天主教會的關鍵人物，並且主導了托雷多公會議（the Councils of Toledo and Seville）的工作，使其能夠逐漸成為地區的代表性行政機構。他的鉅著《辭源》（Etymologiae）是一部百科全書式的作品，匯集了所有知識，分為二十卷，其中兩卷與食品甚至家用品有關。尤其第十七卷講到了鄉村：農業、各種莊稼、葡萄藤與樹木、香草植物與蔬菜。第十七卷裡的第六十八條目更是清楚：「橄欖油（oleum）的來源是橄欖樹（olea），在前文已提到，『olea』是這種樹的名稱，由此衍生出『oleum』這個詞。」聖依希多祿還指出，根據橄欖成熟的程度，哪一種橄欖油最適宜食用。第二十卷的標題是「食物、飲料，以及各種工具」，內容詳細討論了餐桌、食品、飲料與飲器、酒器、水與橄欖油、廚師與麵包師的器皿、油燈、床、椅、車輛、農具、馬具。[13] 聖依希多祿的《辭源》包羅萬象，所以現在大家還不時聽說天主教教宗要把他定為互聯網的守護聖人！

從國王雷卡雷德時代直到摩爾人於西元七一一年入侵，哥德人與西哥德人統治西班牙超過兩百年，歷代國王甚多。如今馬德里的東方廣場（Plaza de Oriente）上，正對著王宮，就是這些國王的雕像與名號，形象鮮明地連結起過往的統治者與現代君王。

哥德人國王愛吃豬肉與啤酒。馬德里東方廣場的雕像。

【第二章】

摩爾人、猶太人、基督徒

　　廣為流傳的十四世紀初騎士故事《高盧的阿瑪迪斯》（*Amadís de Gaula*），主角阿瑪迪斯將西班牙描述為：

　　肥沃美麗如敘利亞，溫暖甜美如葉門，盛產香料與鮮花如印度，水果多樣堪比胡亞茲地區（the Huyaz），富藏金屬如中國，沿海豐產如亞丁。[1]

　　遠在《阿瑪迪斯》成書之前數百年，當那位異族王子在格拉納達的阿爾穆涅卡爾登岸的時候，心中必定也有同感。當時伊斯蘭教幾乎已經控制了整個伊比利半島。

▋ 在巨岩頂上堅守的三十名基督徒

　　西元七一一年初夏，穆斯林武士塔里克・伊本・齊亞德（Tariq ibn Ziyad），率領一支七千人柏柏爾大軍，登陸伊比利半島。他們乃是應西哥德國王維提札（Witiza）的家族召喚而來，維提札已於七一〇年駕崩，其家族聲稱擁有父輩王國的繼承權，但是當時西班牙並不實行這種繼承方式。根據六八一年第十二次托雷多公會議的規定，西哥德國王應由某幾位主教與貴族推舉產生，因此西哥德末代國王是羅德里克（Roderic、Rodrigo），而非維提札之子。羅德里克原本是公爵或者軍隊指揮官，他在托雷多城頭戴王冠、登上了王座。[2] 當時伊斯蘭的擴張行動停留在北非等待機會，維提札家族求援正好為其提供了完美的藉口。西哥德人稱這些入侵者為摩爾人，而摩爾人把自己入侵的這片土地稱為安達盧斯（Al-Andalus），原意為「汪達爾人的土地」，或者來自日耳曼語的「landahlauts」（分配的土地）。西哥德人的最後一個王國

無能治理，不過四年之後，就成了歷史。從那時起直到將近八百年後摩爾人離開西班牙，摩爾人為這片土地帶來了文學、衣冠、數學、醫藥，更重要的是農業與食品，踵事增華，超越了人們的想像。

無庸置疑的是，對伊比利半島大部分居民——尤其是基督徒來說，戰爭的殘酷、入侵者不時的暴虐，以及初期強制施行的新法律與新宗教，給他們帶來了永遠無法遺忘的哀傷與困頓。後來基督徒收復伊比利半島（Reconquista）的史實與相關傳說，以及天主教徒與羅馬教廷對於異教毫不寬容的做法，也一直讓許多西班牙人對於自身這段重要歷史感到不自在。但是無論如何，他們在中世紀伊斯蘭新月旗幟下接受的豐富遺產，包括往後數百年之間的烹調，都將成為錯綜複雜的西班牙特色的重要成分。摩爾人從北非與中東引進的神奇世界，加上他們進一步開發甚至改進所學的能力，數世紀之後仍舊留存於伊比利半島。摩爾人的遺緒包括許多飲食傳統，至今在西班牙依然可見，也是豐富的摩爾文化遺產的一部分。

伊斯蘭開始入侵伊比利半島的時候，正值西班牙西哥德王國衰落。國王羅德里克面臨來自國內北方納瓦拉地區的壓力，當地人民正在再次謀求獨立。叛亂與分裂是家常便飯，他同時在多處不同戰線上為了存續而苦苦掙扎。發生在距離梅迪納—西多尼亞（Medina-Sidonia）不遠的瓜達雷提戰役（Battle of Guadalete）是致命一擊。就在這裡，一支勢不可擋的伊斯蘭軍隊擊敗了羅德里克。到了西元七一三年，原本登岸時以柏柏爾人為主的七千餘人軍隊，已經有阿拉伯與敘利亞的菁英武力加入。他們就像數百年前到來的羅馬帝國軍團一樣決意留下，甚至焚毀了自己搭乘來此的船隻。從西元七一一到九二九年，伊比利半島是大馬士革的倭馬亞王朝哈里發（Umayyad Caliphate）治下的一個行省，由北非總督指定的埃米爾（Amir）治理，而倭馬亞帝國疆域東至印度、西至直布羅陀海峽。數年之內，摩爾人就佔領了整個半島，只有阿斯圖里亞斯的山間以及巴斯克地區，仍有當地人與少數西哥德貴族堅守幾個孤立的小據點，極力抵抗。

西元八世紀，伊斯蘭武力迫使西哥德菁英藏匿在阿斯圖里亞斯的偏僻角落。惡劣氣候長年肆虐此地的錯綜山巒與河谷，游擊隊在羅馬時代就已經很盛行。這個地區以及巴斯克人與坎塔布里亞人的

領域，是伊比利半島唯一沒有被羅馬人征服的土地。這裡不但危險不宜定居，地形也都是難以耕種的山地，因此對於任何入侵者來說都不怎麼具有吸引力。阿斯圖里亞斯正是伊比利半島收復失地運動（Reconquista）的發源地，這一點被詳細記錄在《安達盧斯征服史》（*Ajban Machmuâ*），此書在十一世紀編纂，記錄了早期安達盧斯：[3]

根據記載，國王貝雷（Belay，即佩拉約〔Pelayo〕）帶著三百人躲在此山中。穆斯林軍隊持續進攻，貝雷許多手下死於饑饉。如此直到最後，剩下三十名男人以及不到十名女人，方才讓步。他們以壕溝防禦據守，尋找岩縫中的蜂巢，以蜂蜜為食。那個地方很難抵達，因此穆斯林軍隊就聽任他們留下了，並且說：反正才三十個人，能幹嘛呢。[4]

雖然基督徒幾乎馬上就開始反抗，但是信仰基督教的歷代國王與其軍隊還要經過漫長的七百年，才能完全從摩爾人手中收復失地。由於入侵速度極快，伊斯蘭治下的生活很快就恢復正常了，首先就從重新分配土地開始。摩爾人奪取了天主教會與西哥德國家的土地，允許投降的地主保有財產，條件是必須進貢。被征服的土地一部分留在新政權手中、交給佃農耕作，大部分土地則分給退役的軍人。柏柏爾人被阿拉伯人視為社會低層，因此他們被迫定居在山中零碎而貧瘠的土地上，在這些地區他們能夠重新從事農牧，那也是他們信仰伊斯蘭之前在北非老家的本業。在日後稱為瓦倫西亞地區的城市及沃土，還有亞拉岡、加泰隆尼亞，以及南方河流縱橫的安達盧西亞，羅馬式的大莊園則賞賜給阿拉伯人。他們在這些地方享受著輕鬆富裕的生活，也為當地帶來了精緻的烹調傳統與食品。

阿拉伯人在向外擴張的過程中接觸到了美索不達米亞烹飪傳統，尤其是成熟先進的波斯文明。在那之前，阿拉伯人的遊牧飲食重心一直是很簡單的肉食與麵餅。他們有句話說：「吃的肉，騎的肉，交媾的肉。」當他們接觸其他文化的時候，也接受了來自中東其他地區、甚至遠自印度與中國的物產，從而改變了原來的阿拉伯飲食。這些物產與烹飪傳統再轉變成更精緻的烹調，然後隨著他們的入侵來到西西里

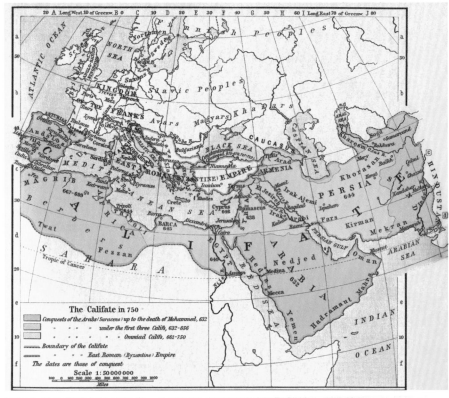

西元七五〇年的伊比利半島，分別標示出倭馬亞哈里發的領土以及基督教徒的領土。

與伊比利半島。此地到處都有他們傳入的扁平狀或者稍微膨發的麵包，
以小麥粉製作，易於消化；加蛋製作的多種糕餅，滋味豐富；油炸點
心在蜂蜜裡浸過，再撒上肉桂粉。原本阿拉伯的羔羊肉與小型野味平
淡無奇，後來也轉變為滋味獨特的菜餚，以芳香植物與香辛料巧妙調
製，直到現在都是餐飯的主角。最重要的是，即使這些肥嫩肉食入口
即化，不須費力咀嚼，但是無論在戰時還是承平年代，他們依然認為
吃肉是很有男子氣概的飲食習慣。每餐最後要以甜味作結，因此他們
為西班牙帶來了前所未有的甜食傳統。這些甜點的原料是最薄的千層
油酥麵團、果乾、堅果，還有當地千百種鮮花釀成的蜂蜜。隨著時間
過去，由於農夫、專業廚師、商人的辛勤勞作，締造了伊斯蘭－安達
盧西亞的獨特菜色，各種性格鮮明的菜餚與烹飪技巧彷彿永無窮盡，
任人享用。甘蔗傳入伊比利半島與美洲，也使得甜鹹餐點的烹調手法
都更加精進。

　　遠在伊斯蘭進入伊比利半島之前，中東與非洲之間的貿易就已經十分興盛。穆斯林使用的海陸與陸路都對貿易有很大助益。船隻配備了羅盤與大三角帆，航行在波斯灣、紅海、阿拉伯海、印度洋。穆斯林甚至開拓了新的貿易路線，往來斯堪地那維亞與俄羅斯，然後前往東非與西非，那裡的黃金、鹽還有奴隸都讓他們賺得盆滿缽滿。各種異國商品與香料也經陸路運輸，駱駝隊商穿越撒哈拉沙漠的北邊及南邊，前往盛產黃金的西非諸王國。從大塊結晶中提煉的岩鹽也是財源之一，這項工作都由奴隸承擔。在西班牙南岸與東岸，從腓尼基時代之前，比開採岩鹽更省力的鹽田就吸引了貿易商。最終伊比利半島南部與東部成為製造與貿易中心，專精於水晶、絲綢、陶器與黃金首飾，地中海東西兩岸的商人都十分珍視這些眾人渴望的商品。在安達盧斯，摩爾人的貢獻不只是貿易，他們還開拓出菜園、果園、花圃，為自己的生活與餐桌增色。對他們來說，這件事很容易。他們發現西班牙的氣候類似摩洛哥海岸、黎巴嫩，以及美索不達米亞的灌溉區，這些地方都屬於地中海型氣候。況且先前此地的希臘人與羅馬人已經有了先進的農業。來自阿拉伯與敘利亞的農業工程師很快就在這片新領土上開始工作，安達盧斯即將分享中東的農業革命成果。他們分析土壤類型，找出適合引進哪些作物，比如硬粒小麥、米、柑橘、甘蔗。

苦橙。

　　最關鍵的是，他們知道如何灌溉才最有效率也最經濟，而且之前羅馬人已經把這項工作完成了一半。水井、水渠與水車都安裝到位之後，摩爾人就著手把這個國家的許多地區轉變成肥沃的樂園，這些地區在西哥德晚期都已拋荒，不然就是之前根本沒有開發。田裡種植了小麥以及許多新舊作物，果園妝點著鄉間，充裕的蔬菜到處出售。我們今天所熟知的所有蔬菜、香草植物與香辛料，都包括在摩爾人的日常飲食中，只有十五世紀才從美洲傳入的品種除外。他們也帶來了此前幾乎已經在此地絕跡的蔬果，比如猶太人愛吃的茄子，據信西班牙在西元一世紀就已經種植，此外還有古典時代早期就出現的蔬菜，比如萵苣。摩爾人和現在的西班牙人一樣，都喜歡吃甜菜、菜薊、朝鮮薊以及菠菜，之前的羅馬人與猶太人也喜愛這些蔬菜。

　　摩爾人種植檸檬與萊姆，把果汁當作調味料，至於苦橙（bitter orange）則可欣賞花香，果實用於烹調，並且冬季時可裝飾街道。他們也開始栽培甜味的柳橙，不過要直到數百年之後才有成果。水果包括甜瓜、香蕉、無花果、椰棗、石榴，後來十五世紀的天主教女王伊莎貝拉一世就把石榴當作自己的王權象徵。摩爾人五彩繽紛的蔬果遍布小攤與市場，也進入了貴族的宮殿，盛裝在手工雕刻的金銀碗與水晶碗中，在秋季還加上綠色與黑色葡萄點綴。伊斯蘭不允許飲酒，不過此地依然重新廣泛種植葡萄。夏末時分，新鮮葡萄上市，或者在烈日下製成葡萄乾與無籽小葡萄乾（sultana）。尚未成熟的綠色酸葡萄可以製成酸葡萄汁（verjus、agraz），廚師烹調傳統的酸甜口味菜餚時，也喜歡用這種極酸的葡萄調味。葡萄也是多種不含酒精飲料的原料，這些飲料通常是甜味的，作法類似蜜酒（hidromiel）與蜂蜜酒（vinos melados），不過也做成發酵酒，稱為「不合規的酒」（illicit wine）。實際上在伊斯蘭西班牙始終沒有完全強制禁酒，這一點從當時阿拉伯作家留下的大量詩歌可以看出來。尤其是在後期的泰伊法小邦林立時期（taifa，安達盧斯的各獨立穆斯林王國）。

　　伊斯蘭西班牙的社會結構是複雜的，特別是在大城市。阿拉伯人是擁有土地的軍事貴族。稍低的階層是柏柏爾人及穆拉迪人（Muwalladun，是柏柏爾人、阿拉伯人與當地原住民的混血後代，信奉伊斯蘭教，中世紀時住在安達盧斯），在城裡他們是商人與工匠，在

鄉間則是農夫與牧人，柏柏爾人尤其如此。莫薩拉伯人（Mozárabes，留在安達盧斯的基督徒）與猶太人必須繳稅，但受到的待遇還算不錯，尤其是在伊斯蘭統治的頭幾個世紀。不少猶太家族因為從事賺錢的奴隸買賣，而且在醫藥、哲學、財務等領域都很成功，從而提高了地位，並且不只在伊斯蘭統治的地區如此。社會階層再往下則是奴隸，他們在統治階層的宅邸擔任僕人與廚師。這些情況很快就為社會帶來了寬容以及共同的文化目標，建立起獨特的文明行為模式，以及智識上的先進成熟，這一切都令歐洲其他地區十分羨慕。當時安達盧斯的居民都明白，如果所有群體之間沒有某種容忍與妥協，那麼這個屬於他們的寶貴國度就無法存在。大致說來，當時社經條件大幅改善，而且私有制首次得到鼓勵。農業與建築都有進展，藝術與科學成為經濟的支柱。無論在前期的埃米爾治下，還是後來的哥多華（Córdoba）哈里發政體之下，戰爭始終沒有停息，但是新的美感、內心的寧靜，更重要的是喜悅與樂趣，成為大多數人民生活的一部分。在菁英階層的宅邸廚房裡，《一千零一夜》的美食來到了安達盧斯。

　　雖然所有摩爾人都信仰同一宗教，在文化上重視的事物也相同，而且理論上在真主與法律之前人人平等，但是歷史上他們分為幾個不同的族裔團體。內訌很常見，彼此之間的緊張甚至戰爭最終造成伊比利半島上的穆斯林銷聲匿跡。伊斯蘭社群中的不平等與內鬥，鼓勵了北部新興的基督教王國越過兩方勢力的邊界。邊界地帶原有數千柏柏爾人一直在努力耕作放牧，此時被迫逃往南方或者返回非洲。西哥德王國的首都托雷多在摩爾人入侵初期就被佔領，此時在基督徒眼中，再度觸手可及。這一切一觸即發，與此同時，阿拉伯世界裡的一場叛亂，將改變一位倭馬亞王子的命運。

▍王子來到阿爾穆涅卡爾

　　西元七五〇年，阿拔斯家族推翻了以大馬士革為首都的倭馬亞王朝，這件事也改變了伊比利半島。一位年輕的倭馬亞王子逃過了滅族，抵達伊比利半島海岸。他擅長以演說打動人心，溫和而有教養，喜愛詩歌，也喜愛戰爭。他意志堅定而有野心，從不讓自己的大事旁

落他人之手。阿巴斯王室本來以為他已經死了，但是有關他的新消息卻如野火一般傳遍整個伊斯蘭世界。他在母親的娘家、北非柏柏爾人那裡藏匿一段時間，然後航越地中海，在格拉納達的阿爾穆涅卡爾登岸。六年之後，這位王子一路打進了哥多華，在那裡自立為安達盧斯的埃米爾，名義上承認巴格達哈里發的法統。他是阿卜杜拉赫曼一世（Abd al-Raḥmān I），在西班牙又被稱為「外來者」（El Inmigrado，The Immigrant）。從那個時候起，這片居住著阿拉伯人、柏柏爾人、西哥德基督徒、西斯班尼亞羅馬人，還有猶太人的土地，就成了避風港，不只有倖存的倭馬亞王朝人民來此尋找新的家園，甚至還有許多阿拔斯王朝的異議者。此地唯一不歡迎的只有這位埃米爾的敵人與叛亂分子，他與這些人誓不兩立。伊斯蘭世界的新統治者阿拔斯王朝將首都從大馬士革遷往巴格達，他們對他的確深感憂慮，本來以為這個倭馬亞叛逆已經被剪除，想不到又從灰燼裡重生。一百七十一年之後，「外

阿卜杜拉赫曼一世抵達西班牙十二個世紀之後的阿爾穆涅卡爾的海灘，以及海灘上最新的外來者。

哥多華清真寺（Mezquita de Córdoba），周圍是市場，販賣食品與其他貨物。

來者」（El Inmigrado）的後人阿卜杜拉赫曼三世（Abd al-Raḥmān III）在西班牙建立了獨立的哥多華哈里發國，完全切斷與東邊的關係。在那個時候，每天都能聽見首都中心壯麗的哥多華清真寺召喚信眾禮拜的宣禮聲。

　　人們說，西班牙最美麗的女人都來自哥多華，這座城市在哥多華哈里發治下如同巴格達一樣偉大。哥多華不但繁榮，而且建設完善，吸引了來自遠方的商人、投資人、知識分子與藝術家。迦太基人創建了哥多華，羅馬人在此地建造了當時最雄偉的橋梁。西元七五六年，「外來者」阿卜杜拉赫曼王子抵達哥多華，這座靈感之城讓他心生喜悅，他將領導自己的埃米爾國成就豐功偉業，而他的王城就是哥多華。

■ 城裡的生活

哥多華清真寺庭院裡的苦橙樹每年都結果，彷彿是提醒眾人此城的伊斯蘭過往：色彩鮮明，甜中帶澀。今天清真寺依然矗立，保衛著來自敘利亞的王朝回憶，這個王朝成功統治了安達盧斯兩百年，有和平歲月，也有征伐戰時。這座宏偉的清真寺是阿拉伯安達盧斯時代至今最古老的建築。在羅馬時期，它的所在位置上曾經是一座神廟，之後改成西哥德教堂。隨著伊斯蘭教到來，教堂又被改成一座樸素的清真寺，然後被倭馬亞的埃米爾選中，將其改建為世界奇觀。它的整體建築布局精美，其中部分是在西元七八六年由阿卜杜拉赫曼一世下令動工。其後兩百年內伊斯蘭西班牙歷代統治者又陸續擴建。

在安達盧斯主要城市的心臟部位，也就是「medina」，居民周圍有一圈高高的石牆保護，城牆上有幾座鐵門供出入，夜間關閉。窄小蜿蜒的街巷、廣場與花園以及清真寺組成了這個世界，還有從羅馬與西哥德時代就沒挪過位置的市場。為了安置增加的人口，城牆外延伸出一片郊區（arrabal）。有幾類人住在郊區，主要是工匠、小店主、農夫，每天城門開的時候，他們帶著貨物與生鮮商品進城，前往市場（zoco），阿拉伯語稱為「suq」。你所能想像到的一切都在這裡買進、賣出、修繕，包括各種食品與服務。在這裡可以剪頭髮、訂做男女服裝、雇用泥水匠、兌換錢幣、談婚論嫁、買賣金銀、購買土地，全都在市場管理員（Muḥtasib）的鷹眼監督之下。街巷間到處奔走的工人也能在市場的小販及小飯館買到可口的飯菜，包括香噴噴的羊羔肉與烤羊腎、炸魚、香辣肉腸、烤羊頭，以及傳統的香菜肉丸（albóndiga），佐以雞蛋。市場也是甜點王國，這裡有油炸的蓬鬆小麵點，還有以麵粉、水、牛奶、酵母、乳酪、橄欖油、蜂蜜、肉桂與胡椒做成的美味乳酪麵包（almojábanas，阿拉伯語 Al-Muyabbana）。這種乳酪麵包的麵團成分類似於用來製作油炸小麵點（buñuelo）的麵團（一種油酥麵團〔choux〕）。

雖然市場（zoco）早已不存，但是詩人拉齊（Razi）稱頌的萬城之母哥多華，依然如它的女人一樣美麗。它是一座令人著迷的城市，守護著屬於伊比利、羅馬，尤其是伊斯蘭的過去，多樣而深刻，在這個現代世界裡，拒絕消逝。

　　倭馬亞西班牙的統治者，比如阿卜杜拉赫曼二世、哈卡姆二世（Al-Hakam II），都是能夠被和諧與美打動的人。只有阿卜杜拉赫曼一世的孫子哈卡姆一世例外，嗜好暴力。對歷代埃米爾來說，音樂、詩歌、佳餚甚至被禁止的美酒，才是真正的生活方式。走在今天哥多華的老城區，依然能夠想像此地西元九到十世紀的生活。曾經有堅固的城牆保護著清真寺周圍的日常活動，雖然城牆已不復見，當年每家廚房裡的爐灶（anafe）也不再使用，但還是有許多事物留存了下來：對鮮花的品味與愛好，裝飾得色彩繽紛的涼爽露台，潺潺的噴泉流水，對阿拉伯馬的讚賞與熱愛，都銘刻在安達盧西亞人民的性格裡。

　　西班牙語裡有大約八千個單字及兩千三百個地名源自阿拉伯語，其中很多與農業及烹飪有關。阿拉伯語對西班牙語的影響僅次於拉丁語。哥多華曾經的藏書無與倫比，包括阿拉伯文書籍，以及從古希臘文翻譯為阿拉伯文、希伯來文、拉丁文的書籍，佔滿了全城數百所圖書室的書架。阿卜杜拉赫曼三世之子哈卡姆二世的私人圖書館擁有超過四十萬冊書籍，然而在哈里發國覆滅時遭到焚毀。隨著哈里發國分崩離析，哥多華與阿爾札哈拉宮（Madinat al-Zahra）裡數以萬計的手抄本，盡毀於柏柏爾叛軍之手。在這場災難之後，又有許多書籍被基督徒奉十字架之名焚毀。這些光輝思想曾經為中世紀初的西班牙帶來啟蒙，幸好部分書籍當年已經被譯為拉丁文並流傳下來，否則就要被抹煞功績了。通常食譜不在翻譯之列，因為烹飪在當時的地位低於農業，地位更高的則是醫藥與營養學，很可能當年這些藏書中的食譜手抄本已經永遠失傳了。不過說不定哪天在某座修道院的隱密藏書室中，還會有修女修士祕藏的幾本阿拉伯文食譜重見天日。

　　齊爾亞布（Ziryab）是中世紀文化界代表人物，曾經應哈卡姆一世邀請，來到哥多華的宮廷。他可能出身波斯或者庫德族家庭，由於傑出的音樂才華與表現激起了老師的妒忌，於是他不得已從巴格達阿拔斯哈里發馬蒙（Al-Ma'mum）的宮廷裡出逃。在齊爾亞布看來，安達盧斯應該是最適合避難的地方。他抵達哥多華的時候，哈卡姆一世已經去世，一開始他感到恐慌，不過很快就發現繼位的阿卜杜拉赫曼二世是最有力的保護者。齊爾亞布是天才音樂家暨歌手，他以優美的歌聲迷住了哥多華，而且為這座首都帶來了前所未有的優雅細膩，此前

＼來自過去的苦橙／

　　從年頭到年尾，苦橙點綴著安達盧西亞的街道與伊斯蘭重要建築的庭院。哥多華清真寺（the Mosque of Cordoba）、塞維亞大教堂、加的斯省內的赫雷斯 - 德拉弗龍特拉城（Jerez de la Frontera），都有苦橙樹，當初是安達盧斯的阿拉伯人種下的。苦橙又稱為廣東橙（Canton orange），屬於廣大的苦橙家族（種名Citrus aurantium）。據信苦橙種發源於印度西部、中國、緬甸，先傳入美索不達米亞，然後傳入羅馬，最後藉由阿拉伯人在地中海的擴張傳往各地。來自波斯與美索不達米亞的苦橙先傳入敘利亞，然後在伊斯蘭時期進入西班牙。穆斯林種植苦橙樹是裝飾街道與庭院，而且也為了它的花香與鮮明的果實顏色。安達盧斯本地廚房將苦橙果汁與外皮加上甘蔗，用以製作甜點。直到今天人們依然說，苦橙是最純潔鮮活的證據，見證了伊斯蘭曾經存在於歐洲。在中世紀，安達盧斯易手的時候，基督徒改動了許多伊斯蘭時期的建築，使用的手段不怎麼光彩，還有許多建築被徹底毀滅，但是這些美麗的果樹始終沒有被連根拔起。

　　事實上苦橙有兩支不同血統。塞維亞苦橙經由北非傳入，現在西班牙庭院與街道上的就是這種。兩個世紀後，十字軍從聖地帶回來的苦甜橙（bittersweet）則是第二支，目前南美洲國家種植最多。

從高處俯瞰安達盧西亞塞維亞主教座堂的橙樹。

西班牙地方烹調只有安達盧斯的某些菜餚使用苦橙。其中最有名的是一種名稱古怪的魚湯，「狗的濃湯」（caldillo de perro），還有一種濃郁的燉魚「苦橙燉魚」（raya a la naranja amarga）。這兩道菜都跟加的斯省傳統烹調有關，尤其是兩個很有歷史的小港口，桑盧卡爾 - 德巴拉梅達（Sanlúcar de Barrameda）以及聖馬利亞港（Puerto de Santa María）。據信「狗的濃湯」在從前是安達盧斯的名菜，因為「狗」（perro）曾經是莫薩拉伯人（安達盧斯的基督徒）對摩爾人的蔑稱。這些菜餚倖存了幾世紀，現在卻面臨絕跡，因為其中幾種材料漸漸不流行了。這道菜很容易做。在深煎鍋裡加橄欖油，用小火把切碎的洋蔥及大蒜煮至香軟，稱為索佛利托底醬（sofrito），加上大量水及一點鹽，煮沸。然後加進白魚片煮熟，通常用的是中等大小的無鬚鱈魚（hake），在安達盧西亞稱為「pescada」。在魚湯上桌之前，加進苦橙的果汁，這樣能賦予魚湯與魚肉特殊風味。這道菜通常搭配煎過的「mollete」一起吃，這是一種軟的手工小麵包，呈橢圓形，只烤至半熟。有些歷史學家認為這種麵包是阿拉伯人帶來的，也有人認為它起源於猶太人的無酵麵包。偉大發明蘇格蘭鄧迪柑橘醬（Dundee marmalade），就是以西班牙的苦橙製成。

只存在於東方。他憑一己之力改變了當地人的時尚：應該留什麼髮型、甚至男人應該怎麼化妝，這種事在從前聞所未聞。不過他最大的貢獻還是在飲食以及餐桌禮儀方面。他不喜歡創作新食譜，但是修改了一些流傳已久的菜餚材料與風格，並且重新制定上菜的順序。[5] 在當時，各種菜餚無論甜鹹冷熱，都是隨意端上桌，這個習慣在半島北方的基督徒地區一直留存到中世紀末。而齊爾亞布設計的新順序則是按照每道菜餚特性加以分類：冷盤（開胃菜）先上桌，然後是熱的庫斯庫

十世紀的可移動小爐灶，素陶土製；本書第一四三頁的畫作裡有一座使用中的「anafe」。

斯蒸粟粉（couscous）、湯、餡餅。比較清淡的菜餚比如魚類，應該在腴厚的紅肉與禽肉之前上桌，這類肉通常是以魚醬或油醋醬調味。以杏仁及玫瑰水製成的濃郁甜點應該放在旁邊的小桌上，以絲綢或者細棉布覆蓋。

來自非洲、中東甚至東亞的商人帶來新的種子、植物與香辛料。廚師都想複製先人的中東與北非風格菜餚，所以這類食品材料的需求旺盛。比如加了蜜李的尖蓋鍋香料燴雞肉，榅桲（quince）與蘋果燉山鶉（partridge），小蛋餅煎茄子，使用蘆筍與菠菜的菜餚，鮮乳酪，名為「mirka」的碎肉香腸，還有以黑胡椒、芫荽子、薑、番紅花調味的洋蔥雞肉餡餅（barmakiya）。番紅花賦予米飯獨特顏色與風味。從十世紀以來，稻田就在廣大的西班牙鄉間妝點出近乎東方的景色。拜占庭人可能在西元六世紀就把稻米傳入伊比利半島了，不過還是阿拉伯人把稻米變成西班牙飲食傳統的一項重要原料。近代以來，埃斯特雷馬杜拉才開始有幾公頃稻田，除此之外，西班牙絕大部分稻田依然位於一千一百年前阿拉伯農學家選擇的地區，也就是安達盧西亞的瓜達幾維河三角洲與瓜迪亞納河（Guadiana）三角洲、加泰隆尼亞的厄波羅河三角洲、瓦倫西亞的阿爾布費拉潟湖（Albufera），以及穆爾西亞省內陸（Murcia）。這些地方吸引了專精的阿拉伯農人，根據十二世紀安達盧斯農學家暨作家阿布薩卡利亞（Abu Zacariya）記載，這些農人向居住在巴勒斯坦南部及約旦的納巴泰人（Nabatean）學會了耕種稻米。阿布薩卡利亞引用的資料來自之前在西班牙工作的阿拉伯農學家以及古老中東典籍。阿拉伯農人發現，在羅馬人已建有灌溉系統的沼地與較乾的土地上，環境非常適合精細的稻米耕作，不過從前羅馬人並未在這些地方種植稻米。羅馬人的稻米是從敘利亞與埃及進口，大部分做成供應醫藥用途的米水（rice water）。阿布薩卡利亞在自己農業著作中寫下了大量耕作指導，包括種植稻米的季節與地點、種植方法。他也提到如何製作米麵包、米布丁，甚至米醋。

▍廚房、市場、用水法庭

在大部分家庭，人們的日常食物完全不同於齊爾亞布風格的宮廷

特製品，不過有時候中產人家也會做類似菜餚，但是稍加變動，比如原來應該用七、八種香料，就只用一兩種，用的肉也選擇比較便宜的部位。在一般人家中，廚房只佔用一點空間，位於一樓，能夠直接通往天井，那是每戶家宅的心臟。天井有一口小噴泉或者水井，頭頂上有一架爬藤（emparrado，pergola藤架）提供遮蔭，讓大家在炎熱的夏夜可以在星空下乘涼。廚房裡使用燒木炭的素陶土小爐灶（anafe），旁邊是用來烤麵包的磚砌烤爐，不過家裡的自製麵團經常在一清早由佣人拿到附近的烤爐，請麵包師代為烘焙，麵包師則留下一部分麵團當作報酬。用公共烤爐進行代烤服務不限於麵包，還有烤肉、烤魚，甚至米飯，這種習俗在某些西班牙鄉村一直留存到一九六〇年代。

在中世紀安達盧斯的廚房裡，午飯與晚飯由女性準備，而整個上午男人都在做買賣，在清真寺裡祈禱、交際，或者在市場閒逛。他們在市場上可能喝點薄荷甜茶，買點吃食。在伊斯蘭西班牙，男人不但掌管家裡的食品儲藏室鑰匙，也負責為家人採買食物。

在今天，瓦倫西亞城的中央市場（Mercado Central）咸認是整個地中海地區最好的市場之一，原因很簡單：此城周邊鄉間土地肥沃，物產豐富。這片土地從羅馬時代以來一直灌溉良好，多少世紀以來農人精心照料，他們的專業技能繼承自前輩，也就是中世紀初期定居於此的敘利亞、柏柏爾、阿拉伯農民。如今從週一到週六，每天上午到十一點為止，瓦倫西亞老城區的窄巷總是人潮擾攘。現在阿拉伯文已經不再是大部分人使用的語言了，在摩爾人的時代，包括猶太人、基督徒、貴族與學者，都說阿拉伯語。在農業事務方面，阿拉伯語也是當地法庭使用的語言，比如首要的「Tribunal de Aguas」──用水法庭。在中世紀的瓦倫西亞城，為了確保作物與糧食供應，擁有農地的人可以為了保衛自己的灌溉權，將案子上呈至受人敬重的用水法庭。

用水法庭是從伊斯蘭時期的瓦倫西亞開始的，目的是管理西班牙東海岸肥沃農地的灌溉用水，咸認是歐洲最古老的民主機構。直至今天，這個法庭依然地位重要，而且發揮著千年前的相同功能。每個星期四正午，用水法庭開庭，位置就在瓦倫西亞主座教堂的使徒門外。

＼番紅花（Azafrán）／

二〇〇二年六月，慢食運動（Slow Food Movement）的發起人卡爾洛・佩特里尼（Carlo Petrini）說，番紅花是他所知唯一被允許添加在食物中的非法藥物，它能夠激起情慾，為肉體增添美觀，結合了鎮定、催眠、興奮的功效。從前在安達盧斯，人們也有相同看法。番紅花是世界上最昂貴的香辛料，西班牙最晚於十世紀就已經開始栽種。有些歷史學家相信它來自克里特島與小亞細亞，也有人的看法更明確一些，認為它來自伊朗的札格洛斯山脈（Zagros）。柏柏爾人在拉曼查（La Mancha）、瓦倫西亞，以及靠北邊的亞拉岡栽種番紅花。它的西班牙文名字是「azafrán」，源自安達盧斯阿拉伯語的「al-zafaran」，而這個詞又來自阿拉伯語的「za'faran」。起先番紅花僅供安達盧斯上層社會使用，利潤豐厚的番紅花貿易也被他們獨佔。漸漸所有菜圃都種植了番紅花，每一社會階層都在烹調中使用它。

番紅花與人類文明一樣古老，用於醫藥、烹調、飲料，甚至化妝品。古埃及醫藥文獻裡有它的身影，古希臘詩歌、古羅馬的《論烹飪》（*De re coquinaria*）也都有它。因此可以相信，羅馬西班牙的廚師在許多菜餚裡都用到這種濃郁的香料。

十三世紀的手抄本《安達盧斯之軼名著述》（*Anónimo Andaluz*）以及十四世紀的《桑特索維之書》（*Sent Soví*）與《烹飪之書》（*Llibre de coch*），書中都有許多使用番紅花的食譜。十七世紀初多明哥・艾爾南德斯・德・馬瑟拉斯（Domingo Hernández de Máceras）的著作《烹調藝術》（*Arte de cocina*）裡有加了番紅花的燉肉，也有米飯，比如「Arroz de azeyte, o manteca para los que no comieren leche」（用橄欖油或豬油燉煮的米飯，給不喝牛奶的人食用）。加泰隆尼亞作者安東尼奧・卡普馬尼・德・蒙特帕勞（Antonio Capmany y de Montpalau）在著作《巴塞隆納老城的海上貿易、商業、藝術

番紅花田，自從十世紀以來無甚變化。

的歷史紀錄》（*Memorias históricas sobre comercio marítimo, comercio y artes de la antigua ciudad de Barcelona*）當中引述，在一四二七年，共有重達三千零六十公斤的番紅花運往日耳曼與薩伏依。到了第二年，又增至三千五百零八公斤，其中大部分都產自亞拉岡。如今亞拉岡已不再生產番紅花，但是在亞拉岡聯合王國（Crown of Aragon）擴張時期，番紅花頗為重要，這一點也被十七至十八世紀的西班牙作者安東尼奧・庫貝羅（Antonio Cubero）及賽巴斯提安・迪・艾爾佛拉斯諾（Sebastian de El Frasno）詳盡記錄下來。關於十六世紀西班牙出口至歐洲及中南美的主要商品，這兩位提供了大量資料：絲線、橄欖油、紅酒與白酒、陶器、鐵，還有番紅花。在西班牙的美洲殖民地，交易都以西班牙的里拉銀幣（real）與馬拉維迪銀幣（maravedí）支付。馬拉維迪銀幣演變自迪納爾金幣（dinar），這種金幣一開始是哥多華哈里發阿卜杜拉赫曼三世在安達盧斯鑄造。

　　最後成為西班牙番紅花主要產地的不是拉曼查，而是亞拉岡，而且亞拉岡的番紅花品質是全世界最佳。不過即使到了現在，番紅花依然會讓人聯想起一些事物，比如摩爾人、地名曼查（Mancha），尤其是西班牙東邊地區（Levante）的米飯類菜餚，比如鐵鍋飯（paella）。由於西班牙本地番紅花減產，加上其他產地國的競爭優勢，如今西班牙已經失去了全球市場的主導地位。

從當地農人之中票選出來的法官們坐在一起，周圍有一圈華麗的鐵欄杆保護，人們則站在欄杆外。法庭的任務是管理灌溉以及解決灌溉紛爭，這是由西班牙法律承認的。上呈的案子由當事人親自口頭申訴，最後法官們的裁決不可更改，不再接受上訴。這是全世界僅存仲裁公共財產的古老機構之一。

瓦倫西亞用水法庭，二〇〇六年。從十世紀開始，該法庭就負責處理農業用水事務。

▌阿爾札哈拉宮（Madinat al-Zahra）

　　阿卜杜拉赫曼三世紅髮藍眼，是一名巴斯克血統女僕的獨子，其父是哥多華埃米爾。他和先人「外來者」阿卜杜拉赫曼一世一樣充滿野心，並在西元九一二年於哥多華大清真寺自立為哈里發。在當時，伊比利半島的政治版圖已經有了變動。安達盧斯以北的基督徒小據點阿斯圖里亞斯一直力抗摩爾人入侵，如今已經擴張為數個王國，分布在半島北部與東部。時年二十一歲的阿卜杜拉赫曼三世深知，此時首要大事是維持安達盧斯的統一。在哥多華埃米爾政權後期，伊斯蘭派系之間的內部分裂及騷亂已經開始危及伊斯蘭在伊比利半島上的存續。巴格達哈里發擁有伊斯蘭政教合一制度上的最高地位，因此對阿卜杜拉赫曼來說，前進的唯一道路就是擺脫巴格達所代表的桎梏；他不但必須團結內部，還要準備面對新的威脅，也就是在北非崛起的敵對王朝。非洲的法蒂瑪王朝（Fatimids of Afriqiye）正在埃及等待此岸暴露弱點。阿卜杜拉赫曼必須徹底控制一切，而且他也的確做到了這一點。他創造了一個新的哈里發國，哥多華哈里發國（El Califato de Cordoba）。阿卜杜拉赫曼三世下令在距離哥多華不遠處營建壯麗的宮城阿爾札哈拉宮（Madinat al-Zahra），起因是不是像傳說中那樣，為了獻給他最寵愛的妃子扎哈拉？事實很可能並非如此。歷史學家相信，這位年輕的哈里發營建此城，是政治及意識形態上的嚴肅宣言。他需要一座新的城市宮殿，用以代表他凌駕強敵法蒂瑪王朝之上的權威與實力。為了與哥多華比美，閃耀潔白的阿爾札哈拉不只是一座由城牆堡壘環繞的廣闊宮城，而且是伊斯蘭西班牙的外交、學術、廚藝中心。在這樣充滿歡樂愉悅、美與設計的宮殿裡，佳餚美酒自然是公共關係與外交活動的要角。在這裡，異國訪客與哈里發家族都同樣期待著傳統阿拉伯風格的奢華宴席，還有不間斷的餘興節目。在阿爾札哈拉宮的廚房與宴會廳，大廚、司膳、女僕遵循的很可能都是齊爾亞布的教導。

　　在此後八十年，西班牙的伊斯蘭教與哈里發國將遭受最後一次震盪，原本阿卜杜拉赫曼的後人遏止的內戰終於爆發，徹底摧毀了阿爾札哈拉，最偉大的西方哈里發心愛的宮城。不過，儘管歷經了動亂與破壞的年月，哥多華的大清真寺依然保存至今。

　　哥多華哈里發國末年，在安達盧斯的伊斯蘭社會，藝術、奢侈生活、佳餚美酒依然和從前一樣重要，但是政局卻發生劇變。西元一〇三一年，伊斯蘭西班牙分裂為二十四個被統稱為「泰法」（taifa）的王國，其中包括塞維亞、托雷多、哥多華、瓦倫西亞、薩拉戈薩、巴達霍斯（Badajoz）等等。這些小國的統治者也稱為泰法，他們大都是受過教育的年輕人，對於哥多華哈里發國分崩離析之後留下的安達盧斯各族人民，也都採取包容的態度。

　　最重要的是，泰法諸王重新帶來對於藝術與科學的強烈愛好。這些伊斯蘭派系之間的敵對與衝突最終導致自身覆滅，並且引發一連串悲劇性的後果。在現今的西班牙，「un reino de Taifas」（一個國家有太多泰法）依然用來描述分裂與大權旁落。泰法諸王試圖抵抗來自卡斯提亞—雷昂的基督徒，他們勢如破竹，進犯斗羅河以南，此時北非軍隊前來助陣，於是政治局面每況愈下。西元一〇八五年，卡斯提亞王阿方索六世（Alfonso VI）的意圖已經很明顯了：他要拿下西哥德古都托雷多，該城市擁有濃烈的過往，是伊斯蘭文化與烹飪的重鎮，尤其以製作糖食聞名。這個卡斯提亞王是危險人物，必須加以阻止，於是泰法諸王向非洲求援，西班牙歷史的又一燦爛篇章即將終結。狂熱的基本教義派武士騎著戰馬，全身黑袍，再次踏上距離直布羅陀海格力斯之柱（Pillars of Hercules）不遠的白沙。隨著穆拉比特人（Almoravids）以及稍晚穆瓦希德人（Almohads）到來，伊斯蘭基本教義派的黑暗面降臨戰亂中的伊比利半島，數以千計的猶太人與基督徒因為拒絕背棄自己的宗教而喪生，或者逃往北方。

與此同時，在廚房裡⋯⋯

　　在整個西班牙地中海沿岸，從古典時代甚至更久遠之前，廚房裡就可以聽見杵臼的碌碌研磨聲。研杵與研缽的材質包括陶、木、金屬。各種大小的黃銅研缽，西班牙語稱為「almirez」，這又是一個來自阿拉伯語的詞，這類研缽現在仍用來搗碎番紅花、小茴香子、胡椒、八角、果乾、乾麵包、大蒜等等。除了在廚房中的用處，它還有一個功能；金屬研缽與研杵，加上調羹、裝飾好的玻璃瓶、木製與金屬洗衣板，

阿卜杜拉赫曼三世接見使節，與他們共飲。迪奧尼西歐・拜赫拉斯・貝爾達克爾
（Dionisio Baixeras Verdaguer, 1876-1943）作品。

阿爾札哈拉宮遺跡裡的阿拉伯烤爐。

阿爾札哈拉宮，阿卜杜拉赫曼三世的夢幻之城，位於哥多華附近。

都被當作即興演奏的樂器，在節日派上用場。如今熱鬧市場外的小商
店依然出售木製研杵，以及更便宜的黃綠釉陶質研缽。過去在安達盧
西亞，採收葡萄與橄欖的工人，還有在夏天從事農作與收割的農人，
都喜歡喝清爽的湯提振精神，其原料是杏仁、大蒜、麵包、橄欖油，
以及加上酒醋調味的水。作者軼名的十三世紀手抄本《軼名著述安達
盧斯紀事》（*Anónimo Andaluz*），內容編集了馬格里布（Maghreb）及安
達盧斯的食譜，其中有一道菜：肉泥粥（harîsa），不可與今日北非以
紅辣椒做成的香辣醬（harissa）混淆。肉泥粥在齋月很受歡迎，在西
班牙名為「harisa a las migas de pan blanco」，作法很簡單：在研缽裡
將白麵包或者粗麥粉麵包的乾麵包塊搗碎，加水軟化，放置在陽光下
曬乾並發酵，再放進煎鍋。加進羊腿或羊肩肉片或碎肉，這道湯只能
用羊羔肉與羊油。加水漫過材料，煮至羊肉酥爛並且已經與麵屑融合。
加入羊骨髓，再加點麵包屑，然後以研杵搗至軟麵團狀。淋上一點熱
的羊脂油，撒一點肉桂粉。

　　除了研缽以外，現今西班牙廚房裡常見的老式的陶鍋及淺砂鍋（cazuela），在伊斯蘭時期也用來在烤爐中烤製米飯，或是在爐灶上烹煮加了魚肉的短麵條（fideo）。庫斯庫斯是穀物名稱，也是馬格里布地區的一道菜，原料是硬粒麥（杜蘭小麥〔durum〕），放在摩洛哥與突尼西亞式的陶製尖蓋鍋裡蒸熟，這道菜在安達盧斯稱為「alcuzcuz」。這些陶鍋煎鍋、菜餚甚至爐具，都從安達盧斯一路遠行，傳到了美洲。

　　「anafe」（素陶土製小爐灶）與「albóndiga」（香菜肉丸）這兩個字傳往各國的經過也很有趣。它倆從北非地中海沿岸出發，前往西方，先在西班牙住了下來。接著進入卡斯提亞語，被基督教化，然後上船航向美洲。它倆航越大洋，散播開來，進入美洲每一座谷地，爬過最崎嶇的高山，深入最濃密的森林。於是，今天在遙遠彼方最樸實無華的小茅屋裡，我們都能從阿茲特克人的後裔嘴裡聽見這兩個字。[6]

　　阿拉伯語的「annáfih」，就是西班牙語的「anafe」及「hornillo」，指的是比較原始的小型可移動式素陶土爐灶，直到二三十年前，安達盧斯依然在使用。香菜肉丸（albóndiga）是一道從羅馬時代就很流行的菜餚，以碎肉製成。中世紀文獻裡記載了起源於阿拉伯的西班牙食物，其中就有幾道類似香菜肉丸的食譜。

　　有些西班牙人拒絕承認西班牙飲食的伊斯蘭背景，但他們的論據都只是選擇性的；由於西班牙與天主教的關係密切，這種心態並不難理解。有趣的是，在西班牙飲食的發展過程中，某些曾經在安達盧斯廣泛使用的材料一直保持著重要地位，或者逐漸取得重要地位，可是也有一些完全被遺忘了。為什麼庫斯庫斯消失了，而稻米及麵食卻保存了下來，比如同時傳入伊比利的短麵條和極細麵條（aletria）？為什麼現在只有安達盧西亞的幾道食譜使用香菜，而其他地區的傳統烹調裡都沒有？為什麼香辛料在西班牙地方烹飪裡很少使用，只除了番紅花、肉桂、小茴香子、八角？為什麼在卡斯提亞與亞拉岡人們最愛吃的羊羔肉，在其他地方卻很難找到，比如在壯觀的莫雷納山脈（Sierra Morena）中心部位、距離塞維亞不遠的阿拉塞納（Aracena）？其中有些情況的原因很有道理，但是有些情況的解釋就說不過去，只能是宗

教上的強制政策所導致的古老偏見。這種偏見是西班牙地方烹飪傳統的重要成分，同時也是那個時代對現代西班牙烹飪的重要影響因素。這種偏見其實是缺乏認識，不了解從伊斯蘭時期直到所有摩里斯科人（Morisco）離開西班牙這段歲月裡的摩爾人與猶太人飲食。

　　有件事實是西班牙人永遠不會否認的，那就是他們熱愛甜食、非常非常甜的甜食。食糖是神奇的原料，改變了中世紀西班牙的甜鹹菜餚，從十世紀開始，阿拉伯人開始提煉糖。他們有很多烹飪傳統需要使用糖，因此他們在伊比利定居之後，馬上在格拉納達王國及瓦倫西亞開始栽種甘蔗。沒有多久，製糖廠（trapiche）就開工了。首先在冬天砍下甘蔗，並且給留下的根部施肥。從十一月直到一月，把砍下的甘蔗泡在水裡，然後將甘蔗榨汁，把這些珍貴的汁液集中在大鍋裡煮沸，直到變得清澈。接著再煮沸一次，讓水分蒸發，留下的糖分自然形成結晶，此時形成的糖比較粗糙，但是已經可以直接使用，也可以繼續精煉取得更高品質。從那個時候開始，不但在穆斯林佔領的城鎮裡，廚房、麵包店、甜食店都有糖，當基督徒往南進攻的時候，基督徒佔領的城鎮裡也都有糖。而一開始糖是非常昂貴的珍饈，只有富人負擔得起。[7]

▌猶太區（Judería）的食物

　　如果此人尊崇摩西律法而守安息日，也就是在當天換上乾淨的襯衣以及比平日講究的衣服，並且在餐桌上鋪上乾淨的桌布，禁止在家中生火，前一天即星期五就開始禁止工作。

　　如果此人在準備肉食之前，去除肉上的板油與脂肪，並且淨化肉類，也就是以水洗去肉上的血，或者從公羊腿以及所有已死動物身上去除「landre」或稱「landredilla」（腺體）。

　　如果此人宰殺食用的公羊或者鳥類的時候，用刀割破動物喉嚨，並且在宰殺之前檢查刀刃不得有任何毀損，宰殺之後以砂土覆蓋血跡並且念誦某幾句猶太人的話語。

　　如果此人在大齋期間（Lent）以及教會（Santa Madre Iglesia）禁止的日子吃肉，卻無法提出符合教律的理由，而且相信這種行為不是罪

托雷多杏仁糖糕（Mazapán de Toledo）

在宗教與民族節日，西班牙人的地方飲食傳統不同於其他國家，比如聖誕節很少吃火雞。一盤盤介殼類海鮮與伊比利火腿、內容紮實的高湯、烤魚或者羊羔肉，才是聖誕節家族聚餐的主角。節慶期間的甜點包括杏仁牛軋糖（turrón）和蜜餞、松子，還有裝飾美麗又富含想像的杏仁糖糕做成的小塑像（figuritasde mazapán）。

雖然對於這種杏仁糖糕的起源有很多猜想，但是歷史學家尚未找到明確的證據，不過它的食譜倒是流傳了數世紀沒有改變。歷史與傳說對於它的來歷都有許多說法。《一千零一夜》把杏仁糖糕的歷史帶回古代中東。托雷多的一項宗教法令，還有西西里的一家糖果商，至今都宣稱自己是杏仁糖糕之母。此外，希臘、賽普勒斯、巴格達、尤其曾經是對中東貿易重心的威尼斯，也都宣稱自己才是始祖。德國的呂北克（Lübeck）奠基於十二世紀，是中世紀大城，對於把杏仁糖糕傳布到歐洲北部，扮演了關鍵角色。在威尼斯，這種杏仁糖糕的名字是「marzipane」，這個字來自「massapan」，這也是威尼斯人對某種錢幣的

杏仁糖糕通常做成許多不同形狀。

稱呼。而「massapan」可能源自「mawthaban」，這又是阿拉伯人對於另一種拜占庭錢幣的稱呼，十個「mawthaban」錢幣等價於一個「massapan」錢幣。

在西班牙，數百年來，托雷多一直與杏仁糖糕有關。托雷多杏仁糖糕的歷史，就與威尼斯和呂北克的相關傳說一樣，起源都不是歡欣樂事，而是饑饉。西班牙的傳說裡，杏仁糖糕與關鍵的拉斯納瓦斯─德─托洛薩（Las Navas de Tolosa）會戰有關，這場戰役發生於一二一二年。當時在托雷多，麵包十分匱乏，但是修女們想到了一個辦法。托雷多的甜餅（pan dulce）並不含麵粉，而是用杏仁及蜂蜜做成的，所以富有的聖克利門蒂女修院（San Clemente）儲存著充裕的杏仁和糖，於是修女們開始以糖取代蜂蜜製作甜餅。她們在修院廚房裡以一把木槌（maza）將杏仁和糖一起磨碎，做成餅（pan），這就是「mazapán」。修女以這種杏仁糖糕拯救了許多城內居民的性命。時至今日，托雷多的杏仁糖糕配方依然與數百年前相同：瓦倫西亞杏仁、白糖、蛋黃、蛋白、一點水，還可以加上肉桂與檸檬皮。

惡。如果他在最重要的那個齋戒日封齋，此齋戒日名稱甚多，比如赦免齋日（ayuno del perdón）、贖罪日（de las expiaciones y del chphurin ó del quipur）、猶太教贖罪日（Yom Kippur）……

如果此人以猶太人的方式祝福餐桌；如果此人喝過名為「caser」的酒（源自caxer，意思是合法的），而且該酒是猶太人釀造的；如果他接過酒的時候念誦祝禱，並且在交給別人之前念誦某些詞；如果他吃猶太人宰殺的動物；如果他背誦大衛王的詩篇卻沒有在結束時背誦〈榮耀頌〉（Gloria Patri）；如果他為兒子選了一個猶太人常用的希伯來名字；如果他在兒子出生七天之後，把兒子放在浴盆裡，裡面有水、金、銀、米珠、小麥、大麥等等……[8]

以上這段文字，出自歷史學家胡安・安東尼奧・由倫提（Juan Antonio Llorente, 1756-1823），描述西班牙改宗者（converso）的蛛絲馬跡以及私下保持的一些儀式，從一四九二年開始，西班牙宗教裁判所就一直要揪出這些人。這些儀式應該與安達盧斯猶太人的儀式很類似，他們在當地已經與基督徒及摩爾人共存了八百年。

今天參觀哥多華大清真寺或者塞維亞王宮（Royal Alcázar）的遊

客，通常也會漫步猶太區（las juderías）的蜿蜒小街，「las juderías」是中世紀西班牙對於城內猶太人聚居區的稱呼。安達盧西亞、托雷多、格拉納達、瓦倫西亞、薩拉戈薩、巴塞隆納都有重要的猶太區，還有幾百個村莊裡也曾有猶太住戶，他們從當年來到伊比利半島，就與當地人使用一樣的香料，家家廚房傳出相同的芬芳。

如果聖經中記載約拿逃離主的地方他施（Tarshish）確實在西班牙，那麼西班牙可能早在所羅門王時期就與猶太人有關聯了。無論這件事是否有可靠出處，目前已經有真憑實據可以證明，尤其是從西元二世紀開始，人數眾多的猶太團體在羅馬時期就已經存在於西班牙了。與羅馬血統的公民一樣，這些居住在西斯班尼亞的猶太人從一開始就從事許多不同職業。在鄉間他們耕作土地，在城裡他們是貨物與奴隸貿易商，他們也是工匠，或者從事金融行業。他們的職業生涯與整個社會交織在一起。基督教到來之後，這一切就改變了，天主教會開始忌憚他們的風俗習慣，特別是他們的飲食律法有許多與眾不同的特點。教會出現了最早的反猶太主義跡象，終於在四世紀，艾爾維拉公會議（the Council of Elvira）頒布命令：即日起猶太人不准從事農耕、不准畜養奴隸，不准與基督徒通婚（基督徒與猶太人通姦將遭到放逐），不准祝福基督徒的作物、不准與基督徒一起用餐。到了五世紀末，西斯班尼亞開始受西哥德統治。西哥德人皈依天主教之後，情況更加惡化，首次頒布敕令將猶太人驅逐出西班牙。猶太人沒有選擇，只能改宗天主教，不然就離開西班牙。於是有些人改宗，有些人翻越庇里牛斯山前往歐洲其他地區，或者去了非洲。七世紀上半葉西哥德國王蘇因提拉（Sintila）在位時期，壓力減輕，於是改宗者又重新皈依猶太教。但這只是暫時鬆一口氣，西元六三三年，托雷多公會議再次處理了這件事。如果改宗者被發現依然奉行猶太教規，他們的孩子就會被送往天主教修道院撫養。

摩爾人在七一一年入侵伊比利，情況隨之改善。接下來三百年，猶太人經常擔任官方職務，為統治者效力，在政治與財政方面都有一席之地。他們從事醫藥也很成功，還有銀行業及稅吏。在伊斯蘭統治前期的幾百年，寬容的政權允許猶太教及基督教與伊斯蘭同樣在喜悅的氣氛中蓬勃發展。但是猶太社群的生活自有規律，只受自己人管轄，

因此永遠不會完全融入其他群體，雖然他們與摩爾人說著一樣的阿拉伯語。安達盧斯大部分時候都比較平靜寬容，直到十一世紀哥多華哈里發大權旁落。哈里發國分裂成泰法諸國，當泰法們受到北方基督徒嚴重威脅的時候，他們決定向直布羅陀對岸的伊斯蘭基本教義派武力尋求協助。先是穆拉比特人，接著殘暴的穆瓦希德人完全控制了安達盧斯，於是生活再次惡化。受到威脅的猶太社群決定前往北方，越過基督徒與伊斯蘭之間的國界，在那裡他們可以重新開始，維持自己的飲食與烹調傳統，尤其是在城市裡，比如西哥德古都托雷多。他們可以在星期六去猶太會堂祈禱，然後安全回家，吃一碗熱騰騰的安息日燉菜（adafina）。他們可以買布做成講究的衣服，可以寫書，可以從事醫藥行業。遺憾的是，他們在貿易方面的成功，尤其是擔任稅吏，都成為教會及毀謗者針對他們的理由甚至藉口。隨著時間過去，基督徒軍隊不斷朝著格拉納達的摩爾人王國前進，取得了更多領土。到了十四世紀末，對西班牙猶太人來說，快樂的時光即將成為甜蜜的回憶。

　　這一切是從塞維亞開始，當時此城已經在基督徒控制之下。一三九一年六月六日，埃西哈總執事（Archdeacon of Ecija）費蘭德‧馬丁尼斯（Ferrand Martínez）鼓動暴徒攻擊河畔的猶太社區，就此點燃了仇視的火把。與此同時，巴塞隆納四百年歷史的猶太區被完全摧毀，超過一萬人死亡，還有許多人被迫改宗。不過幾天時間，相同的命運也降臨到瓦倫西亞、馬約卡島，甚至托雷多猶太人身上。歷史學家估計，在一四九二年第一次驅逐猶太人之前，西班牙有二十五萬猶太人口，葡萄牙有八萬。

　　自從猶太人有史以來，他們無論走到何處，一直遵循著嚴格的飲食規定。他們的理由很簡單：妥拉（Torah）說過應該這樣做。猶太人在十五世紀離開西班牙的時候，也一併帶走了一些具有當地特色的烹調，都是使用當地市場上可以買到的材料，根據猶太人的口味、傳統、飲食規定，經過挑選與改變而完成的。薩法迪猶太人（Sephardi Jews）離開西班牙之後定居的國家都已出版了許多關於他們的烹飪書籍。飲食歷史學家認為，關於西班牙猶太人離開伊比利之前的烹飪，目前發現的記載十分有限。不過還是有很多可靠的資料來源，可以幫助我們描繪出薩法迪猶太人在一四九二年遭驅逐之前的生活與飲食。這些資

托雷多的白色聖母猶太會堂（Santa Maria La Blanca, 1181），是西班牙僅存的幾座猶太會堂建築之一。

料來自成千上萬逃離西班牙的猶太人，他們前往義大利、希臘、土耳其、北非，都在地中海地區，而且在歷史上都曾經被伊斯蘭政權統治或者影響過。由於有這些回憶相助，現在土耳其的薩法迪菜餚十分接近中世紀時猶太人在薩法迪的烹飪；薩法迪（Sepharad）就是猶太人對西班牙的稱呼。

西班牙薩法迪人在離開伊比利之前，必定也和今日的安達盧斯鄉間婦女一樣，在太陽底下曬甜杏、桃子、李子，用甘蔗糖漿（almíbar）醃漬水果。冬日到來，他們用鹽醃橄欖，並且製作蜜餞（dulce），又叫做榲桲蜜餞（carne de membrillo），儲存在乾燥的地方直到來年。十一月到二月之間，西班牙許多地區製作榲桲醬，作法簡單，不過需要時間。首先洗淨四、五個榲桲，在大煎鍋裡加水漫過果子，煮至軟熟，然後撈出果子放涼。剝掉果皮，去核，切成小丁。把切好的果肉丁秤重，再放進鍋裡，加上等於果肉八成重量的糖。小火煮大約一小時，持續以木勺攪動，直到糖與果肉完全融合。

從大鍋裡供餐（摩爾─西班牙時期的《哈加達》〔*Haggadah*〕，卡斯提亞，一三二〇）。

在現今的馬約卡島，薩法迪傳統不曾消亡，店裡依然出售色彩鮮豔的番茄串（tomates de ramillete），成串的新鮮番茄可以一直保存到聖誕節。在猶太人遭驅逐之前，甜瓜與葡萄也會懸掛在蔭涼的食品儲藏室裡保存一整年。今日土耳其及希臘的薩法迪猶太人依然使用一種源自古西班牙語的羅曼語族語言，稱為拉迪諾語（Ladino）。在西班牙，凡是使用茄子、南瓜、菜薊、扁豆、鷹嘴豆的蔬菜食譜，大都與西班牙猶太人的食物有關。在基督教文化影響之下，這些食譜現在可能會加進小塊火腿增加風味。豬肉是基督徒的食物，所以這很可能是當年改宗者為了避免惹上宗教裁判所而做的改變。

「almodrote」這個字一直與薩法迪傳統還有乳酪有關。這個字源來自阿拉伯語的「matrup」（捶打），可以用來指一種醬，或者一道內容豐富的菜餚，專門在安息日食用。在中世紀的加泰隆尼亞，這是一種濃烈的醬料，原料是大蒜、雞蛋，以及一種叫做「almodrote」的乳酪，這種乳酪蒜醬通常用以搭配野禽肉。乳酪蒜醬烤茄子（Almodrote de Berenjenas）是薩法迪人拉迪諾語所謂「kosas d'omo」（烤爐小火特色菜）之一，這道乳酪焗烤用的是茄子泥、乳酪、雞蛋。〈茄子之歌〉（Cantiga de las Merenjenas）裡面還有運用乳酪蒜醬的食譜：

第三種是霍雅・迪・阿斯索特女士的作法：她把茄子煮熟後去掉枝蒂加以烹調，隨意加入乳酪與油，然後她把這個叫做「almodrote」，就像在茄子之歌裡面唱的這樣。[9]

在亞拉岡地區，中世紀時有龐大的猶太社群在此居住，當地的塞法迪猶太人喜愛燉羊羔肉（ternasco en cazuela），一種小火慢燉的羊羔肉，佐料包括大蒜、橄欖油、百里香。這裡的猶太人日常三餐是麵包、萵苣、芹菜、包心菜，以橄欖油炸食品，加上醋、檸檬汁、苦橙與青蘋果，用餐時佐以葡萄酒。他們把茄子加在燉蔬菜裡，還有茄子夾肉與香辛料。

以南瓜、菠菜、韭蔥做成的油炸食品（fritadas），在十二世紀薩法迪人的餐桌上也很受歡迎。雞肉通常用來烤或者加在濃郁的燉菜裡，雞蛋則是白煮或者做成煎蛋餅。亞拉岡地區離海遠，因此少吃魚類，

偏嗜羊肉、羊羔肉、小牛肉，這些肉類都是按照猶太飲食限制與律法準備的。燉菜「Cazuelo chico」（意為小鍋）用的是牛肉、包心菜，加上一個雞蛋。在逾越節期間，猶太人吃苦味的香草植物與無酵餅（matzo），加上切碎的核桃、蘋果與酒，象徵當年在埃及淪為奴隸時所用的建築灰泥；佐以辣根，紀念他們的愁苦與逃出埃及的過程。先由小孩以小錘壓碎橄欖以縮短醃製時間，然後泡在水中醃製。加了扁豆的米飯與某些菜餚裡有他們最愛的朝鮮薊，這些也都是日常三餐。在西班牙地中海沿岸，猶太人比較常吃魚而非肉類，此外還有麵包、雞蛋、加了一點番紅花的湯。

　　還有一種烤爐小火特色菜是令人垂涎的乳酪小餡餅（borreca），或稱「empanadilla」，內餡是乳酪，也可以油炸。美味的煎餅，在西班牙稱為「bulema」，在土耳其稱為「premesa」，可能與加利西亞以及阿斯圖里亞斯的「filloa」（含有少許烈酒的煎餅）有關。

　　伊斯蘭與猶太教都有複雜嚴格的飲食律法，兩者有許多相似處，而兩者都與羅馬天主教的飲食律法大相逕庭。羅馬天主教會幾乎沒有任何飲食律法，只有在大齋期間、星期五，還有幾個與宗教節慶有關的日子禁止吃肉。猶太人與阿拉伯人禁食豬肉，不過猶太人、阿拉伯人與基督徒都喜歡羊羔肉、新鮮麵包、蔬菜、水果及蜂蜜。雖然猶太與阿拉伯的飲食律法在某些方面很類似，但是猶太人的生活與阿拉伯人還是有明顯區別，原因是受到宗教控制的猶太法律掌控人民生活，每種食物到底是可食或不可食、即使可食也必須以特定方式處理，而且一年從頭到尾按時有數不清的戒律與儀式。飲食一直都與古老的過去連結在一起，有歡欣的日子、悲傷的日子、流放的日子，有逾越節、住棚節（Sukkot, the Feast of Tabernacles）、普珥節（Purim）、贖罪日（Yom Kippur）的各項儀式。正統派猶太人只食用按照自己的習俗屠宰的肉類，而且必須經過拉比（rabino）祝福；有些肉是可食的，有些是妥拉禁止的，尤其是豬肉及豬油、家兔及野兔，還有無鱗或者無鰭的介殼類與魚類。猶太人也不能把肉類與乳類混合在一起，不能用牛羊胃裡的天然凝乳酶製造乳酪——也許這就是為什麼利用野生薊花製作乳酪的傳統方法依然留存在西班牙。至於水果，有趣的是，如果是非猶太人製作的葡萄製品比如酒類，猶太人就不能食用。今天西班牙依

然釀造符合猶太飲食規定的（kosher）葡萄酒。發酵槽都是由猶太血統的釀酒師加蓋封緘，並且要在一位拉比的嚴格監督之下完成，來自當地或外地的拉比都可以負責此項工作。猶太人的炊具與食具也必須是符合猶太飲食規定的，所以只能用於處理某些特定食物。在猶太家庭的廚房裡，許多工具都有特定用途，有些用於肉類，有些用於乳類，而且直到今天依然遵守。對所有猶太人而言，從猶太人有史以來，無論他們出生在什麼地方，一星期的第七天是奉獻給神的安息日，稱為「Sabbath」或者「Shabat」，這一天不得從事任何勞作，包括烹飪。用料豐富的燉菜（adafina）傳統上是在安息日中午食用，也必須在前一天週五日落之前做好。燉菜食譜有多種變化，也稱為「hamin」，源自希伯來語「熱的」（hot）。最簡易的版本用的是橄欖油，水，蔬菜，穀粒，莢豆類、尤其是鷹嘴豆，還有薩法迪猶太人稱為「haminado」的雞蛋；豐盛一點的版本再加上羊肉或小山羊肉。這道菜在陶鍋裡煮好之後，週五夜裡繼續放在 anafe 小爐灶上保持溫熱，鍋蓋上放置熱炭。有些歷史學家認為「adafina」很可能就是西班牙隨處可見的燉菜（cocido）的起源，雖然這兩者之間仍有明顯不同。全西班牙的燉菜用的都是豬肉。前文曾經提到，在燉菜裡加入豬肉可能是中世紀時區分基督徒與猶太人的方式。每天全西班牙都有幾百道燉菜上桌，但是這道菜裡有薩法迪人喜歡的「haminado」雞蛋，而且這種蛋是薩法迪人安息日燉菜的重要食材，那麼這就是西班牙猶太人的祕密了，伴隨著他們離開西班牙，前往各地。

　　「haminado」這個字指的是帶殼的雞蛋，放在「hamin」也就是薩法迪人的燉菜（adafina）裡。這道菜烹煮時間長，蛋白煮成全白，蛋黃稍帶褐色並且質地滑膩可口。食品暨廚藝科學家哈洛德・馬基（Harold McGee）有詳盡介紹，研究「haminado」蛋或稱褐色蛋（Brown Egg）的烹製過程：

　　在鹼性環境中長時間加熱，蛋白裡的葡萄糖（重量四分之一克）與蛋白裡的蛋白質產生反應，產生褐色蛋的招牌香氣與質地。只要溫度維持在華氏一百六十至一百六十五度（約攝氏七十一至七十四度），蛋白就會變得非常嫩，蛋黃滑膩。[10]

　　在星期五吃魚的基督教習俗顯然也是起源於猶太教。在中世紀西班牙，薩法迪商人負責給市場供應各種各樣的魚，特別是在星期五，基督徒與猶太人爭先恐後選購當天最新鮮的魚，即使大多數魚都是鹹魚，也依然如此。鮮魚只在沿海地區才有。這裡的薩法迪人把鮮魚油炸，或者用酸味醃汁（escabeche）烹調（加橄欖油及醋煮熟），用煙燻或者鹽滷水（salmuera，鹽與水）保存。魚肉餡餅也是一道美食，在安息日前夕食用。

　　西班牙薩法迪人一旦開始準備甜食與蛋糕，就表示精采的日程表上又一次慶典與宗教節日要到來了。材料通常包括麵粉或無酵餅或粗穀粉、蜂蜜、食糖，以及柑橘或檸檬皮。有些甜食是烤製，有些以橄欖油油炸，比如炸麵包片（torrija），現在在西班牙與大齋期有關。「torrija」又稱「rebanada」或者「frita de parida」，是薩法迪人用來慶祝嬰兒降生的，尤其是男嬰。（「rebanada」是麵包片，「parida」是產婦。）直至今日，「torrija」的作法都是把乾麵包片浸在牛奶裡，裹上蛋液，用橄欖油炸，然後蘸糖漿或蜂蜜，撒上少許肉桂粉。比較清爽版的油炸小麵點以麵粉與水做成炸好，佐以蜂蜜或糖漿，如今在瓦倫西亞城依然每天出鍋，享用的時候搭配一杯熱巧克力。這種油炸小麵點在加泰隆尼亞語稱為「bunyol」，卡斯提亞語稱為「buñuelos de viento」。

　　薩法迪人喜愛麵包，無論發酵還是無酵，麵包在他們的甜點配方裡都有重要地位。基爾·馬克思（Gil Marks）的著作《猶太食品百科》（Encyclopedia of Jewish Food）收錄了一則薩法迪食譜，叫做西班牙糕餅（pan de España、pan esponjado），即甜糕。[11] 這種蛋糕與今日各宗教背景的西班牙人做的一類蓬鬆糕餅（bizcocho）相同，而且和土耳其士麥那城（Smyrna）販賣的一種蛋糕十分相似。加利西亞的聖雅各糕（tarta de Santiago），以及瓦倫西亞的柳橙杏仁糕（tarta de naranja y almendra），前者材料是杏仁，後者使用杏仁與蛋白，不用麵粉。有些烹飪專家認為這兩者都與當年猶太人留下的某類原型有關。猶太人在節慶時做杏仁「arrucaque」與誘人的「travado」（兩種油炸的油酥麵團點心，與羅德島猶太社群有關）。他們還製作蜜餞堅果酪（sweet soup），稱為「hormigo」和「mustachudo」，這兩種蜜餞甜點（sweetmeat）本來都是為了普珥節製作的，使用榛子、雞蛋、檸檬皮、

肉桂、丁香、蜂蜜和糖。目前對於加利西亞地區尤其是馬約卡島食品的研究愈來愈多，都為西班牙薩法迪人的特色甜點提供了更多資料。亞拉岡地區的猶太人也嗜甜，他們是製作糖食的行家，比如牛軋糖、蜜餞、「torta de pan cenceno」（無酵餅），這種無酵餅是逾越節的食物，用以紀念古代以色列人出埃及穿過紅海時背負的麵餅。據信薩法迪人的節慶與一長串西班牙油酥麵團點心（pastry）有關：猶太新年（Rosh Hashanah）與杏仁糖糕（mogado de almendra）有關，贖罪日與炸薄脆（hojuela）有關，這種點心先用橄欖油炸，然後浸在蜂蜜或糖漿裡。甜甜圈（rosca）及烤牛奶布丁（antchusa de leche）是為了慶祝住棚節（Sukkot），而油炸小麵點及葡萄乾海綿蛋糕（bizcocho de pasas）與光明節（Hanukkah）宴席有關。逾越節期則吃一種濃郁的核桃醬（pasta de nuez）。[12]

　　祕密猶太人（Crypto-Jew）即改宗者（converso），在宗教審判期間，由於受暴力威脅，或者出於對宗教裁判所（一四七八－一八三四年）的恐懼，留下了許多口供；關於西班牙受到的猶太影響，這些紀錄是充滿情感的資料來源。當天主教諸王掌權的時候，寬容以及現代所說的「共存」（convivencia）理念就成為過去了。畢竟這始終是不平等的關係：基督徒是贏家，其他人都是輸家，包括那些已經改宗天主教但是一直奉行原宗教儀式的人。

　　可以確定的是：和穆斯林一樣，葡萄牙與西班牙的薩法迪猶太人也喜愛甜食、水果還有堅果，也一樣喜愛玫瑰水的香氣與滋味。在贖罪日嚴格禁食與懺悔一整天之後，西班牙猶太人就以一頓大餐慶祝，宴席包括無花果、椰棗、堅果、甜石榴，以及蘸過蜂蜜的其他水果。一五八一年，這是在第一次驅逐猶太人將近一百年之後，西班牙國王費利佩二世在瓦倫西亞城享用了一場盛宴，一開始上桌的就是李子、無籽小葡萄乾、糖漬柑橘、桃子乾。

　　源自阿拉伯與猶太傳統的油酥麵團點心及特色甜食在西班牙全國都很受喜愛，至今還有天主教修女製作出售，尤其是各隱修會的修女。她們的食譜有些已經公開，不過其中最有特色的依然祕傳。通常只有專責的廚師知道準確的用量與製作方法，而且都是口頭傳授給下一任。

在卡斯提亞

十一世紀末，卡斯提亞國王阿方索六世面臨一個重大難題：到底要繼續向附庸的托雷多泰法收取進貢以充實國庫，還是乾脆動用武力讓它投降。不只是失去托雷多貢稅（parias）這件事需要考慮，而且他還注意到，西方世界的偉大城市托雷多仍被敵方土地包圍，繼續保護它的代價高昂。阿方索六世渴望自己的名號得到承認，因此無法拒絕第二個選擇。於是全西班牙最果決的基督徒軍隊從卡斯提亞出發，進軍托雷多，那裡曾是西哥德人的舊都，現在是伊斯蘭西班牙的明珠。

收復失地運動的聲勢愈來愈強，基督徒武力逐漸壯大，泰法諸王不只受到基督徒戰士的威脅，也面臨著內部分裂，於是安達盧斯終於失去了控制。最後泰法諸王開始轉向不同陣營求援。基督徒傭兵比如羅德里戈‧迪亞斯‧德‧維瓦爾（Rodrigo Díaz de Vivar），人稱熙德（El Cid），甚至阿方索六世，都向泰法諸王提出保護、實為勒索，也就是以高價換取庇護。這個行當一開始就是阿方索六世的父親費迪南一世引進的。當年費迪南一世已經進犯至斗羅河以南，當地經常遭到摩爾人與基督徒劫掠。他與其他基督教國王強迫諸泰法繳納貢稅，否則就會喪失國土，諸泰法包括巴達霍斯、塞維亞、托雷多、格拉納達、馬拉加（Málaga）、德尼亞（Dénia）、薩拉戈薩、瓦倫西亞、巴利亞利群島。貢稅金額很高，而且必須以金銀繳納。這一來，直到伊斯蘭統治末期，古城托雷多就受基督徒控制了。不過，當時伊比利的勢力平衡看似正在往基督徒一方傾斜，但後來歷史證明，這只是錯覺。

在伊斯蘭統治下，托雷多成為學術中心，這是一座寬容的城市，絕大部分年月裡都能讓三個宗教共享和平與繁榮，就像從前在哥多華及塞維亞。在托雷多，古典手卷與阿拉伯文著作被翻譯成其他語文，在這裡猶太會堂、清真寺、天主教堂生氣蓬勃，本地作坊製作最好的杏仁糖糕，就像現在商店也還在出售小小半月形杏仁糖糕，或者做成大的「amguila」，意即「鰻魚狀的東西」，如今是用以慶祝聖誕節。

阿方索六世拿下托雷多之後，諸泰法才明白過來，自己已經無法阻止基督徒軍隊進逼了。他們需要來自非洲的援助，即使他們知道這很有可能帶來禍患。

Vizcocho：根據
猶太食譜製作的
蛋糕。

五十年來，撒哈拉的柏柏爾人信奉的是準備隨時戰鬥的強大基本
教義支派：穆拉比特派。他們的律法禁止一切不符合可蘭經的寬鬆風
俗，但是這正好就是文化先進、精緻多面的安達盧斯所接受的風俗。
一○八六年六月，臉上罩著黑布的穆拉比特軍隊登陸伊比利半島。
各處海岸、山巒，那些由莫薩拉伯人、摩里斯科人、猶太人與摩羅人
（moro）開墾的河谷，再度響徹恐懼的鼓聲。泰法世界已經被簽署了死
刑。穆拉比特人所到之處留下一片廢墟，很快越過瓜達幾維河與瓜迪
亞納河。還不到這一年冬天，阿方索六世就在巴達霍斯北邊敗於撒拉
卡戰役（Battle of Sagrajas）。泰法已經奉上最後的犧牲，基督徒的攻
勢也在逐漸佔上風的時候受阻。伊斯蘭西班牙的泰法諸王被穆拉比特
派斥為道德墮落、向基督徒卑躬屈膝，於是一個接著一個，塞維亞、
哥多華、格拉納達、馬拉加、穆爾西亞，泰法諸王都遭到罷黜，由穆
拉比特派取得了政權。沒多久，獨立的薩拉戈薩以及瓦倫西亞也都屈
服了。基督徒諸王國知道，自己又得從頭開始了。

在十一世紀，西班牙的基督徒建立了與教廷及中世紀歐洲的新關
係。聖雅各朝聖之路（Camino de Sandiago）吸引了朝聖者、修士，甚
至路過的十字軍，其中有些是為了尋找救贖，還有人想找個地方開始
新生活。通過伊比利半島，西班牙的阿拉伯烹飪傳統翻越庇里牛斯山，

而其他飲食文化也對西班牙地方飲食發展有所貢獻。

十二世紀，穆瓦希德派取代了穆拉比特派，對托雷多、整個太加斯河谷地（Tagus Valley）以及阿方索八世都造成極大威脅。中世紀西班牙的偉大統治者阿方索八世在一二一四年十月六日駕崩，此時西班牙基督徒與伊斯蘭之間的國界已經往南移至瓜迪亞納河。阿方索八世實力強大，野心勃勃，是充滿爭議的人物，他對於收復失地運動的成果有關鍵作用。他在阿拉爾寇斯一役（Battle of Alarcos）被穆瓦希德派擊敗之後，決心不再讓基督徒軍隊敗於斯伊蘭仇敵之手。羅馬天主教教宗對收復失地運動極有信心，於是給予援助，此外還有法國十字軍以及來自其他西班牙基督教王國的軍隊相助，阿方索八世終於在拉斯納瓦斯—德—托洛薩會戰（Las Navas de Tolosa）攔截了穆瓦希德派的攻勢。塞維亞與哥多華既已落入基督徒之手，伊斯蘭西班牙的終結也開始了。

▋ 書面紀錄

目前有兩本倖存的穆瓦希德時期烹飪手抄本，記敘安達盧斯城市菁英階級家庭的菜餚。這兩本手卷從一九六〇年代以來就是相關學術研究的重心，對於西班牙廚藝歷史以及西班牙烹飪的發展有很大貢獻。

伊本・拉辛・阿—圖伊比（Ibn Razin al-Tuyibi）於十三世紀前半葉生於穆爾西亞，是一位飽學的法理學家暨詩人，熱愛食物與廚藝。在伊斯蘭世界裡，食物就如同飲品、性愛、衣著、香氛以及潺潺水流聲，都各有獨特地位。這個時期最早的手抄本《餐桌上的精緻美食以及最精美的食物與菜餚》（*Fud.ālat al-hiwan fi tayibat al-ta'ām wa-i-awan*），咸認為出自伊本・拉辛之手。這本書是古老文本的彙編，可能上溯至九世紀末或十世紀，由伊本・拉辛編纂於一二四三至一三二八年之間。關於他的一生所知甚少，不過可知當基督徒在一二四三年佔領穆爾西亞之後，他就離開此地，首先抵休達（Cueta），住了幾年之後前往阿爾及利亞，在當地定居成家，日常往來的都是當時的學術菁英。這本書按照當時巴格達流行的阿拉伯中世紀文本傳統，整理了四百多道食品配方與一種香皂配方，共分為十一類，條理分明。食品

類包括麵包與穀物、肉類、家禽、魚與蛋、乳製品、蔬菜、莢豆類、甜點、泡菜、醃製食品、油、蚱蜢蟋蟀類、蝦、蝸牛。麵包與穀物類的數量最多，其次是肉與蔬菜，而茄子果然在列。其中油酥麵團點心類最接近純正的安達盧斯傳統，作者也明確指出這一點。他經常對北非食品與西班牙南方食品加以區別，而且偏好後者。書中食譜有些很容易，有些需要專業技巧。此書有時為同一道菜提供兩個版本，一個成本比較低，另一個比較昂貴，可能使用更好的肉以及更多香料。除了食譜之外，關於上菜的順序、保持廚房整潔的重要性，伊本・拉辛也記錄了許多資料與建議。

　　還有一本阿拉伯文手卷，吸引了研究阿拉伯文本的歷史學家的注意。《*Kitāb al tabikh fi-l-Maghrib wa-l-Andalus fi 'asr al-muwabhuadin Ai-mu,allif maybul*》，通常稱為《*Anonymous Andalusian Cookbook*》或《*Anónimo Andaluz*》，是一本比較雜亂的彙編，內有五百道配方，可以讓人一窺伊斯蘭西班牙日落西山時期安達盧斯的飲食。

　　關於伊斯蘭西班牙的習俗與烹飪傳統，此書是珍稀資料來源。書中包括了各地區情況、廚具與餐具、推薦菜餚，甚至還有給病人的推薦食物，以上這些內容可說是比食譜配方更加重要。這本書裡除了多數族群的菜餚，也收錄了一些猶太食譜。關於西班牙猶太群體的飲食習慣，可靠資料極少，因此本書收錄的就格外珍貴。西班牙猶太族群雖然人數只佔整個社會的一小部分，但是歷史價值重大。此書收錄的猶太食譜可以證明，當時猶太人按照主流群體的飲食，在材料與風格方面改變了自己的烹調，不過依然遵守猶太人的嚴格飲食律法，亙古不變。這些猶太人熱愛石榴、茄子、朝鮮薊、榲桲。[13]

　　關於西班牙的伊斯蘭甜食（dulcería islámica）的配方，這兩份手卷似乎是唯一來源，從中可以找到幾道食譜。「dulcería」這個字用來統稱所有以糖為主的食品製造，包括油酥麵團點心、蛋糕、糖果、甜點，甚至鹹味點心。自從西班牙出現食糖，職業廚師就開始在使用蜂蜜的配方中改用食糖。這些配方使用多種材料，包括奶油、玫瑰水、酵母、牛奶、乳酪、杏仁、榛子、核桃，當然還有蜂蜜，有時候還有全蛋或者蛋白，此外更有多種香辛料，為甜點增添風味。廚師經常使用的香辛料包括薰衣草、丁香、肉桂、番紅花、胡椒等等。特地製作

的點心上通常還撒上食糖。用麵團製作的甜食通常先以橄欖油炸，然後蘸蜂蜜；不然就是烘烤。遺憾的是，很多這類食譜已經永遠消失了，不過還是有一些流傳下來，名稱也沒變，也有些遵循基督教習慣，改用聖徒、城鎮或者村莊的名字。

一四九二年三月，拒絕改宗天主教的猶太人遭到驅逐，這是歷史上的一樁悲劇。這些人包括農夫、裁縫、商人、醫生、學者、行政人員、銀行業者，他們帶著記憶與飲食離開了這個地方，留下一些強烈的物質與文化特色，今天在西班牙依然隨處可見。他們也把自己的烹飪風格留給西班牙，保留在僅存的數千名伊比利猶太人的飲食中；這些是祕密猶太人，也就是被迫改宗天主教的猶太人，他們被允許留下，但是依然倔強地堅持本族的烹飪與飲食。猶太人的飲食律法「Kashrut」（Kosher 意指可食的）規定了猶太人在漫長的遷徙當中有哪些食物可食，但是當基督徒取得政權之後，這些規定對祕密猶太人的安全造成威脅。

祕密猶太人在公開場合吃豬肉，私底下卻一直沒有放棄猶太傳統食品，比如在安息日中午吃燉菜（adafina）。他們的住家裡沒有豬油的味道，卻有橄欖油煎魚與肉，此外還有大蒜與洋蔥，這幾樣都是基督徒反感的。安德列斯・貝爾納斯（Andres Bernáldez, 1450-1513）是西班牙宗教審問官的隨行人員，他的回憶錄裡寫到了卡斯提亞王國境內改宗猶太人的飲食習慣，並且對猶太的烹調風格抱怨連連：

他們永遠都在吃燉菜還有猶太式的油炸大蒜和洋蔥菜餚。他們用橄欖油烹調肉類，避而不用豬油及肥豬肉。他們的橄欖煮肉還有其他菜那種味道，使得猶太人都有口臭，把房子和門口也熏得臭烘烘……他們只有在被強迫的時候才吃豬肉。他們在大齋期間、禁慾及禁食的日子裡都偷吃肉，在猶太人的特殊日子裡吃無酵餅和合乎他們飲食規定的肉。[14]

正統猶太人相信食物不只是用來滿足飢餓感，進食這件事本身就是遵循傳統的儀式，有益於身心均衡。猶太人嚴格遵守一整套嚴格而獨特的烹飪方式，一年從頭到尾的宗教行事曆指導著他們的生

活。中世紀時居住在西班牙某些地區的猶太人十分明白這一點,比如一四九二年進行驅逐之後住在馬約卡島及瓦倫西亞的猶太人。有關西班牙猶太社群飲食的資料,能讓我們一窺這些祕密猶太人的艱難人生與時代,某些食物是為保平安起見不該再吃的,而我們從這些資料能稍微明瞭,這些食物在他們的生活中扮演著什麼樣的角色。醫生瑤密‧洛伊格(Jaume Roig)是很有影響力的作家,在十五世紀初寫成的《鏡子》(*Spill*)又稱《婦女之書》(*Llibre de les dones*),特別談到瓦倫西亞城商業區的猶太婦女製作的食品,配方裡包括嫩豆子、洋蔥、大蒜,以及卡斯提亞風乾牛肉(tasajo)的燻牛肉切片(carn a tassals)。[15]

猶太背景的菜餚通常含有豆角、茄子、朝鮮薊、扁豆或者鷹嘴豆,直到現在,這類菜依然是西班牙年輕人心目中母親煮的最好吃的菜。其中還會加上洋蔥與大蒜,也許還有一塊美味的乾辣椒香腸(Chorizo),不過如今只是單純為了增加風味,不再有任何宗教意味了。猶太人留給西班牙的還有詩歌與音樂,保存在許多韻文集與溫柔的歌謠中。

▌阿爾罕布拉宮的眼淚

伊比利半島的伊斯蘭時期最後兩百年,格拉納達王國成為歐洲的文化、時尚、貿易、精美飲食的中心之一。這片肥沃的土地位於內陸高山與地中海親吻的亞熱帶沙灘之間,先進的灌溉系統帶來奇蹟,盛產甘蔗。在十三世紀,基督徒在安達盧西亞的攻勢迫使格拉納達蘇丹、納西爾王朝(Nasrid dynasty)的創始人穆罕默德‧伊本‧優素福‧伊本‧納西爾‧艾—哈邁爾(Muhammad Ibn Yusuf Ibn Nasr al-Ahmar)在赫尼爾河(River Genil)的肥沃谷地上方高處建起一道防線,這片谷地風景壯麗,伊比利的大山內華達山脈四面環繞,是安全的避難所。就在此處,蘇丹與軍隊建造了阿爾罕布拉要塞(fortress of the Alhambra)。

格拉納達王國原本疆域直達直布羅陀以及重要貿易港馬拉加與阿爾梅里亞(Almería),在十四世紀下半是西班牙摩爾人政權的最後堡壘。卡斯提亞王國已經擁有了北方與一部分南方,直到此時為止並不

急於完成收復失地運動。格拉納達按月繳納的高額稅貢一直源源不絕供給著充滿野心的卡斯提亞。況且天主教君主也注意到了，如果他們拿下格拉納達，那麼就得再次面臨不久前遇到的問題，況且這個問題也一直沒有解決：在收復失地運動接近完成的時候，由於摩爾人與猶太人開始離開伊比利，導致許多地區人口流失。在伊莎貝拉與斐迪南聯合統治之下的西班牙，尤其在亞拉岡，沒有足夠人口定居，更糟的是，沒有足夠人手接管行政與學術工作，這些工作在從前都是由幹練的猶太人擔任。需要人力照料耕作的廣大土地也面臨危機。在塞維亞、哥多華、薩拉戈薩、瓦倫西亞，摩爾人與猶太人雖然知道堅持自己的宗教信仰會有什麼後果，但是絕大部分人依然不打算放棄。在基督徒治下的西班牙，寬容已經成為過去，格拉納達人民明白，即使自己改宗，天主教徒的異端審判（Santa Inquisición）依然會緊追不放。之前的客觀環境阻撓了卡斯提亞攻下格拉納達，但是現在情況改變了，於是伊斯蘭西班牙最後一次面臨重大危難。阿爾罕布拉宮內，王朝的紛爭層出不窮，全國不滿情緒愈來愈普遍，在這樣的內憂外患之下，光輝燦爛的安達盧斯，末代君主波阿布迪爾（Boabdil）簽下了格拉納達的降書，時為一四九二年十一月二十五日。據傳說，當他流著眼淚出城，其母對他說：「你不能像男人那樣保衛你的王國，就像女人那樣哭吧！」沒有多久，數千名摩里斯科農民如同波阿布迪爾，流下了痛苦的眼淚，因為他們被迫離開家鄉，遷往陌生的基督徒土地。他們知道，自己拋下的是全伊比利最富足的國家裡最肥沃的土地，那裡曾經繁榮興旺，乃是由他們的勞動造就。

【第三章】
城堡裡的生活

　　這六、七百年以來，伊比利半島上沉默守望的城堡已經愈來愈少了。更久遠以前，中世紀歐洲最強大的王國之一卡斯提亞（Castile），就是得名於為了抵禦摩爾人而建造的城堡（castle）。這些沉默的見證者，如今有些只剩下歷盡風霜的石塊，頹圮的殘垣，也可能還記得一點在烤叉上慢慢旋轉的美味烤肉。有些城堡依然完好，矗立山頭，彷彿哨兵看守著田野上的麥地，看著春天嫩綠，夏天金黃。城堡讓我們想起那個時代，統治者消磨時光與鞏固權威的唯一方式就是畋獵飲宴、戰鬥致死；在那個時代，對那些吃得好的少數人來說，食物就是肉、麵包、葡萄酒。

　　在中世紀西班牙，打獵是醫生認可的優良運動，是當時最有趣的休閒活動之一，同時也是為貴族廚房提供肉類的簡易方式。不過貴族以外的人民是禁止打獵的，盜獵會遭到重罰，甚至死刑。打獵不但有樂趣與實際好處，國王與貴族也經常用獵得的野味招待朋友甚至敵人，鋪張的宴會通常都是為了打破日常生活的單調。當時的生活起居時間是配合宗教活動，中世紀歐洲天主教會制定了一系列祈禱時間與內容，其實都是參考猶太人每天按時誦經的慣例。每天第一餐是在清晨三點到六點之間的彌撒之後，第二餐在日落晚禱之後，此時家裡的男人、男賓，甚至部分男僕，都一起用餐。貴族女性在另一個房間用餐，偶爾受邀參加宴會的時候，則是從自己丈夫的餐盤裡取食。那個時候還沒有叉子與湯匙，只用刀子，甚至刀子也經常是賓客自己隨身攜帶。餐桌上的器皿包括常見的淺碗，叫做「escudilla」，還有盤子與杯子。從「escudilla」這個字衍生出「escudella」，這是一種隨處可見的加泰隆尼亞燉菜，主材料是麵食與小肉丸（pillotes），在濃郁的肉類與蔬菜高湯裡煮熟。

　　在納瓦拉（Navarre）王國及亞拉岡王國的宮廷宴會，座次是一男

阿爾莫多瓦城堡（Almodóvar Castle），哥多華省。

一女交替間隔，這是法國風俗，象徵著階級與品味。凡是禮儀方面，當時都以法國馬首是瞻。餐桌上，蕾絲桌巾以及華麗鮮豔的裝飾性陶器都是時尚。這些陶器包括非常繁麗的穆德哈爾（Mudéjar）風格作品，產自瓦倫西亞城附近的馬尼塞斯（Manises）及帕特爾納（Paterna），在當時隸屬疆域廣大的亞拉岡聯合王國。如今在帕特爾納，考古人員已經挖掘出兩座主要的製陶地點，發現了設備比如陶窯、拉坯轉輪，還有其他工具，都顯示出當地從十二世紀初到十五世紀末一直製陶。發現的製品包括藍白釉陶器、金屬光澤釉陶器，最受人矚目的是鉛錫底釉的餐具，以銅綠及錳褐繪製裝飾，這是出自穆德哈爾陶工之手，他們在基督徒於一二三八年征服瓦倫西亞之後依然留在此地。

　　中世紀西班牙的基督教諸王國，在國王、貴族與高階神職人員的餐桌上，日常飲食的重心是大量肉類、高品質的白麵包、葡萄酒。特權階級家庭的飲食花費一半以上用於肉類，即使在規定禁食禁慾的大齋期間也是如此。在大齋期，以老人或病人需要營養為藉口去買幾隻

禽類並非難事，只要別讓告解神父看見就行了。領主進餐時也往往會吃那麼一兩塊鮮美多汁的烤閹雞腿和雞胸。

在卡斯提亞聯合王國以及納瓦拉與亞拉岡，人們畜養流動放牧的家畜，由此可見當地貴族對於肉類的需求甚高。羊羔肉及綿羊肉用於燒烤，豬肉用來增加燉菜（olla）與燉湯的風味，而且主要是鹽醃的豬肉。種類豐富的臘腸用豬肉與豬脂油做成，調味則是當時所有食譜裡都很常見的香辛料，尤其是肉桂與胡椒。容易消化的雞肉、閹雞肉、鴨肉、魚肉，則是醫生與膳食專家推薦給體弱多病者的食品。通常一年數次在當地市場買入活禽，然後養在廚房附近的雞鴨欄裡。基督教國王與廷臣侍從並不在首都定居，大部分的時間都是在國內幾個地方輪流居住，他們也不在旅途中購買食用的肉類與動物，通常都是由當地農民義務進貢。吃的魚類則是鹹魚或者直接從當地河湖裡捕捉。在

大齋以及其他許多齋期與節期，都禁止食肉，除了缺少變化的燉蔬菜與莢豆類，唯一符合天主教會嚴格飲食規定的只有魚了。如果說肉類是富人的保留特權，那麼麵包與葡萄酒就是窮人的救贖，不過不同階級食用的麵包與葡萄酒的品質及數量差異都很大：白麵包（candeal）以卡斯提亞最好的小麥做成，只供富人享用；其他人吃的是品質可疑的穀物做成的灰麵包。在亞拉岡王國，耕作土地與建造富麗教堂的穆德哈爾人民經常以麵包作為稅賦，上繳給國王或者當地領主。

現在依然完好的城堡與中世紀修道院，無論是否依然由原來的教眾使用、還是已經改成現代

上：獵野兔圖，聖鮑迪利奧隱修院（Hermitage of San Baudelio），卡斯提亞－雷昂自治區，索里亞省，卡斯雅阿斯．德．貝爾朗葛村（Casillas de Berlanga, Soria）。

下：帶耳淺碗（escudilla de orejetas），傳統的十五世紀亞拉岡地區碗盤。

旅館，一直都是歷史的保管者，守護著日常生活紀錄，其中也包括了烹飪傳統。從以前到現在，修道院與文化、食品及酒類產品都有關聯。自西哥德時代開始，在這樣一個經常苦於內外動亂衝突的國家裡，修道院更是與政治及軍事的過往也有關聯。

伊比利半島的修道院生活起自基督教的早期，不過它的擴張發展是在十一世紀收復運動期間，與法國克呂尼的道明會（Order of the Dominicans）傳入西班牙同時。接著又有更多修會傳入，比如熙篤會（Cistercians）、沙特勒斯會（Carthusians）、奧斯定會（Augustinians）、嘉瑪道理會（Camaldoleses），還有幾個軍事修會，都在西班牙建立了修道院，位於基督教諸國與安達盧斯之間的國界以北、斗羅河以北，以及沿著聖雅各朝聖之路等地。接著，被教宗與教會視為十字軍的收復失地運動加快腳步，修院又隨之往南方及東方擴展。這些修道院擁有全國最好的圖書館藏、以及最美的手繪聖書經典。修士的日常生活包括祈禱、研讀、照料牲口家禽，還有耕作。修院菜園裡栽培了各種蔬菜水果，有本地品種，也有外地甚至外國修士傳入的。修院的廚房能餵飽修士與周邊的窮人。修院還收到大片土地、房屋與其他財物，施主們希望藉此免除煉獄之苦，直升天堂。在往後的年代裡，西班牙將成為極為虔誠的天主教國家，而且是當時世界強權，在這樣的環境中，修道院的權威與地位自然被所有人接受，在西班牙本土如此，在後來的西班牙帝國也是如此。許多男性修會也建立了女修院，這些修女在西班牙烹飪文化遺產的建立與傳承方面，擁有關鍵而實際的地位。修道院也成為栽種葡萄的同義詞，與釀造葡萄酒及數種利口酒關係密切。

▌冒險深入地中海：亞拉岡聯合王國與義大利

正當卡斯提亞全力投入進度緩慢的收復失地運動，社會與經濟狀態卻幾乎數十年未變，但是在西班牙東部則不同。西班牙的地中海沿岸在十三世紀擺脫了入侵者，此時文化與烹調變化已在此地生根，封建制在此地也開始受到質疑。隨著農業生產遍布全境、提升了日常飲食與生活水準，早期的資產階級開始在這裡萌芽。人口終於開始增長，

老城新鎮與大學欣欣向榮，貿易成為致富的捷徑。

　　強大的亞拉岡聯合王國，是由亞拉岡王國與巴塞隆納伯爵封地（County of Barcelona）聯合組成，後者的領土還包括了法國西南部分土地。從十二世紀至十五世紀，亞拉岡聯合王國是一個地中海帝國，疆域遠達希臘。當時貿易是財富循環成長的手段，也讓亞拉岡在海軍軍力上的投資順理成章。首先，瓦倫西亞與巴利亞利群島成為帝國的一部分，接著是薩丁尼亞、西西里、那不勒斯，甚至雅典也一度被亞拉岡統治。隨著擴張領土而來的是交流物產與廚藝，這在西班牙飲食的羅馬—摩爾基礎上又添加了一層成分。隨駕在國王與貴族身邊的包括醫生、膳食專家，還有廚師，如此一來更為他們的拿手食譜增添了新菜色。

　　此時在地中海，原本穆斯林的霸主地位已經瓦解了；比薩、熱內亞，尤其是威尼斯，這三座港口把義大利、西班牙、非洲之間的新路線連接起來。西班牙的巴塞隆納、托爾托薩（Tortosa）、瓦倫西亞、德尼亞、卡塔赫納（Cartagena）都是地中海岸港口。新路線上的船隻帶著香料、奴隸、先進的藥品返回西班牙。從事醫藥與膳食學是受人敬重的職業，能夠提升社會地位。

吃還是不吃

　　加泰隆尼亞的知識分子與專業人士既已著迷於飲食相關事物，於是開始從許多不同角度進行研究。比如立足於道德論，或者醫藥，尤其是按照個人健康情況訂定的膳食，更是成為指導原則，在聘請得起名醫的人群當中流行起來，而這些醫生許多是猶太人。

　　對於大多數中世紀西班牙人來說，連年不斷的戰爭、必須向當地領主進貢動物與肉類的義務，造成了農民飢餓。對他們而言，營養與否不重要，餓肚子才是大事。食物短缺也影響了增長中的城市人口：隨著人口增長，人們更關心健康。健康與食物的關係成為公共議題，愈來愈多為上層階級服務的醫生以及學院中的研究者都很關切。

　　食物也影響有錢有勢的人物及貴族，不過這又是另一種情況。他們的乳酪、葡萄酒、肉類、香料與甜食一點也不缺，反倒過於氾濫，

經常給他們帶來煩惱，因此這些人也愈來愈依賴醫生的建議。他們聘請醫生制定嚴格的健康膳食，醫生將病人區分為四大體質：多血質（sanguineous）、黏液質（phlegmatic）、黃膽汁質（choleric）、黑膽汁質（melancholic）。膳食學享有很高的地位，受到古代名醫諸如希波克拉底（Hippocrates）、蓋倫（Galen）、阿維森那（Avicenna），以及阿拉伯語猶太學者的學說影響，並吸引了許多人投入醫藥專業。阿爾瑙‧迪‧維拉諾瓦醫生（Arnau de Vilanova）出身於瓦倫西亞或者亞拉岡，是法國蒙佩利爾大學（University of Montpellier）的醫學教授。十四世紀初，他負責為多血質的亞拉岡國王海梅二世（King James II of Aragon）編寫一本《健康指南》（*Regimen sanitates*），指導國王安排合適的飲食並改善自己的生活方式。他對醫學與膳食學的貢獻，影響了西班牙與其他地區的臨床醫學，直到十七世紀。維拉諾瓦的著作依循的是希臘與阿拉伯作者以及薩萊諾學院的道路，薩萊諾學院是當時最先進的醫學機構。他的著作內容詳盡，不但貴族與教會親王奉為圭臬，剛出現的資產階級也信服有加。從一個人需要的空氣品質，到應該從事的體能運動，再到應該怎麼吃喝，維拉諾瓦鉅細靡遺，絕不憑空想像。在這本指南中，還包括了其他重要健康事項，比如休息的必要性、洗浴的方式與頻率、如何應對情緒變化，甚至如何治療痔瘡，因為海梅二世深為這個毛病所苦。書中有一部分專門講解不同食物對於人體的影響，每一種食材與菜餚都按照古代的方式，分類為冷、熱、乾、濕，蒐羅詳盡，包括穀物、莢豆類、水果、蔬菜、根莖、魚與肉、燉菜，最重要的是，香辛料與醃漬配方也在列。維拉諾瓦也研究了飲品。他認為人類感受到的口渴分為兩種，一是「自然的」口渴，起因是消化過程帶來的熱，只要喝水就可以平息。第二種則是所謂「不自然的」口渴，是因為做運動、吃辛辣食物，或者吸入塵土。維拉諾瓦認為必須飲用摻水的酒（vino aguado），也就是加了水的葡萄酒，藉以清潔喉嚨，才能消解第二種口渴。從古典時代開始、甚至在整個阿拉伯佔領時期，伊比利半島上飲用的葡萄酒大都是加了水的，上層階級與絕大多數人都大量飲用這種酒，包括神職人員。[1]

加泰隆尼亞與卡斯提亞的烹飪書籍

要了解西班牙中世紀廚房，甚至進一步了解十四與十五世紀歐洲部分地區的飲食，加泰隆尼亞食品的早期手抄本是關鍵。這些書記載了為神職人員準備的菜餚，也有些是為貴族服務的專業廚師著作。

《桑特索維之書》（*Llibre de Sent Soví*，一三二四）歷來有兩個不同版本，原書作者不詳，是加泰隆尼亞語著作，原名《菜餚配方大全》（*Llibre de totes maneres de potages de menjar*），內容背景不僅限西班牙，也包括歐洲其他地區，尤其是法國及義大利。一九七九年，美國學者魯道夫・格魯（Rudolf Grewe）編輯了完整版，並且將文字譯回古加泰隆尼亞語。[2]《桑特索維之書》全書共兩百道菜，從其中多道菜餚食材及製作方法可以看出古羅馬及伊斯蘭的影響十分明顯。閱讀此書時，很能體會在亞拉岡聯合王國於地中海地區擴張之際，食品豐盛與經濟繁榮的情況。由於有了大範圍的地中海貿易，香辛料很容易抵達西班牙東部，而且當地本來已經有豐富的本地蔬果、肉類以及魚類。很有意思的是，書中的當地飲食還包括了種類繁多的魚類及鹹魚，獨缺大型漁船捕撈的深水魚。也許作者注意到了地中海表面風平浪靜、實則詭譎多變，威力強大的短浪能摧毀當時的脆弱漁船。書中收集的甲殼魚類也有缺失，都柏林灣大蝦（Dublin Bay prawns）及龍蝦在地中海沿岸都很受喜愛，尤其在梅諾爾卡島（Menorca），但此書中付之闕如。

在瓦倫西亞的市場上一直可以買到活海鰻，巴塞隆納及塔拉哥納也不時可以見到。海鰻的風味獨特，而西班牙其他地區的居民並不欣賞。《桑特索維之書》裡有一道簡易但雋永的食譜，用的是海鰻與當時當地流行的幾樣佐料，比如番紅花、大蒜、烤麵包屑、杏仁、海鹽、濃的魚湯。這種魚湯的製作方式是將上述佐料以研缽搗成濃郁的杏仁醬，將康吉海鰻切段煎烤之後，放在陶鍋裡，以杏仁醬蓋住魚肉，小火慢燉。至於中世紀加泰隆尼亞的其他節慶食品，多半是多種香料與乾醬料的複雜組合，名稱也是非常新穎奇特，諸如「好醬」（salsa fina，材料有薑、肉桂、黑胡椒、丁香、肉豆蔻皮〔mace〕、肉豆蔻仁〔nutmeg〕、番紅花）。「公爵的火藥」（polvora duque）有簡易版，用

的是肉桂、薑、丁香、糖；複雜版用的是高良薑（galangal）、肉桂、綠豆蔻、薑、肉豆蔻仁、黑胡椒，還有糖。「仕女的高湯」（broete de madama）是一道經典的中世紀加泰隆尼亞菜餚，材料是杏仁奶、雞高湯、松子、雞蛋、醋、薑、胡椒、高良薑、番紅花、洋香菜、薄荷、牛至（oregano）。《桑特索維之書》還有幾種濃湯（morterol）的配方，這是一種奶油濃湯（法語稱為「velouté」），名稱源自卡斯提亞語的「mortero」（加泰隆尼亞語是「morterol」）。這幾種配方都有不同的水煮肉類，加上豬脂油與杏仁露在研缽裡搗成的醬、洋蔥煎煮做成的索佛利托底醬（sofrito）、大蒜、丁香、番紅花。濃湯在上菜前加上打散的蛋液並充分融合。

　　十四世紀末的弗蘭塞克斯・厄希曼尼斯（Francesc Eiximenis）是方濟各會修士暨作家，老家可能在亞拉岡或者瓦倫西亞。他在一三八四年完成的《基督教》（Lo Crestià）是一部十三卷著作，主題是道德研究，只有第一、三、十二卷流傳至今。這本書首開食物與基督教之間關係研究的先河。方濟各會極有影響力，是全世界最大的修會，他也受到鼓勵，先後在牛津大學、巴黎大學、科隆大學深造，就為了最後在土魯斯（Tolosa）大學取得神學位。他在歐洲習得廣泛的知識，日後成為中世紀極受敬重的作家。他回到西班牙，帶回來關於高雅與禮節的新觀念；無論貧富，人的行為都應該履行自身的命運、符合自身的階級，而這些行為都應該練達有禮。在中世紀人的思想中，人與人之間的平等是不存在的，貴族階級從一出生就是高等的，天主教會也是這麼認為。在《基督教》的第三卷〈Terc del Crestià〉其中一節〈Com usar be de beer i manjar〉[3]，厄希曼尼斯表示，人應該隨時保持基督徒的行為舉止，包括坐在餐桌前用餐的時候。在同一節裡[4]，他再次強調地中海飲食裡麵包與葡萄酒的重要性，面對暴飲暴食必須堅持自制，他還指導如何有禮有節、抵抗貪欲，貪婪是大罪，必須不惜一切代價加以預防。他在這本書裡提供範圍廣泛的一般原則，也探討與食物有關的細節，比如，為什麼烤肉比白煮肉好呢？為什麼在盤子裡堆滿了修道院天天吃的普通麵包（sopas）是缺乏品味的表現？

　　當時麵包一直是較低階層的基本主食。西班牙中世紀的麵包用的是幾種混合麵粉，通常都是手磨粉，使用的全穀粒包括小麥、黑麥、

小米、大麥。麵團備好之後，拿到附近的麵包店，由麵包師代烤。這種傳統在西班牙許多地區一直保持到二十世紀。統稱為「papilla」（穀物粥）的簡單食品，通常是以水煮穀粒直到軟熟，或者用低品質的穀粉製作。這類食品包括用料較差的「gacha」及「poleada」，用以在漫長的冬月果腹暖身，材料是水與穀物，此外就沒有什麼東西了。年節時分，也是這些同樣的食品，加上點牛奶、杏仁，如果有辦法的話，就再加上一點點糖與肉桂粉；然而也只有在城市工作的人，或者有能力以物易物的人，才得以如此偶爾改善一下生活水準。

直到十五世紀初，伊比利大國卡斯提亞的烹飪傳統才開始有了文字紀錄。一四二三年，恩里克‧德‧亞拉岡（Enrique de Aragon，更為人所知的稱呼是恩里克‧德‧比列納〔Enrique de Villena〕）完成了一本《切肉的藝術》（Arte cisoria），此書是應卡斯提亞國王胡安二世的切肉師（carver-at-table）桑丘‧德‧哈拉巴（Sancho de Jarava）之請完成的。這本書蒐羅了大量肉類以及一些魚類食譜。[5] 書的主題是切割肉類以及服侍貴族用餐的技藝，反映出當時貴族廚房的品味與風俗，不但物資豐富，且大量使用糖與香料。書中沒有莢豆類食譜，也沒有燉肉，因為這類燉菜使用的肉類都已經事先切成小塊，不須在煮熟後切割。從此書我們還得知，雖然這些菜都是為了貴族準備的，但是部分也有較簡單的配方與作法，以適應農民的生活水準，以及逐漸在城市中隨處可見的食品種類。

在比列納的食譜裡，大塊肉類與野味的烹調方式是明火烤製，或者做成內容豐富的餡餅，以及放在大陶鍋中，與複雜的醬料一起燉熟。在那個時代，比列納能取用的材料範圍之廣，令人驚訝。有些調味講究的菜餚以鳥類羽毛裝飾得很雅緻，不過一道孔雀肉倒是平淡得出奇，這些都是獻給以肉食為重的中世紀上層階級的大菜。切成片狀與條狀的肉類菜餚裝盤的時候，也放上蔬果與魚類，包括鱒魚、石斑魚（grouper）、鯛魚（bream）、龍蝦、牡蠣，甚至鯨肉。卡斯提亞位於內陸，在十五世紀，除了當地捕捉的魚類，通常運抵的海鮮都是鹽醃過的。海鮮的烹調方式是水煮、爐烤，或者油炸。比列納沒有提到田間的蝸牛與淡水鯰魚，不過這兩種在當時也很流行。《切肉的藝術》內容鉅細靡遺，比列納還教導飯廳的僕人以高明文雅的手法給水果去皮切

塊，使用一種叫做「perero」的工具輔助，這個名稱應該是源自「pera」，即英文的「pear」（梨）。「Perero」能夠固定水果，方便僕人以小刀去皮。

特拉斯塔瑪拉家族與天堂般的盛宴

在《切肉的藝術》成書之時，統治卡斯提亞的是特拉斯塔瑪拉家族（the House of Trastámara），這個家族發達的過程很具爭議性，但是對於西班牙帝國的發展以及發現美洲具有關鍵地位；此外，以本書的主題而言，最重要的是它對美洲與歐洲之間食品交流的貢獻。特拉斯塔瑪拉家族最終統一了卡斯提亞與亞拉岡。

這整件事的開頭是一樁婚外情，雙方分別是卡斯提亞國王阿方索十一世，以及貴族女子莉歐諾爾·德·古斯曼（Leonor de Guzmán）。阿方索十一世與元配葡萄牙公主的合法繼承人「殘酷的佩德羅」（Pedro el Cruel），死於阿方索與莉歐諾爾的私生子恩里克·德·特拉斯塔瑪拉之手。一三六九年，恩里克加冕為卡斯提亞國王恩里克二世，其後的繼位者為卡斯提亞的胡安一世、恩里克三世、胡安一世、恩里克四世，以及伊莎貝拉一世，這位天主教女王的未婚夫是亞拉岡未來的國王斐迪南二世。

一四六九年，天主教雙王斐迪南二世與伊莎貝拉一世成婚。亞拉岡與卡斯提亞聯姻的前因，是一連串出人意料的複雜事件，頗具中世紀風格。伊莎貝拉與斐迪南是同祖父的堂姊弟，分別是特拉斯塔瑪拉家族兩個支系的直系後人。稍早在十五世紀初，卡斯提亞與亞拉岡都面臨朝代更迭的紛爭。卡斯提亞的恩里克三世駕崩，繼承人年齡尚幼，兩位攝政者是他的妻子以及弟弟斐迪南親王，人稱安特克拉的斐迪南（Ferdinand de Antequera）。在亞拉岡，無子女的馬丁一世駕崩，於是有幾方宣稱擁有王位繼承權，當然這些聲明之間彼此矛盾，其中之一就是卡斯提亞的安特克拉親王（Prince de Antequera），因為其母是亞拉岡公主。安特克拉親王格外尊崇聖母馬利亞，這是出於真正的虔誠，或者是純粹的投機？為什麼歷史學家特別著眼於這位親王創立的騎士團，還有他盛大的加冕宴會？無論是什麼原因，聖母馬利亞在安特克拉親王的一生中是決定性的角色，這位卡斯提亞親王即日後的斐迪南

一世，命中注定統治亞拉岡。

在安特克拉親王斐迪南的家族，創立騎士團已經是傳統，凡是王位繼承者都必須有此作為。他的祖父，卡斯提亞的阿方索十一世，是第一個創立騎士團的歐洲君主，由此創造了歐洲諸王仿效的新流行。他的父親，卡斯提亞的胡安一世，曾經創立若干騎士團，所以斐迪南雖然還只是個年輕王子，也決心要擁有自己

卡斯提亞—雷昂女王伊莎貝拉。

的騎士團。他希望有一天自己能成為國王，到那時候自己的騎士團就會派上用場。他在安特克拉（即格拉納達）擊敗了摩爾人，但此一功績並不能使他放心。一四〇三年八月十五日，他在古城梅尼納德爾坎波（Medina del Campo）的古聖母馬利亞教堂（Church of Santa María de la Antigua）創立了花瓶與獅鷲騎士團（Order of the Jar and the Griffin），這不只代表了地位與騎士品德，也與聖母馬利亞產生了關聯；在中世紀，聖母是有力奧援。當亞拉岡的馬丁一世駕崩無子女，身為亞拉岡公主與卡斯提亞國王之子的安特克拉親王斐迪南，就提出了繼承王位的聲明；其他提出聲明的人也都具有不凡的身分資格，足以繼承這個掌控地中海西半部的王國。繼位之爭最後交由一群特殊的選舉人解決，他們在卡斯佩城（Caspe）集會，選擇了斐迪南為王。安特克拉親王斐迪南能夠繼位，有些人認為是政治運作的結果，然而究竟是如此，還是如他自己確信的那樣，是聖母馬利亞出手影響了他的命運？接下來在加冕宴會上，他的一番安排確保從此沒有人能懷疑他的權威。

在網上搜索「entremés」這個字，能找到好幾個解釋，最常見的是「清淡小菜，在午餐或晚餐前食用」。在西班牙，這個字也用來指稱模

仿表演，安插在喜劇的每一幕之間演出，漸漸所有稱得上盛宴的宴會也都有這種表演。一四一六年，已登基為斐迪南一世的安特克拉親王斐迪南，在薩拉戈薩舉行加冕宴會，會中安排了幾段主題與新國王有關的表演，令在場賓客瞠目結舌。這些表演裡有他擊敗的摩爾人、他居住過的城堡、他創立的騎士團，當然還有他對聖母馬利亞的虔誠。佳餚美酒，源源不絕。堂皇的宴會廳搭起精心設計的舞台，還有華麗的花車，上頭有樂手與演員打扮成天使與使徒一起演出。一頭嘴裡噴火的龍裝飾成金色獅鷲，蔚為奇觀，佔據了最重要的位置，為端上各色菜餚的僕人開道。國王想必也已下令廚房必須發揮同等的想像力與創造力，數百年後名廚赫斯頓・布魯蒙索（Heston Blumenthal）在一檔電視節目裡曾經嘗試再現類似的中世紀慶典菜餚。其中包括金箔包裹的孔雀與閹雞；裝著活鳥的餡餅，切開餡餅，小鳥就一湧而出，圍繞著獅鷲飛翔；明火烤肉；白煮香辛肉；異國風味的水果與多糖的甜食；每一道菜餚都伴隨著國內出產最好的葡萄酒。[6]

▌ 牧人協會（La Mesta）

> 牧人們要去埃斯特雷馬杜拉
> 山脈變得陰暗又哀傷
> 牧人們要回到羊圈去
> 山脈變得沉默又哀傷
> ——西班牙傳統童謠

　　斐迪南登基宴會上的肉類，很可能是庇里牛斯山谷養殖的羔羊，或者產自薩拉戈薩以南的多風平原，甚至來自卡斯提亞。羊肉不同於牛肉，一直是西班牙烹調的重心。這不只是與口味或者經濟條件有關，而是由於西班牙大部分地區的地理與氣候以及其他幾個決定性的因素，比如戰爭、傳統的動物養殖，其中最重要的是羊毛生產。現在牧羊人的生活已經與從前大不相同了，但是至今依然能看到大批羊群沿著歷史悠久的王室移牧路線（Cañadas Reales）前進、尋找下一

處新鮮草場，如同十二、十三、十四世紀甚至更久遠之前那樣引人入勝。有證據顯示，從很早的年代開始，西班牙就已經在許多地區養殖綿羊，生產品質優良的羊毛。此地的綿羊品種包括巴斯克－貝阿恩（Basco-Béarnaise）、楚拉（Churra）、曼查戈（Manchega）、阿爾卡列納（Alcarreña）、拉查（Latxa），以及來自非洲的最成功品種，美麗諾（Merino）。

　　卡斯提亞君主決定控制稅收豐厚的原物料生產行業，再加上羊毛行業的重要組織即牧人協會（La Mesta）的地位與作用，這兩個因素確保了羊毛市場上的高需求。羊毛是利潤非常高的國際行業，一開始產自卡斯提亞－雷昂，逐漸擴展到其他伊比利半島王國，諸如納瓦拉與亞拉岡。

　　從羅馬時代開始，西班牙就以生產本地品種的優良羊毛聞名。在西哥德時期，上等羊毛的生產與貿易更加蓬勃。接下來的伊斯蘭時期，柏柏爾部族的農牧熟手被迫定居在危險的伊斯蘭與基督教邊境地區，即斗羅河一帶，於是羊毛產業區域更加擴展。

　　卡斯提亞引進羊毛品質極佳的美麗諾綿羊，對於傳統農業型態甚至中世紀西班牙的經濟發展都造成很大的轉變。據信美麗諾羊是由一支柏柏爾部族、貝尼－美麗尼斯（Beni-Merines）帶進西班牙南部與埃斯特雷馬杜拉，此一部族在十二世紀穆瓦希德派統治時期來到伊比利。他們也帶來了先進的放牧技術，在往後改善了當地的牲畜出產。[7]

　　一二七三年，由於卡斯提亞當地不同的牧人協會（mestas）合而為一，別稱「睿智的」阿方索十世允許成立了「梅斯塔榮譽會」（Honrado Concejo de la Mesta），這是地區性組織，日後促成西班牙許多地區發展出「移牧綿羊養殖法」（ganadería lanar trashumante）。由於大批羊群在長夏與冬移期間無人看守，經常發生所有權紛爭，最早就是為了解決此類困擾而成立了牧人協會。到了十三世紀，收復失地運動往南逼近，移牧的牲口也開始越過邊境，從基督徒的領土進入安達盧斯。數千頭羊幾乎與基督徒軍隊同步移動，逐漸接收摩爾人耕作先進的土地。這些廣大土地都分配給了修道院、強大的軍事修會、當地的寡頭政治人物。他們得到了土地，就必須向王室獻上自己的忠誠侍奉。當時經濟困窘的卡斯提亞王室正在努力收復伊比利。當羊毛產業逐漸成長並

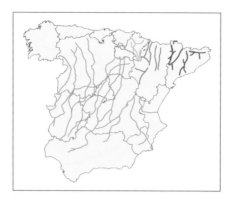

左：王室特許移牧路線（cañadas reales），綿羊群移牧的路線圖。

下：馬德里的移牧節（La Fiesta de la Trashumancia）：綿羊群擁有傳統的道路優先權，可以穿越馬德里市中心。

　　且在出口市場佔了一席之地，卡斯提亞王室也注意到了移牧的經濟實力與財政收益，最後在十六世紀與十七世紀初，卡斯提亞控制了國際羊毛市場。西班牙一直握有養殖美麗諾綿羊的獨家權利，直到十七世紀。

　　一四六九年十月十九日，亞拉岡王位繼承人、西西里國王斐迪南，與卡斯提亞國王的姊姊伊莎貝拉公主成婚。這一樁聯姻使得卡斯提亞的霸權地位更加威脅到了傳統上的老對手，即法國與卡斯提亞境內諸侯。在當時，由於伊比利半島中世紀諸國之間的戰爭，這些諸侯勢力逐漸增強。彼此征戰的伊比利諸國包括卡斯提亞、亞拉岡、葡萄牙、小國納瓦拉、巴斯克諸省，以及摩爾人最後據點格拉納達。一四七四

年，伊比利的命運發生戲劇性的轉變，卡斯提亞的伊莎貝拉公主成為卡斯提亞女王伊莎貝拉一世，她的丈夫接著在一四七九年成為亞拉岡國王斐迪南二世。對這兩位而言，統一伊比利半島是首要大事。只有葡萄牙不包括在這兩位天主教君主的轄下。卡斯提亞與亞拉岡王室聯合，開啟了一連串環環相扣的事件，最後造就了西班牙帝國。在佛朗哥政權製造的歷史與傳說裡，天主教諸王統治下的西班牙被描繪成統一的國家，但實際上卻遠非如此，比如亞拉岡與卡斯提亞的大小與實力就很不相同，文化與歷史發展、飲食與農業等方面更是不一樣。在領土大小與國力方面，無疑卡斯提亞是主導方，但是在其他領域，先進精緻的地中海沿岸亞拉岡王國更勝一籌。在十三與十四世紀，卡斯提亞一直是農牧社會，而亞拉岡人與加泰隆尼亞人早已投入他們感興趣的地中海商業活動中。到了十五世紀，卡斯提亞的情況改變了。貿易是一切的根本，羊毛貿易增長使得經濟大為發展。

　　西班牙從一四九二年開始驅逐絕大部分的摩爾人與猶太人，造成了西班牙歷史上最悲劇的時期，不但這些人受苦，經濟受阻，學術界

塔拉哥納的上帝之梯修道院（Scala Dei）的葡萄園，此建築曾是沙特勒斯會（又稱加爾督西會）。

與醫藥界損失也很大。當時在貴族與其他地主手中的農業也受到嚴重影響。在貧瘠的卡斯提亞，最重要的物產不是穀物，而是羊毛，負擔著國家的所有需求。對這個國家大多數人來說，農業死亡是極嚴重的危難，但是必須盡一切代價保護牧人協會。

卡斯提亞王室的政策錯誤，以產出羊毛的綿羊群為優先，而不考慮耕種開發土地，後果就是國內小麥供應不穩。統治者過分樂觀，認為小麥總是可以從位於義大利的西班牙海外領土進口，尤其是西西里。葡萄酒生產則是另一種情況，這項產業在伊比利與地中海其他地區同時蓬勃發展，各社會階層都飲用葡萄酒。劣酒供給鄉村農民以及城鎮的較低階層，在當地小酒館裡出售。「最好的」酒則供應高階神職人員、貴族、富有的市民，不過通常都是摻了水的，而且有時以傳統的羅馬方式加上昂貴香料與香草植物調味。葡萄酒是基本食品，但是有高下之分。它提供樂趣，但是必須付出合理的價格。在卡斯提亞，從十二世紀起，小麥開始短缺；然而經濟政策的方向卻是鼓勵種植葡萄，有一套法律規定葡萄酒的製作流程、乃至在整個伊比利的銷售。而且葡萄能夠在其他作物無法適應的地區生長。適量飲用葡萄酒，不但身體舒適，靈魂也愉悅，因此人們認為這象徵著上帝與人之間的聖約，是受到基督教鼓勵的行為。

關於葡萄酒，弗蘭塞克斯・厄希曼尼斯認為喝酒是由於人類需要愉悅與快樂。葡萄酒可以由農民釀造少量以供自用，也可以在貴族的大莊園裡輕鬆製造，既銷往古城，也銷往收復失地運動之後誕生的新城市。很重要的一點是，葡萄能夠適應極端氣候與貧瘠土壤，甚至乾旱。關於酒的本質特性、對於人類的作用，人們曾經從不同觀點角度加以探討，從膳食學到時尚流行，從道德到法律。最重要的是，在天主教西班牙，葡萄酒和小麥都與基督有關，分別代表基督的血與肉。在那個時代，飲用水往往不夠衛生安全，而高階神職人員、軍事修會及修道院與葡萄酒之間的關聯就更促進了飲酒。至於飲酒過量的害處，醫生、膳食專家、讚揚適量飲酒的思想家比如厄希曼尼斯與阿爾瑙・迪・維拉諾瓦醫生，也都充分研究過，並且加以譴責。在宏偉的羅馬式及哥德式建築牆壁上，都雕刻了葡萄，以及葡萄栽種生長及釀酒的圖像。這些圖像讓中世紀的歷史片段活了過來，呈現在全西班牙的現

代朝聖者與遊客的眼前。

█ 尋找胡椒

　　從古代開始，歐洲人就已經習慣了珍貴的東方香料的滋味，這些香料是希臘人、羅馬人、摩爾人都很熟悉的。在中世紀，香料象徵著富足與地位，包括肉豆蔻仁、肉桂、薑、芥末、丁香與胡椒，這些主要生長在西太平洋的香料群島。傳統上，香料經由阿拉伯與北非的隊商貿易傳入西歐，或者經由地中海的海路。到了十三世紀，與威尼斯做生意的貿易商發現了另一條更輕鬆的路線，即穿越亞洲與美索不達米亞。新路線縮短了距離、免除了中間商，因此香料價格下降，從而消費量增加，威尼斯成為全球香料與絲綢貿易的中心。但是接著中國境內發生了革命，以及土耳其人在地中海擴張，使得貿易又回到了老路線，依舊穿越阿拉伯、抵達亞歷山卓港與開羅，於是香料的銷售網中心又回到這兩座城。香料價格再度上漲，當務之急是再找出新路線。首先葡萄牙人沿著西非海岸往南探索，西班牙人則往西航越大西洋。兩方人馬都在找尋盛產香料的土地，希望能有白胡椒、黑胡椒，還有更多其他品類。

　　跟隨著亞拉岡的腳步，卡斯提亞也開始熟悉航海，這樣的實踐與經驗讓它能夠航越海洋、擴張領土，不過有一點與其他國家不同；卡斯提亞的航海家並不留在已經很擁擠的地中海打轉，也沒有走上無畏的葡萄牙航海家開闢出的非洲航線、一路往南經過好望角，再前往盛產香料的亞洲。卡斯提亞的航向是穿越大西洋，朝著充滿危險但也可能帶來豐富回報的水域，勇往直前。加泰隆尼亞的水手、尤其還有巴斯克的水手們經驗豐富，能力高強，他們是一連串偉大探險的定心丸。他們將發現白銀、黃金，以及各種新食品，這些新食品在接下來數十年裡改變了整個舊大陸的日常飲食。一四九二年十月，哥倫布發現了美洲，這位熱那亞航海家與卡斯提亞女王伊莎貝拉的夢想成真了。

　　一四九二年發現美洲，接著一五一六年哈布斯堡家族繼承西班牙王位，這兩件大事把西班牙猛然推往國際事務的第一線。[8] 從一四九三年直到十九世紀，源源不絕的美洲物產抵達歐洲，西班牙帆

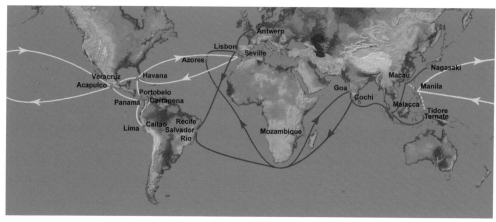

十六世紀西班牙與葡萄牙的世界貿易路線（白線為西班牙路線）。

船帶回歐洲的包括貴金屬、馬鈴薯、番茄、玉米、菜椒、豆類等等，還有一種迷人而珍貴的種子，這種種子長成之後做成的飲料無法下嚥，但是全世界最喜愛的甜食卻也從此而來，那就是巧克力。

事實上，西班牙人一開始航越大西洋的主因不是尋找金銀，而是尋找黑胡椒。接下來的交流過程裡雙方並不平等，西班牙人在新大陸引進了一種「語言」，不只是詞彙與文法，也關乎文化與宗教，它包含了植物、動物、烹調方式，以及最重要的、把原料轉變成高價食品的能力。[9]

克里斯多福・哥倫布深信，只要自己的計算沒錯，那麼只要從加那利群島往西航行，就能抵達亞洲。他需要的只是經濟支援，可是葡萄牙已經拒絕了他的提議。於是這次探險能否成功就取決於西班牙君主了。此時伊莎貝拉與斐迪南正全力投入收復失地運動的最後階段，所以遲而未決，先交由委員會審查他的提案。終於在一四九二年初，對格拉納達圍城期間，兩位國王與哥倫布達成了初步協議。卡斯提亞將資助這項計畫，此前有幾位熱內亞銀行家也已經同意資助。

一四九二年十月十二日星期五，一艘西班牙快帆船抵達小島瓜納哈尼（Guanahani），屬於今日的聖薩爾瓦多島（San Salvador）地區。此地位於向風海峽（Windward Passage）的正北，而此海峽位於今日的古巴與海地之間。一五一九年，科爾特斯（Cortés）航抵墨西哥灣；兩年後，皮薩羅（Pizarro）抵達祕魯。最後這些征服者（conquistador）

在新大陸並沒有發現胡椒，也就是「pimienta」，但是他們發現了許多奇特的陌生植物與食物，這些物種帶來的福祉將超乎他們的想像。很重要的是，在這些美洲物產傳入的時候，西班牙大多數人每天吃的都是簡樸無味的膳食，主要是粥（gacha）以及鹹味小麵餅（torta），使用的不是小麥，而是以大麥、黑麥、燕麥、小米粗磨的低劣麵粉，再加上水。農民所隸屬的領主對蔬菜與莢豆類不感興趣，但是這兩種食物對農民而言是很受歡迎的加菜選擇，此外，要是他們養得起一頭豬的話，還有儲藏一整年的風乾鹽醃豬肥膘切片。為了湊錢繳付重稅給國王、教會與貴族，農民必須賣掉自家養的豬身上的好部位，諸如火腿、肩肉等等。實際上他們生產的所有糧食都去了別的地方，自己什麼也沒留下，包括小麥、牛奶、乳酪，尤其是肉類。大致而言他們根本不吃肉。有件事現在還可能引起爭辯，那就是發現美洲所帶來的最大好處，並不是西班牙帆船運回來的金銀，而是貧窮的鄉村日常膳食有了改善；這些作物首先遍布歐洲，然後逐漸往東傳向亞洲。菜椒、玉米、豆類、香草豆與巧克力，這些在西班牙很快就廣受喜愛，不過有些作物比如番茄與馬鈴薯，則是慢慢才被接受。植物學家與醫生相信馬鈴薯與番茄有毒，而且番茄能催情，因此往後的數十年甚至數百年裡，這兩種作物一直遭受來自上層階級的偏見與排斥。但是在安達盧西亞，馬鈴薯與番茄在發現之後很快傳入此地，較低階層人民很早就接納番茄，這一點從十六世紀的西班牙文學及繪畫看得到證據。在加利西亞與阿斯圖里亞斯，馬鈴薯拯救了窮人免於飢餓，在愛爾蘭也是相同情況（不過愛爾蘭因過分依賴馬鈴薯在日後導致饑荒）。

這些美洲植物各自以不同速度開始了勢不可擋的全球旅程，每一種都有自己的不同歷史可說。西班牙人把已知的植物名稱安到自己在「印度」發現的一些植物上，尤其是與珍貴香料有關的植物，這種做法到底是出於無知，還是刻意為之呢？無論是什麼原因，他們這種做法在食品世界裡造成了混淆，植物學家花了幾百年加以糾正。西班牙文裡菜椒的名稱是「pimiento」，非常接近「pimienta」，關於這種混淆，這是絕佳例子。

▍關乎口味的事

水手們靠著變質的麵餅與幾桶品質可疑的酒，捱過了橫越大西洋的航程，令人好奇的是，雖然他們餓著肚子，一開始卻滿懷厭惡、仔細打量新大陸的食物。不過也該為他們說句公道話，肥大的蜘蛛和白色蠕蟲看起來的確不怎麼讓人有胃口。

不過這些西班牙人很快就喜歡上了甘藷與其他食品。甘藷滋味怡人，令人想起傳統歐洲栗子的質地與堅果般的香味。不過玉米始終無法取代小麥的地位。對西班牙人而言，小麥代表著麵包，而且是發酵過的麵包，但他們也還是接受了玉米，特別是做成美味的熱薄餅（tortilla）以及玉米粉塔馬利粽（tamal）。美洲物產抵達伊比利的時候，往往附帶有趣的說明，這些說明出自前往美洲的史家之手，他們一路詳細記述發現的植物與果實，並且把這些新物種與家鄉的物產互相比較。這些史家當中最有名的比如方濟各會修士暨人類學家貝爾納迪諾・德・薩阿貢（Bernardino de Sahagún）；史學家費爾南德斯・德・奧維耶多（Fernández de Oviedo）及佛朗西斯科・洛佩斯・哥馬拉（Francisco López de Gómaral）；傳教士暨自然學家何塞・德・阿科斯塔（José de Acosta）；親歷史事的記錄者貝爾納爾・迪亞斯・德爾・卡斯蒂略（Bernal Díaz del Castillo）。此外，原本是殖民者但後來出家的恰帕斯（Chiapas）主教，巴托洛梅・德拉斯・卡薩斯（Bartolomé de las Casas），當然也應在列。遺憾的是，這些物產說明對於美洲當地食譜與食用族群都沒有記載。

到了一五〇〇年，甘藷與玉米在加那利群島、安達盧西亞、卡斯提亞及雷昂都已經栽種成功。不過歐洲人沒有注意到玉米必須先以美洲原住民的方法處理，以至於給歐洲窮人帶來悲慘的後果。在阿斯圖里亞斯的山區，以及稍後在義大利，凡是由於氣候無法種植其他作物的地區，玉米欣欣向榮，然而糙皮病（pellagra）卻還以報復的一擊。糙皮病是營養不良造成的疾病，很長一段時間裡是科學家的未解之謎。一七三五年，奧維耶多（Oviedo）大學的西班牙科學家加斯帕爾・卡薩爾斯（Gaspar Casals）首次發現玉米與糙皮病的關聯，但是直到將近兩百年後，這個謎題才徹底解開。卡薩爾斯發現，受這種未知疾

病折磨的病人都來自阿斯圖里亞斯境內、窮人完全以玉米為主食的地區。這種疾病的症狀是手足出現紅斑疹，因此卡薩爾斯名之為「玫瑰病」（el mal de la rosa）。糙皮病足以致命，它不但攻擊皮膚與消化系統，而且導致痴呆。數年後米蘭醫生佛朗切斯科‧佛拉波里（Francesco Frapolli）給了它另一個名字，即流傳至今的「pellagra」，意為「粗糙的皮膚」。二十世紀前半葉，美國科學家終於證明，在歐洲與北美洲，造成這種疾病的原因都是缺乏某種維生素。這種悲劇其實很容易就可以避免，只需要改善膳食，尤其是攝取菸酸（nicotinic acid；維生素B3）。咸認為玉米是非常好的作物，可惜它從十五世紀開始傳往全世界的時候卻沒有附帶安全指南。阿茲特克人與馬雅人在烹調主食玉米之前都加以處理，使用鹼性溶液即石灰水，軟化玉米使之可食。石灰水釋放出菸酸，以及一種重要胺基酸即色胺酸（tryptophan），後者是合成菸酸的必需物質。雖然歐洲人與美洲原住民一起生活的時候終於開始享用玉米食品，但是玉米在食用之前必須加以處理，歐洲人卻始終沒注意，也沒有記錄。

　　過去在西班牙，玉米主要作為飼料。但是在小麥與黑麥產量很少或者根本歉收的地區，當地人開始以玉米為原料製作傳統食品，因為玉米便宜，產量豐富。直至今日，加利西亞與阿斯圖里亞斯的很多小農為了避免潮氣與鼠害，依然把玉米儲存在鄉間常見的石砌穀倉（hórreo）。在各地市集與手工藝市場上，興高采烈的遊客經常發現有大的圓形玉米糕餅（pan de maíz）出售，這種糕餅以楓葉包裹，在柴火上烤製；還有玉米餡餅餃（empanada），裡面是鳥蛤（cockle）甚至沙丁魚。可惜的是，有幾樣美洲食品始終沒有傳入歐洲，其中包括原住民的玉米粉塔馬利粽，內有可口的豆糊，美味而廣受喜愛；以及用平底鍋（comal）在灶火上做成的熱薄餅。

　　椒屬植物（Capsicum），西班牙文中的「pimiento」，則又有一番不同的有趣經歷。哥倫布的一名船員在返回歐洲之後記述道：「在這些島上，有種像是玫瑰叢的灌木，結出的果實長度如肉桂，裡面滿是細小的籽。加勒比人與印度人吃這些果實，就像我們吃蘋果一樣。」一四九三年，哥倫布第二次美洲航行的隨行內科醫生迪亞哥‧阿爾巴瑞斯‧昌卡（Diego Álvarez Chanca），首次從西印度群島帶回了椒屬

種子。[10]雖然迪亞哥·阿爾巴瑞斯記錄了它的藥效，但是他並不知道，至少從西元前七千五百年開始，野生椒就已經是中美洲原住民及安地斯山原住民的食品，並且到他的時代為止，墨西哥人已經栽種椒類至少六千年。椒屬是自花授粉的植物，西班牙人來到美洲的時候，中美洲與南美洲原住民已經種植椒類了。

雖然美洲栽種許多椒類品種，一開始被引進至西班牙的卻只有墨西哥品種的椒類，即屬於茄科的「Capsicum annuum」。西班牙與葡萄牙修士在修道院菜園裡種植椒類，為自己加菜，至於城市裡的植物園則把辣椒視為奇珍異品。哥倫布在回到伊比利之後，曾經把一些椒類種子當作禮物，送給埃斯特雷馬杜拉地區的瓜達盧佩修道院（Monastery of Guadalupe，屬於海羅姆隱修會〔Hieronymites〕），因而

新鮮辣椒（guindilla）。

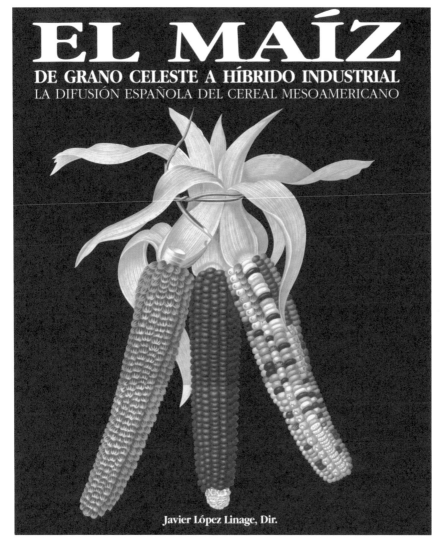

《玉米》的封面：《從天賜的玉米到企業化生產：中美洲穀物在西班牙的傳播》。在
當地玉米的種類比在西班牙多了許多。

該修道院對於這種椒的傳布厥功至偉。在西班牙它被視為蔬菜、香料，
也是一種神藥，於這片土地上的修道院之間流傳。它又通過亞拉岡人、
繼而由於鄂圖曼擴張，從西班牙傳到中東。從它進入西班牙二十年間，
各地農夫栽培的椒屬品種已經超過二十種，其中辣椒通常當作香料，
用以取代上層階級與貴族喜愛的亞洲黑胡椒與白胡椒，這兩種胡椒比
椒屬植物貴得多。[11] 椒類傳出美洲的時候並沒有當地食譜伴隨，因此
在歐洲就用來給棕色的煎煮洋蔥增加色香，這種煎煮洋蔥是許多西班
牙菜餚的底料，比如御廚魯伯特‧德‧諾拉及幾位中世紀飲食作者都

非常讚賞的索佛利托底醬。沒有多久,各種椒類(pimiento)與辣椒(guindilla)就被西班牙廚師收入食譜中了,吃法有生吃、煎炸、燉,或者做成泡菜在冬天食用,也可以曬乾後保存一整年。椒類與辣椒在陽光下曬乾之後,可以很容易搗成細粉,於是就變成魔法般的豔紅色香料,其味包括甜、辣、煙燻、未煙燻,西班牙人稱之為「pimentón」。如果沒有這種乾紅椒粉,很多地方特色菜餚就會變味了,比如瓦倫西亞的鐵鍋飯、阿斯圖里亞斯的豆子燉火腿(fabada)、加利西亞的白灼章魚(pulpo à feira)、卡斯提亞的大蒜湯(sopa de ajo),當然還有乾辣椒香腸(chorizo)。在今日,恐怕也無法想像要是小菜酒館(tapas)沒有了這幾道菜,會是什麼樣,比如夾上鱈魚內餡的醃漬小甜椒(pimientos del piquillo),或者一盤冒煙的香煎帕德龍小辣椒(pimientos del padrón),由五世紀前修士傳入加利西亞的小辣椒做成。

　　各種椒類一路通行,上了歐洲貴族與平民的餐桌,而番茄卻一直遭受誤解與歧視,這番悲慘遭遇只有其後來自安地斯山區、踏上同一條路的馬鈴薯差可比擬。番茄是阿茲特克人的作物,一五二〇年代,當柯爾特斯正在享受阿茲特克皇帝蒙特蘇馬(Montezuma)盛情款待,西班牙人發現了番茄。據傑出史家貝爾納迪諾·德·薩阿貢及貝爾納爾·迪亞斯·德爾·卡斯蒂略記載,阿茲特克人把番茄當作烹飪材料。一百多年以後,耶穌會神父貝爾納貝·科博(Bernabé Cobo)在著作《新大陸史》(Historia del Nuevo Mundo)中有更詳盡的描述:

　　這種植物矮小,像葫蘆一樣生長,但是蔓生範圍不大;莖比手指細,從上分出許多更細的莖。葉子的形狀與大小類似桑葉。果實稱為「tomate」,圓形,色彩鮮豔,小的跟櫻桃一樣大。也有綠色及黃色的,像李子甚至檸檬一樣大。果實裡面是紅色多汁的物質,以及比芝麻略小的種子。果皮和葡萄皮一樣薄。[12]

　　據科博神父記載,由於番茄味道刺激,所以從不生食。他寫道:「大都用於煮湯及燉菜。」不過這些史家並不知道,番茄的原產地不在墨西哥,而在南方祕魯、厄瓜多、智利的安地斯山區。野生番茄在那裡十分茂盛,不過咸認為當地原住民並沒有栽植或者用於烹飪。番茄

種子從南美洲被海龜帶往加拉巴哥群島,再以此地為起點,展開漫長旅程,前往墨西哥與中美洲,然後傳往全世界。阿茲特克人栽種番茄,用番茄煮成濃郁醬料,西班牙人在侵佔這片土地的時候,一定吃過這些醬料。

要注意的是,在十五與十六世紀,歐洲的植物學在科學方面有長足進步。新植物不斷到來,不但來自新大陸,也有些來自亞洲與非洲。許多植物學家及醫藥專家再次接納了迪奧斯科里德斯(Dioscorides)及蓋倫的古典思想。不過當時的混合思潮也包括宗教信條、新舊偏見,以及希臘羅馬神話傳說。研究者甚至重拾古老的植物與果實名稱,但是這些植物與果實彼此之間並無關係,與跨越大西洋傳入的物種更無關係。以西班牙的特殊情況來說,我們要記住的是,驅離摩爾人與猶太人以及宗教審判的折磨,都給十六世紀的西班牙留下了印記。他們對於一切沒有嘗試過的新事物心懷恐懼,尤其在上層階級,這種心理使得他們不敢貿然食用美洲植物。以番茄為例,它用途多多,在亞熱帶地區容易種植,這兩個優點本來應該能讓它很快成為西班牙烹調材料才是。

為什麼西班牙人稱番茄為「tomate」,而不像義大利或瑞士植物學家那樣,比如馬替歐里(Mattioli),把它們叫做「金蘋果」或者「愛情蘋果」?出人意料的是,這回西班牙人用了一個跟原住民那裡聽來差不多的名字,不過依然又一次混淆了兩種果實、用了同一個名字。阿茲特克人稱番茄為「xitomalt」,他們經常用番茄混合辣椒,加上搗碎的南瓜子,做成美味的醬料,名為「salsa」,用來搭配魚還有火雞。這種醬料大可以充當現今無國界烹調的鮮切與烹煮醬料。當時西班牙人還發現了一種與番茄大不相同、但是一樣吸引人的果子,原住民也用它做成醬料,這種果子名為黏果酸漿(tomalt)。雖然這兩個名字很類似,但是在植物學上黏果酸漿與我們所知的番茄完全沒有關係。黏果酸漿雖然又名「tomatillo」、綠番茄、帶莢番茄(husk tomato),但事實上是酸漿屬(Physalis,學名 *Physalis ixocarpa*),而番茄學名是 *Lycopersicon esculentum*。西班牙人學會使用番茄還得等到黃金時代(不過黏果酸漿始終沒有越過大西洋來到西班牙),並且有十六世紀末與十七世紀聲名赫赫的作家在詩歌裡一提,比如劇作家提爾索・德・

十六世紀後半導的塞維亞，是貿易大港。此幅畫作為阿薩索・桑切斯・科洛（Alonso Sánchez Coello, 1531-1588）所繪。

墨林納（Tirso de Molina）：

> 玫瑰臉頰的甜蜜番茄
> 做成的沙拉呀，
> 卻是如此辛辣開胃。

　　洛佩・德・維加（Lope de Vega）的女兒，馬西拉・德・聖菲力克斯・卡皮歐修女（Sor Marcela de San Félix Carpio）在她的對話體《胃口之死》（*The Death of the Appetite*）一書裡寫道：「我想要一點切肉冷盤／還有一份番茄與綠椒沙拉。」[13]

　　在發現新大陸之後，塞維亞河港成為美洲舶來品的入口，舶來品包括此前從來沒見過的食品。帶來這些食品的人有水手與貿易商，更重要的是天主教會人員，因為他們與植物園及修道院都有關係。塞維亞位於瓜達幾維河畔，距離大西洋五十公里，是一座歷史古城，而且是重要的貿易中心，基督徒、摩爾人、猶太人，以及外國銀行業者與商人通常都聚在這裡，希望做一筆好買賣。一五〇三年，卡斯提亞王室在這裡設立了交易所（La Casa de Contratación），同時將美洲貿易的

獨佔權賦予塞維亞。此舉把美洲貿易的焦點從加迪斯轉移至塞維亞，但塞維亞是規模有限的河港，而且卡斯提亞王室把美洲視為自己的私人財產，日後事實證明這都是錯誤的舉措。這一步最終使得西班牙無法達成它渴求的經濟榮景，而且接著還有更多問題。此時卡斯提亞的頭等大事就是保衛哈布斯堡王朝繼承的龐大帝國，以及保護伊比利的經濟利益。在接下來兩百年間，從加勒比與中南美洲開採的大量金銀都投資在軍備、兵員，以及支付國債上頭。西班牙並不明白，那些運進歐洲的新種子、蔬果、穀物，巧克力、菸草，只要予以栽種加工，就能成為利潤豐厚的商品，就像舊大陸的食糖與咖啡那樣，終將產生大量可見與不可見的收益。最後其他國家明白了這一點：大西洋兩岸的食品交流才是發現新大陸的最大成果，而西班牙醒悟得太晚了。

安地斯的作物

　　塞維亞很可能是歐洲第一個栽種馬鈴薯的地點，不過並非為了對抗西班牙南部窮人經常面對的飢餓，而是因為馬鈴薯的花朵很漂亮、在當地花園裡廣受喜愛。以西班牙小型快帆船帶著馬鈴薯越過大西洋的人絕對沒想到，印加人愛吃的這種食物有一天居然能在全世界人類的生活裡佔據如此地位。他們也絕對無法想像，可憐的馬鈴薯要經過多少艱難險阻才能爬上貴族的餐桌。

　　炸馬鈴薯（Patatas fritas）、皺皮馬鈴薯（papas arrugadas）、窮人馬鈴薯（patatas a lo pobre）、重要的馬鈴薯（patatas a la importancia）、烤馬鈴薯（asadas）加上大蒜橄欖油醬（al-i-olí）、馬鈴薯煎蛋餅（tortilla de patatas），甚至有麵包師馬鈴薯（panadera）。以上這些菜名都是西班牙人初識馬鈴薯時發現的菜色，當時大約是一五三〇年，不過並非在祕魯，而是在哥倫比亞。馬鈴薯是南美洲原住民的主食，一開始征服者們拒絕食用馬鈴薯，但是在他們往南穿越厄瓜多、祕魯、玻利維亞，還有智利北部的時候，飢餓與營養不良很快就迫使他們改變了心意。祕魯的印加人製作「chuño」，這是一種凍乾馬鈴薯，用來煮燉或者做成其他菜餚。時至今日，南美洲原住民依然吃「chuño」，可以儲存數月不變質。印加人把它當麵包吃，或者用來搭配其他食品。他們

還吃藜麥、甘藷、絲蘭（yucca），尤其是「薯仔」（papa）。印加王室後裔印卡‧加西拉索‧德‧拉維加（Inca Garcilaso de la Vega）留下了關於印加傳統風俗的第一手資料，內容引人入勝。他在《印卡王室評述》（*Comentarios reales de los Incas*）中，熱情描述了「chuño」此物：

> 在名為科利亞（Colla）的省分，一百五十多里格以內的地方，因為當地土壤非常寒冷，都沒有玉米生長。這裡出產大量藜麥，此物類似稻米，還有長在土裡的其他作物與莢豆類，其中一種叫做「papa」，其物呈圓形，富含水分，因此變質很快。為了防止它變質，人們把它放在地上，底下鋪著當地一種很細的乾草，就這樣放在戶外許多個夜晚，使其經霜，那裡全年都有濃霜。經霜的時間足夠了，它看起來就像煮熟了一樣，於是人們就用乾草覆蓋，在上面很小心地踩踏，把它天生所含的水分以及霜造成的水都分離出來。這樣小心壓過之後，人們將它放在太陽底下靜置曝曬，直到乾縮。這樣處理之後，就可以保存很長時間，名稱也改為「chuño」，這就是人們在太陽與印卡人的土地上處理作物的方式，他們把這些作物與其他莢豆類及種子儲存在倉庫（posito）。[14]

原產地以外的人始終無法接受「chuño」的滋味與口感，不過移民到中南美洲的西班牙婦女用「chuño blanco」（也稱為「Moray」或「Tunta」）製成的麵粉做糕餅與其他食品。西班牙人到達祕魯的時候，安地斯山區種植的形形色色馬鈴薯已經超過一百五十種。

馬鈴薯抵達歐洲這件事一直是研究與爭論的主題。到底是何人於何時從何地把馬鈴薯帶到歐洲，至今不詳。瑞德克里夫‧薩拉曼（Redcliffe Salaman）的著作《馬鈴薯的歷史及社會影響》（*History and Social Influence of the Potato*）推測馬鈴薯首先傳入西班牙，因為西班牙是十六世紀下半葉唯一與馬鈴薯原產地有往來的地方。據信馬鈴薯抵達塞維亞大約是在關鍵的一五七三至一五七五年間。[15] 更早的紀錄則是在加那利群島，「patata」從大加那利島（Gran Canaria）出口到安特衛普。馬鈴薯以西班牙為起點，開始了傳往全世界的旅程。今天，馬鈴薯在全球糧食位列第四，僅次於小麥、稻米、玉米。

　　歐洲人到達新大陸的時候，當地原住民也吃其他可食的根莖類與堅果。甘藷很快就受到西班牙人歡迎，成為膳食。阿茲特克人稱甘藷為「camotli」、印加人稱作「apichu」，而西班牙人稱作「batata」，其色美觀，有鮭魚紅、象牙白、紫、黃，而且滋味甜美，質地柔軟如堅果，類似栗子，尤其是在連皮烤熟的時候。

巧克力與皇帝

　　何塞・德・阿科斯塔神父在著作《西印度自然與精神史》（*Historia natural y moral de las Indias*）中曾經大嘆某種「跟祕魯古柯葉一樣瘋狂的東西」，他指的是巧克力。無論德・阿科斯塔神父是否預知這種一點也不甜的豆子將成為人們夢中最渴望的甜食，可可豆終成為美洲食物交流經濟史上最成功的物產。[16]

　　許多書籍與文章都說，埃爾南・科爾特斯把巧克力獻給了他的主上，西班牙國王卡洛斯一世。但是沒有人知道可可豆傳入西班牙的確切時間，也沒有歷史記載可以證明上述說法。關於可可豆與巧克力抵達西班牙的最早明文記載，與以下幾方有關：費利佩王子，也就是後來的費利佩二世，道明會，還有馬雅人、而非阿茲特克人。[17]

　　一五四四年，在道明會安排之下，身著傳統服飾的馬雅貴族代表團晉見青年王子費利佩，帶來了他們最珍貴的禮物，包括魁札爾鳥（quetzal）的羽毛、柯巴脂香料（copal）、辣椒、玉米、墨西哥菝葜（sarsaparilla）、豆子。代表團還帶來了裝飾性的陶鍋，其中有些裝著攪打過的巧克力，費利佩王子有可能出於禮貌試吃了一點。可能所有人都會同意，除了可見的紀錄與歷史事實以外，巧克力本身就能讓人充分發揮想像力。

　　根據馬雅人的古老信仰，光明的創造神魁札爾科雅特爾（Quetzalcóatl）決定贈送一件禮物給自己鍾愛的托爾特克（Toltec）城市圖拉（Tula）的貴族們。這件禮物是珍貴神聖的植物「Cacau-quauiti」，是祂從其他神祇那裡偷來的。托爾特克人以該植物的種子做出天賜的飲料，稱為可可亞。托爾特克人把植物可可亞引進馬雅文化。他們使用可可亞種子製作祭典上使用的飲料，該種子也是貨幣，在中

美洲交易中流通。[18]

十八世紀,林奈將可可樹命名為「Theobroma cacao」。它原產中美洲,即今日的墨西哥、貝里斯、宏都拉斯、瓜地馬拉、薩爾瓦多。在西班牙人抵達之前,當地各個不同文明族群以它的種子做成一種顏色很深的飲料,已有數百年。「可可亞」這個名字用來指稱這種樹、果實,以及未經處理的種子。阿茲特克人的可可亞飲料稱為「xocoalt」,西班牙人取其音,稱為「chocolate」,直到十八世紀,這個名稱所指都是以水與可可粉做成的飲料,其中還加了香料,隨著時間變化,添加的香料各有不同。

馬雅人掌控了可可豆的製造生產,直到十六世紀西班牙人來到。馬雅人也在其主食玉米的食譜中添加可可亞。方濟各會修士迪亞哥‧德‧蘭達(Diego de Landa)記錄過幾種使用可可亞粉的食譜。蘭達曾擔任猶加敦主教,是一個充滿矛盾的人,他既是西班牙宗教裁判所的成員、毀滅無價的馬雅典籍的元凶,但也記錄了這個古老民族的日常生活、保存了許多哥倫布之前的馬雅文化。在他的眾多記載中曾經寫道,當地人在早晨飲用一種提神熱飲,由烤玉米粒、可可亞以及辣椒做成,他把辣椒稱為印度胡椒(pimienta de las Indias):

> 薄暮時分,男人們從田裡回來,全家進食主餐。男人與女人及孩童分開在兩個不同房間。他們吃的是新鮮的玉米薄餅與四季豆(frijole),如果有肉,也會吃一點,可能再加上一些莢豆類與巧克力。[19]

當時馬雅食譜還使用鱷梨(aguacate)、木瓜(papaya)、鳳梨(anana)、黑柿木果(siricot,學名*Cordia dodecandra*)、佛手瓜(chayote,學名*Sechium edule*)、椒(ají)、「xitomate」(當地納瓦特爾語〔Nahuatl〕的番茄)。他們也吃從海邊捕捉的魚與介殼類,以及肉類。肉類調味料包括鹽、辣椒、香草植物,至於綠欖(azapote,學名*Pouteria viridis*,一種果實)以及紅木種子粉(achiote,學名*Bixa orellana*)則當作佐料及食物著色劑。

哥倫布是第一個見到可可豆的歐洲人,當時是在加勒比海的瓜納哈島(Guanaja),一艘馬雅的交易獨木舟上。那是他第四次也是最後

一次的西印度群島航程。原住民如此依賴這種毫不起眼的黑豆子，令他十分驚訝。可可豆不只是在廚房裡很重要，也是價值很高的貨幣。西班牙人偏愛可可脂的甜味，事實上，從可可豆分離出來的油脂很像西班牙老家的美味豬脂油。原住民把可可脂搗碎再加上一點水，用於烹調許多菜餚。正是這種可可脂，多年以後讓歐洲人上癮不可自拔。

可可亞當作飲料或者搭配其他食材的營養價值廣為人知之後，當時已經在新大陸站穩腳跟的天主教會很快就注意到了這種新食品。在那個時代，齋戒禁食是一件大事，於是禁食期間是否允許食用巧克力，就成為神職人員的重大辯論主題。

終於這個案子上呈至羅馬。十六世紀下半葉，教宗額我略十三世（Gregory XIII）宣布，只要是當作飲料，那麼飲用巧克力就不算破戒。女修院都很歡迎這項決定，因為修女日常除了禱告，就是在研究新食譜，以期改變這種馬雅與阿茲特克原產飲料的苦味。她們添加香草莢、糖、肉桂，去掉了香辛的辣椒。今天在墨西哥城的瓦哈卡（Oaxaca）特產店，顧客可以自己選擇可可豆，店家將豆子烘烤磨碎之後，加上顧客自選的香料。從前瓦哈卡、普埃布拉（Puebla）、哈拉帕（Jalapa）等地婦女曾經一輩子花費許多時間跪坐在地、在傳統的磨石（matate）上以手工磨碎可可豆與玉米粒，那樣的年代如今已經遠去了。

對西班牙人來說，發現巧克力是奇蹟，不過至今西班牙傳統食譜裡除了糕餅與糖果很少用到它。墨西哥廚師依然經常在各類食譜裡使用巧克力，包括一些濃郁的醬料，墨西哥西班牙語稱「mole」，不禁令人回憶起遠在科爾特斯抵達之前，古代阿茲特克人製作的醬料。其中一種是肉醬（mole poblano de guajalote），是與普埃布拉城有關的著名食譜之一。「Guajalote」在西班牙本土稱為「pavo」，即火雞，由學名 *Meleagris gallopavo* 的野生火雞馴化而來，屬於雉科（Phasianidae）。古代阿茲特克人食用火雞，並且將羽毛作為頭飾，也用於製箭。火雞在阿茲特克社會中很重要，祭神慶典中也必須使用。他們稱火雞為「huexolotli」，現代墨西哥的火雞名稱「guajalote」即源於此。

柯爾特斯第一次見到這些奇異的鳥類是在阿茲特克皇帝蒙特蘇馬的宮廷。火雞體型大，風味與肉量都勝於「pavo real」，即西班牙文的孔雀。而孔雀是歐洲人在古典時代就已熟知的動物。

▌西斯內羅斯的夢想

岡薩洛・希梅內斯・德・西斯內羅斯（Gonzalo Ximénez de Cisneros, 1436-1517），即樞機主教西斯內羅斯，對西班牙歷史的貢獻有正負兩面，因此至今依然是擺盪於現實與傳說之間的人物。他是卡斯提亞伊莎貝拉一世的告解神父，也極具政治影響力與遠見，對於發現美洲乃至促成美洲皈依天主教的決策過程，他佔有關鍵地位。遺憾的是，西班牙興起宗教裁判所也與他有關。

希梅內斯・德・西斯內羅斯注意到了收復失地運動在農業上造成負面影響，尤其是在卡斯提亞，因此他決定任命專家編寫一本專著，讓往後數百年裡的農人與知識分子都有所依循。這本書基本上使用的都是正確但簡單的文字，從事農耕的老百姓看得懂，在這個領域能夠做出一番成績的人也看得懂。這本書的作者是加布瑞爾・阿隆索・德・埃爾瑞拉（Gabriel Alonso de Herrera），在西班牙農人亟需幫助的那個時代裡，他的著作促成了西班牙農業的進步。阿隆索・德・埃爾瑞拉是卡斯提亞人，他在格拉納達研究神學的時候，也被當地先進的農業迷住了，那是摩爾人在西班牙伊斯蘭的最後據點格拉納達王國的肥沃河谷上發展出來的。當年穆斯林中的農業專家齊聚在此，帶來了從古代中東河谷沃土傳承下來的實用知識。此外，由於阿隆索在教會內工作，也因為他對農業有興趣，他的足跡不只遍布西班牙，也遠至德國、法國、義大利，他在這些地方也學到了古典學說。大約在一五一二年，他的著作《農業全書》（*El libro de agricultura*）在埃納雷斯堡（Alcalá de Henares，位於馬德里自治區）印刷出版。全書分為六卷。第一卷是農業與土壤類型概觀，主題是無灌溉的穀物栽培。第二卷是葡萄，第三卷是樹木，第四卷是蔬菜，第五卷是家畜。第六卷是農事曆，根據帕拉狄烏斯（Palladius）的著作寫成。對阿隆索來說，古典時代知識、阿拉伯學說，以及文藝復興帶來的現代方法都應該並重。[20]

一五一六年，亞拉岡的斐迪南二世逝世，但是通往西班牙帝國的大道已經完工。他的作戰能力極強，並且相信歐洲軍事聯盟會帶來益處，當他把焦點集中在都鐸王朝與哈布斯堡王朝，他的這兩個特點就促成了高明的策略。他的女兒亞拉岡公主凱瑟琳，與英格蘭國王亨

利七世的長子亞瑟聯姻。這是很明智的一步政治棋，但注定以不幸收場。還有更重要的一步，就是次女胡安娜公主嫁到了尼德蘭，對象是神聖羅馬帝國馬克西米連一世的兒子，英俊的勃艮第大公費利佩。死亡與悲劇最終破壞了斐迪南二世的計畫，但是胡安娜與費利佩之子卡洛斯，則是圓滿結果的保證。卡洛斯成為歐洲三個主要王室的繼承人：哈布斯堡王室、勃艮第屬尼德蘭的瓦盧瓦－勃艮第王室（Valois-Burgundy）、卡斯提亞與亞拉岡兩國王室的特拉斯特馬拉王室。卡洛斯王子注定成為皇帝，不過他沒想到，未來有一本加泰隆尼亞食譜以卡斯提亞語出版，而自己在其間居然是關鍵角色。

▌ 德‧諾拉的藝術

在加泰隆尼亞，十六世紀初有一本加泰隆尼亞食譜出版了，這本書大獲成功，而且成為歐洲同類書籍的標竿。此書大約完成於一四九〇年，書名《烹飪之書》（*Llibre de Coch*），作者是魯伯特‧德‧諾拉大師（Mestre Rupert de Nola）。一五二〇年初版原文是加泰隆尼亞語，稍後又出版卡斯提亞語版本，後來還有許多不同版本，咸認此書是地中海烹調史的根基。諾拉在讀者面前的形象是一位真正的文藝復興人，他記述加泰隆尼亞食物，以及加泰隆尼亞烹調被引進優雅的那不勒斯宮廷的經過。他對其他飲食流派也很有興趣。他的《烹飪之書》追隨十五世紀義大利名廚馬提諾（Martino）的腳步，是獻給地中海飲食的一首歌。書中收錄許多地方食譜，包括加泰隆尼亞、亞拉岡、瓦倫西亞、普羅旺斯，尤其還有義大利食譜，上溯至羅馬時代，繼承了摩爾人、基督徒，以及猶太傳統，並且加以修改以適應當時地中海世界的文藝復興潮流。最主要的篇幅是魚類、肉類、香辛料，也包含一些蔬果與堅果，而且都是生長在地中海地區，特別是加泰隆尼亞，比如杏仁、榛子、米、茄子、檸檬、無花果、萵苣。當時卡斯提亞還在大西洋對岸尋找黑胡椒。可能是出於競爭的敵意，德‧諾拉並沒有收錄卡斯提亞食譜，當時西班牙最強盛的幾個地區始終存有這種心理。此書勢不可擋，在亞拉岡還有卡斯提亞的托雷多與洛格羅尼奧（Logroño），很快吸引了服侍貴族的職業大廚與新手的注意。終於此書也在卡斯提

《烹飪之書》，十六世紀烹飪書籍。

亞出版了，名為《燉肉、精緻美食、以及蔬菜為主的簡單主餐》（*Libro de los guisados, manjares y potajes*）。據說此書的加泰隆尼亞語及卡斯提亞語兩個版本能夠出版，全是因為那不勒斯國王暨神聖羅馬帝國皇帝查理五世的贊助，他可能在某次拜訪巴塞隆納時嚐過德‧諾拉的手藝。

魯伯特‧德‧諾拉究竟是什麼人？他在一五二〇年初版裡提到曾經服侍那不勒斯國王費蘭特（Ferrante），這又是哪一位費蘭特？這一來就很複雜了。有些歷史學家相信德‧諾拉原籍加泰隆尼亞，但是出生在義大利的諾拉（Nola）。他的父母應該都是加泰隆尼亞人，或者他是在服侍那不勒斯國王期間學會了加泰隆尼亞語。書中提到的國王費蘭特稱號並沒有標明是一世或者二世，那麼德‧諾拉服侍的究竟是哪一位？費蘭特一世是那不勒斯國王阿方索一世的非婚生子，而費蘭特

二世則是一世的孫子。雖然到目前為止還沒有證實，不過看來應該是
費蘭特一世，因為他在義大利的時間夠長，才能讓德‧諾拉完成這麼
一本關於食品的詳盡紀錄。

最重要的是，《烹飪之書》的寫作初衷是給無論入行與否的年輕學
徒加以指導。它的內容除了詳盡的食譜配方，還有大量關於司膳官、
大廚、切肉師、侍酒師、侍者的工作要求，甚至還記載了照料國王馬
匹的職責內容。此書還有很重要的一面，那就是能讓人一窺一四九一
年之前基督教大齋（Cuaresma）的情形。大齋期是天主教會行事曆上
最重要的齋戒期，而教會在一四九一年對於大齋期能吃的食物種類加
以重大改變。大齋期允許的食物包括牛奶、乳酪、蛋、魚、橄欖油，
最後這一項取代了日常的豬脂油（從食用豬脂油與否就能看出宗教信
仰），在那個時代，宗教上的寬容已經成為過去。

此書有一道大齋期間可以食用的菜餚：白醬魚（manjar blanco de
pescado），是把中世紀許多國家流行的一道雞肉食譜稍加改動，這道
菜在英格蘭稱為奶凍（blancmange）。這道菜最早記錄在一三二四年
的加泰隆尼亞著作《桑特索維之書》，原本的類似作法可能是阿拉伯
的「tafaya」，在伊斯蘭時代的安達盧斯也有。「tafaya」是慢燉肉類與
麵粉及杏仁，以玫瑰水及香辛料調味。作者署名為泰額凡（Taillevent）
的食譜集《膳人》（Le Viandier，十三至十四世紀）也收錄了這道菜，
名為「mangier blanc」；義大利的《軼名著托斯卡尼烹飪書》（Anonimo
Toscano）一書中則稱為「blancmangieri」。

在這道菜的相關段落裡，德‧諾拉寫道：

關於允許吃肉的日子裡的食物與菜餚之烹調藝術，之前已盡量簡
短說過。你能做出數不盡的吃肉日菜餚，其中許多也可以在大齋期間
製作，之前的章節裡我說要加入肉高湯混合，事實上那些醬料與濃湯
可用鹽、油、水加以稀釋，不過首先要煮沸。以這種方法，只要適當
用鹽，必須使用極佳的油，就可以和肉高湯一樣精美了。以這種方法，
許多吃肉日的食物就可以在大齋期間製作，這只不過是人的習慣，把
一種食品稍微修改，即成另一種。正因如此，關於吃肉日菜餚這個主
題，看來我也可以就此打住了。[21]

　　雖然德・諾拉書中有大量的魚類食譜，不過他認為世界上最好的三樣食譜是「salsa de pavo」、「mirrauste」、「manjar blanco」，都是家禽烹調。「salsa de pavo」不是字面上的醬料，而是濃湯，材料包括杏仁、雞肝或者火雞肝、在柳橙汁或者白酒醋裡浸過的麵包、薑、肉桂粉、丁香、番紅花，每一種材料都必須撒上些許糖。「mirrauste」使用的是烤過的鴿子與雞，放在烤杏仁與麵包製成的醬料中煮熟，一起浸在濃郁的高湯中，然後全部以研缽搗過，加上大量肉桂粉調味。十四世紀著作《桑特索維之書》就已選錄的中世紀經典名菜白醬雞（manjar blanco），德・諾拉用的是肥壯的母雞、米磨成的細粉、玫瑰水、山羊奶、雞蛋。[22]

＼ 美味白醬魚 ／

　　要製作「美味白醬魚」（manjar blanco de pescado），德・諾拉在《烹飪之書》建議的作法如下：

　　你必須選用龍蝦與鯛魚，雖然它們必定品質不同，但依然是必要的；不過龍蝦比鯛魚更好得多；從這兩種選出你認為最好的，單獨在一個鍋裡煮；煮到幾乎半熟的時候，從鍋裡撈出來，浸在冷水中；然後挑出龍蝦身上最好的白肉，用大火煮熟。

　　接著把龍蝦肉放在盤子上，撕成番紅花蕊那麼細。在肉上灑滿玫瑰花水。然後，如果要做八人份，就需要四磅杏仁、一磅麵粉、一磅玫瑰水。再拿兩磅糖，加上去了皮的杏仁，放在研缽裡輕輕搗碎，不可使之出油；為避免出油，必須時時以玫瑰水濕潤研杵。搗好之後，與溫水混合，這必須是乾淨的水。過濾之後，拿一個非常乾淨的鍋，必須是沒有鍍錫的，也不能是銅質的。將龍蝦肉絲與玫瑰水放進鍋中。然後加進牛奶。不過不要全部加入，只要加入足夠一開始需要的分量；接著再分為兩次加入，而非一次；如果你一次把所有東西加進去，你就無法知道「manjar」醬能否濃淡恰到好處。再以同樣方式，一點一點加入麵粉，這樣就不會結塊；持續以一根木棍攪動直到煮好；接下來準備餐盤。在盤子撒上細糖；以這種方式，完美的美味白醬魚就完成了。[23]

【第四章】
黃金時代

　　神聖羅馬帝國皇帝查理五世晚年退居埃斯特雷馬杜拉的烏斯特修
道院（Monastery of Yuste），後在此逝世，當時他的日常膳食如下：

　　黎明時他吃早餐，是加了牛奶與杏仁的閹雞或者雞肉湯。正午進
午餐，有二十道菜。下午吃點心（merienda）：鮮魚或者醃魚、鹽醃的
介殼類，用以提振胃口。入夜之後吃晚餐：甜味油酥麵團點心、醃漬
食品、水果、餡餅餃（empanada）。他偏愛來自萊茵河地區的啤酒及葡
萄酒。[1]

▌ 香料、禮儀、啤酒、小麥

　　卡洛斯一世（一五〇〇──一五五八）在其父去世後即位為西班牙
國王，時在一五一六年。一五一九年，他又成為神聖羅馬帝國的查理
五世。他繼承了西班牙，然而他對這個國家的烹飪傳統有何看法，世
人並不清楚。他與母親胡安娜女王共同繼承了王位，胡安娜依然是卡
斯提亞女王，但是早已健康不佳。卡洛斯是哈布斯堡後人，由此能夠
預見未來左右他一生的是政治、宗教、戰爭、債務，還有對於美食與
啤酒的饕餮胃口，而最後這一項也使他大半生飽受折磨。他咀嚼困難，
一直苦於消化不良，而且他酷愛吃肉，也使得這個毛病惡化。他保衛
自己的帝國與信仰，征途永無止境，期間他也始終離不開各種肉食：
野味、豬肉、鹿肉、綿羊肉、血腸。也許各位讀者都已知曉，造成卡
洛斯咀嚼困難的原因是他的「哈布斯堡下巴」（the Habsburg jaw）。這
是哈布斯堡家族遺傳，由於歷代近親通婚太嚴重，使得下顎突出，下
排牙齒包覆上牙，不少哈布斯堡君主深受其苦。

《客棧的菜單》，十六或十七世紀準備烹調的場景，胡安‧馬努爾‧裴瑞斯（Juan Manuel Pérez）繪製，一九九五。

　　卡洛斯從出生地根特（Ghent）來到西班牙的時候，帶來了許多外國顧問，令他的卡斯提亞臣民大為不滿，這位年輕國王也帶來了廚師、管理酒窖的司膳，甚至啤酒釀酒師，這也同樣激怒了負責宮廷廚房與酒窖的人員。此外，後來他發現卡斯提亞宮廷禮儀粗疏，於是又引進了一套嚴格精細的禮儀規則，也就是他從小習慣的勃艮第規矩。[2]

　　卡洛斯在梅赫倫（Mechelen）長大，這個城鎮位於佛蘭德斯地區（Flanders），與品質極佳的啤酒向有淵源。他偏好啤酒勝於葡萄酒，因此每次在西班牙短期居住的時候都從佛蘭德斯進口啤酒，甚至在國外與敵方作戰時也帶著此地的啤酒。在他父親的國度裡，自十三世紀起，啤酒裡就開始添加啤酒花（hops），如此啤酒可以運輸，在酒桶裡也能保存更久。為了確保供應穩定，他帶了幾位知名的佛蘭德斯啤酒師到西班牙，因此他的臣民開始痛恨這種異國的深色飲料。

「哈布斯堡下巴」造成咀嚼困難（卡洛斯五世肖像，巴倫凡歐爾利〔Barend van Orley,
1491-1542〕繪）。

數十年後，他於退位後住在埃斯特雷馬杜拉的烏斯特修道院，依然喜歡從自己的啤酒桶裡喝一兩杯。現今距離他在位已經五百年之久了，比利時依然有一種廣受歡迎的啤酒，名為「Charles Quint Blonde」或者「Keizer Karel Blond」。在他執政期間，桑坦德（Santander）是卡斯提亞比斯開灣的主要海港，而且是西班牙與低地諸國之間最直截的海運航線港口。在卡洛斯一世統治期間，桑坦德成為重要的貿易港，主要商品不只有羊毛，還有葡萄酒與啤酒。

當時西班牙人口增長但作物歉收，因此卡洛斯繼承的主要難題之一就是小麥與其他穀物價格昂貴。他的子民需要麵包，還需要飼料餵食牲口。穀物是卡斯提亞許多地區的主要農產品，當地曾被視為歐洲的糧倉。雖然各國穀物生產區的人口與經濟成長十分明顯，但是自從天主教君主統治以來，卡斯提亞已經逐漸失去重要農業產區的能力與地位。更糟的是，牧人協會身為稅收一大來源，控制了全國一半土地。羊毛已經比糧食重要，綿羊比農人重要。雪上加霜的是，從美洲運來的金銀幫助權貴搜刮了更多土地，卻用於飼養牲口，而非栽種穀物與其他作物。這一片土地，在驅逐阿拉伯人與猶太人之後人口大量減少，如今又因為男丁被帝國送往前線而舊事重演。反觀安達盧西亞種植的橄欖、卡斯提亞與加利西亞的葡萄，都是值得投資的生意。格拉納達的甘蔗製糖、穆爾西亞及瓦倫西亞的絲綢，需求也很高。

饑饉迫使農民湧往城市，如此一來不但增加了穀物需求，也推高了價格。糧食短缺與投機買賣成為少數人的致富捷徑，卻造成多數人餓肚子。這種情況吸引了英格蘭與荷蘭商人，他們南下地中海，使得糧價更加高漲。

對飢餓的西班牙人來說，美洲的肥沃土壤可能成為救贖。但是在早期哈布斯堡家族眼中，保衛信仰以及帝國的邊境、保衛這一切大業背後支撐的金銀，才是首要大事。除了這些珍貴商品，只有羊毛與香料還算是重要的東西。

西班牙必須找到新航線，前往葡萄牙掌控的香料群島（現在的印度尼西亞）取得財富，因此西班牙只能繼續航越海洋，從新大陸更往西去。一五一九年九月，在加的斯西邊的小漁村桑盧卡爾—德巴拉梅達（Sánlucar de Barrameda），有五艘西班牙海船出發。他們的航線和

哥倫布一樣，先朝著加那利群島前進，有利的信風把海船從這裡推過大西洋。這五艘船的指揮官由卡洛斯一世委託，是甚受尊崇的葡萄牙航海家斐迪南・麥哲倫（Ferdinand Magellan）。麥哲倫知道哥倫布發現的土地並非亞洲。一四九四年，葡萄牙與卡斯提亞曾經簽訂托德西利亞斯條約（Treaty of Tordesillas），同意將歐洲以外的新土地分為兩半，但西班牙人不得沿著非洲與好望角前往亞洲，因此他們必須盡快找出新的商業航線，於是歷史上最有名的歐洲海上探險時代來臨了。出海不到一年，這五艘海船剩下四艘。他們設法找到一條航線，從南美洲最南端刮著狂風的海峽走了出來，進入一片新海域，他們將其命名為「El Pacífico」（寧靜的），因為這裡貌似比剛才越過的大西洋平靜得多，之前在大西洋上，他們遭遇了艱險與悲劇。

接下來他們連續在海上航行數週，食物與飲水即將告罄，卻還是看不到陸地，此時他們才明白這趟任務是多麼艱鉅。一五二一年三月，麥哲倫在麥克坦島（Mactan）身中毒箭而亡，這座島所屬的群島後來命名為菲律賓群島（Las Islas Filipinas），以向費利佩二世致敬。接著他們又失去了兩艘船，剩下的兩艘是聖三一號（Trinidad）及維多利亞號（Victoria），由副手胡安・賽巴斯提安・艾爾卡諾（Juan Sebastián Elkano）領導，往南朝著印度尼西亞的摩鹿加群島（Maluku）前進。他們在蒂多雷島（Tidore）總算從葡萄牙貿易商那裡買到了香料。裝船之後，他們重新出發，繼續往西的環球航程，穿越印度洋，朝著好望角，終於回到南大西洋。最後卡斯提亞實現了自己的夢想，西班牙人終於能夠航向嚮往的香料群島，而不必擔心違反托德西利亞斯條約，因為條約裡沒有包括太平洋。不過他們的喜悅卻不久長。卡洛斯一世接受葡萄牙提出的優厚賠償，簽署了一份新條約，名為薩拉戈薩條約（Treaty of Zaragoza），內容不利於西班牙。增加了一條新的分割線，從南到北畫在東太平洋上，位於摩鹿加群島以東兩千九百七十五里格。從這個時候起，西班牙船隻就不能在此線以西活動。雖然菲律賓群島與新幾內亞不久之後納入西班牙帝國版圖，但是西班牙放棄了對於香料群島財富的一切權利。事實證明西班牙人是傑出的航海家，充滿探險精神，卻不擅長買賣，絕非具有遠見的生意人。

多年以後，苦於痛風的皇帝獨自坐在烏斯特修道院裡，一旁不遠

尋找胡椒：複製的維多利亞號，麥哲倫五艘航船中的倖存者，完成了環球航行，於一五二二年回到西班牙。

處就是他每天望彌撒的小教堂。他於五十八歲去世，雖然來自美洲的金條依然源源不絕，他交給兒子費利佩的卻是負債的西班牙。他一生中有太多戰線必須防禦、太多人馬需要糧草軍餉。他曾經熱情昂揚，為了自己的宗教信仰而戰鬥，現在他必須把這個任務留給別人了。他不再是法蘭西國王法蘭索瓦一世（Francis I）的仇敵，也不再與教宗作對。他曾經討伐地中海的阿爾及利亞海盜、東方的土耳其人、西班牙的叛亂貴族、北義大利的法國人、德意志地區的新教叛亂分子。而現在，他在烏斯特，等待自己的下一餐，等待上帝。

糖的黑暗面

大約在十世紀，摩爾人把糖帶到安達盧西亞。那個時候，甘蔗就已經是一種傳布甚遠的作物了。據信最早開始種植甘蔗是在新幾內亞，接下來傳到了印度，才產生了將甘蔗汁精製成結晶砂糖的工藝。然後甘蔗從印度次大陸到了波斯，又隨著阿拉伯在地中海的擴張抵達西班

甘蔗。

牙。在西班牙，只有富人才用得起它。摩爾人發現格拉納達王國沿海氣候適宜栽植這種珍貴作物，稍後甘蔗又傳入了加那利群島。加那利群島的位置重要，正好是歐洲商品的新終點，在美洲與歐洲交流之中居於關鍵地位。貨船從加那利群島出發，有東北信風相助，比起歐洲大陸的港口，從這裡航越大西洋的航線較短而安全。不過數十年，加那利群島就成為產糖重鎮。

　　當製糖產業在加勒比地區蓬勃發展，用得起糖的人就增加了，其中也包括中美洲與西班牙的女修院。修女們繼承了中東的傳統，專精於製作甜食與糕餅，並且能按照西班牙人的口味修改本地食譜，巧克力飲料就是一個例子。在阿茲特克人飲用的巧克力裡加上糖，就成為西班牙人的濃郁「chocolate a la taza」，這種飲料一開始只有富人喝得起，不過數百年之後老百姓也都能夠享用了。

　　糖是增添食物風味的要角，但製糖工業的發展與成功也為非洲帶來了悲劇。由於新大陸原住民大批滅絕，發展新產業所必需的人力就開始由來自非洲的奴隸填補。

人口買賣自古以來就存在，這件事與宗教迫害同為歐洲貿易史上黑暗的一面。截至十六世紀末，已有二十五萬西班牙人移民至中南美洲，還有十萬非洲人被運到新大陸，全程景況駭人聽聞，他們在當地新建的甘蔗園、牧場，以及各種經濟產業裡做工。

最後西班牙王室認為奴隸制違反正義，一五四二年，西班牙在法律上廢除了新大陸的奴隸制，成為第一個廢奴的歐洲國家。可惜從很多方面來看，這個決定來得太晚而徒勞，而且只強調了新大陸原住民在歐洲人抵達之後所遭受的苦難。

伊比利半島的奴隸制從腓尼基時代就很普遍，無論對入侵者還是生意人來說，伊比利都是所有活動的中心，因此非常適合在此處理一群無法發聲的沉默勞力。羅馬人鼓勵奴隸買賣，從事此一行業的摩爾人與猶太人也從歐洲基督徒那裡賺取豐厚利潤。當時葡萄牙控制了往東到香料群島的航線，在葡萄牙協助之下，西班牙稍後也加入了非洲奴隸買賣，將黑奴運往西印度群島。首先葡萄牙奴隸販子把黑奴從西非運到塞維亞，西班牙人從這裡把他們運到大西洋對岸的新領土——反正教宗允許他們這麼做。一四五二年，伊比利仍有部分地區被摩爾人佔領，教宗尼閣五世（Nicholas V）頒布詔書（Dum Diversas），賦予葡萄牙權利，允許他們將天主教的敵人當作奴隸。這份詔書後來也頒給了西班牙，內容如下：

> 我們憑藉我們的宗座權威，以這些文書，賦予你們（西班牙與葡萄牙國王）自由行使全權，得進攻、搜索、俘虜，並制伏撒拉森人、異教徒、其他不信者，以及基督的敵人，無論他們身在何處，無論是他們的王國、公國、伯國、親王國，以及其他領土……並將他們的人降為永遠的奴隸。

即使當時教宗的初衷是為了保衛天主教信仰，卻造成數十萬非洲人被運往美洲為奴，生靈塗炭。[3]

當時天主教會此舉經常受到質疑，認為這關乎道德水準、貪欲，甚至殘酷，但是若干修會在美洲的努力還是應該受到正視。直到墨西哥在一六〇九年正式成為西班牙殖民地之前，西班牙並未重視天主教

各派在美洲的傳教工作，不過各主要修會成員早已經前往新大陸。首先是方濟各會在一五二四年抵達，其次是一五二六年，強大的道明會隨之而來，七年後思定會（Augustinians）也抵達美洲。

他們心懷唯一使命：拯救美洲原住民的靈魂。但是他們也開始記錄當地生活與最新事件，對他們來說，這是很重要的。而另一件同等重要的事，就是在原住民必須為殖民者勞作的情況下，確保他們能夠生產糧食，自給自足，存活下去。傳教士把種子與植物當作禮物，帶到美洲的教會及歐洲的修道院，送給負責廚房菜園的僧侶。香煎帕德龍小辣椒就這樣來到加利西亞。五百年後，這種通常清甜但少數極辣的綠色小辣椒，已成為一道必有的特色菜，遍布西班牙的小菜酒館與餐廳，甚至遠及國外。天主教修會對於南美洲與美國加州種植釀酒葡萄也很有貢獻。

西班牙人既然已經在美洲定居或者四處旅行，葡萄酒就幾乎和小麥或者肉類一樣重要了。釀酒也是很賺錢的產業。葡萄酒在大西洋航程中會變酸，而且西班牙的珍寶船隊無法勝任為殖民地運輸補給，所以必須盡量在美洲當地種植葡萄。不少天主教修會在自己的修道院裡一直有釀造葡萄酒與利口酒的傳統，因此這項工作非常適合。最重要的是，彌撒需要使用葡萄酒。後來事實證明，墨西哥及祕魯某些地區的確是種植葡萄的完美地點。[4]

▌ 戰士、夢想家、商人

在十六世紀的歐洲，因為卡斯提亞出產高品質羊毛與橄欖油，於卡洛斯一世與費利佩二世統治期間，卡斯提亞與歐洲其他國家的經貿關係越發緊密。事實上當時西班牙已經是義大利與歐洲北部進口貿易的第一供應國。造就如此榮景的原因還包括英格蘭羊毛工業衰退，以及國際上對西班牙美麗諾羊毛的需求不斷增加。然而，從西班牙羊毛中獲利最多的並非西班牙，而是佛蘭德斯地區。羊毛從西班牙北部坎塔布里亞的拉雷多港（Laredo）運往北方低地諸國港口，那是帝國疆域內最有效率、工業化最高的地區。在那裡，羊毛的故事代表了成功，而西班牙本來應該從這個故事學到教訓。雖然進出口商做買賣賺了錢，

可是原料到了世上最高效先進的紡織業手中，最後成品的價格一夜之間就漲了三倍，於是當地的銀行業者與信貸債權人更有理由慶祝了，因為他們知道這些利潤會用於拯救西班牙經濟，到時候自己賺的錢又能漲三倍。珍貴的原物料離開伊比利，在佛蘭德斯做成溫暖的毛毯與袍服，還有昂貴精緻的掛毯，掛在當地銀行家與貴族的宅邸中。西班牙欠缺商業遠見，而且全副精神放在維護帝國完整以及保衛天主教信仰上頭，製造業讓別人去幹。除了羊毛，相同情況也發生在大西洋貿易上；菸草、糖、木桶裝的葡萄酒、陶器裝的鹽漬鱈魚，這些產品都是新的商業機會，但是再次被西班牙及歐洲北部的商人把持了利潤。

在歐洲與新大陸之間的貿易，陶器扮演了重要角色，尤其是用於貨物運輸，其中佔大宗的是橄欖油、葡萄酒、醋，這些紀錄都保存在塞維亞商會（Casa Lonja de Mercaderes）的「印度」綜合檔案館（Archivo General de Indias）。運往美洲的陶器多在安達盧西亞製作，分為三大類：建築材料、家用陶器、裝飾品、農產品容器及工藝製品等等，比如祕魯陶罐（botija perulera），這是一種用於海運貨物的容器。「祕魯的」（perulera）這個字明確點出祕魯（Peru），是當時西班牙殖民地重要的中心之一。[5]

▎ 偏嗜鱈魚

西班牙人愛吃魚及介殼類，千年來一直是西班牙飲食的強烈特色。伊比利半島被地中海及大西洋三面圍繞，從很早開始，不少人就以捕魚為業，他們的航海能力與捕魚技巧名揚海外。在早期的北大西洋競爭，巴斯克人就因性格堅強、捕魚技術高超，廣受競爭者的敬重，尤其是來自英國、荷蘭與法國的漁人及商人。巴斯克人從十一世紀開始捕鯨，但是後來由於比斯開灣內捕撈過度，他們只好一再遠航，首先前往斯堪地那維亞，然後橫越大西洋。

到了十六世紀中，巴斯克人已經闖蕩到了北美洲海岸外的大洋淺灘，這裡是富饒的漁場，盛產鱈魚。於是就此啟發了一場海上探險以及對於鱈魚的無比熱情。在資源豐富的北大西洋冰冷海域，鱈魚在海上鹽醃再風乾，運回歐洲之後是極佳的商品；由於天主教會的規定，

漫長齋期裡的食物種類十分有限，因此這種鱈魚在伊比利成為很受歡迎的食品。加的斯周邊以及西班牙地中海地區的鹽田，對於這樣的遠洋捕撈始終很重要。但是由於法國與英格蘭決定加入這場長期競賽，對西班牙與葡萄牙而言，前往紐芬蘭島大淺灘（Grand Banks）漁場捕撈鱈魚就成了複雜的難題。

挪威人也以捕魚技術聞名，第一批抵達漁產豐富的北大西洋淺灘的是挪威人，最重要的是他們的家鄉盛產鹽，因此在爭奪鱈魚的競賽中，西班牙與葡萄牙最後無法再佔上風。以西班牙人的情況來說，他們本來就不擅長貿易，而且對於這片土地本身，他們也覺得用不著以陛下的名義聲明所有權。對西班牙人不利的因素還包括當地的捕魚季節短（因為夏季短），功能有限的西班牙漁船與英國的多用途「麻袋船」（sack ship）相比之下，就暴露出了缺點，最關鍵的是，靠近紐芬蘭大淺灘的天然港口都被英國人與法國人佔據了。不斷需要使用鹽也是一大缺點，要是佔據了陸地就可以在岸邊的新鮮空氣中風乾鱈魚，維京人運用這種方法已經有好幾百年了。英國人使用更大更堅固的麻袋船從歐洲運來各種用品與貨物，再從當地運回漁獲及其他商品，後來又有棉花與菸草，這樣一來經濟規模較大，利潤足夠負擔往來的船運。

鹽漬鱈魚讓西班牙水手與廚師魂牽夢縈，可是還要再過一個世紀，西班牙才有辦法得到足夠的鹽漬鱈魚。解決方法就是在西班牙、英國、北美之間發展出三邊貿易，交易羊毛、葡萄酒，以及鱈魚。巴斯克人尤其愛吃鱈魚，發明出各種不同烹調方式；他們隨時準備出發航越大西洋，盡情捕撈。

目前沒有權威證據可以解釋為什麼巴斯克人如此喜愛鹽漬鱈魚（bacalao）、並且研究出許多烹調技術，在這方面只有葡萄牙人略勝一籌。最簡單的解釋就是天主教會的膳食規定是造成鹽漬鱈魚大受歡迎的主因，不過這個說法已經受到一些歷史學家質疑。鱈魚的故事不單是它與西班牙人之間的關係，還有它與許多其他國家的關係，學者們認為這段歷史頗為複雜。也有人認為，鹽漬鱈魚對於改變南歐膳食的貢獻雖明顯，但有限。[6] 在伊比利半島，鹽漬鱈魚成為窮人改善飲食的方法，尤其是在天主教會規定了飲食禁忌的齋期裡。西班牙境內多山，很多地區離海很遠，也沒有像樣的道路，既然內陸能吃到的魚類

缺乏變化，那麼鹽漬鱈魚就是很受歡迎的新品類，只有上層階級認為它是粗俗平民的食物。卡斯提亞的主要出海口位於隔鄰的安達盧西亞，還有北方坎塔布里亞海岸的港口，比如桑坦德、拉雷多、畢爾包。趕騾人將魚類運往內陸，在曲折艱辛的路上，他們冒著失去生命與貨物的風險，每一趟要走上七至十天。與鮮魚比起來，鹽漬鱈魚可以長途運送，品質受損卻最少，是便宜又能長期儲存的營養來源。因此在此後兩百年間鹽漬鱈魚消費量穩定成長，最後在十八世紀促成了改善道路建設，在十九世紀又促成了開拓鐵路。在十九世紀，鹽漬鱈魚是英國人供應的，原產在美國維吉尼亞州海域，品質較差，這種商品的成功又是另一個故事了。英國人一直擁有更好的海船與便宜的補給，因此始終掌控著鱈魚捕撈行業，西班牙、葡萄牙，乃至法國都處於劣勢。位於西班牙北部海岸的畢爾包，與英國的貿易往來一直很興盛，甚至有英國商人及供應商定居此處，使得巴斯克人對於鹽漬鱈魚的需求及依賴越發提高。在卡斯提亞與加泰隆尼亞，原本鹽漬鱈魚的主要消費者是城市居民，但是漸漸絕大部分人都學會了如何將鱈魚去鹽、加水、把每一個部位都加以運用烹調。西班牙人將鹽漬風乾的整條鱈魚稱為「bacalada」，一條「bacalada」的不同部位各有不同價格，如此一來比較便宜的部位就可以供窮人購買。只要處理得當，這種魚可以用橄欖油煎、加進煎蛋裡，最重要的是可以改善傳統的蔬菜燉鷹嘴豆，這種燉菜是窮人的主食。在大齋及其他齋期，平時使用的豬脂油、香腸、肉類都以一塊營養豐富的鱈魚代替，如此又能為一切常見菜餚增添風味。在西班牙和英國不一樣，在西班牙，未經鹽漬的鱈魚永遠不能叫做鱈魚，而是「新鮮未醃過的鹽漬鱈魚」（bacalao fresco），在市場上極為罕見。

　　北大西洋大淺灘長達三百二十二公里的漁場，在經過五百年的捕撈之後，終於在一九七七年被加拿大政府限漁了，這也終結了一段迷人的歷史，西班牙人曾經在當地捕魚，而巴斯克人是其中主力。今天巴斯克人不再為了尋找最好的鱈魚而闖蕩海上，但是他們依然要吃從前巴斯克漁民捕撈製作那樣的高品質鹽漬鱈魚。只要是以海鹽醃漬、在陽光下曬乾、合乎他們品味的鱈魚，他們就以驚人高價大量買進。無論是專業大廚還是業餘人士，無論遵循的是獨特傳統的作法還是現

代食譜，現今西班牙的男男女女依然在烹製鹽漬鱈魚。傳統食譜不單來自巴斯克，還有加泰隆尼亞與安達盧西亞，這些地方依然對鹽漬鱈魚忠心耿耿。

▌斷食、禁肉、狂歡節

特立獨行的胡立歐・康巴（Julio Camba）曾經在談及西班牙食物時評論道：「西班牙食物滿是大蒜與宗教瑣事。」不過每次他講到這個話題時也的確不怎麼寬容大度。[8] 即使現代西班牙某些地區不願意承認，但是大部分西班牙人一直是天主教徒，而且全心信奉聖母，這也許出於選擇、恐懼，也許出於個人熱誠與傳統。幾世紀以來，天主教會規定他們必須斷食及禁肉。在另一方面，以聖母馬利亞之名舉行的朝聖（romería）與地方節慶依然從年頭排到年尾，期間人們大啖美食，暢飲葡萄酒與啤酒。雖然天主教會曾加以阻止，但是狂歡節已經回到了現代西班牙。

哈布斯堡家族曾經統治半個歐洲，其中也包括西班牙；說得好聽點，這個家族對佳餚美酒的胃口十分暢旺。可是西班牙接納了天主教改革運動（Counter-Reformation），因此當地天主教會對於古老的節慶習俗加以嚴格管制，以期遏止人類的慾望與越軌行為。馬丁・路德及喀爾文都反對藉著齋戒獲得救贖，但是在天主教信仰中，通往救贖的唯一道路卻以禁慾為上，人必須壓抑色慾、憤怒、傲慢，當然還有暴食。為了紀念基督準備面對自己在塵世的最後時日、在曠野中禁食祈禱四十晝夜，早期苦修者及修會成員完全斷食或者禁肉，現在我們稱這段日子為大齋期（Lent），西班牙語為「Cuaresma」。關於強制性的宗教飲食限制，有件事必須實話實說，那就是西班牙人比其他天主教國家多了一點優勢，全拜「教宗十字軍詔書」（Bula de la Santa Cruzada，即「Bull of the Crusade」）之賜。在天主教君主統治的時代，一開始這份詔書由教宗頒布給西班牙，是為了嘉勉其對抗伊斯蘭的成就。

到了後來，這份詔書必須由出身西班牙的虔誠信徒按照自身財力出錢購買，這樣就可以在整個大齋期及其他齋日裡吃肉了，只除了

聖灰星期三（Ash Wednesday）、大齋期間每個星期五、大齋期受難週（Holy Week）的最後四天、聖誕節前夕、五旬節（Pentecost）、聖母升天節（Assumption）、聖伯多祿與聖保祿節（Festival of Saints Peter and Paul）。到了一九一八年，教宗本篤十五世在位期間，教會法才減輕了天主教國家的齋戒規定。這部法典裡禁止食用肉類與肉湯的齋期佔了全年天數百分之二十一，比起十六世紀規定齋期佔了全年三分之一，改善了不少。

在大齋之前則是狂歡節，這是一項古老的活動，慶祝生命，充滿了放縱、政治批評與諷刺，可以上溯至古羅馬的西斯班尼亞時期，以及流傳極廣的酒神節（Bacchanal）。有長達數百年的時間，西班牙天主教會與國王及獨裁者經常反對並禁止這類節慶。一五二三年，卡洛斯一世禁止戴面具，因為大臣向他稟告，狂歡節會鼓動顛覆分子。在十八世紀也曾三令五申禁止狂歡節，因為當時認為，在臨近祈禱與禁食的大齋前舉行這種活動，會令老百姓心猿意馬。在佛朗哥獨裁期間，從一九三七至一九四七年完全停辦狂歡節，不只最熱鬧的加的斯狂歡節停辦，而且在全國各地都必須停止。可是事實上，狂歡節始終沒有完全銷聲匿跡。它依然在西班牙悄悄舉行，挑戰天主教會的權威。對神職人員而言，狂歡節是根本不能加以容忍的。對百姓來說，狂歡節不僅僅是戴面具、吃甜食、撒彩色碎紙，或者諷刺表演；他們要的是肉、酒，還有性。

狂歡節與大齋之間的二分對立，代表了針鋒相對的兩方搏鬥（肉慾對比純潔與禁慾），歷來歐洲畫家與作家對此多有描繪。在西班牙，這個主題首次出現在十四世紀詩人胡安・魯易斯（Juan Ruiz El Arcipreste de Hita）的著作中，此詩集名為《良好的愛》（*El libro del buen amor*）。[9]一五五九年，佛萊芒畫家老彼得・布勒哲爾（Pieter Bruegel the Elder）也以精采的油畫表現此一主題。他畫了兩個不同季節的飲食轉變：一邊沒有肉、簡樸、無味；另一邊則是為一擲千金的人們準備的大餐：豐盛、充滿希望、充滿肉食。

西班牙的文學與文化曾經有一段燦爛悠長的時期，稱為「El Siglo de Oro」──黃金時代；這段時間正好與西班牙哈布斯堡王朝的盛衰若合符節，說得更精確一點，是從十六世紀初到十七世紀中。到底是誰

《狂歡節與借貸之戰》，老彼得‧布勒哲爾繪於一五五九年。

首先發明這個稱呼，目前學者未有定論。西班牙的文學史編史工作，包括黃金時代這個概念與名稱起源，還需要學界多加研究。[10]

　　在十六世紀，文學逐漸拋棄中世紀騎士羅曼史的路線，當時這類文學已經轉移了焦點，對於大部分群體的苦難視而不見。之前被認為無趣的主題，現在藝術家與作家開始拿來做出有力的創作：疾病、濫權、冤屈、掙扎求生、飢餓。宮廷文學裡那個夢幻富裕的世界，如今已經過時。小說諸如《放蕩的安達盧西亞女人》（*La Lozana andaluza*），以及著名的《托美斯河上的小癩子》（*El Lazarillo de Tormes*），都大獲成功。激昂的文學創新時代開始了，而且女性也參與其中。

　　在十五與十六世紀，西班牙女性在文學作品裡具有重要地位，她們藉由烹調的威力牽制男人，即使這些作品都是基於男性觀點，但也依然是有趣的主題。佛朗西斯科‧德加多（Francisco Delgado）是一名西班牙改宗者，後來成為天主教神父，他更為人知的稱呼是佛朗西斯科‧德里卡多（Francisco Delicado）。他在威尼斯的時候，寫了一部手

稿，名為《放蕩的安達盧西亞女人》，於一五二八年出版。此書是西班牙「流浪漢小說」（picaresca, picaresque）最早的名作之一。流浪漢小說是新的文學類型，在當時天主教會與宗教裁判所眼中，流傳太廣且有害。在一四九二年驅逐猶太人之後，數萬猶太人離開西班牙避難，稍後還有改宗者也步上相同旅程，他們定居在葡萄牙、低地諸國，以及幾個地中海大城，包括羅馬、威尼斯，尤其是那不勒斯，因為當時這裡是西班牙帝國的重要海外領土。德加多決定跟著朋友去義大利，首先在羅馬落腳，由於經濟因素他開始了寫作生涯。

在《放蕩的安達魯西亞女人》這本書裡，情色經歷與無視道德都是基本情節，然而這個故事的精髓還包括了被流放的感受、留在身後的回憶，其中也有對食物的回憶。羅桑娜出生在哥多華，胸懷野心，品行奸滑，外貌吸引力也有限，於是她在義大利發揮自己身為廚師的能力，滿足客戶的需要。故事剛開始的時候，她還在哥多華，有一段她與姑母的對話，敘述了自己當初成為廚師的經過，以及在她決定出國闖蕩之前，外祖母教她做了哪些菜。羅桑娜說：

> 太太，您清楚，跟我娘比起來，我更像我外婆，外婆愛我，所以她們給我命名阿東薩（Aldonza）。如果她還在世，我就可以從她身上學會更多我不懂的事。她教我怎麼做菜，在她的教導下，我學會短麵條、小餡餅、庫斯庫斯蒸粟粉加鷹嘴豆、米飯——有完整米粒的、乾的、油的，加上又圓又結實的香菜小肉丸。每個人都讚美我做的菜。親愛的姑媽，您聽聽，我爹的父親、也就是您的父親，從前老這麼說：「這可是我的小姑娘阿東薩手裡做出來的。你們還嫌她不做油醋醃汁（adobado）。」您清楚，咱們那條街上多少做舊貨買賣的男人只想哪天嚐一嚐這個，再加上一塊嫩羊肉。還有蜂蜜！太太，我們有阿達穆斯（Adamuz）的蜂蜜、佩尼亞菲耶爾（Peñafiel）的番紅花，還有從我外婆老家來的、安達盧西亞上好的東西。她知道怎麼做炸薄脆、灑了蜜的炸麵團、杏仁糖糕、芝麻蛋白餅、大麻籽、油炸蜂蜜小粿子……[11]

這位女主角列舉的菜餚，讓讀者眼前浮現生動的畫面，這些安達盧西亞食品很明顯依然深受猶太人與阿拉伯傳統影響。羅桑娜的儲藏

室裝滿了乳酪、粗粒小麥粉、短麵條，來自亞歷山卓港的酸豆（caper），地中海的杏仁，還有格拉納達的葡萄乾。

艱難的人生使得羅桑娜在羅馬淪落到了充斥腐敗、暴力與皮肉生涯的世界裡。終於她憑著自己的廚藝帶來的收入與關係，當上了老鴇，自己經營妓院。烹飪技巧才是她控制男人、令他們俯首貼耳的工具。整部小說裡，羅桑娜的性事與食物及烹調交織出複雜的關係，最後她還是在某些層面上得到了敬重，而且居然以喜劇收場。她擅長的烹調就是豐富的猶太—阿拉伯—安達盧西亞傳統飲食，用的是金錢所能買到的最好材料，包括胡椒、大蒜、小茴香籽、葛縷籽（caraway），這些香料反映了她的薩法迪猶太人血統，而男人無法抵擋這一切。[12]

羅桑娜的故事可能會讓人文主義者胡安・路易・比伯斯（Juan Luis Vives）大感驚駭，他有大量著作提倡女性應追求完美與尊重。他寫道：「當我們考慮誠實高尚的女子應該以何為膳食，要知道香料、酒、蜜餞甜食都是不良成分，會使得意識遲鈍。」《信主女子的教育》（The Education of a Christian Woman）是他為了英格蘭亨利八世的長女、即後來的瑪莉一世所寫的教育書籍，書中也延續了這個理論，強調女性謙遜與節制的重要：

此外，待字閨中的少女也要學習如何烹調、如何飲食，並非以職業的方式烹調，也不吃蜜餞零食，烹調要簡單、樸素、乾淨，這樣她就可以成為令父母兄姊滿意的女孩，結婚之後也能讓丈夫與孩子滿意。如此她就能贏得所有人的讚美。

比伯斯所倡導的這種狀態，顯然只有修會裡的女性或者上層階級女性才能一字不漏做到。而當時的社會不再甘願閉嘴，已經準備以最好的西班牙文學作品吶喊出憤怒、飢餓、冤屈，甚至喜劇情節。[13]

在接下來的十六世紀，流浪漢小說讓大家注意到了西班牙的現實狀態，這個國家沒有中產階級，從經濟角度來看呈兩極化：貴族階級與「其餘的人」（pueblo）、富裕與窮困。小說中講述了飢餓，並且批評天主教會揮霍濫權，這都是當時流行的內容與寫作手法。流浪漢小說的特點是強烈的寫實風格，對社會持批判觀點。飢餓首次出現在

＼ 炸麵點心 ／

　　炸麵點心（frutas de sartén）指的是一類西班牙傳統食品，以麵粉加水做成麵團，然後用橄欖油或豬油油炸。有時候這種麵團裡還加上雞蛋與牛奶，如此更為濃郁。這類點心通常會裹上蜂蜜、浸過糖漿，或者撒上糖。其中很多種都與宗教節日有關，比如聖誕節，大齋，還有沒完沒了的聖徒紀念日。這類點心的起源不明。從以前到現在，西班牙牧羊人在冬月裡都以麵粉與水做成小麵團油炸，用以犒勞自己。其中部分作法是羅馬帝國時期就已經存在的，其他則有很明顯的安達盧西亞或者猶太影響。早期的西班牙食譜裡收錄了幾種炸麵點心配方，西班牙黃金時代在卡斯提亞完成的小說也有提及。葡萄牙人則說有些是他們從遙遠的中國帶回來的。

　　在西班牙，炸麵點心多種多樣，比如「almojábana、enmelados、melindres、cohombroís、angoejoís、rosquillas de anís、hojuelas、buñuelos、pestiños 、torrijas、churros、porras、flores de sartén」，這些還只是其中一部分。十九世紀的飲食專家安哲爾·穆洛（Angel Muro）在《習藝者》（El practicón）這本書中收錄了一種，他稱之為玫瑰花（Rosa）。他把西班

炸麵點心：大齋期中仍會製作的甜糕點。

牙「Rosa」的食譜與法國的格子鬆餅（gauffre）互相比較，反而顯得更複雜了。在西班牙，製作「Rosa」用的是一柄長把手的鐵質模子，模子的形狀是一朵盛開的花。首先將模子在熱油中浸熱，然後浸入稀麵糊中，這種麵糊的材料是麵粉、蛋、牛奶，接著將蘸滿麵糊的模子放入熱鍋中油炸。當「Rosa」炸熟了，會自動與模子分離。從前在節慶裡，全國各地家家戶戶製作這道點心，幸好現在各地糕餅店還買得到這種美食。

「churro」不怎麼健康，但完全是摩爾風格，它歷經了西班牙人生活的演變，保存至今，而且依然廣受歡迎。這種麵團是以小麥麵粉、水、鹽製成，質地均勻，灌在一種叫做「churrera」的特殊管狀工具裡，推擠出長條狀，在油鍋裡炸熟。這個工具的管嘴是星形的，因此推擠出來的「churro」周身帶波紋。「churro」與「porra」（一種稍加變化的「churro」）是西班牙特產裡極罕見的街頭食物。人們在街上買來吃的「churro」都是撒了糖、包在紙錐裡，就像英國的炸魚薯條。通常做「churro」的都是固定小店或者流動小攤，叫做「churrería」，做好了直接出售。咖啡店（cafetería）與巧克力飲品店（chocolatería）也供應，當作早餐或下午茶（merienda）。「churro」吃起來必須酥脆，不能綿軟。有好幾種炸麵點心至今在南美國家很流行，其中也包括「churro」。

「torrija」如今不常見，這是正方形或橢圓形麵包片，浸過蛋液與牛奶，甚至還加上酒，炸過之後蘸上糖漿，或者撒上糖與肉桂。這種點心也是起源於中世紀。直到今天依然有自製或者糕餅店製作，各地咖啡店也有出售，尤其是在大齋期間。

文學作品中，而且是不可或缺的一部分，許多作者都藉此描繪生活。流浪漢小說（La picaresca）這個名稱來自卡斯提亞語的無賴、流氓（pícaro），是早期的長篇小說，通常以第一人稱敘述，不久之後演變為出於革新觀點的諷刺或者嘲弄，其反諷的對象則是社會腐敗萬象，這種社會現象一直持續到了十七世紀末才消失。讀者在書中看到的是對人的觀察，而這些角色的人生道路卻十分卑微，書中也獨到而忠實地呈現了西班牙，那是在卡洛斯一世、費利佩二世、費利佩三世、費利佩四世統治下的西班牙。研究這個領域的專家大多認為，流浪漢小說的開山之作是一五五四年出版的《小癩子》，結束於奎維多的《騙子》（El Buscón），這也是黃金時代的一本經典。

　　《小癩子》的作者軼名，這部中篇小說描述一名年輕無賴的生活與時代，他從幼年起就飽受飢餓與不幸折磨。他曾努力試圖克服，給許多冷酷無情的人物充當過小廝與僕人，而出於報復他不斷欺詐對方。此書是文學瑰寶，是關於韌性的一堂課，講述了希望與覺醒，而這樣的希望與覺醒最後付出了道德代價。它的成就使得身居高位的人們面目掃地，社會與天主教會狼狽不堪。沒多久，教會與宗教審判所對此書的不滿就很顯而易見。作者越線了，這樣一本批判作品大受歡迎，必須加以遏止。於是在出版後不久，《小癩子》就成了禁書，但它卻是無法消音的。追隨著這篇小說的腳步，米蓋爾·德·塞萬提斯（Miguel de Cervantes, 1547-1616）在傑作《唐·吉訶德》（*Don Quixote*）裡，對於食物的描寫——也可說是對於缺乏食物的描寫，意義十分重大。從第一頁起，讀者就沉浸在兩位主角的食物世界裡。唐·吉訶德是沉迷夢想的小貴族紳士，讀了許多騎士小說，已與現實脫節。他甚至不需進食以實現夢想，又高又瘦，不合時宜。另一個角色是桑丘（Sancho Panza），是個性格實際、受苦受難的僕人，身材又矮又胖，因為總是餓著肚子，所以從不作夢。此書是第一部現代歐洲小說，而且是世界文學的頂尖之作，全書著名的開場白清楚描繪出一位資產無幾、開始步入老年的卡斯提亞小貴族（hidalgo）的社會地位。

　　故事剛開始的時候，這位瘦削的紳士決定放棄平靜的生活，做個遊俠騎士，解決世上的不平之事。他已因經濟不寬裕而省吃儉喝，但是現在連這一點僅有的享受也決定一併放棄。全書開頭第一段，塞萬提斯提到了他餐桌上固定出現的幾道菜：晚餐主菜有時候是燉牛肉（olla podrida），很少吃拌碎羊肉「salpicón」（用做燉菜切剩的碎肉煮洋蔥，以橄欖油與醋調味），星期六吃雞蛋炒培根（duelos y quebrantos），星期五吃扁豆，星期天偶爾加一隻乳鴿打牙祭。《唐·吉訶德》當然並不是一本關於食物的書，可是依然為讀者提供了詳細有趣的描寫，可以一窺中央高原南部卡斯提亞的拉曼查地區大眾烹調傳統。在從前，這個地區的食物匱乏無味，通常都是百姓家裡自製，不然就是條件惡劣的小客棧提供，這些客棧沿著鄉間險路散布，或者位於村落中。在某些場合，這些菜餚會因為改善用料而變得豐盛有味，成為趕驢人、農人、牧人、遊手好閒的流浪漢，甚至土匪的夢中大餐。

　　小貴族與海外歸來的商人吃的其實就是這些改善用料的菜餚，也是從前在節日與慶典上準備的菜餚，而這些具有歷史的配方，現在名廚也還在使用：燉野味（gazpacho galiano）用的是小型野味與無酵麵餅，「duelos y quebrantos」用的是蛋與培根甚至羔羊腦，加上鹽與一點黑胡椒。有些菜餚的名稱別出心裁，栩栩如生，比如馬鈴薯與鹽漬鱈魚做成的是「atascaburra」，源自「atascar」（困住）與「burra」（驢子）。鹽漬鱈魚煮紅椒稱為「焦黑色」（tiznao），指的是這道菜帶點黑褐色，這是因為加了乾紅椒與乾紅椒粉，其他材料還包括鹽漬鱈魚、馬鈴薯、洋蔥、大蒜、橄欖油。在《唐·吉訶德》裡，塞萬提斯始終讓他的主角處於持續飢餓與匱乏的狀態，但是在某些慷慨的時刻，還是有幾次奢侈的場面，只不過大部分時間周遭的事態依然帶來了頓挫。比如在下卷，兩位主角在旅途中認識了兩名學生，受他們邀請一起前往卡馬喬的婚禮。「騎士大人，您就跟我們一起去吧，這樣您就能看到拉曼查方圓許多里格之內最講究、最豪華的婚禮。」此時桑丘抵擋不了富人卡馬喬的廚子們手中美食的誘惑，公開反對主人的意見，認為像卡馬喬這樣的有錢人當然有權利把年輕民女基特里亞娶回家。

　　而基特里亞已經與英俊矯健的青年巴西利奧兩情相悅，只不過巴西利奧恐怕比桑丘還要一貧如洗。最後巴西利奧想出了巧計，藉著假裝受傷瀕死，終於與基特里亞成親。他的智計在唐·吉訶德看來，是完全公平正義的；但這件事引發了接下來的一連串事件，最後終結了唐·吉訶德的騎士夢。話說回來，在卡馬喬婚禮那天早上，一陣燒烤培根豬腿的濃烈香氣就喚醒了桑丘。這還只是開頭，接下來是五十幾名廚師做出來的豪華宴席，準備招待數百位引領期盼的賓客。當主角們來到婚禮場地，桑丘簡直不敢相信自己的眼睛，眼前是：

　　一整棵榆樹被砍倒了當作烤肉叉用，上頭正烤著整隻小牛，用來烤肉的柴堆像座小山。火堆周圍吊著六只鍋，這不是六只普通尺寸的鍋，而是六口大湯鍋，每口鍋都能盛下一座屠宰場的肉。一整隻羊放進去就淹沒了，彷彿只是放進幾隻乳鴿似的。無數隻剝了皮的兔子和褪了毛的雞掛在樹上等待下鍋，各種各樣的飛禽獵物不計其數，也都掛在樹上晾著。

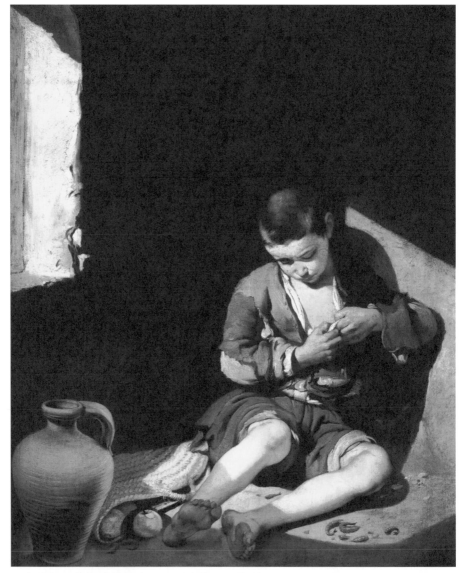

年少的乞丐依賴殘羹維生。巴托洛梅‧埃斯特班‧穆里羅（Bartolomé Esteban Murillo，約作於一六四五－一六五〇）。

　　準備在宴席最後上桌的炸麵點心本身就是值得慶祝的美食，還有酒囊裝著幾百升葡萄酒、濃郁的曼徹格乳酪摞成堆、可憐的小癩子無法想像的幾百條白麵包。最後絕望的桑丘卻不得不走，肚子依然跟來的時候一樣癟，因為他的主人再次決定加入不合時宜的一方，這就是真正的唐‧吉訶德行事風格（quijotesco）。〔14〕

朝著埃斯科里亞爾修道院（El Escorial）前進

費利佩二世從父親卡洛斯一世繼承了西班牙帝國，日耳曼地方則由他的叔父繼承，但這個帝國依然是歷史上最廣大的國家之一，需要像他父親那樣投入一生的心力，才能捍衛天主教信仰、確保卡斯提亞的霸權，並且竭盡全力不讓西班牙屈服於外國銀行家控制的混亂經濟。

如同他父親在位時一樣，來自墨西哥與祕魯的成噸金銀不足以支撐他必須面對的龐大支出。滿載珍貴貨品的船隊一抵達塞維爾，同一批貨品馬上又運出國去，用以支付還不清的沉重外債，而外債最終將使得西班牙卑躬屈膝。費利佩在位時，西班牙曾經數次拖欠外債。拖欠的經濟後果嚴重影響了西班牙最貧困的百姓，尤其是在卡斯提亞。

他不像其父那樣喜愛旅行，並不渴望在國際權力中心與戰場上公開露面，也沒有遺傳眾人皆知的胃口與食量。卡洛斯一世雖然極力想成為西班牙人，但他從出生就偏愛法國文化，身分注定了他通曉多種語言，終其一生他在西班牙始終是個外國人。而費利佩二世雖然遺傳了父親的金髮藍眼，但徹徹底底是個西班牙人，也許更該說是卡斯提

費利佩二世與家人及廷臣飲宴。《王家盛宴》，阿隆索・桑切思・科艾由（Alonso Sánchez Coello，一五七九）。

亞人。

　　他也從父親那裡遺傳了哈布斯堡家族不甚美觀的臉型，也喜歡吃烤得恰到好處的野味，除此之外父子倆就沒有其他相似之處了。他不暴飲暴食。他穿黑衣，而黑色更無法美化他的形象。他喜歡簡樸的生活，並且和宗教裁判所有關聯。這些特點與習慣都被他的敵人拿來詆毀他的形象。無論這種說法公平與否，他直到去世都擺脫不了「黑色傳說」（Leyenda Negra）的名聲，甚至流傳至今。雖然他並不常被提起，卻是最有名的西班牙王室成員，他的人民景仰他，他的敵人憎惡他，而他們都各有道理。由於英國的天氣，以及西班牙指揮官缺乏海軍經驗、猶豫不決，造成西班牙損失了無敵艦隊（Armada Invencible）——或者該說是「有弱點的」（vencible）艦隊才對，這件事也是雪上加霜。費利佩的敵人很多：英國、法國、宗教改革，還有他自己的親生兒子。他的兒子也叫卡洛斯，這是一個多病狡詐的卡洛斯，歷史與人民記住這個卡洛斯，是因為他的叛變，以及他與低地諸國反西班牙暴動之間的關係，那是他的祖父最愛的土地。至於費利佩，他最愛的是馬德里（La Villa de Madrid）。

　　從前也曾有國王帶領整個朝廷來到馬德里，這是發軔於摩爾人時期的卡斯提亞小城，正好位於伊比利半島的中心。費利佩決定一輩子待在這裡，歷史學家經常探討原因，但沒有定論。眾所周知，皇后討厭托雷多，而塞維亞太遠，不列入考慮。馬德里城堡（Alcazar），是摩爾風格的堡壘，西元十九世紀時成為西班牙王宮所在地。費利佩在馬德里城堡裡統治著西班牙與整個帝國。後來他在瓜達拉瑪（Guadarrama）的山腳下修建了埃斯科里亞爾修道院，這是他自己的宮殿、修道院，也是王家陵園，他要在這裡居住、死去，然後葬在他父親左近。費利佩決定遷都並定居馬德里，這對於他的家庭生活及國庫而言都是好事。朝廷經常四處移動的花費很大，而且不只對國家如此，對當地人民也是如此，因為每當數量龐大的隨行人員經過村鎮，絕大部分的糧食都由當地人民義務負擔。

　　後來費利佩二世住在埃斯科里亞爾修道院，與世隔絕，也與他的子民疏離了。他那斯巴達式的辦公室中央有一張橡木桌，就成了他的施政中心，他在這裡計畫新舊大陸的遠征，在這裡處理世俗瑣事，也

在這裡處理關乎靈魂的事務，他還經常在此盡力估算自己在哪些遙遠戰場可能輸贏。與此同時，馬德里變得叫人認不出來了，曾經是工匠、農民、稀少的政府人員與地方貴族居住的地方，現在都逐漸被外地人佔了。公侯貴族依然住在鄉間產業上，可是各色人物比如低階貴族男女、使節、銀行家、記帳員、商店老闆、理髮師、職業大廚，甚至釀啤酒師，都在這裡找到了生意興隆的新地盤。於是食物與酒類需求就成為當地官員一件大事。

在十六與十七世紀，馬德里在社會與經濟上的轉變，最終帶來了食品製造與分銷的變化，並且改變了馬德里的烹調傳統，新流派受到西班牙其他地區以及外國影響，也逐漸成形。食品仰賴輸入，因此新都馬德里成為西班牙最重要的食品市場。顯而易見的是，馬德里人（madrileños）即使負擔得起蔬果與魚肉，也不是非吃不可，麵包與莢豆類才是他們每天少不了的傳統膳食。直到當時，當地依然盛產小麥，本來不但足夠供應本地城鎮，還能輸出到外地賺取豐厚利潤，但此時卻不得不出口至其他國家。在哈布斯堡統治時期，這種情況並非個例，由於作物歉收以及政府無法控制穀物供應，最終導致社會騷亂。食物供給不平衡使得糧價上漲失去控制，也誘發供應方與交易商的投機行為及貪婪，乃至這種做法成為常態。

馬德里的人口增加，身分來歷形形色色，因此除了需要磨成麵粉的穀物之外，對於不同食品的需求也促成了更多輸入。騾車每天運來各種食品，不過大部分情況下這些食品已經不甚新鮮，尤其是魚，肉類也好不到哪去。馬德里位於伊比利半島中央，四周高山圍繞，地形崎嶇，距離海岸路程很遠。馬德里人通常比較喜歡吃當地的河魚。富人也吃其他魚類，比如康吉海鰻、沙丁魚、章魚、鮪魚、鯛魚，不過幾乎都是鹽漬風乾或者煙燻過的。鯛魚在西班牙語稱為「besugo」，最常見的作法是上面放一片檸檬，在烤爐裡烤熟。這道菜後來成為馬德里聖誕節前夜的傳統菜色，而且這是有原因的：每年冬天，大批鯛魚游經西班牙北部海岸，在十七世紀的西班牙，只有在這個季節裡，這些數量有限但肉質緊實的鮮魚經過長途運輸、到了最後端上餐桌的時候，新鮮程度還過得去。至於其他季節，尤其在夏天，當鮮魚運抵馬德里，都已經不適合食用了。冬天裡，趕騾人從山上收集積雪，然後

戈雅的金鯛靜物，一八〇八—
一八一二。

畢爾包中央市場的魚攤。

在雪裡混合乾草，使之比較不易融化，於是在長達一星期的運輸過程中，可以用來暫時保存易腐壞的魚。五個世紀過去了，現在的西班牙人依然願意為了最新鮮、體型最大的聖誕節鯛魚掏錢，付出最高價。

在哈布斯堡時代的馬德里，馬德里人十分熱愛時興的冰鎮飲料與冷盤。雪從瓜達拉馬山脈（Sierra de Guadarrama）運下山來，與乾草混合，儲藏在城外地下；一起儲藏的還有大冰塊，這是在中央高原寒冷的冬夜裡，用大而淺的金屬容器盛水結凍而成。這種冰塊滋味不佳，而且不衛生，愛惜生命的人絕不會把它加在飲料裡。馬德里的大街上有專門小攤出售這種冰塊，由當地的「obligado」供貨；西班牙人用這個字指稱負責特色商品的交易商。從收集山上積雪、儲藏、到最後分銷給大眾，這些冰雪的整條供應鏈都是專賣經營。王宮與富人的大廚經常先用冰塊冷卻大菜盤，以便呈上裝飾精美的菜餚。王宮僕人與侍酒師也經常用冰塊降低飲水、啤酒、罐裝葡萄酒的溫度，好讓王室與侍臣享用。十七世紀末，實業家佩德羅・哈奎斯（Pedro Xarquies）決定在馬德里開設幾處冰窖（ice well），為時髦的冰飲提供冰塊，不過當時馬德里的醫生經常爭論這類冰飲有何好處。

雖然費利佩二世喜愛簡樸寧靜的埃斯科里亞爾修道院，但是他的勃艮第背景所擁有的宮廷盛會、儀式與禮節，依然存在於馬德里城堡，這裡是後來數百年間西班牙王室的固定居所。他的臣下依然過著西班牙地方平民的生活，與宮中形成鮮明對比。費利佩二世的午餐倒是常有作法簡單的菜色，比如材料豐富的燉菜，不過他也會同時品嘗幾盤美味的白醬佳餚（manjar blanco），烹調方式就和百年前魯伯特・德・諾拉大師描述的一樣。明顯的區別就在於，費利佩二世不像他父親那樣，每天下令御廚做牛奶煮閹雞，吃了才睡得著。

▍在王室廚房裡

關於卡洛斯一世的飲食以及略微簡樸的費利佩二世的飲食，都沒有詳細的資料，只知道是十分豐盛，並且僅有大概的描述。在費利佩二世時代，主動影響了飲食史的只有兩樣東西，那就是宗教裁判所與禁書名單；當然這兩者絕不鼓勵寫作，就算寫食物的書也不行。我們

所知的是費利佩二世厭惡魚與水果，喜歡吃魯伯特・德・諾拉的老式菜餚。直到他在一五九八年駕崩之前，沒有其他食譜出版，因此德・諾拉的書就成了宮廷大廚的聖經。費利佩二世與其父一樣苦於痛風，吃多了油膩食物的人容易有此病痛，這一點似乎又與費利佩二世明顯的簡樸作風互相矛盾。關於西班牙的哈布斯堡時期，如果要查明這方面的更多資料，可以看看與食物有關的其他事務，比如財政、家庭生活的特點，或者複雜的王室內務組織，這在當時分為兩個部門，分別負責服侍國王與王后。

御膳房（oficio de boca）這個名稱，指的是馬德里城堡裡國王每一天的飲食供應、儲存、製作與準備、服侍用膳，以及宴會工作人員等等相關事務。其中包括「guardamanxier」，這是所有食品材料的集中地，在此統一管理；此外還有廚房、餐具室、麵包房、酒窖（cava），以及食品儲藏室（sausería）。食品儲藏室專門儲藏並發放某些珍貴食材與香料，以及當時種類不多的刀具。由御膳房管理的特殊工作還包括製造修理家具、地毯與掛毯，這些人員也負責裝飾及準備房間；做蠟燭的工人也負責照明。光是王室的三餐以及隨時提出的各種飲食要求，就能讓數百人從早忙到晚，其中也包括節日食品，以及整個朝廷出席的正式宴會與慶典菜餚。各廚房裡大灶大鍋永不熄火，各式陶製、銅鐵工具齊備。廚師、助手、洗碗工，都在「cocinero mayor」的嚴密監督之下工作，這個職位就是現在的主廚。他負責與廚房有關的所有事務，並且驗收儲藏室送來的材料，最重要的是檢查菜餚都已調製得當，然後才能送上王室餐桌。至於肩上永遠搭著一條大餐巾的「cocinero de servilleta」，則是資深的二廚，負責其他任務，比如把菜餚端進用餐的大廳，並且一天數次服侍王室用餐。[15]

迪亞哥・格拉納多（Diego Granado）的《烹飪藝術之書》（*Libro de arte de cocina*）一書問世，正好與費利佩二世在埃斯科里亞爾修道院去世差不多同時。此書收錄七百多道食譜，其中許多受到德・諾拉著作很大影響，由於這個緣故，作家與大廚們對格拉納多批評甚烈，尤其是大師中的大師、著名御廚佛朗西斯科・馬丁尼斯・蒙提涅羅（Francisco Martínez Montiño）。義大利名廚巴托羅米奧・斯卡皮（Bartolomeo Scappi）的著作《烹飪藝術實作》（*Opera dell'arte del cucinare*）也是格拉納多擷取食譜與靈感的來源。[16]

　　隨著西班牙在十七世紀的進步，在王宮以外那些並不富裕的廚房裡，尤其是那些已經失去鄉間工作而希望遷移到城市的農民，情況逐漸改變。富貴人家與「較不富裕」人家的飲食，相比起來呈現兩極化，這種情況已有數百年之久，而且改善極微。不富裕的人口裡包括比較貧窮的貴族，雖然他們有可靠的工作，或者正在知名學府讀書。關於這一點有個例子：當時的紀錄裡有一道美味的菠菜，從它的配方就可得知，當時有些廚師與作者開始提供「中庸」的食譜，本來這道菜的作法是為了王室廚房準備的，經過這樣修改之後，全國城鎮正在湧現的其他階級家庭也可以輕鬆仿製。首先要記住的前提是，十六與十七世紀的西班牙幾乎沒有工業，而且耕地集中在少數人手中，這也影響了鄉村生活的結構。貴族不用繳稅，生活的重心是戰爭、特權、所有權；而其他人的生活則是窮困、背負賦稅，而且飢餓，他們開始遷往城市尋找工作，或者出海，或者從軍。此時城鎮居民生活方式改善，從他們買得起的食物以及能夠製作的食譜，都看得出城鎮的進步。

　　上述菠菜的作法如下：洗淨菠菜，用一點水加上鹽與香料煮熟。瀝乾水分，在砧板上切碎菜葉。在一品脫油裡先炒切碎的大蒜，再加上菠菜。然後加入葡萄乾與蜂蜜，一起小火煎煮，做成很甜的菜糊。如果想增加香味，可以另外壓碎一些香料與大蒜，加上一點點水稀釋，再倒在菠菜上。最後去掉水分、裝盤上菜。大齋期間可以用這道菜代替湯，或者灑上醋。現在大廚依然做這道菜，不過去掉了蜂蜜，可能也去掉了香料。這道食譜首先出現在多明哥・艾爾南德斯・迪・馬瑟拉斯（Domingo Hernández de Máceras）的著作裡，他是薩拉曼卡大學（University of Salamanca）的聖薩爾瓦多德歐比耶多學院（San Salvador de Oviedo College）的大廚。這道菠菜很明顯起源於猶太或者阿拉伯，所以用的是橄欖油。費利佩二世甚至費利佩三世的餐桌上可能也有這道菜，出自服侍這兩位國王的著名王室主廚佛朗西斯科・馬丁尼斯・蒙提涅羅之手。[17] 如果由馬瑟拉斯和蒙提涅羅分別來做這道菠菜，這兩位御廚的作法應該差不多，不過香料的種類與用量會不一樣，提供這道菜的頻率也會不同。相比之下，艾爾南德斯・迪・馬瑟拉斯烹調的預算是固定的，服務的對象是知識分子、地方治安官、銀

行家的兒子；馬丁尼斯‧蒙提涅羅則是服侍國王，王宮的廚房配備了最豐足的食品儲藏室，而且兩位國王更喜歡吃肉，尤其是費利佩二世，更是一輩子都厭惡蔬菜。

多明哥‧艾爾南德斯‧迪‧馬瑟拉斯將著作《烹調藝術》（*Arte de cocina*）獻給普拉森西亞（Plasencia）主教佩德羅‧岡薩雷斯‧德‧阿爾素厄羅（Pedro González de Arzuelo），這是一本很有啟發性的書。他在書中描述了如何製作一年到頭的各種食品，包括肉、魚、餡餅、布丁、醬料，以及當時西班牙傳統的菜餚與甜點。此書分為四章。第一章是冬天與夏天的開胃菜，材料是鮮果、乾果及蔬菜，比如苦苣（frisée lettuce）或胡蘿蔔，加上油、醋、大量糖與胡椒煮成，作法十分特別。艾爾南德斯‧迪‧馬瑟拉斯的這道菜是一種熱沙拉，先將材料放在陶鍋裡，上覆餐盤。然後把鍋與盤倒過來，放在火灶中央，四周環繞熱炭，如此煮兩小時。第二章有一道材料組合獨特的新鮮沙拉，只有現代創意料理的天才大廚差堪比擬，其中有各種蔬菜（書中沒有指明種類）、水洗去掉鹹味的酸豆，澆上橄欖油與醋。裝盤的時候加上肥火腿片與醃豬舌、鱒魚與鮭魚（應該也是醃過的）、蛋黃、糖漬柑橘皮（diacitrón）、木蜜（manna）、糖、石榴籽，並以琉璃苣花（borage flower）裝飾。反之，第三章的沙拉用的是去掉鹹味的酸豆，煮過之後加上橄欖油、醋、糖調味。第四章主題是冬天、夏天、大齋期間的甜點，比如一種稱為「camuesa」的甜點，食材包括芳香蘋果、櫻桃、桃子、杏桃、野梨，每一種作法都顯示了在帝國時期的西班牙，愈來愈多人享受著一定的生活水準。

艾爾南德斯‧迪‧馬瑟拉斯接著介紹最重要的肉類，這也佔了最多篇幅。首先從切肉開始，然後是許多肉類與野味食譜。經典食譜比如中世紀的白醬佳餚，用的是雞與米；王家白醬肉（manjar real）傳統上是王室食品，用的是綿羊肉。還有廣受歡迎的英式餡餅餃（empanada inglesa）、以千層餅皮與野味肉餡做成的各種大小與形狀的餡餅（pastelon），以及甜味與鹹味的各色杏仁糖糕（marzipan）及蛋糕麵餅（torta）等等。桑丘最愛的燉牛肉（olla podrida），也是一道必備菜餚；還有烤羊腿（guigot）、用醋辣醃汁（escabeche）烹煮的塞了餡料的閹雞與鷓鴣。此外尚有其他肉類與野味食譜，作法各有不同，包括燒烤、

燉煮、醃漬，或者做成叫做「albondiguilla」的小肉丸。[17] 書中有一節特別獻給大齋，主要材料都是蛋，以及現代稱為「potage」的燉煮蔬菜。至於海產與河魚菜餚，包括新鮮的與鹽漬的，其中有如今在加利西亞依然風行的鰻魚、康吉海鰻、長相怪異的七鰓鰻（lamprey），以及其他海魚比如鮪魚、鯛、沙丁、龍蝦，都是水煮後加上胡椒、鹽、柳橙食用。有些魚類菜餚是放在烤架上火烤，或者串在烤叉上火烤，還有些做成餡餅。書中的各色甜點也很受矚目，尤其是水果大餡餅（tortada），餡料是乾果或鮮果，加上以蜂蜜與香料煮熟的糖漬水果。

查理五世在波隆那曾經接受樞機主教康佩吉歐宴請，慶祝他登基為神聖羅馬帝國皇帝。樞機主教康佩吉歐的大廚是著名的巴托羅米奧・斯卡皮，如果查理五世對斯卡皮的宴席印象深刻，那麼他應該也會同樣欣賞後來的佛朗西斯科・馬丁尼斯・蒙提涅羅。蒙提涅羅很年輕的時候就開始服侍查理五世的兒子，即費利佩二世。後來他在費利佩三世在位期間當上宮廷主廚，是歷史上最有影響力的西班牙大廚之一，因為他留下了著作《烹飪與製作糕點、麵點、蜜餞之藝術》（*Arte de cozina, pastelería, vizcochería y conservería*）。此書出版於一六一一年，是為了御廚而寫的，因此是西班牙巴洛克時期的宮廷食譜代表。一直到十九世紀，它都是西班牙烹調的參考書。

關於這位御廚暨傑出作者的一生所知甚少，只知道他在葡萄牙習藝，並且在費利佩二世的妹妹胡安娜公主的宮廷廚房工作。胡安娜的夫婿是葡萄牙太子，她需要能幹的主廚服侍。在當時，葡萄牙一直與最好的法式糕點有關。蒙提涅羅是完美主義者，而且富於遠見，他認為貴人們（gran señor）的廚房應該遵循三點原則：清潔、品味、能力。他堅信只有雇用專業人員才值得信任，因此必須禁止廚房裡出現任何遊手好閒的無賴，也就是「pícaro」。蒙提涅羅的處世路線與他的雇主們一樣，在政治上與宗教上都很正確。他使用「基督徒的豬脂油」而非橄欖油，傳統上後者與猶太人及阿拉伯人有關。他用豬脂油製作千層麵皮，這是他最有名的餐點之一。費利佩三世特別喜歡他的油酥小餡餅（empanadilla），用的是非常鬆軟的油酥麵團，類似布里歐許甜奶油麵團（brioche）或者發酵麵團，他稱之為「ojaldre」。蒙提涅羅的油酥糕點固然高明，不過並非我們今天所說的千層酥皮點

心（puff pastry），現在這類千層點心在西班牙語稱為「mil hojas」或者「hojaldre」（兩者均意為千層葉），在法語裡則是非常法式風格的「millefeuille」，但事實上是一些熱心作者張冠李戴，誤以為這種千層點心與他有關。其他宮廷廚師嘗試仿製他的油酥小餡餅，並不成功，而且即使是他自己，也會不時減少一樣材料，或者跳過書中的一個步驟，這都是當時大廚的習慣。但是這種作法複雜的點心，必須一字不差，完全按照指示製作才行。

以下是他的著名油酥麵團小餡餅稍微改動後的作法：一磅最精細的麵粉，放在麵板上，堆成圓圈，中間空心。加上半磅碾碎過篩的細糖、四分之一磅豬脂油、八個蛋（兩個全蛋與六個蛋黃）、一點鹽。將麵團揉至表面光滑，然後靜置醒麵。用培根薄片製作餡料，首先火烤，要注意不可烤乾，趁熱灑上一點葡萄酒，靜置半小時。麵團靜置之後，擀成麵皮，切出四個圓形，做成四個油酥麵團小餡餅（將半條培根包在麵皮裡，做成半月形餃子狀）。小餡餅的麵皮邊緣要對齊，這樣就不必修整，也不用蘸濕後捏成波浪狀。蒙提涅羅的書中還有豬腳和沙丁魚餡餅，以及當地產的沙漠松露（criadillas de tierra，學名 *Terfezia arenaria*），用以代替松露做成餡料。從他這本書的甜點數量看來，尤其是為了宗教節日比如聖誕節而準備的甜點，可知費利佩三世與家人都酷愛甜食。

蒙提涅羅為國王做的聖誕盛宴以火腿為開胃菜，然後是第一批菜餚，包括淋上肉汁的燉牛肉（olla podrida）與烤火雞、小牛肉餡餅、烤鴿子與培根、小的野味塔（tartaleta）搭配鮮奶油湯、烤野鶉澆檸檬醬、豬腰肉上加一層香草植物與雞蛋做成的「capirotada」（一種加在表層的配料）、香腸與野鶉、烤乳豬加乳酪、加糖肉桂湯、用豬脂油製作的發麵千層點心、數隻烤雞。第二批菜也是同樣豐盛：數隻烤閹雞、淋上楹梓醬汁的蛋糕、雞肉與帶餡的菊苣（endive）、英式餡餅餃、烤小牛肉加醬汁、小牛胸腺與肝做成的香料餅、烤鶇鳥搭配金色的湯（sopa-dorada）、楹梓糕餅、攪打過的雞蛋加糖、野兔餡餅餃、德國風味飛禽、烤鱒魚加培根脂油、千層酥皮塔。

第三批與前兩批是同一路線：肚子裡塞了培根的全雞、炸麵包、烤小牛乳房、飛禽碎肉加豬脂油、「浸泡的」鴿子（'drowned' pigeons）、有餡料的烤山羊、綠柑橘塔、火雞餡餅餃、斑鳩加黑醬汁，以雞肉、牛奶、米、糖做成的著名白醬佳餚，還有各式炸麵點心。蒙提涅羅的書中還有一道牛軋糖食譜。

在蒙提涅羅的事業高峰，他的菜餚在宮廷居於最高領導地位，影響力與著作被全西班牙與歐洲美洲的專業廚師奉為圭臬。人們認為迪亞哥・格拉納多是投機分子，而蒙提涅羅才是有原創力的大廚，他對於非常傳統或者簡單菜餚的作法也都受人們仿效。他身分不高，但是能夠結合簡單與細緻，著作裡包含的食譜不只得到上層階級的歡心，而是受整個社會喜愛。西班牙最有影響力的大廚挑選出一些老百姓的食品，加入了富貴人家的飲食當中；在十七與十八世紀的歐洲社會看來，以及在當時西班牙旅行並從事飲食寫作的作者眼中，這種情形可能顯得有點奇特。

▌ 胡蘿蔔與粉紅菜薊

如果西班牙的心跳跟隨的是藝術的節奏，那麼在十六世紀末到十八世紀初、尤其在西班牙黃金時代，這顆心臟的節拍應該是失了控。在這段時間裡，許多天才藝術家努力奮鬥，希望得到名聲與體面的生活；而且與其他國家從文藝復興以來的藝術家相比，其作品的原創性與個性讓他們獨樹一幟。對當時部分畫家來說，以繪畫呈現活物與靜物，比如花朵、食品，尤其是來自統治階級與富人的訂單，已經成為收入豐厚的謀生方式。

在當時充滿宗教、暴食、飢餓的極端環境中，畫中的食品活了過來，成為新的藝術類型。這種形式稱為靜物，幾乎是同一時期分別出現在西班牙、北義大利、荷蘭，當地收藏家都展示這種靜物，這三地都富於藝術才華，而且都在西班牙帝國的疆域內。十六世紀初，西班牙藝術家開始追隨義大利大師的腳步，不過一個世紀之後，西班牙藝術的原創性逐漸顯露，尤其是胡安・桑切思・科坦（Juan Sánchez Cotán, 1560-1627），咸認他是史上最有新意的靜物畫家。他是卡斯提亞人，出生在托雷多省的奧爾加斯（Orgaz）。費利佩二世欣賞繪畫，尤其是描繪美洲鳥類與水果樹的畫，不過十六世紀的西班牙不像歐洲

北部與義大利，以自然史為主題的繪畫並不特別興盛；但是這種情況即將改變。科坦的技巧精湛，而且對於日常食品細節的觀察力與注意力十分出色，改變了十七世紀初期的局面。從一六〇六年開始，科坦創作了一系列最著名的油畫，引起藝評家的論戰與讚賞。

他描繪水果、蔬菜、家禽、榅桲、蘋果、甜瓜、胡蘿蔔、包心菜、菜薊、黃瓜、鴿子、鴨子，畫面安排簡單，幾乎呈幾何構圖，使用深色畫布，畫面周邊是虛擬的亮色窗緣，中間是著重描繪的物體。他的構圖精巧，令人無法抗拒，與佛萊芒畫家的華麗靜物形成強烈對比，他的畫是獨一無二的，愛好者還包括費利佩三世。他有一幅畫作，畫面是「有黑色與金色背景的小幅水果靜物，中間為切開的甜瓜」，原是極有權勢的托雷多大主教、樞機主教貝爾納多・德・桑多瓦爾─羅哈斯（Bernardo de Sandoval y Rojas）的收藏，後被費利佩三世買下。此後還有西班牙畫家也著迷於自然世界，陸續為這類藝術做出貢獻。

《禽類野味、蔬菜與水果》，胡安・桑切思・科坦，一六〇二年。

▌非常西班牙風格的靜物類型：酒館廚房（Bodegón）

迪亞哥·委拉斯奎茲（Diego Velázquez）比科坦年輕三十九歲，他的鼎鼎大名每年吸引眾多藝術愛好者前往普拉多美術館參觀。他以人像畫聞名世界，尤其是那幅彷彿帶有魔力的《宮廷侍女》（*Las Meninas*），但是他的「酒館廚房」主題作品（bodegones，在西班牙用以指與食物相關的靜物畫）在近五十年來也贏得廣泛名聲。不過這類作品與科坦及其他畫家的水果油畫（lienzos de frutas）有很大不同。委拉斯奎茲早年在佛朗西斯科·巴切科（Francisco Pacheco）嚴格指導之下學習，巴切科是當時塞維亞學派的知名畫家與作者，委拉斯奎茲後來與他的女兒成婚。正是巴切科把委拉斯奎茲的這類作品稱為「酒館廚房」（bodegones），因為巴切科認為這些畫與其他畫作大不相同，必須單獨命名。委拉斯奎茲在畫家生涯初期創作了一系列令人驚嘆的「酒

《煎蛋的老婦》，委拉斯奎茲，一六一八。老婦使用的素陶土小爐灶，類似本書第四十五頁照片。直到一九四〇年代，安達盧西亞部分地區依然在使用這種爐灶。

館廚房」作品。專研這類繪畫的威廉・B・佐丹（William B. Jordan）及彼得・切瑞（Peter Cherry）認為，委拉斯奎茲的這些作品「迄今仍未被超越」。[18]年輕時的委拉斯奎茲是巴切科的文化往來圈一員，因此他也受到義大利畫家諸如貝爾納提諾・坎皮（Bernardino Campi）的影響，此外尤其是傑出的佛萊芒靜物畫家彼得・阿爾岑（Pieter Aertsen）與佛蘭斯・史奈德（Frans Snyders），這兩位的影響在委拉斯奎茲的作品中顯而易見。

委拉斯奎茲的三幅早年靜物畫描繪的是他在當地酒館（bodega）裡看到的景物，「bodega」就是提供食物與飲料的小酒館。科坦的靜物畫主題通常是食材，而委拉斯奎茲的「酒館廚房」畫中包括了人物、用具、食材，甚至放置在廚房裡的碗盤，都是日常生活必有的。他使用戲劇性的明暗對比技巧，義大利畫家卡拉瓦喬（Caravaggio）也使用這種打光法，稱為「tenebrismo」或者暗色調法（tenebrism），這種技巧為委拉斯奎茲贏得了名聲，並且讓他進入了費利佩三世的馬德里宮廷。委拉斯奎茲的天才無庸置疑，此後他的名作包括《宮廷侍女》、《十字架上的基督》（Crucified Christ）、國王與卡洛斯王子的肖像畫等等。他有兩幅令人難忘的「廚房酒館」畫如今咸認為是傑作：《塞維亞的賣水人》（The Waterseller of Seville）及《煎蛋的老婦》（An Old Woman Frying Eggs）。賣水人的形象往往是邊緣人，通常是乞丐，甚至騙子；然而在這幅畫裡，賣水人是塞維亞的漫長酷暑中很受歡迎的人物，在委拉斯奎茲的畫筆下顯出了尊嚴。更令人印象深刻的是愛丁堡蘇格蘭國家畫廊收藏的一幅油畫：《煎蛋的老婦》，又稱《正在煎兩個蛋的老婦與手中拿著甜瓜的男孩》（An Old Woman Frying a Couple of Eggs, and a Boy with a Melon in His Hand），這個名稱更符合委拉斯奎茲當場眼中所見的景象。許多藝評家對於這幅畫的見解不同；那兩個蛋是橄欖油煎還是水煮荷包蛋？拿著甜瓜的男孩是個遊手好閒的流浪漢還是老婦的孫子？委拉斯奎茲還有一幅「廚房酒館」油畫，名為《基督在馬大與馬利亞的家裡》（Christ in the House of Martha and Mary），引入了哈布斯堡西班牙的一項重要元素，那就是宗教。畫面前景是兩名侍女，其中年長者正在指導年少者，而年少者正使用沉重的金屬研缽（almirez）搗碎大蒜與紅辣椒，準備拿來醃幾尾鯛魚。這幾尾魚的眼睛

閃閃發亮，可見很新鮮，而畫家馬上就抓住了這一點。乍看之下，這幅畫很像是當代作品，它完全擁有西班牙靜物的簡單質樸，然而畫面右後方有一道廚房的上菜窗口，可以看到遠景中的馬利亞正在聆聽基督的教誨。我們放下此畫的宗教意義不談，回到食物的主題上來：這幅畫反映了日常生活中的簡樸與短缺，也描繪出使用的食材，比如馬利亞在研缽中搗碎的大蒜與新大陸的紅辣椒，而現在的西班牙人依然以同樣的方法烹調鯛魚。

從委拉斯奎茲的《基督在馬大與馬利亞的家裡》，我們能看出簡樸與匱乏，而低地諸國畫家佛蘭斯‧史奈德的驚人傑作《廚師與食物》（ *Cook with Food* ）畫面裡則是豐盛富裕，這兩者之間的對比令人著迷。《廚師與食物》畫中有一位年輕女子，也正在搗碎食材，她使用的金屬研缽與馬利亞的很像，但是周圍卻是最昂貴的各色食品：一整塊小牛肋排、一隻鴨子、新鮮蘆筍、一隻野兔、都柏林灣大蝦、葡萄與栗子，還有榛子，她可能正在研缽中搗碎榛子，準備為佛蘭德斯地區的某戶富裕人家做一道菜。

▌新舊基督徒食物

費利佩三世改變的第一件內政就是在一六〇九年簽署了一項法令，將所有改宗基督教的摩爾人後裔摩里斯科人（Morisco）逐出西班牙。當年改宗基督教的摩爾人被允許留下，又名「新基督徒」。在亞拉岡，他們是十分顯眼的族群，曾經導致一次暴動，對他們造成了嚴重的社會後果。這些「新基督徒」在肥沃的厄波羅河兩岸從事農耕，是當時高效農業產出背後的重要力量，而所謂「舊基督徒」則大多是牧羊人，每年領著綿羊群從庇里牛斯山下來，尋找新鮮的草地。這兩方之間有著緊張與偏見，而這種緊張即將達到沸點。自從百姓不再受到黑死病威脅，人口數量開始增長，此時貴族領主與舊基督徒屬民之間的問題就爆發了，因為舊基督徒開始在領主的土地上謀生，而這些土地傳統上是由貴族庇護的改宗摩爾人耕種的。歷史上，這個問題在全國各地多次引發社會動盪。就在此前不久，格拉納達、瓦倫西亞也發生相同情況，也帶來了悲劇後果。

《廚房女傭》，委拉斯奎茲，一六一八年，帆布油畫。

　　一開始，在一四九二年，摩爾人納西爾王朝的末代君主波阿布迪爾與天主教國王簽訂了條約，約定允許摩爾人保留自己的住宅、奉行自己的宗教，並且由他們自己的治安官管理。然而伊莎貝拉女王的告解神父、樞機主教西斯內羅斯以及宗教裁判所，卻盡全力慈惠勝利的基督教聯軍一方違背條約。一五○二年二月十一日，一條王家法令給了伊斯蘭教徒兩個選擇：接受基督教信仰，不然就離開這個國家、拋棄自己的住宅以及祖輩代代以來耕種了數百年的土地。摩爾人對於違背條約的反應強烈，因此導致統治者採取強硬措施，脅迫五萬多穆斯林改宗基督教。部分人離開了西班牙，但是大多數被迫遷出他們摯愛的安達盧西亞，移往伊比利半島其他地區，重新尋找肥沃的土地，再以傳統的水渠（acéquia）灌溉，培育出菜園與果園，做成屬於他們文化遺產的豐富菜餚。比如一道燉小山羊肉（tafalla），有兩種不同作法，風味都很濃郁；「綠色版」使用小山羊肉及新鮮香菜，「白色版」以乾的香菜籽取代新鮮香菜。還有一道很流行的菜，叫做「mayabanat」，是熱的乳酪餡麵包，撒上肉桂粉，裹上蜂蜜。這些改宗的摩爾人還喜歡一種叫做「mirkas」的香腸，在市場上可以買到。此外還有油炸小麵點，以及十多種使用玫瑰水、杏仁或蜜棗醬做成的餡餅。

　　一六一二年，費利佩三世的大臣、第一代萊爾瑪公爵（Duke of Lerma），發布了最後的驅逐令，將所有西班牙穆斯林後裔驅逐出境。至一六一四年為止，共有二十五萬改宗的摩爾人離開西班牙，大都是亞拉岡與瓦倫西亞居民。本來由他們耕作了六百多年的廣大水稻田也停止生產。從那個時候起，西班牙的食物就必須是基督徒式的，必須以豬脂油、奶油、橄欖油烹調。就和炸麵點心一樣，肝肉醬（morteruelo）來自西班牙中部拉曼查地區，也是「舊基督徒與新基督徒菜餚」的好例子。材料包括豬肝、豬腰肉、一整隻禽類。加上大蒜，用橄欖油慢煎，再加上高湯一起煮，直到禽肉已離骨，豬腰肉如同奶油一般軟爛。用研缽把全部肉類加以研磨，然後用細篩過濾，使之質地細滑如鮮奶油，過濾時一面加上一些原鍋中的高湯，會比較容易過篩。在濾出來的肉醬裡加上剩下的高湯、一點乾麵包渣、個人喜愛的香料。用一把木杓混合均勻，做好後就像經典的法國肝醬（pâté），可以保持新鮮直到稍後食用。

　　一六〇九年，費利佩三世簽署了最後驅逐令，在摩爾人後裔手中經營了兩百多年的西班牙農業，至此面臨了最黑暗的時刻。從此時直到進入二十世紀，包括稻米生產在內的西班牙農業幾乎一直被困在封建制度裡，嚴重妨礙了農業發展，而這次驅逐全部摩爾後裔就是造成這種情況的原因之一。十七世紀末、特別在十八世紀，西班牙農業有一點進步，不過依然不夠。以稻米來說，由於這段時期裡西班牙人又重新受到稻米吸引，因此有了新開闢的稻田，曾經被遺忘的稻田也重新開始耕作。但是部分稻田所在地區並不安全適宜，瘧疾與其他疾病不只困擾著農民，也令附近居民苦惱。

【第五章】
馬德里、凡爾賽與那不勒斯，最好的則是巧克力

十八世紀啟蒙時代（el siglo ilustrado），歷史學家說它是偉大的世紀，最後卻以災難收場。西班牙的十八世紀開頭頗為複雜。一七〇〇年，費利佩四世之子卡洛斯二世在馬德里駕崩卻無子女。他是西班牙哈布斯堡王朝的末代君主。安茹公爵費利佩（Philip of Anjou）是出生在凡爾賽的法國王子、法王路易十四的孫子，卻命定繼承庇里牛斯山以南的王位。然而奧地利大公（Carl Archduke of Austria）卡爾對卡洛斯二世的遺囑提出異議，由此引發了數年的歐洲宮廷動盪及流血戰爭。支持奧地利大公的聯盟包括強大的西班牙天主教會、英國、荷蘭、普魯士、奧地利，而另一方為西班牙與法國。十四年後，雙方終於在烏特勒支（Utrecht）簽訂和約，內容對安茹公爵費利佩有利，西班牙重獲和平，但是付出了很高的代價。早在一七〇〇年十一月一日，安茹公爵費利佩就已即位為費利佩五世。根據和約，西班牙割讓了在歐洲的大部分領土，甚至包括直布羅陀。本來費利佩五世應該就此專注在西班牙本土與中南美洲，可是他認為西班牙應該繼續參與歐洲舞台，尤其是在義大利，於是一連串嚴重的判斷錯誤加速了西班牙帝國的終結。法國的政治及社會改革注定成為效法的典範，但是始終沒有完全取代西班牙法律以及老百姓喜愛的本地傳統。

舊的不再時興，新的才是流行

西班牙的飲食歷史學者瑪麗亞·德·洛斯·安吉勒斯·裴瑞斯·桑普勒（María de los Angeles Pérez Samper）說，法國菜「豐盛、精緻，而且是世界性的」[1]，它在西班牙波旁王朝廚房裡也將成為最高統治者。無論是在上流社會的廚房，還是增長中的資產階級人家，法國菜

很快就成為主角。令西班牙廚房裡的從業人員很不情願的是，自從波旁王室來到馬德里王宮，就帶來了不可避免的變化，對於王宮裡該有的飲食風格，法國大廚開始發號施令；不只是換了新菜色、烹調手法、「法國的」材料，連服裝也得以法國風尚為尊。大廚頭上必須以餐巾包裹起來，這種習慣後來演變為全世界大廚的傳統帽子。

在十八及十九世紀，餐桌上的豐盛精緻其實就是展示權力，因此在宮廷裡必須一貫保持。和從前一樣，西班牙王室的餐桌也必須發揮雙重功能。首先必須根據王室成員的口味餵飽他們，而在十八世紀初，至少在公開場合，王室偏好的是法國口味，稍後是義大利菜。其次必須符合波旁王朝的體制要求；有趣的是，大型盛典與儀式卻始終按照老式勃艮第宮廷的儀節。伊娃・瑟拉達（Eva Celada）的著作《王家烹調》（*La cocina de la Casa Real*）[2]，是根據王家檔案的大量紀錄寫成，書中提供了許多未經編纂的資料，包括正式與非正式用餐場合。

費利佩五世是個與眾不同的法國王子，他對食物沒什麼興趣，除非是與閨房之樂（dans la chambre à coucher）有關的食物，而且他一生都為躁鬱症所苦。國王並不像第二任妻子、義大利的埃麗薩貝塔・法爾內塞・迪・帕爾瑪（Elisabetta Farnese di Parma）那樣能夠欣賞美食，不過兩人都喜歡吃家禽，尤其是雞蛋。早期西班牙波旁王室成員經常吃生雞蛋，如果是當天產下的新鮮雞蛋，就連殼也吃掉，他們相信如此有益健康。埃麗薩貝塔王后精力旺盛，胃口很好，是王室裡唯一經常對御廚提出各種要求的成員。王室喜愛豐盛的肉湯與濾過的美味清湯，當時王室對食物的偏好大幅改變，首先就從肉類──嚴格來說是紅肉開始。家禽與當地獵得或宮中飼養的小型野味成為主角，尤其是鴿子與野鶉。小牛肉、牛肉、羊羔肉、小山羊肉，都被貶為次要。至於腴厚且非常西班牙式的鹽醃豬肉製品，包括評價極高的伊比利火腿、滋味濃郁的辣椒乾臘腸，還是很合新王室的口味。可食的動物內臟（menudo 或 menudillo），通常被視為美食，屬於動物內臟與下水（offal），但作法比較清淡，王室也很喜歡。這類食品包括腦、蜜餞甜食、蹄，還有「molleja」。「molleja」是小牛胸腺，是這類食品中最昂貴的。無論王室成員的口味為何，也無論喜愛異國精緻美食卻從來不用辛勤工作的人們有何偏好，十八世紀西班牙烹飪重心依然是麵包、

馬德里王宮的廚房。

肉類、葡萄酒。綜觀各階層的膳食,較低階層食用大宗還是麵包,葡萄酒則是所有人都喜愛。此外還有莢豆類以及幾乎都是醃製過的豬五花肉,手頭更寬裕的人則吃得起糖食與巧克力。使用的食用油脂各種各樣,不過宮廷及上層階級愈來愈流行伊比利生產的少量奶油。至於一般大眾,在南方與地中海沿岸用的是橄欖油,而在北邊、內陸、加泰隆尼亞北部無法種植橄欖樹,則使用豬脂油。安達盧西亞一直生產大量橄欖油,因此當地將橄欖油用於油炸,而豬脂油則用於製作油酥麵團點心與烘焙。

　　歷史上,豆類被稱為「飢餓的真正救主」;在西班牙,豆類並沒有這種烙印,貴族從未受過飢餓之苦,但是西班牙的富貴人家和窮人都吃莢豆類,這一點與其他國家不同。大致而言,以莢豆類為基礎的各色菜餚,一向與農民及城市平民食物有關,也餵飽了為富人工作的廚房人員。在美洲的菜豆類(Phaseolus vulgaris)傳入之前,西班牙最常用的是鷹嘴豆與扁豆,在馬德里北邊不遠的市鎮聖伊爾德豐索(San Ildefonso,或稱聖伊爾德豐索農莊〔La Granja de San Ildefonso〕),從十六世紀就開始食用質地細膩而美味的美洲白豆。這裡正位於前往塞

＼ 被遺忘的食品：動物內臟 ／

　　西班牙烹調中，有許多食譜使用動物內臟，包括肝、腎、蹄、血腸、牛肚、腦、牛尾、新鮮的與鹽醃的大骨、小牛胸腺及胰臟（sweetbreads）等等。各地的專門商店一直出售這類肉品，這種商店稱為「casquerías」，通常位於室內市場。現在前來惠顧的大都是老年人，因為他們成長的年代裡依然習慣烹調食用這類食品。

　　一九六〇年代西班牙逐漸發展，西班牙人的膳食得到改善，在大城市裡，尤其是在中產階級與年輕人裡，內臟就逐漸失寵了。里奧哈（La Rioja）的羊羔蹄或豬蹄（manitas de cerdo o de cordero）烹調十分細緻，喜歡骨髓及膠狀物的人則愛吃有骨髓的大骨及其他骨頭，包括新鮮的與鹽醃的。羊羔腦（sesada）如今單獨放在特製容器裡出售，這種容器可以保護它脆弱的表面。在從前，羊羔腦是裹上麵粉與蛋液然後油炸，給兒童與體弱者食用，如今這樣的日子早已過去，只有真正欣賞美食的人才會買來品嘗。舌頭通常與胡蘿蔔、洋蔥、白酒同燉。小牛肝現在行情還是很不錯，但是豬肝與羊羔腎已經沒有什麼市場了，即使這兩種是以傳統的赫雷斯（Jerez de la Frontera）方式烹調，裡面加了一大杯雪利酒。

　　以西班牙食品為主題的書中通常有許多使用內臟的食譜。在安達盧西亞，鹽醃骨頭與豬蹄為各式燉湯增色，比如「puchero」。做甜糕餅的時候，依然用得到「chicharron」（炸豬五花肉油或豬皮），在天主教的諸位聖徒紀念日，麵包房就出售這類甜點。豬頰肉與小牛頰肉（Carrilleras de cerdo o ternera），要加上一杯阿蒙提亞多（Amontillado）或者歐羅若索（Oloroso）雪利酒，以小火慢燉數小時，而公牛尾（rabo de toro）現在已經被具有影響力的大廚納入菜單，不只在安達盧西亞，而是在全國都還很風行。正宗的公牛尾是城裡舉行鬥牛的時候才有，因為鬥牛後的肉是由專門肉店出售（這類菜也可以用普通牛尾〔oxtail〕）。「botillo」這道菜嚴格來說不屬於內臟，它是雷昂省的艾爾比耶爾索（El Bierzo）地區的特產，算是一種大香腸，用的是豬盲腸填進豬肉、肋排、豬尾，以及香料。有一道使用這種香腸做成的菜叫做「botillo」，滋味豐富而且顏色顯眼，使用的其他材料包括當地的乾紅椒香腸、馬鈴薯、包心菜。在納瓦拉，「txangur」這道菜屬於剩菜烹調（cocina de aprovechamiento）。在鄉村農家，每年把火腿上的肉吃完之後，會做這道菜一兩次。醃過的火腿或豬肩經過一再切割之後，骨頭上仍附著極少的肉，但是已經變乾了，無法繼續切片，於是先將骨頭浸在水中，讓附著的肉脫離。然後用濃郁的索佛利托底醬

> 烹製，這種底醬中有煎洋蔥、紅椒、番茄。
>
> 　　使用內臟的大部分菜餚還能存在多久呢？這只能交給現代的專業大廚了，他們能夠用內臟做出比較清淡易消化的本地食譜，或者發明一些看起來更讓人胃口大開的新菜餚。至於一般百姓家裡，現在說的都是：「小孩不需要吃肝。其他食物已經含鐵質了。」奶奶也可能再加一句：「他們不用吃腦就已經夠聰明了。還是給他們吃魚比較好。」

哥維亞城（Segovia）的路上，國王喜歡去塞哥維亞打獵。中央高原的炎熱夏天裡，埃麗薩貝塔王后、未來卡洛斯三世的母親，就住在此地行宮。這是一座迷人的法式宮殿，養著野雉，以鮮嫩的美洲豆類餵食。從十六世紀，這類豆子就在此地的埃瑞斯馬河畔（River Eresma）成功栽培至今。[3]

　　就和所有乾燥過的豆類一樣，聖伊爾德豐索產的白腰豆（La Granja beans），或稱「judiones de la Granja」，必須以水浸一夜，然後以小火慢煮至少兩小時，同煮的通常是牛腿肉、乾紅椒香腸、月桂葉。豆子要煮熟，但是不能煮破，調味則用索佛利托底醬加上一點麵粉，還有在研缽裡搗碎的大蒜、西芹、海鹽、胡椒，這種作法今天依然盛行。埃麗薩貝塔王后有兩位知名法國御廚，佩德羅・波涅瓦（Pedro Benoist），以及佩德羅・沙德蘭（Pedro Chatelain），這兩位是否為王后做過這種豆子菜餚呢？法國人看不起豆子，可是義大利人與西班牙人並沒有這種看法。西班牙大廚雖然在法國人管理下工作，應該還是保留了一點影響力。小型野味與軟嫩的豆子是絕配，而且王后很喜歡吃鴿子、鵪鶉與野鶉。總之來自美洲的白腰豆品質極高。在十八世紀的西班牙絕不是所有人都喜愛法國口味與烹飪流派，大部分人對於華麗的法國生活方式與食品進入西班牙仍然很不信任。紅椒、番茄、乾紅椒粉、大量大蒜已經為日常西班牙食品增添色香味，因此這類傳統菜色可說已經成為政治態度的宣言。

　　路易斯・埃吉迪奧・梅倫德斯（Luis Egidio Meléndez）如今已公認是十八世紀西班牙靜物畫的大師。當年他無意繼續尋求宮廷畫家生涯，然而由於其父與他自己的虛榮心，斷送了本可成為人物畫與肖像

畫家的大好前途。他被逐出皇家聖費南度美術學院（Real Academia de Bellas Artes de San Fernando）之後，自然失去了獲得國王認可的機會，於是只好從事其他類型繪畫，這樣在權貴以下的階級裡比較容易出售。於是梅倫德斯跟隨科坦與委拉斯奎茲的腳步，但是創造出獨特的風格，成為一位靜物大師，他的藝術能力讓他能夠把最世俗的廚房材料與食物轉變為最有感染力的畫作：水果、麵包、蔬菜、榲桲醬與其他醃漬食品、糖果盒，還有銅鍋、玻璃與陶瓷器皿，尤其是水罐。他留下了一百多幅靜物，全都是十八世紀西班牙最偉大的藝術成就，並且使他躋身最傑出的歐洲靜物畫家之列。這些畫都是技巧高超的藝術作品，明暗對比強調出畫面上的組成元素，大膽卻絕不粗俗，諸如《榲桲、包心菜、甜瓜與花椰菜》（*Cardoon, Francolin, Grapes and Irises*）、《野味、蔬菜與水果》（*Still-life with Game, Vegetables and Fruit*）、《菜薊、鷓鴣、葡萄與鳶尾花》（*Still-life with Quince, Cabbage, Melons and Cauliflower*）。

阿斯圖里亞斯，奧維耶多，市場上的聖伊爾德豐索產的白腰豆（La Granja beans）。

▌權力與掙扎

在十八世紀的西班牙，由於巴斯克與納瓦拉在西班牙王位繼承戰爭中支持費利佩五世，得以保留「fueros」，即中世紀時期的權利，至於其他地區則隸屬卡斯提亞政府治理。這種治理的體制與方式不斷變化，並受到法國強烈影響。啟蒙時代也影響了這段時期統治西班牙的三位波旁君主。

直到當時為止，治理卡斯提亞的是強大的議會式政府，繼承自哈布斯堡王朝，其中包括三個組織：國家議會（Council of State）負責外交與戰爭；卡斯提亞議會（Council of Castile）是最高法院與咨政組織；印度議會（Council of the Indies）則與宗教審判、軍事修會、國家財政有關。改動之後，政治與經濟事務大都由卡斯提亞議會與幾位（法國式的）部長或者大臣承擔。這種行政改革的確有些效果，建立了當代風格的政府，延續數世紀。但是改革者卻面臨一項艱鉅的任務，那就

《靜物：一盒膠凍、麵包、托盤與玻璃杯、冷卻桶》，路易斯·埃吉迪奧·梅倫德斯，一七七〇。

是幾乎完全依賴低效農業產出的脆弱經濟。貴族、天主教會，甚至各自治區都是阻礙，土地與絕大部分稅收都屬於他們，然而他們卻豁免了賦稅。大部分人口的生活水準極低，經濟與技術發展落後，全國不同地區之間的發展差異極大，這些原因都影響了經濟。與美洲殖民地之間的貿易也是問題所在。卡斯提亞原本壟斷了與大西洋對岸的貿易，此時獨佔權也開始受到威脅；因為西班牙帝國決心維持新政策，加強管制，消除壟斷。對於歐洲的出口商品來說，這項政策比大西洋對岸的商業活動影響更大，因為新西班牙（Nueva España）與南美洲西邊太平洋岸地區之間的美洲物產交易，包括可可豆及玉米等食品，最終形成了極有效率的走私網，幾乎無法加以管制。此外很明顯的是，荷蘭人與英國人對新大陸愈來愈感興趣，同樣令人矚目的是他們的商業專長，以及在西班牙人看來不怎麼高明的航海技術。而且，西班牙的地中海大港巴塞隆納與瓦倫西亞，都掌握在外國商人與中間人手中。西班牙的權力中心堅持把所有希望押在改進中世紀農業上，卻置貿易與製造業於不顧，於是耽誤了西班牙的現代化與工業化，落後數十年之多。奢侈品美麗諾羊毛是卡斯提亞的主要經濟動力，但是逐漸被荷蘭與英國的便宜進口貨取代。

比較樂觀的一點是，在一七一二到一七九八年之間，西班牙人口在某些地區增長了四成，王位繼承戰爭結束時人口數七百五十萬，到了一七九七年則是一千零五十萬。很遺憾的是，西班牙大部分地區始終吃不飽飯，人口增長並無法解決問題。

隨著歐洲戰事結束，持續數十年的黑死病與土地拋荒也已成為過去，全國健康逐漸開始改善。農業技術的進步與新作物可能發揮了作用，但是在一七六九年傳染病再次爆發，這次是斑疹傷寒、霍亂、天花，帶來了嚴重後果。當時西班牙的農民，尤其是中央高原與安達盧西亞的農民，景況幾乎與十六世紀甚至中世紀早期一樣絕望。在這些地區，佃農租土地來耕種，收益卻完全歸於當地貴族與天主教會。如果出售原本留以自用的少量食物，雖能得到一點微利，卻也必須扣稅，最後農民所剩無幾，無法改善生活，也無法為家庭爭取未來。他們無法改善自己耕種的土地狀況，也無法改善自己種植的作物品質，然而西班牙的施政方針卻始終不變，那就是視農業為通往繁榮的道路，然

而這是幾乎不可能做到的。於是與數十年前相同的情況發生了：貴族、天主教會、牧人協會的利益再次受到威脅。這次更棘手的是，極端天氣造成的連年歉收引發了貧民騷動，尤其是在城市裡。雖然國王與政府的目的是高尚的，西班牙也的確有了一點進步，但是他們卻面對困難的課題。

大部分的可耕沃土依然在地主手中，他們喜愛宮廷生活，並不住在自己的農地上，也沒有能力管理自己的產業。此外還有同等面積的膏腴之地在天主教會手中。在卡斯提亞，西班牙天主教會與修會除了擁有薪俸及鄉間與城市產業之外，還擁有這個地區七分之一的農業及放牧用的土地。雖然他們以農業產出創造了本區四分之一的收益，但是批評者認為，同樣的土地、同樣的投入，可是由教會創造的收益比私有土地低得多。這些批評者針對的是教會手中不可轉讓的土地（manos muertas），也許他們忘了，西班牙繼承自老王朝哈布斯堡的農業狀態有多糟。他們也忽略了一個事實，在十八世紀西班牙，天主教會勢力不斷增強，它本身是國際組織的一部分，而且是唯一能夠對王室專制與政府計畫造成威脅的組織機構。[5]

西班牙政府對於人口增長的正面經濟影響很有信心，因此開始了一系列措施，目的是提高生育率、增進糧食產出。「familias numerosas」，也就是生育許多子女的家庭，會得到一些福利（佛朗哥在內戰後也實行了類似辦法）。後來又增加了新措施：引進歐洲其他地區的外國工人，定居在人口減少而從未開墾的土地以及拋荒的土地上。這些施政有部分產生效果，但也有些失敗了，比如以高產出、低品質的穀物代替小麥，最後結果證明這是個錯著，拖累了經濟增長。

西班牙在十六與十七世紀是超級強權，到了十八世紀末卻只有二流地位，其主因顯而易見：政府的財政管理無能，而且這是西班牙獨有的長期問題。黃金白銀依然不斷從新大陸運抵，可是執政階層就是沒有能力去計畫未來。他們從來沒想到應該投資殖民地的經濟發展，金銀倒是很多。孟德斯鳩（Montesquieu）在未出版的文章〈對西班牙財富的思考〉（Considérations sur les richesses de l' Espagne）[6]，以及後來的著作《論法律精神》（De l'esprit des lois）[7]，提出了一個問題：金銀究竟是虛構的概念，還是財富的象徵。他的結論是：象徵是非常

持久的，可是能代表的事物並不多，象徵的數量愈增、價值就愈低。雖然他是法國人，但是西班牙實在應該聽取這位時代人傑的卓見。紕漏百出的西班牙財政系統由一群才具短淺的庸才運作，不斷向外國銀行與投資者借貸就成了西班牙應付在歐洲高額軍費的唯一辦法。國債不斷增長，開始失去控制，就像在卡洛斯一世與費利佩二世時期一樣。至於歐洲部分地區，情況大不相同。在十六世紀低地諸國與十七世紀英國，都發生了金融改革，把直接稅與間接稅結合，因此這兩個地區都能夠有效應對戰爭開銷。單一稅制本來可以簡化西班牙的複雜稅收制度，包括原有的各種間接消費稅，然而西班牙施行失敗了，只能繼續破壞中低階級的生活，甚至橄欖油都被課以重稅。

　　和從前一樣的是，為了維護這個逐漸腐朽的帝國、保衛它的漫長邊境，政府的絕大部分資金來源就是枯竭的卡斯提亞。這樣的財政系統影響了交易與糧食生產，而這兩者都與農民及小業主的生計有直接關聯。一五九〇年，費利佩二世為了換新嚴重受損的無敵艦隊，耗費了一千萬杜卡特金幣（ducado），於是開始對食品徵收營業稅，包括葡萄酒、醋、油、肉類，此稅稱為百萬稅（millones）。這個「暫時」稅的收益可觀，於是很快就變成了永久的制度。百萬稅以及針對交易行為課徵的間接稅（alcabala），影響了食品價格與供應。在十七與十八世紀，課稅是造成卡斯提亞人民貧困的又一主因。與此同時，北方海岸地區與伊比利東部的未來看起來比較樂觀一些。這些地區無法從帝國收益裡分一杯羹，卻也避免了卡斯提亞所遭受的連年征戰帶來的人力與財政損失。至少在西班牙北部，持續增加的玉米收成拯救了窮人與家畜。來自新大陸的菜豆類種在玉米田之間然後曬乾，也是北部地區的糧食來源。加泰隆尼亞的土地使用權租賃傳統比較公平，保護了小農，也在農業方面持續增產。灌溉系統現代化了，而且在合適土壤上栽種不同作物也受到鼓勵。葡萄種植面積很大，葡萄酒與利口酒產量大幅增加。在靠近厄波羅河三角洲的地區，也出現了水稻田。杏仁、榛子、水果園在上游隨處可見。葡萄酒、白蘭地、棉、麻、絲綢，從巴塞隆納、瓦倫西亞與阿利坎特（Alicante）等港口外銷到歐洲其他地區以及新大陸。

　　西班牙其他地區的小麥、大麥與燕麥產量佔了全國四分之三，卻

不足以餵飽當地人口。就算不提歉收的問題，其他因素諸如許多地區人力不足、種子數量有限、對現代農業設備的投資有限，都使得西班牙農業整體而言無法解決飢餓問題、無法改進糟糕的經濟發展。西班牙的其他地區改變實在太慢，嚴酷的現實最後終於讓主政者決定把荒蕪的土地轉變為農業用地，以期解決這個艱困的任務，然而他們卻忘記了，強大的牧人協會仍然會是可怕的障礙之一。

▌「以自己的墨水書寫」的食物

西班牙國家圖書館有一項以食品為主題的展覽，名為「以自己的墨水書寫的食物」。這是個很有趣的名字，「in its own ink」，明顯是從一道經典巴洛克菜餚的名稱稍加變化而來：「calamares en su tinta」（浸在自己的墨汁裡煮熟的墨魚）。事實上，這項展覽與任何菜餚都沒有關聯，展品是十七世紀末至十九世紀的烹飪著作。這是非凡的時代，從巴洛克時期一直到半島戰爭（Peninsula War）結束後一段時間，展覽內容包括過往文化與歷史上的入侵對西班牙飲食的影響，以及來自法國與其他國家的影響。這些改變使得西班牙貴族的飲食類似於其他歐洲國家貴族飲食，從此不再是經典的或者民族特色的烹調，而是受到義大利尤其是法國傳統影響的名廚做出來的菜餚，這兩個國家素以烹調品質聞名。從這一點就可以知道，為什麼十八世紀的西班牙沒有宮廷食譜出版，比如十六世紀魯伯特・德・諾拉所寫的《烹飪之書》，或者十七世紀佛朗西斯科・馬丁尼斯・蒙提涅羅的《烹飪與製作糕點、麵點、蜜餞之藝術》。到了十八世紀，西班牙已經失去了過去在國際上的聲望。西班牙宮廷烹調也已經與法國菜無甚區別，因此也頗為無趣，它只是模仿，而且大致來說模仿得不好。這個時候，本地傳統登場了，這是具有原創性的另一種選擇，但是還要再過一個世紀，它才得以盡情展現。

與上述宮廷飲食無關的十八世紀西班牙飲食相關著作，有一部分已由現代的歷史學家與美食作者研究過，其餘的還未經編輯，目前保存在各公立圖書館與私人收藏中，等待重見天日。這些著作來自殖民時期在本土與美洲經營事工的天主教修會廚房，記載了修會成員或者

俗家人士的工作成果，他們住在女修院與修道院裡，烹煮出非常美味的簡單食物。《新烹飪藝術》（*Nuevo arte de cocina sacado de la escuela de la experencia econ□mica*）是一本原創的烹飪書籍，出版於一七四五年，作者是一位地位低微的方濟各會修士，本名瑞蒙多‧戈麥斯（Raimundo Gómez），被稱為胡安‧德‧阿爾提米拉斯（Juan de Altimiras），他是修會的廚師，卻得到了宮廷御廚作家才有的名聲。

他在亞拉岡的聖地牙哥修道院（Convent of San Diego）擔任廚師，這本著作詳盡研究了修會食堂裡的食物，以及西班牙鄉間與城市裡普通老百姓的飲食。書中食譜並沒有註明源自何地，可能因為都是從全國不同地區收集來的。

阿爾提米拉斯寫作此書主要是為了指導方濟各修會裡的新進廚師，這些人可能被指派烹飪工作，必須擔起重責大任、以有限預算餵飽教眾與賓客，卻對於食物、準備食物與烹調、衛生等一無所知。他在書中對讀者說：

> 由於必須順服，我來到廚房工作，卻發現自己沒有老師，無法學習我必須做的一切。所以我決定，等到我完全學會了，就寫一本小書，幫助剛結束修道見習、被分配到廚房卻毫無經驗的僧侶，使他們免除工作上必須事事到處請教的尷尬。[7]

這些工作包括製作「sopa boba」，這是一道稀淡的肉湯，用料非常少，通常包括在見習僧侶的每日工作中。這種湯是為了餵飽成千上萬在修道院後門敲門乞討的職業乞丐。每天正午念完《三鐘經》（*Angelus*）之後，一籃籃麵包與裝滿熱湯的沉重大鍋就從廚房搬到修道院門口。失業的男人、婦孺、殘障士兵、吃不飽飯的學生，已經耐心地在這裡排起長隊，等待一天裡果腹的一餐。在十七與十八世紀的西班牙，這道湯拯救了一部分人免於餓死街頭。

此書中的所有食譜，都是阿爾提米拉斯以新鮮食材製作的，這些材料都來自修道院的菜園，其中包括新大陸的作物，這些作物雖然被貴族嫌棄，在平民中卻很受歡迎。他用的雞蛋也來自修道院的雞，白肉與紅肉也來自修士養殖的家畜。阿爾提米拉斯的食譜盡量簡單經濟，

雖然也受到了佛朗西斯科‧馬丁尼斯‧蒙提涅羅的影響很深，而這位御廚的風格是非常繁複豪華。舉例來說，阿爾提米拉斯無論在甜鹹菜餡裡都可能用到糖、丁香、肉桂，不過他優先使用品質良好的本地調味料，著重味更勝於色。他的食譜也非常符合方濟各修士的生活方式，他們有許多日子禁語並禁食，有些時候則是禁語並齋戒，因此為他們準備節慶食品就需要想像力。就算是神職人員，要以中等預算做出奇蹟也並不容易。阿爾提米拉斯做的是一道醃汁魚（fish en adobo）。他先煎魚，不要裹粉，然後準備「adobo」，也就是醃汁，用的是月桂葉、壓碎的丁香或大蒜、百里香、茴香、牛至、小片柑橘，與醋一起煮滾。然後把魚放進醃汁裡，按照口味加鹽調味。阿爾提米拉斯還為大齋做了一道守夜湯（potage de vigilia），材料是鹽醃鱈魚、菠菜、鷹嘴豆，以大蒜及甜的菜椒調味。他的廚房裡還有簡單的燉菜，包括杏仁蛋黃調味的燉肉（pepitoria）、燉兔肉與雞肉（cazuela），都和樸素的豆子湯（potaje de judías）一樣美味；豆子湯用的是豆子、大蒜、番紅花、胡椒、磨碎的乳酪、麵包、薄荷。此外有許多蔬菜菜餡，以及燉羊羔肉（caldereta），這種燉羊肉是他為了不時前來拜訪的朝聖者發明的。從書中還可以很明顯看出來，阿爾提米拉斯喜歡用香腸、豬脂油、脆豬皮，而非塞萬提斯筆下的可憐桑丘參加富人卡馬喬婚禮時夢想的火腿。

　　那個時期由修士與雜役僧侶完成的手稿裡有許多流傳很廣的菜，其作法在之前通常都是口耳相傳，也有一些比較複雜的菜餡，則是摘錄自著名書籍。《教會廚師》（El cocinero religioso）收錄三百一十八道食譜，大約在十八世紀初完成於龐普洛納（Pamplona），作者筆名為安東尼奧‧薩瑟提（Antonio Salsete）。[8] 這份手稿內容風格類似某些中世紀早期、文藝復興及巴洛克烹調流派，但是也看得出來西班牙平民烹調正在現代化。書中部分食譜是原創的，有些則很明顯來自阿爾提米拉斯等作者。這份手稿與其他的宗教烹飪書籍寫出了成書地區的飲食傳統，也包含了西班牙其他地區的食譜。不同修會的成員在全國各地活動，帶來了自己的飲食傳統與新食譜。最後這些廚師裡就有作者花時間為手稿加上新食譜，這些新內容依然受到基督教與阿拉伯烹調影響，但也有來自新大陸的材料。從薩瑟提的手稿就能看出新大陸物產已經融入西班牙平民與教會飲食，其中有幾道菜使用了菜椒、乾紅

椒粉、巧克力，當然還有新奇的番茄。他把番茄用於沙拉、燉肉與燉魚，他認為番茄會拖長烹調時間，因此總是在菜餚已經烹煮一段時間後才加進番茄。書中有一道燉菜「cazuela」──這個字指的是一種陶質湯鍋，也指用這種鍋煮出來的燉菜，作法是首先煎煮番茄，然後加入洋蔥、大蒜、一點乾麵包渣、鹽，還有一點酸汁（agrio，比如醋、檸檬汁、酸葡萄汁〔verjuice〕，最後一種在西班牙稱為〔agraz〕或〔verjus〕）。番茄蘸醬（salsa de tomate）用的是烤過並去皮的番茄，調味料是磨碎的小茴香與香菜籽，加上一點醋與鹽混合。薩瑟提還建議讀者在上菜前撒點牛至。

如果按照材料種類來區分《教會廚師》的食譜，則使用肉類的菜餚佔百分之三十，魚類百分之十七，湯及其他使用麵包、麵團與麵粉，或者麵粉的菜餚是百分之九，蛋及乳製品（lacticinium）百分之九，種子與乾果百分之七，醬料百分之六，果醬與醃製品百分之五，「arrope」（煮過的葡萄汁糖漿）、糖、蜂蜜佔百分之一，泡菜、橄欖、醃汁佔百分之一，其他類佔百分之十五。[9]有趣的是肉類的區別，羊羔肉與羊肉最珍貴，其次是牛肉與小牛肉、小山羊肉、家禽。豬肉通常是窮人的食物，佔全書食譜數量的第二位，不過在廚師心中是墊底的。其他部位的肉可以剁碎做成肉丸，或者用於烤腿（guigot）；也可切碎用於燉菜（pepitoria，加上雞蛋與杏仁）或者涼拌（salpicón，加洋蔥）。書中也有很普遍的內臟菜餚：腦、舌、腳、蹄。有些菜餚的名字就源自烹調法：「mechado」（加上醃肥豬肉片〔lardon〕的）、「estofado」（燉的）、「con masa」（加在餡餅裡面）、「asado」（火烤的），還有「cochifrito」（小塊牛肉、羊羔肉，或者小山羊肉先煮熟，再和橄欖油、大蒜、醋、香料、洋香菜、迷迭香、月桂葉、薄荷一起煎）。

▌ 新西班牙的融合烹調

在十八世紀的新西班牙，飲食風尚依然受到十六世紀御廚佛朗西斯科・馬丁尼斯・蒙提涅羅的影響。當時的食譜記錄在若干稱為「recetario」的食譜書中，作者有男有女，都是西班牙人或者出生在新大陸的純西班牙後裔（criollo）。這些作者的本意是要保存西班牙宮廷

與平民飲食傳統，但事實上記錄下來的是一項演變的結果。這項演變始自十六世紀，在過程裡美洲與歐洲的食材並用。這些食譜書也反映了美洲原住民文化傳統對於西班牙裔飲食的影響有多麼深遠。

食物豐富的盆地

在一五三五至一八二一年之間，西班牙在北美與中美洲的所有領土，加上在菲律賓群島與大洋洲的領土，都屬於權勢極大的新西班牙總督（Viceroyalty of New Spain）轄區，其首府位於墨西哥城，也就是阿茲特克帝國的特諾奇提特蘭（Tenochtitlán）。墨西哥城建立在一片宏偉的盆地上，即墨西哥盆地，這裡大部分地區直到十三世紀之前都還是一座湖，阿茲特克族長下令在湖中央填土，於是首都就建在這個位置。

索契米科湖的湖田之間是阿茲特克人的運河。

十六世紀，墨西哥盆地的食物供應與銷售都很有組織。來自阿茲特克帝國廣大疆域裡的食品，渡過首都周圍的潟湖，運到首都裡來，還有當地的「chinampa」，也就是浮在水上的小塊湖田，都由阿茲特克人高效耕作。

據當時西班牙教士記載，十六世紀的阿茲特克農業很有效率，先進而精緻。他們的疆域裡氣候條件差異很大，大部分土壤都很肥沃，而且農業發展都掌握在水準極高的園藝從業人手中，這一點正與當時西班牙的情況相反。這些人知道應該在適合的地方、於適合的時間，以正確的方式，種下數種不同作物，如此就可以一年收成好幾次。和歐洲一樣的是，墨西哥盆地有時發生饑荒，帶來可怕的後果，但是此地的饑荒成因都是作物歉收，不像在卡斯提亞，通常都是因為在位者的錯誤。阿茲特克的統治者喜歡擴張領土，他們是帝國的締造者，明白以高效率低成本餵飽所有人民是多麼重要。

墨西哥盆地的土地有些屬於社群，由社群分割給各個家庭；也有些是大型私有產業，由居住在土地上的佃農耕作。此外，每個人還可以在小塊土地上生產自用的糧食，多餘的產品就在當地市場出售。

西班牙殖民者對於墨西哥的廣大梯田可能並不驚訝，因為這種農耕方式在歐洲從古典時代就已存在。他們也可能並沒有訝異於阿茲特克人廣博的灌溉知識，因為西班牙人繼承了羅馬、阿拉伯、柏柏爾人從西元一世紀以前就開始實行的農業技術，但是即使是摩爾人後裔摩爾斯科人，也沒有辦法讓瓦倫西亞與亞拉岡的沃土一年收穫五、六次。但阿茲特克人在湖田上做到了農業奇蹟。

在阿茲特克帝國如日中天之時，都城特諾奇提特蘭、即今日的墨西哥城，四周是水淺的淡水湖，就在這裡的湖床上，以及附近的塔赫科科湖（Texcoco）、都城南邊的索契米科湖（Xochimilco）與查科湖（Chalco）上，阿茲特克人造出了數千處湖田。這些人工島建在水面上，周圍是提供交通與灌溉的運河，下方是木架結構，以木柱固定在湖床上，再以鋪平的籬笆彼此連接。接著以一層層乾燥植物與肥沃泥巴填滿，直到土質已經很紮實為止。每一塊湖田上都種了一棵柳樹，如此可以使整個結構穩定，並預防土壤流失。然後種上幾種作物，一開始是玉米、豆子、椒類、芳香植物，之後是各種水果與蔬菜，無論乾季

或是雨季都能生長。專家認為，即使在今天，這種湖田系統依然能在全世界許多地區避免饑荒。

「征服者」科爾特斯的墨西哥城位於大陸，與數年前哥倫布發現的加勒比地區是不同的世界。在地理與植物方面，這兩個地方都充滿異國風情而迷人，但是與他們見過的其他地方相比，又是如此不同：

> 我走在樹叢裡，這都是我見過最美的樹。如此茂密的綠意，就像我見過的安達盧西亞的五月。這些樹與我們那裡的完全不同，差異猶如日與夜。水果、草、岩石，所有一切都不一樣。

以上這段紀錄出自哥倫布之手，時在一四九二年十月十四日[10]，但是依然可以用來描述數年後科爾特斯征服的土地。當然墨西哥城的地理環境與植物更加多樣，遠勝加勒比地區，更有繼續探勘與開發的潛力。西班牙人闖入的阿茲特克世界是一個強盛、精緻、殘酷的文明，它不斷在進化，以武力侵略並吸收其他一樣先進的文化。阿茲特克人在逐漸強盛的同時，創造了自己的飲食文化，其基礎是玉米、豆子、辣椒、巧克力，加上火雞、蜥蜴、蜘蛛、蚱蜢、蠕蟲、蛇與野鴿，這幾樣顯然都是歐洲入侵者不愛吃的。

一五二九年，科爾特斯的野心成真了，卡洛斯一世冊封他為托盧卡谷地侯爵（El Marquesado del Valle de Toluca），這片富饒美麗的封地距離今日的墨西哥城不遠，之前他已經在當地養殖家畜。對科爾特斯來說，這遠遠不只是夢想與西班牙頭銜；他知道這是完美的起點，自己將從這裡開始贏取富貴。成功的商業生涯才剛剛起頭。他投資小麥與食糖生產，還有開採貴金屬，同時跨過太平洋，嘗試在亞洲開始商業活動。

這些盆地部分地區原本生產農作物，現在卻被改為畜產，對當地原住民造成了嚴重問題；他們眼見自己的玉米與豆子田被轉變為牧場。凱撒在西斯班尼亞做過一樣的事情；科爾特斯可以藉此餵飽自己的軍隊，殖民者（colono）也開始出發尋找新的領土並定居，而且奉的是西班牙國王之名。雖然科爾特斯經營事業完全出於私心，不過西班牙飲食文化也的確從此有機會在美洲穩穩扎根。西班牙的食品材料、烹調

方式、各地區飲食特色，終將成為墨西哥烹調融合的一部分。

　　新西班牙一開始抗拒歐洲食品，接著逐漸和緩，這些食物在當地成功出產，於是原住民也就更能接受歐洲食物。在數世紀前，甘蔗拯救了相當粗劣的歐洲中世紀早期食物，如今甘蔗在美洲欣欣向榮，不只在加勒比地區，也在墨西哥，阿茲特克人喜歡的苦味巧克力飲料被食糖改造為歐洲人夢中最響往、最可口的美食點心。墨西哥與中美洲飲食中的蜂蜜最終也被食糖代替。

　　十八世紀的新西班牙與西班牙有一點截然不同，那就是它廣大的土地與農業潛力。至少在一開始，新西班牙的土地完全沒有西班牙與其他歐洲國家那種嚴格的人為限制，這些限制從很早就影響了歐洲農業與窮人的糧食。大致而言，在城市以外的地區，所有人都可以從豐產的樹上摘取果實，烤過之後可口的甜味昆蟲也都任人捕食。無論土壤類型與濕度高低，到處都可種植墨西哥人的主食玉米。小麥的產量遠不及玉米，但與歐洲產量相比已經令人無法置信。法國是優良穀物的主要產地，然而新西班牙的小麥產能是法國的七倍。雖然如此，在一七八五年新西班牙依然發生了饑荒，而且後果很可怕：作物歉收、大面積的人口減少或拋荒，這樣豐足的土地上居然缺糧而導致死亡與苦難，事實上採礦也是背後的原因之一。

　　在西班牙人到來之前，墨西哥城已經是一座輝煌的城市，在西班牙統治期間，這裡更成為世界上最大、最富足的地方之一。這裡是貿易天堂，綠玉、棉花、貴金屬都在此交易，還有肉類、糖、玉米、小麥、普奎（pulque），這是用龍舌蘭心做成的酒精飲料。歐洲人與歐洲裔也喝葡萄酒。來自不同文化的人們在這裡還可以買到鹽、牲畜家禽，以及奴隸。墨西哥城的大部分人口是原住民，少數是有權勢的西班牙殖民者，此外是教會人員以及當地出生的純西班牙裔。還有一部分人口是來自非洲的奴隸，殖民者以奴隸增強此地的勞動力，生產歐式作物、尤其是糖，甚至包括可可豆。以上這些族群不論種族與社會階級，膳食在種類上無甚區別，區別在於數量與品質。在新西班牙，所有人都吃得起肉，只有在肉食類別上才有種族與社會階層之分，這與當時的西班牙形成強烈對比。當地所有人的膳食中都有肉，因為肉類已經是很成功的交易商品。小羊羔肉與雞肉是社會最上層吃的，牛肉則是

中層（主要是西班牙人與西班牙裔），剩下的其他人吃豬肉，而山羊肉則是吃不起豬肉的人吃的。到了十八世紀，墨西哥城中央市場（El Mercado Central de la Ciudad de Mexico）已經是西班牙帝國美洲疆域內最重要的市場，「反映出當地居民飲食的多樣與豐富」。[11] 當時墨西哥城的食品交易已經非常興盛，這一點從中央市場數百家商店繁忙的交易活動就看得出來。在這裡，婦女的提籃裝滿了新大陸生產的食品，種類比從前更加豐富：準備在宰殺後與杏仁同煮的活雞、搭配濃郁巧克力醬料（mole）的火雞，豬蹄要做成材料豐盛的燉菜，石榴是在食用辣椒菜餚之後用來恢復清新口感，玉米粉做成薄餅，小麥粉要做成白麵包或者鬆軟的橄欖油炸小麵點。今日我們所熟知的墨西哥烹調，就是在十八世紀由這所有菜餚演變而來，多采多姿，獨一無二，它不是西班牙的、也不是原住民的，它是原創的，而且非常「mestiza」。

烹飪傳統的融合

從歐洲人發現美洲開始，墨西哥與中美洲的食品流通就已經存在；至於烹飪傳統的融合，即「mestizage」，還需要數世紀才逐漸完成。此

古代墨西哥人的研缽與研杵，西班牙也有類似工具。

時原住民依然比較貼近自己的文化；西班牙人則必須接受新食物並且改變自己的飲食，尤其是在他們剛抵達的時候，以及在進入美洲大陸拓展發現的時候。如果他們不吃當地人的食物，那就只能挨餓。他們定居下來以後，就鼓勵原住民種植他們習慣食用的作物，特別是做麵包的小麥。

由於肉類是歐洲膳食的重要成分，而且西班牙上層階級的肉類需求也很高，所以從事貿易的殖民者開始養殖哥倫布第二次航行帶來的禽畜。這類生意很成功，利潤頗豐。在新西班牙，原住民對於肉食與豬脂油不像對其他歐洲食品那麼抗拒。他們開始自己養殖禽畜，而且把最好的部位賣給西班牙移民與西班牙裔，次等部位留以自食。不過小麥與大麥始終無法與玉米相比。對原住民來說，就算用的是最好的白麵包麵粉，在烤爐裡烤出來的麵包永遠也比不上熱烘烘的玉米薄餅那麼美味，這種薄餅是他們的每餐主食，在傳統的陶製平底鍋上以爐火烘烤而成。

當時在新西班牙以及南方，包括智利與祕魯，新舊大陸之間的飲食文化融合已經實現了。西印度群島（Indias Occidentales）的人口不但數量成長，族裔也增加了，其中包括原住民、歐洲與西班牙混血、多族裔混血、白人，而且大部分白人是在當地出生的西班牙裔。所有族裔混居在城中與鄉間，田野上有橄欖園、葡萄園、小麥田。當時手稿與烹飪書中的新西班牙食譜，以及西班牙移民與西班牙裔家中的菜色，都已經顯示出更多的融合特色。原住民家中用的是很簡單的炊具，依然遵循古代托爾特克人與阿斯特克人的傳統，他們的家中仍然有工藝陶器，比如石製研缽（molcaljete）或者陶土平底鍋（comal）。隨著時間過去，這些菜餚逐漸加入了許多西班牙人傳入的材料，比如玉米粉塔馬利粽（玉米麵團包裹在葉子裡蒸熟）有各種甜鹹餡料，其中就包括牛肉；煮熟的豆子用豬油煎過，搭配玉米薄餅。其他起源於西班牙的菜餚，則是在修道院或者以西班牙裔為主的白人大宅中烹製的。這些殖民者大宅採用的是安達盧西亞或者卡斯提亞風格。即使是最簡樸的殖民者房舍，廚房也十分寬敞，而且與住所分開，烤爐也可能在室外。廚師都是原住民，但是受過西班牙烹調傳統的訓練，能夠把新舊大陸的菜餚加以變化或擷取採用。墨西哥城成為文化上各方面的交

融與演變中心。

此一時期在美洲完成的三份手稿：《新西班牙食譜書》（*El recetario novohispano*）、《多明加・德・古茲曼的食譜書》（*El recitario de Dominga de Guzmán*）、《哲若尼莫・德・皮拉佑修士的烹飪書》（*El libro de cocina de Fray Gerónimo de Pelayo*）[12]，不但是引人入勝的讀物，對於當地的生活與飲食也提供了最豐富的紀錄，更重要的是在當時的時空背景下，顯示了兩種強烈烹飪文化的融合，同時讓我們看見西班牙飲食的廣大影響。

《新西班牙食譜書》中的一道燉雞「guiso de gallina」就是個好例子：將全雞切為四份，洗淨，加上豬脂油與鹽，小火慢煎至金黃。加上切碎的大蒜、洋蔥、西洋芹，鋪上番茄（阿茲特克語稱「jiyomate」），然後以「好的香料」（especias finas）調味。作者並沒寫明要用哪些香料，不過可能是中世紀的一種醬料「好醬」，包括肉桂、胡椒、番紅花等等。今天在墨西哥會以香菜取代洋香菜。

還有一個完美的例子，出自女性撰寫的《多明加・德・古茲曼的食譜書》，書中有一道雞肉，是西班牙裔或者歐洲與原住民混血的食譜（mestizo、criolla）。這道菜裡有豬脂油、小麥麵包、乾紅椒香腸、水果、糖漿、糖漬柑橘（acitrón），全都源自西班牙。多明加女士用一口大陶鍋，這是在西班牙與墨西哥都使用的傳統陶製烹具，上面蓋一片原住民的陶製平底鍋。她先把麵包塗上豬脂油，稍加烘烤，再把麵包蘸上加了水的糖漿，鋪在大陶鍋底。鋪滿一層麵包之後，鋪一層乾紅椒香腸，撒上烤過的芝麻、小葡萄乾、杏仁、糖漬柑橘；然後再鋪一層麵包、一層臘腸，如此重複直到鍋裡裝滿。最後放在灶上燉煮，鍋口蓋上一片陶製平底鍋，平底鍋上放置一些熱的餘炭。這道菜要搭配烤雞食用。

女性的書

女性與食物之間的強大關聯，從開天闢地以來就存在，這是無法否認的。但是女性以寫作與他人分享食物及烹飪傳統，這方面的實例就非常稀少。在西班牙，造成如此情況的原因很簡單：直到二十世紀之前，大部分女性無法正確讀寫，特別是農民與較低階層的城市居

民。從中世紀開始，多少能接受一點教育的女性都是貴族或者教會人士。[13] 而且讀寫只是這些年輕仕女婚前應該嫻熟的技能之一，真正重要的是女紅，當然還有烹飪。這些食譜書的作者還包括身分尊貴的西班牙貴族仕女，她們可能因為守寡或者避世而隱居在修道院。她們帶著自己的家族食譜，而且通常還帶了不止一個僕人負責做飯。於是新大陸上已經很完備的烹飪知識與技巧裡，又加上了新的成分。修道院的廚師有新手與老手、西班牙裔與原住民，都在一起工作。

▌「弄髒桌布的一道菜」

「Manchamanteles」這道菜的名字源自「mancha」（汙漬）與「manteles」（桌布），這是墨西哥節慶菜餚，是用一種濃郁的醬料也就是「mole」做出來的酸甜口味燉雞肉、豬肉，或者兩種肉同燉。從十七世紀以來有幾位作者記錄了這道菜，配方通常包括肉、番茄、大量新鮮水果、糖，還有源自新舊大陸的若干香料。每位作者記錄的香料都不一樣，而且隨著年代前進而愈來愈有混血風格。咸認第一位記錄這道菜的是修女胡安娜・因內斯・德拉・克魯斯（Sor Juana Inés de la Cruz），她是墨西哥飲食作者，成書大約在一六七八年。胡安娜修女做這道菜的材料是辣椒、芝麻、雞肉、車前草（plantain）、甘藷（canote）以及蘋果（panochera），這是專門用於烹調的蘋果，其貌不揚但美味。至於十八世紀的《多明加・德・古茲曼的食譜書》，多明加女士依然使用辣椒與芝麻，但是她註明要用黃辣椒（chilcoscle），而且加上了黑胡椒。十八世紀稍晚的《哲若尼莫・德・皮拉佑修士的烹飪書》一書作者哲若尼莫・德・聖皮拉佑修士更加上了麵包、豬脂油、番茄、非常西班牙口味的小茴香、非常墨西哥口味的土荊芥（epazote）。到了二十世紀，這道菜更加豐富，包含了豬肉、鳳梨、車前草、肉桂，甚至還有卡斯提亞的醋，當然還保留了雞肉與辣椒。

有些現代作者認為這道菜與瓦哈卡城（Oaxaca）號稱的七種醬料特產有關。薩瑞拉・馬丁尼斯（Zarela Martínez）是瓦哈卡食物的著名專家，她認為這道菜不只與此城有關，而且與歷史上的恰帕斯城（Chiapaz）有關，不過她的恰帕斯版本有更多水果與香料。她使用兩

種辣椒，叫做「ancho」與「guajillo」，還有大蒜、洋蔥、番茄、黏果酸漿（tomatillo，學名 *Physalis ixocarpa*）、牛至、新鮮百里香、月桂葉、肉桂、小茴香、黑胡椒粒、雞肉切塊與豬肋排、鳳梨、綠蘋果。烹調過程十分複雜，需要耐心與技巧。[14]

關於甜蜜的東西

美洲的手稿裡當然也有油酥麵團點心、小蛋糕、蜜餞甜點、牛奶布丁，其中許多種用到了麵包，而且大多數都是西班牙修道院傳統食譜。自從修會成立以來，修女必須自食其力、養活自己與修道院。她們的宗旨是「oro y laboro」，「我祈禱，我工作」，於是她們很快就找到了輕而易舉的方法，可以讓新贊助人慷慨解囊、行善施恩。她們做出最精巧的各色點心與甜食，這些食譜傳承自伊比利半島史上所有不同文化。修女們有時間、耐心，還有最重要的就是，油酥麵點師傅必備的規矩與知識。而且她們的手勁柔軟，如羽毛般輕盈，這是令油酥麵點大廚羨慕的重要特質。在西班牙，宗教與廚房始終有很密切的關係；十六世紀西班牙的神祕主義者、羅馬天主教聖徒，耶穌的聖德蘭（Saint Teresa of Jesús）在《基礎之書》中寫道：「También entre los pucheros anda El Señor（在鍋盤之間也能找到天主）。」在西班牙，有些傳統祈禱文是用來祈求菜餚火候正好，不夾生也不過火，比如攪動榲桲醬的時候念十遍信經（Credo），煮蛋時念三遍，更簡單的是念一遍聖母經（Hail Mary）。

如果要徹底了解十八世紀西班牙殖民地關於「dulcería」及「pastelería」（甜食、糖果、油酥麵點）的大量手稿與書籍有何意義，就得先從糖說起，並且要先看看幾份西班牙早期非教會人士寫作的烹飪手稿與書籍。

西班牙人先在加那利群島、然後在新大陸投資甘蔗園，甘蔗園的擴張規模與利潤都改變了西班牙甜食與點心的傳統作法。由於食糖較易運輸，價格隨之下降，於是食糖開始取代了食譜裡的蜂蜜，無論是大廚、修會廚師、修會裡的僕婦，甚至醫生都這麼做，但是過去並沒有什麼書籍指出這件事的重要性。

有幾部未出版的十六及十七世紀軼名手稿是進一步了解的基礎，可以從這些手稿了解西班牙甜食傳統本身、西班牙甜食傳統的發展、它與精緻及奢侈的關聯——因為甜食是細巧高貴的。此外，糖食、烹飪、醫藥、膳食學之間也有密切關係。[15]

在一四九〇至一五二〇年之間，以卡斯提亞語寫成的《紳士的果園，書中示範如何製作出色的蜜餞、甜藥粉（electuary）、果醬、牛軋糖，以及其他含糖與蜂蜜的物品》（*El Vergel de señores en el qual se muestra a hacer con mucha excelencia todas las conservas, electuarios, confituras, turrones y otras cosas de asucar y miel*），咸認為是西班牙關於甜食與飲料的最古老手稿。這是一本完整的書，除了詳盡的材料與烹調方法，還有很長一節專門列出製作這些食品所需的廚房工具與不同器皿。完整清單如下：黃銅杵與研缽、木杵與陶質研缽、銀湯匙用來舀出鍋裡的榲桲醬、一些「almorfía」也就是大的上菜盤、幾座烤爐、一把金屬或者棉質過濾網、幾個寬而淺的木盒用以盛果醬、一根木製攪拌棒（meneador），還有其他許多傳統西班牙廚房使用的用具。《紳士的果園》依循中世紀傳統，還提供了製作精油、護膚美容用品以及香水的詳細資料。書中有一章節主題為香氣、滋味與顏色，寫作精緻洗鍊，更是此類書中罕見。

關於十六世紀作者胡安·巴勒斯（Juan Vallés, 1497-1563）的手稿《人類生命的禮物》（*Regalo de la vida humana*），之前所知甚少。巴勒斯是卡洛斯一世的外交官，這份手稿的主題是身體護理與保養、甜食以及甜食對健康的好處。直到不久之前，該手稿只有一份孤本，保存在維也納的奧地利國家圖書館，供研究者查閱。最近學者費南度·瑟拉諾·勒拉佑斯（Fernando Serrano Larráyoz）謄寫整理了該手稿，為我們增進一點了解。該手稿的主題是十六世紀西班牙很入迷的；當時在納瓦拉，製作甜食與蜜餞果醬仍是藥劑師（boticario）的工作。[16]

米蓋爾·德·巴伊薩（Miguel de Baeza）的《關於糖食藝術的四本書》（*Los cuatro libros del arte de la confitería*）於一五九二年在埃納雷斯堡（Alcalá de Henares）出版。咸認此書是第一本以卡斯提亞語出版的糖食主題著作。米蓋爾·德·巴伊薩出生在托雷多，這個城市以優良的阿拉伯與猶太糖食聞名，此書正好證明了這一點。這本書裡充滿

了有趣的細節與資料，首先描述甘蔗製糖的過程，然後論及糖產的不同品質。接著是各種使用糖與蜂蜜的食譜配方及註釋，包括精緻的果凍、蜜餞、果醬、各種形狀的杏仁糖糕與蜜餞甜食，以及一種特別的牛軋糖「turrón」。書中還有一份職業糖食師傅必須遵守的官方規定，後來在一六一五年由費利佩三世簽署。[17]

在十八世紀，關於糖食的西班牙文書籍比法文的少。這些西班牙文書籍是專業廚師的著作，但是在國際上不太知名。其中只有一本例外，胡安‧德拉‧馬塔（Juan de la Mata）的《油酥麵團點心的藝術》（*Arte de reposteria*）出版於一七九一年，馬上轟動國內外。這本書以卡斯提亞語寫成，專門介紹油酥麵團點心、甜點、冷熱飲、鮮奶油、牛軋糖，甚至還包括新鮮水果。此書立刻贏得國王的糕餅御廚多明哥‧費南德斯（Domingo Fernández）的肯定，這的確是難得的成績。德拉‧馬塔是資深的油酥麵點主廚暨糖食師傅，他的工作環境與風格，比起修會廚師比如阿爾提米拉斯、薩瑟提，是完全不一樣的，不過他們的書裡都有相似的食譜與配方。

德拉‧馬塔是新潮的大廚，在宮廷御廚中工作，受到時興的義大利與法國大廚影響，而且他也在接下來的兩百年裡影響了數千名專業與業餘廚師。他的書分為兩章，編排易讀，易於查找。第一章是豐富的介紹，包括廚房的組織、用餐服務、宴會與大型慶典的菜單。第二章是五百零七道食譜。其中部分是西班牙的，還有些源自法國、義大利、葡萄牙、荷蘭，甚至還有亞洲。德拉‧馬塔使用大量水果，包括新鮮水果、果凍、果醬，以及煮熟的水果浸糖水（compote），這些都屬於德‧巴伊薩的烹調流派。使用的材料有些原產歐洲，也有部分來自美洲，這是此書與上述幾本未出版手稿之間的明顯區別。德拉‧馬塔喜愛傳統的葡萄牙與西班牙油酥麵點及糕餅、小蛋糕、蜜餞甜食，比如杏仁糖糕、油炸麵圈（rosquilla）、肉桂蛋白餅（mostachon）、蛋白小脆餅（merengue），以及美味的蛋黃糖糕（yema，許多著名女修院以蛋黃與糖漿製作的名產）。他還囊括了各種飲料，像是酒精與葡萄汁做成的利口酒「mistela」、冷的與冰凍的果汁、巧克力，甚至咖啡。此書是西班牙境內第一次提到咖啡的書面紀錄。德拉‧馬塔認為咖啡能夠稀釋並破壞葡萄酒的影響、幫助消化、提振精神、防止睡意瀰漫。[18]

牛軋糖「turrón」,
源自中東的西班牙
糖食。

宮廷裡的平實飲食

　　卡洛斯三世於一七五九年即位。他是費利佩五世與義大利公主埃
麗薩貝塔・法爾內塞・迪・帕爾瑪之子。更多的烹飪影響隨之而來,
而這次是義大利菜。卡洛斯三世統治期間,馬德里王宮的廚房裡風格
複雜而精采。在十八世紀中葉,全歐洲人民開始對新想法感到興趣、
想要打破舊制度,這種心理也影響了飲食。時人創辦了一些社團,宗
旨是鼓勵農業、工業、商業,以及最重要的藝術與科學,這些社團
對於大眾來說是一種啟發。其中最有名的是巴斯克的巴斯克之友皇
家社團(La Real Sociedad Bascongada de Amigos del País),成立於
一七六四年,由著名的潘納佛洛里達伯爵(Count of Peñaflorida)主辦。
這個社團——或稱學院的目的是要激勵巴斯克的農業、科學、文化與
經濟發展,而且之後在全國還有許多人效法(不過不要與一百年後很
流行的聖塞巴斯提安〔San Sebastián〕美食社團混淆)。在這樣人心思
變的氣氛裡,引進社會改革就成了眾人的希望,而新國王也注意到了
這一點並付諸行動。當時歐洲暫時太平,國內經濟規模有少許擴張,
這時候正適合引介實用的新思想與社會改良。啟蒙運動的政治人物比
如霍貝亞諾斯(Jovellanos)及卡達索(Cadalso)注意到幸福與食物之
間的關係相當深遠,所以連帶影響到大多數人民的飲食改善。

卡洛斯三世（一七一六－一七八八年）與他的父親不同，他喜歡比較簡單的生活，而且喜歡與各階層人民相處。他無法完全避免繼承自哈布斯堡時代的浮華盛會與儀式，這些已經是西班牙宮廷擺脫不了的。哈布斯堡王朝帶來了財富、奢華，乃至宮廷與人民之間更大的鴻溝。哈布斯堡王朝喜愛的飲食深受歐洲傳統影響，在數百年間一直與其他階層的食物不同，甚至與西班牙貴族階級喜愛的食物也不一樣。直到波旁王朝到來，由於他們看待生活的態度比較平民化，這種情況才改變了一些。

當時某些情況條件對卡洛斯有利，而且他的母親極富政治手腕，因此他首先繼承了那不勒斯王國，接著是西班牙本土與美洲疆域。由於宮廷禮儀規定，馬德里王宮的午餐必須是場面壯觀的法國及義大利菜。用餐地點是宏偉的正式宴會大廳（comedor de gala），全程儀式一絲不苟，午餐變成一項職責，卡洛斯三世並不受用。他必須獨自坐在

卡洛斯三世在廷臣面前用餐，一七七五，路易士．帕瑞特．阿卡薩繪（Luis Peret y Alcázar, 1746-1799）。

餐桌前，在場觀禮陪同的是大臣、使節、僕傭，還有心愛的獵犬。到了傍晚，卡洛斯就盡量過著不同的生活。他的品味簡單，喜歡尋常西班牙食物，他享用的完美晚餐是烤牛肉、一個蛋、沙拉、一杯加那利群島的葡萄酒，加上幾片下酒的小餅乾。

▌注定失敗的社會改革

在一七六〇年代，小麥連著三次歉收，造成麵包價格急遽上漲。小麥主要供應來自義大利，但許多歉收地區位於內陸，距離進口小麥的海港很遠，於是糧價暴漲失去控制。馬德里騷亂不安，而且原因不只是缺糧。雖然國王喜歡日常食物，馬德里人依然覺得宮廷裡的外國影響力威脅了傳統生活與價值觀，甚至首都人民穿的衣服樣式也受到管制。起因是大臣艾斯奎拉切（Esquilache）宣稱必須確保街頭的公共安全，因此禁止男性在冬天穿戴傳統樣式的披風與帽子；這一來馬上點燃了暴動的怒火，最後艾斯奎拉切只好辭職。此外還有其他問題，比如作物歉收、牧人協會及封建地主的古老特權，都造成了始終無法解決的飢餓。由於養殖綿羊與生產羊毛的利潤，使得這些特權一直佔據全國大部分未開發土地。土地分配不均的問題必須一次徹底解決，卡洛斯三世針對這些聲浪做出回應，下令各自治區將一般土地分割為小塊農地，分配給沒有土地的農民。此外他順應大臣的提議，下令在新開拓的道路旁建立新社區。

但是自治區貪汙腐敗，將農地分給已經享有特權的地主手中，所以不久之後第一條法令就失敗了，不過至少在安達盧西亞的莫雷納山脈，一些新建的居民區繁榮了一段時日。大臣歐拉維德（Olarvide）負責推行一項雄心勃勃的計畫，旨在讓安達盧西亞未開發或者已拋荒的地區恢復生氣。哈恩省（Jaén）的卡羅林納村（La Carolina）、塞維亞的路易斯安那村（La Luisiana）、哥多華的卡爾羅他村（Carlota）等地安置了六千多名來此尋找新生活的奧地利、德國、法國移民。為了避免土地積累在少數人手中，這些移民不能購買更多房地產。他們被豁免賦稅，幾百年來西班牙的農業人口無法進步就是因為賦稅拖累。要注意的是，貴族、教會，甚至自治區政府，也都是免稅的。直到今天，

這些移民聚落依然保有一些傳統，比如「畫蛋節」（day of the painted eggs）以及狂歡節（Fasnacht），許多當地人依然遺傳了金髮藍眼。英國牧師約瑟夫‧湯森（Joseph Townsend）著有《一七八六與一七八七年西班牙遊記》（*A Journey through Spain in the Years 1786 and 1787*），他在一七八七年從馬德里到塞維亞，途中仔細研究過歐拉維德夢想的重心，即莫雷納山脈計畫。他在阿爾穆拉迭爾的康塞普西翁村（La Concepción）旅店過了一夜，這是莫雷納山脈新聚落的一個小村。旅店提供的寢具是髒的，他馬上退回了。他買了自己平時吃的葡萄酒、麵包、羊肉，因為當地客棧（venta）沒有他最愛的牛肉出售。第二天早上，他與同伴繼續往南，穿過聖塔埃萊納（Santa Elena），在那裡：

鄉間土地耕作發達，不過還是留下了許多樹木，因此在大部分地區，距離不遠的土地看起來都像一座茂密的森林。我們在一家農舍看到了馴養的山鶉，是經過訓練的，就像誘鳥的鴨子一樣，能把野山鶉帶回家來。[19]

在一處移民聚落卡羅林納村郊外，湯森與計畫的負責人歐拉維德會面。歐拉維德原本為卡斯提亞議會主掌大臣德‧阿蘭達伯爵（Count d'Aranda）工作，此期間他認為應該在荒涼的莫雷納山區引進農業與工藝，這一帶長久以來強姦與暴力氾濫。但難處在於引進人口定居。有一個「巴巴利亞的圖瑞格」（Turigel of Babaria），其人受雇負責招募六千人前來從事農牧，結果他帶來的不是農業熟手，而是遊手好閒的流浪漢。這些人抵達之後要不死亡，要不就是作鳥獸散，虛擲了大量經費。於是當局再從德國各地招徠移民，為了激勵意願，每一名申請者可以獲贈一塊土地、一棟房屋、兩頭乳牛而且其中一頭已懷孕、一頭驢子、五隻綿羊、五隻山羊、六隻母雞與一隻公雞、一把犁、一把丁字斧。一開始每人得到的土地面積為五十法內格（fanega，五十法內格約等於九百二十九平方公尺），完全耕種之後，可以再得到一塊同樣大的土地，這些土地在頭十年免租，之後只需要繳納王室的什一稅。

＼ 巧克力杯與托盤：關於飲用巧克力 ／

　　如今在西班牙新潮糕點大廚手中，巧克力已經成為威力強大的工具。知名大廚比如歐瑞歐爾・巴拉克爾（Oriol Balaguer）、恩立克・羅維拉（Enric Rovira）、阿爾伯特・阿德里亞（Albert Adrià）都已經打破甜與鹹的區隔，從歷史汲取靈感，在西班牙的巧克力世界裡掀起了革命。他們用於油酥麵點、糕餅、巧克力糖（bombones）的巧克力已經與馬雅人及阿茲特克人的巧克力大不相同，這兩個民族的巧克力是用可可粉及其他當地原料製成的飲料；不過現在西班牙大廚已經成功開始在配方裡使用原始的材料，尤其是辣椒。

　　從第一道卡斯提亞語的巧克力飲料配方問世，至今已經五百年了。這道西班牙人的配方用的是七百九十五克的磨碎可可豆、五十五克香草莢、四百克紅辣椒、十四克丁香、七百克糖，加上一點紅木種子粉，阿茲特克人也用這種粉在身上塗紅。撰史者貝爾納爾・迪亞斯・德爾・卡斯蒂略（Bernal Díaz del Castillo, 1490-1584）曾經記錄，在蒙特蘇馬的王宮裡，巧克力盛在金杯中飲用，很苦且帶泡沫，這是在墨西哥傳統的巧克力鍋（chocolatera）中，以一根搭配的木製攪拌器（molinillo）均勻攪打而成。

　　第一版卡斯提亞語的配方很快就改變了，以適應西班牙人比較簡單的口味；取消了紅辣椒與紅木種子粉，增加可可粉、牛奶、糖或蜂蜜、香草莢，有時還有肉桂粉。在西班牙，可可豆是手磨的，使用的工具是類似阿茲特克人的磨石（matate）。在十八世紀，工業化終於解決了這道工序，不過當時仍有手藝人帶著磨石挨家挨戶代磨可可豆，遵循著阿茲特克人的方式。在西班牙與新西班牙，巧克力飲料盛裝在特製的陶瓷（jícara）杯中。這個字來自中美洲原住民納瓦特爾語（Nahuatl）的「xicalli」，是以葫蘆做成的容器。後來祕魯總督曼塞拉侯爵（Marques of Mancera）發明了一種精巧的器具，叫做「mancerina」，材質是陶瓷或金屬，結合了點心盤與杯架，可以固定裝了熱飲的巧克力杯，避免意外。雖然在十六世紀的馬德里，巧克力已經為人所知，但直到十七世紀、尤其是在十八世紀，巧克力才成為首都生活的一部分。一六〇六年，義大利引進巧克力；一六一六年，法王路易十三與西班牙公主、奧地利女大公安娜舉行婚禮期間，巧克力傳入法國。

　　當時巧克力還是一種飲料，一天飲用數次。無論在王宮、修道院、中產階級人家或者客棧，巧克力加上香草與肉桂的香氣總是為日常生活增添一絲異國氣氛。直到十九世紀出現咖啡店（cafetería）之前，在街頭供應大眾巧克力飲料的店鋪稱為〔botillería〕。西班牙的熱巧克力飲品稱為「a la taza」，比起法

國人愛喝的熱巧克力更濃稠；原因很簡單，西班牙人喜歡以各種油酥麵點、餅乾、西班牙油條（churro）蘸取熱巧克力食用。

巧克力杯架，設計精妙，讓人在激動的談話中依然能享用熱巧克力與餅乾。

▎時尚飲料

由於可可豆的運輸改善，飲用巧克力的時尚就從馬德里擴展到了全國。這種新飲料很快就被西班牙文化完全融合吸收，成為新的民族象徵、卓越的西班牙代表飲料。這個發展過程的原因是多重的，有些與經濟、貿易、殖民地政治有關；至於在其他方面，尤其在一六六〇年代後，則是被文化、科學、醫藥，當然還有宗教思想所影響。在十六世紀的墨西哥，科爾特斯發現阿茲特克人認為可可豆以及巧克力飲料的價值很高。對阿茲特克人而言，可可豆與巧克力飲料來自天神，能夠提供精力與營養，後者也是可可豆開始在歐洲很快流行起來的原因之一。

十六世紀末，可可豆貨運在維拉克魯斯（Veracruz）、加的斯及塞維亞港口之間發展快速，成為利潤很高的一門生意。於是第一家

巧克力工廠很快就在塞維亞開工了。原本科爾特斯在蒙特蘇馬的宮廷裡品嘗的配方不甚可口，又冷又苦，那是以烤過的可可豆磨碎，加上紅辣椒、紅木種子粉（achiote）、聖耳花（orejuela，英文俗名earflower），但是到了此時已經大幅改變。西班牙首次出版的巧克力配方是在一六三一年，安東尼奧・科門內若・德・雷德斯馬（Antonio Colmenero de Ledesma）的著作《關於自然與巧克力品質的有趣專著，分為四節》（Curioso Tratado de la Naturaleza y Calidad del Chocolate Dividido en Cuatro Puntos），他的配方裡依然有辣椒，不過他說可以用黑胡椒代替，此外還包括磨碎的烤製可可豆、八角、香草莢、肉桂粉、杏仁、榛子、糖，以及原始配方裡的紅木種子粉、聖耳花。直到現在，墨西哥與中美洲的巧克力飲料依然使用聖耳花（學名 Cymbopetalum penduliflorum，使用該樹花瓣）。阿茲特克人與馬雅人都非常喜愛它的濃烈芬芳。至於在西班牙，當巧克力飲料蔚為風尚之後，就不再添加紅木種子粉與聖耳花了。

在《食物至關重要》（Food Matters）一書中，作者卡若琳・A・納多（Carolyn A. Nadeau）做了有趣的比較，她對比了數種中南美洲物產、諸如番茄與馬鈴薯抵達西班牙與歐洲其他地區之後，社會各階層對這些物產的接受程度及過程。其中的巧克力有教會與貴族保護，而且抵達西班牙的時候已經是一種很精緻的飲料，配方也一同傳入。雖然它是起源於美洲的飲料，但是在流傳的過程中原先使用的配料可能改變、也可能增加，同時又保持了原來的製作工序。[20]

西班牙人為巧克力飲料發明了許多配方，大多數是提神熱飲，而且每一種都含有可可豆與若干合乎歐洲口味的香料，比如八角、芝麻、香草，最常見的是肉桂與糖。糖改變了全世界的味蕾，而且與財富有關。在《甜味與權力：糖在現代歷史上的地位》（Sweetness and Power: The Place of Sugar in Modern History）一書中，美國人類學家西尼・敏茲（Sidney Mintz）認為糖是「富貴階級的具體象徵」。[21]很明顯的是，巧克力也走上了糖的道路。可可豆成為西班牙帝國在美洲的重要物產，地位僅次於白銀。到了十七世紀，由於經濟因素，而且為了與墨西哥的可可園競爭，可可種植成功擴展到了南美洲，特別是在卡拉卡斯（Caracas）、馬拉開波（Maracaibo）、瓜亞基爾（Guayaquil）。在

墨西哥，對於商人及西班牙帝國而言，採礦比可可豆更重要。

一開始，西班牙只有富貴人家才喝巧克力，後來漸漸在歐洲貴族階層流行起來，一路與咖啡與茶互相競爭。西班牙人沒有權力宣稱咖啡與茶是他們自己的，但是巧克力就不一樣了。今天西班牙人在早餐喝濃稠熱巧克力，或是當作午後點心，配方都比當年簡單得多。

一七九六年，醫生安東尼奧・拉班登（Antonio Lavedan）針對菸草、茶、巧克力的用途、濫用、特性與益處做了比較，關於當時在西班牙如何製作與供應巧克力提供了大量資料。他的結論是，巧克力是天賜的神聖飲品、是治百病的靈丹。據他的紀錄，為了取得製作飲料的可可醬或者可可粉，首先要脫去可可豆的堅硬外殼，方法是將可可豆放在一面鐵質或銅質煎鍋上、或者一種稱為「paila」的大平底鍋上烘烤。為了避免烤焦，首先在鍋裡放置白沙並加熱，然後把可可豆放在白沙上頭。這樣可以使可可豆脫殼，又能保留可可豆裡的可可脂與脆弱的香氣分子，這兩者都是製造高級可可醬必須的。一旦豆子脫了殼，就用兩塊預先在火盆裡稍微加熱的石頭壓碎；如此可可豆就變成濃稠的醬，然後加糖混合，再壓碎第二次。這時可可醬還是溫熱的，可以放在金屬盒或木盒中，待其自然硬化，或者塑形為類似可可豆的片狀。有些醫生相信可可豆混合一點香草與肉桂有助消化。也有人使用胡椒與薑，不過這兩種口味與香氣在西班牙沒那麼流行。拉班登還提供了另外兩種製作巧克力的方法。第一種用的巧克力是片狀或者小塊狀，打碎之後與冷水一起放進巧克力鍋。然後小火加熱，一面不斷以傳統的木製攪拌器混合，攪拌的手法是將攪拌器夾在兩掌中滾動，直到巧克力醬完全溶解為止。拉班登堅持整個製作過程中必須保持小火微溫，如此才能避免巧克力脂與固態成分分離，變成無法下嚥的液體。他還建議只喝現做的新鮮巧克力，而且永遠不可重複加熱。他認為以下這個製作方法更佳：首先將可可豆搗成細粉，與冷水一起放進巧克力鍋，然後一面加熱、一面不斷以攪拌器混合，直到完全融合。以這個方法製作飲品，由於時間短，就可以避免巧克力醬裡的不同分子分離。

巧克力（Xocolatada）；二十世紀的彩繪磁磚，一七一〇年製作巧克力飲料的場景。巴塞隆納，設計博物館（Museu del Disseny）。

Refrescos與Agasajos

十八世紀西班牙生活的另一特點，就是大城市裡正在發生的社會與文化變遷。任何名目都可以拿來組織一場「tertulia」，即討論文學或者政治的集會，地點在全國如雨後春筍般的時興咖啡館裡。那個時代還有一項代表性特色，就是純女性或者男女一同參加的社交聚會，通常在宮廷或者富家宅邸。聚會上待客的有許多甜味油酥麵點、小蛋糕、冰淇淋、果汁冰沙（sorbet），還有稱為「refresco」或者「agasajo」的冷熱飲。無論聚會在哪裡舉行，也無論主人的經濟與社會階層為何，這些飲料種類都差不多。居於重心的永遠是冷熱巧克力。在漫長炎熱的夏月裡，首先端上待客的是加上水果與香料的各種飲料，比如新鮮的杏仁油莎草塊莖露（horchata）、檸檬水、柳橙汁，然後是義大利式冰糕（granita）與水果冰沙。還有鮮牛奶，冰淇淋的材料則有雞蛋、

牛軋糖，甚至美味的帝王奶醬（leche imperial），這種醬是以牛奶、雞蛋、杏仁製成，質地類似德·諾拉的「白醬佳餚」。

當時社交活動十分盛行，而且不只在馬德里，還有瓦倫西亞與塞維亞，在加泰隆尼亞的菁英人士之間尤其如此。加泰隆尼亞首府巴塞隆納是各種動力匯集的城市，由於美洲貿易的關係，它的海港愈來愈重要，而且已經擺脫了卡斯提亞的壟斷。這個城市具有獨特的商業精神，正在努力趕上英國人與荷蘭人的腳步，同時保留了西班牙宮廷所樹立的古老貴族行事風格，這一切從《El Calaix de Sastre》一書中可以看得出來。這是一份詳細的見證，展現了加泰隆尼亞當地貴族的生活與品味。作者是馬爾達伯爵，拉斐爾·德·阿瑪特—柯爾塔達（Barón de Maldà，Rafael d'Amat i de Cortada），記錄年代為十八世紀下半葉，重點在優美豐盛的生活與飲食。

馬爾達伯爵長篇描述了早餐、午餐、晚餐與社交場合上各種令人愉悅的事物：五道菜的午餐與晚餐、早晨與午後的巧克力、遠足野餐的米飯與煎蛋餅、大齋的鱈魚。伯爵還寫下了大量細節，描述「refresc」的特色（加泰隆尼亞語的 refresco 或者 refresc 指的是社交聚會或派對上待客的食品），尤其是令人垂涎的油酥麵點以及彷彿童話的蛋糕，比如「melindro」（即手指餅乾〔ladyfinger〕），西班牙文稱為「bizcocho de soletilla」、「catania」（以巧克力粉、糖、牛奶、杏仁、榛子做成的巧克力糖球）、馬約卡島的小蛋糕（besquit），同樣來自巴利亞利群島的「ensaimada」，是一種鬆軟的油酥麵點，還有一種甜的圓麵包，叫做「brasso」、「pan d'ou」或者「pessic」（以麵粉、雞蛋、糖、檸檬、奶油做成）。葡萄酒可能稍微不及軟飲料受歡迎，不過也與咖啡一起出現在加泰隆尼亞上流社會宅邸的聚會上，至於大多數人的主食還是馬鈴薯、洋蔥，以及葡萄酒。[22]

咖啡一開始只有王室宮廷飲用，不過後來贏得全歐知識分子與敏銳的中產階級的擁戴。人們在咖啡店裡聚會，舉行公開討論，交流思想與消息，一面喝一兩杯最風行且頗能令人上癮的咖啡。咖啡源自西元六世紀的衣索比亞，經由阿拉伯半島、土耳其，最終在十六世紀來到歐洲。當時巧克力已經受到社會各階層喜愛，而咖啡這種時髦提神的苦味飲料，也很快成為西班牙生活的一部分。在十八世紀，時尚的

咖啡館吸引了知識分子以及參與論政的階層。咖啡館是消磨時間的去處，也是討論社會與政治的地方。從那時起，咖啡就成了午餐與晚餐後的享受，然而如今每天的早餐、午前茶，以及「merienda」——即西班牙人喜歡的下午茶，人們也享用幾百萬杯「solo」（黑咖啡）、「cortado」（加一點點牛奶）、「con leche」（加牛奶）或者「con hielo」（冰咖啡）。事實上，西班牙咖啡是隨時都能享用的飲料，無論在家中、酒吧，還是全國街頭與廣場的大眾化咖啡館裡；它不需要特定的時間與名目，它只需要一點糖，而且也不是所有人都需要。

一七六三年，七年戰爭結束（Seven Years' WarWar, 1756-1763），原本英國在戰爭期間奪取了古巴，不過在一七八三年簽訂的巴黎和約（Treaty of Paris）中，英國接受了一些條件，將古巴歸還西班牙。卡洛斯三世終於又睡得著覺了，雖然為了拿回古巴，付出極高代價，也就是佛羅里達。糖這種生活必需品的需求不斷增加，而古巴不但是糖的主要產地，也是西班牙的戰略要地，因此必須重新武裝起來。古巴的特許權之一就是得以擺脫西班牙在加勒比地區建立的貿易壟斷，西班牙能夠從古巴把糖出口至美國，並且買進美國的穀物與農業設備，於是西班牙獨霸新大陸的最後篇章就此開始。歐洲七年戰爭的另一後果是英國運來數千名黑奴到古巴，這是一股強大的廉價勞力，即將影響甘蔗種植與製糖產業。在新的精製技術襄助之下，古巴穩居世界主要糖產區達一個多世紀。咖啡則是為貿易商充實金庫的又一作物，到當時為止，這些財大勢大的貿易商都還是出自西班牙。

▌「列國壯遊」

十八世紀西班牙知識分子與政治人物付出極大心力，想要趕上其他歐洲國家的先進成就，可是依然不足以說服富裕的英國家庭，讓他們把西班牙也包含在子女完成學業時增廣見聞的國外旅程中。這種旅行稱為「列國壯遊」（Grand Tour）。對英國人來說，法國與義大利已經有足夠的美景、歷史、藝術、好吃的食物，可以讓他們受用一生。在他們看來，西班牙被獨裁君主、不適任的政府、迫害異己的天主教會拿捏在手裡，已經遠遠落後現代社會。西班牙這個國家迷失在永不

復返的過往輝煌中。終於旅人開始翻越庇里牛斯山前來，卻並非列國壯遊的一部分，他們是帶著批評眼光的旅遊作家，來此尋找一些可寫的新故事，不然就是頭腦簡單、急需名氣與金錢的看客。作家諸如亞瑟・楊（Arthur Young）、威廉・貝克福（William Beckford）、約瑟夫・馬紹爾（Joseph Marshall）、亞歷山卓・佐丹（Alexander Jardine），作品比較正面，他們也盡力想了解西班牙靈魂迷人的一面、欣賞它的原創與獨特。不過與此同時還有一批人，他們手握聖經，到此解救天主教會暴政之下的可憐靈魂。這些人包括約瑟夫・湯森與喬治・巴若（George Borrow）。最後還有一批人，其中部分是充滿冒險精神的有錢旅人，來此只為沉醉在未知與異國風情之中。

有成見的外國人觀點

　　從十七世紀初、甚至更早以前開始，西班牙地方上與鄉間的客棧，即「venta」與「posada」，所供應的食物就一直遭到外國旅客嚴厲批評。這些旅人無法抗拒庇里牛斯山另一邊的異國吸引力，所以來到西班牙，然而他們的探險卻未必符合期待。能夠在當地客棧吃上一盤像樣的食物，然後在乾淨舒適的床上睡一覺，可說是罕見的機遇。他們似乎認為對於作家來說，如實記錄還嫌不夠，他們還要發揮想像力、加油添醋，於是正好在西班牙找到了合適的沃土。大衛・米契爾（David Mitchell）為湯姆・巴恩斯（Tom Burn）的《在西班牙的旅人》（Travellers in Spain）寫了一篇前言，說道：「他們才進了旅途上的第一家客棧，就覺得非把自己的經歷寫下來不可。」[23] 他接著提到一些旅人與當地客棧的食物之間的悲慘故事，而且這還是在客棧有食物供應的情況之下。他們假設西班牙的生活水準必須高於自己在國內的水準。旅行經驗豐富的威廉・利斯高（William Lithgow）在一六二〇年代如此寫道：「首先你一定得買柴火，然後向肉商買肉，向酒館買酒，在雜貨店買水果、油、蔬菜，最後帶上這全部家當，到你過夜的客棧。」[24] 雖然有時候他們的強烈批評並不公道，但是一般而言的確是事實。來自義大利、法國、英國與德國的作家知道自己的故事與文章能帶來可觀收入。精采刺激的探險多了，當然也會有旅途上的不便。

旅人的客棧，安達盧西亞。

這些作家打開名氣之後，一回到祖國，就能吸引社會各階層人士來到自己的或者名人的會客室，等不及要聽聽他們的旅行經歷。

　　西班牙是天主教國家，具有迷人的歷史，曾經非常強盛，而且受到絕對的君權統治；從這樣的一個國家裡，總是能歸結出關於專制與宗教排外的教訓。這兩個主題又進一步吸引一長串作者，這些人專注的題材包括帝國、氣候、地理、民俗、政治、激情故事，甚至還有食物。距離當時一百年之前，有兩本最出名的西班牙遊記出自法國人之手，而且還算不上是知識分子。這位作者是德奧諾女士（Madame d'Aulnoy），現代歷史學家認為她根本沒到過伊比利半島。她的《西班牙宮廷回憶》（*Mémoires de la court d'Espagne*）寫於一六九○年。《西班牙旅行》（*Relation du voyage d'Espagne*）則是一六九一年。這兩本書出版後馬上在巴黎大為風行。[25] 書中描述諸如西班牙男性對女性及其他人說話的方式，女性如何穿衣打扮、用傳統的蕾絲巾（mantilla）裝飾頭髮、在社交場合以伊斯蘭方式坐在地上進食，這些在她的擁護者看來都是當時最迷人的故事。她寫過自己接受巧克力與蜜餞甜食款

待；她喜歡吃西班牙山鶉，其烹法美味但有點太乾。咸認德奧諾女士是十七世紀末法國最多產的童話作家，無論她是否到過西班牙，她的確有辦法接觸到描述西班牙生活的最詳盡資料，包括有親身經歷的作者們出版的手稿、文章、隨筆。她甚至抄襲了法國大使或者大使助理對西班牙宮廷的回憶錄，手法巧妙動人，而且加上了不少文學性的隨意想像。

　　英倫三島的作家看待西班牙的眼光與法國人不同。其中有一半時候他們懷著極度謹慎出發，畢竟這是要去一處未知的領域旅行，未知的不只是地理，還有各種文化與行為。宗教是永遠碰不得的話題。這些人裡有的嫌惡在西班牙遇到的一切，有些則逐漸習慣了這麼一個完全不同的世界，並且感到無法解釋的吸引力。對很多人來說，安達盧西亞是最吸引他們的地區。來自溫潤西班牙南方的呼喚十分強烈，當地的市鎮諸如塞維亞、格拉納達、馬拉加，都是他們與家人最喜歡停留的去處，而且也最適合以這些市鎮為中心，再往四周出發探索更多可供講述的故事。

▌大眾的食物

　　到了十八世紀末，西班牙的政治環境並未穩定，經濟也還是政府煩惱的原因，但是在街頭、在人們喜歡消磨時光的咖啡館與酒館裡，已經有了樂觀氣氛。外國旅客逐漸發現西班牙食物有所改善，各地方傳統也有了進步與獨特個性。麵包變得可口了，人民享用紅椒與乾紅椒粉的色香味。番茄甚至馬鈴薯都已經融入本地菜餚。使用各種乾豆、扁豆、鷹嘴豆的燉菜依然以牛腿肉與香腸增味，還加上大蒜與香料，也有些地方比如加泰隆尼亞的燉菜則不用大蒜與乾紅椒粉。人們知道怎麼樣才能做出完美的烤羊羔肉，也知道如何烹調小型野味，這些野味必須做成濃郁的燉菜，或者以橄欖油與醋小火慢煮。每個縣（comarca，一個區域內的地理劃分單位，在同一個農業、市場與糧食體系之下）的食物，才是真正的西班牙地方食物發源地，此時加利西亞與巴斯克各省也已經開始展現差異與個性，此外還有納瓦拉與瓦倫西亞。加泰隆尼亞的作家們談論的是一種叫做「escudella de can d'olla」

的燉菜，材料是肉湯、肉、蔬菜、豆子，加上布提法拉香腸（butifarra）同燉；這是從卡斯提亞的許多燉菜變化出來的地方性菜色，這些卡斯提亞燉菜廣受上至國王、下至農民的喜愛。閹雞則是加上豬脂油、松子、小葡萄乾一起烤，而山鶉與葡萄酒一起燉，還要加上一點點巧克力增添風味。職業大廚與家庭廚師經常做杏仁醬菜餚（fricassée），這是來自法國的一種烹調方式。甜食十分豐富，包括牛軋糖、榲桲醬、稱為「buñuelo」的炸麵團甜點心、蘸糖杏仁、果醬（confitura）、清淡的牛奶布丁。西班牙日常食用的馬鈴薯，在庇里牛斯山那一邊的時髦巴黎，也已經是城中流行的話題。

到了十八世紀末，人們突然領悟了現實，原本夢想著創造比較公平的社會，現在夢想幻滅了。雖然有開明而受人敬愛的卡洛斯三世付出的努力，但是西班牙即將面臨雲霄飛車一般的社會與經濟衰退。法國發生大革命，而且卡洛斯三世之後的繼位者無能適應這個國家的現代需求，最終導致了西班牙帝國的衰亡。從一七三一到一八二九年之間，西班牙的國庫開支沒有改善的跡象。部分人民還在挨餓，而軍費依然佔了公共支出的七成五。

【第六章】

餐桌上的政治

　　西班牙有一種風俗：隨著元旦午夜的十二響鐘聲吃下十二顆葡萄，這樣能帶來好運。可是在一八〇〇年的第一天，葡萄卻沒能帶來好運，因為在那個時候，法國人與法國的一切，遍布全歐洲，無所不在。

▌ 這裡有法國人，那裡有法國人，到處都有法國人

　　法國大革命期間某些領導人物的斯巴達式糧食政策，造成了糧食生產與分配的瓦解。在這之後，用餐的樂趣終於又漸漸回到巴黎與整個法國。就是在這個時候，巴黎開始出現「gastronomie」與「gourmand」這兩個字眼。有名的大廚已經不再為貴族服務，必須尋找新雇主，於是他們加入餐廳或者自己開餐廳。與從前形成對比的是，增長中的中產階級現在可以享用名廚製作的菜餚了，而且是主要的客源。此外，尋找賺錢生意的新投資者也發現了「la restauración」的潛力，這個詞是餐廳業的西班牙語名稱。「講究的烹調已經從王宮移往街頭」，內斯托爾・盧杭（Néstor Luján）在他的著作《美食的歷史》（*Historia de la gastronomía*）中這麼說，他接著說明，在一八一〇年巴黎的餐廳數量已經達到兩千家，行業頗為興盛。[1]

　　這個時候，大廚諸如馬利―安東・卡漢姆（Marie-Antoine Carême, 1784-1833）開始建立一套規則，成為今日我們所知的經典烹調基本原則。直到今天，對於每個想要精通「食物藝術」的人來說，即使打算日後鑽研其他流派，首先也都必須接受良好的法國經典烹調指導。卡漢姆不只是為新社會上層階級服務的大廚。他在許多地方工作過，不但在巴黎，還在歐洲各地的貴族宅邸。他在倫敦服侍過未來的英王喬治四世，他還在維也納宮廷工作過，也服侍過俄羅斯沙皇亞歷山卓一世。他的雇主還包括英國駐巴黎大使館，以及羅斯柴爾德伯爵（Baron

佛朗西斯科・戈雅作《西班牙卡洛斯四世與家人》，一八○○─一八○一。

de Rothschild）。卡漢姆的志向不止於此，他還是一位多產作者，他的著作把經典法國飲食帶往全世界許多地方，其中也包括西班牙。他的出身卑微，一開始踏入這一行擔任糕點師傅，他的眾多著作中有《巴黎王家糕點師》（*Le Pâtissier royal parisien*）及《如畫的糕點師》（*Le Pâtissier pittoresque*）反映了此一專長。他還著有幾本廚房大全，全歐洲乃至其他地區的專業大廚都加以研讀。在那個時候，法國菜已經流行各地了，但是拜法國人及無能的西班牙君主所賜，西班牙人並沒有研究做菜，而是忙著打仗。

　　一八○○年，西班牙國王、波旁家族的卡洛斯四世與全家人在戈雅的畫室為肖像畫擺姿勢，畫中的他看起來是一位溫和滿足的國王，喜歡享用一桌豐盛菜餚。藝評家對於這幅大型油畫的反應非常嚴厲，這幅畫本身也一樣極有爭議，它始終沒有成為戈雅最受人喜愛的作品。在一篇巴黎出版的文章裡，比利時記者盧森・索法（Lucien Solvay）寫道：「西班牙王室這一家子有許多特點近似於殷實的雜貨商家庭，可能是哪天走了運，穿上星期天上教堂的好衣服，站得拘謹筆直，讓畫家畫一張。」[2]

　　卡洛斯四世喜歡在早餐前喝一杯熱巧克力，午餐愛吃美味的山鶉

與鵪鶉菜餚。讓人意外的是他並不愛酒，甚至連馥郁的加那利群島馬瓦西亞酒加上一點水稀釋，他也不喜歡，而這是他父親卡洛斯三世喜愛的。他也欠缺他父親一生中在飲食上的簡樸與節制。他暴飲暴食，總是不斷向御廚提出要求。王室只能由二廚（cocineros de la servilleta）服侍進食，出人意料的是，當時著名的二廚比如馬努爾·羅德里克斯（Manuel Rodríguez）、加布里爾·阿爾瓦瑞斯（Gabriel Alvarez）、佛朗西斯科·瓦勒塔（Francisco Valeta），都是西班牙人。國庫的王室預算經常不足以支付卡洛斯四世的鋪張要求，此外他還會點一些菜單上沒有的菜餚，也就是必須由他個人支付。雖然如此，他的胃口仍然經常無法滿足，他對肉類的渴望永遠無法平息。而且他非常喜歡打獵。當時大塊吃肉已經不流行了，可是他沒有肉就活不下去。他的餐桌上有塞滿栗子與香腸的火雞、鴨子燉蕪菁、豬排配油煎麵包塊、煎血腸、西班牙式牛肚、火雞加管狀麵（macarrones）、豬肉餅配細香蔥醬、烤鵝、醃汁豬肉加上煎蛋或者杏仁醬（fricando）小牛肉。他還特別喜愛一種美味的乾辣椒香腸。

　　後世記住了卡洛斯四世，並不是因為著名藝術家為他畫出的眾多肖像，而是因為他的無能，還有他的提前遜位，以及他與法國之間的關係帶來的悲劇後果，最後以拿破崙軍隊於一八〇八年入侵西班牙告終。更糟的是，他在位期間，西班牙一直以來面對的複雜農業問題幾乎沒有任何改善。戈雅有一幅偉大的大型油畫作品，畫的是一八〇八年五月二日，西班牙人遭到法國火槍手處決的場面。他以最富戲劇性的手法，描繪出當時的可怕場景，他的藝術性與獨特的

紅腿山鶉。卡洛斯四世與其父一樣，熱衷打獵，愛吃山鶉。

創造力也流露無遺。

　　十九世紀的西班牙再次參戰，只為了保衛它在歐洲與殖民的最後的領土。在歐洲，戰爭大戲的主角是英國、法國、葡萄牙、西班牙，選邊結盟完全視需要而定。在殖民地，獨立風潮正強勁。在海上，西班牙霸權不再，改由英國稱霸，越洋貿易也一直受到威脅。英國與葡萄牙之間結盟使得情況更加複雜。法國也坐立不安。拿破崙與可疑的西班牙首相戈多伊（Godoy）決定以西班牙國王的名義出兵，一挫英國的貿易銳氣；葡萄牙歷來是英國的盟友，因此必須加以討伐。法國軍隊越過庇里牛斯山，與西班牙軍隊會合，在第二年征服了葡萄牙。既然自己的軍隊已經就位，法國就順便宣布法軍將繼續留在伊比利半島。優柔寡斷的卡洛斯四世面對國內的騷動，在脅迫之下宣布讓位給兒子斐迪南七世，這個決定很快就讓所有人追悔莫及。

　　這對父子的政治與社會觀點嚴重分歧。法國元帥穆哈將軍（General Murat）說服他倆前往貝雲（Bayonne），在那裡慢慢解決兩人之間的相左之處。結果父子在當地被迫宣布拋棄西班牙王位。拿破崙的兄長約瑟夫被立為西班牙國王；西班牙人後來為他起了一個渾名「酒瓶喬」（Pepe Botella），因為他嗜好杯中物。至此西班牙終於被征服，而且法國人的希望似乎也都成真了，但事實遠非如此。拿破崙低估了西班牙人民的反應，也沒想到英國決心避免這樣的危險聯盟可能帶來的後果。雖然政治與經濟崩潰導致了麻木心理，但是西班牙人面對又一次侵略威脅依然反應強烈。西班牙人開始投入游擊戰；稍後英國威靈頓公爵（Duke of Wellington）也發現了游擊戰的效果，不過付出了點代價。

　　游擊戰雖然不正規，但是對付敵人很有效，於是一八〇八年五月二日，馬德里人民群起反抗法國侵略者，全國各地也隨之響應。他們要求西班牙王室回歸，西班牙就此開始了永誌不忘的五年戰爭。一八一三年，被稱為「El Deseado」（被嚮往者）的斐迪南七世終於回到西班牙，此時西班牙的基礎設施已經被破壞殆盡。斐迪南歸來之後，西班牙與法國維持了一段時間的和平，但是西班牙國內的政治自由、趕上其他歐洲國家經濟發展的機會，都受到嚴重打擊。當國王被軟禁在法國期間，臨時政府曾努力試圖建立更公平的社會，但是他重新即

位之後決定回到極端的獨裁統治。天主教會、貴族、手中掌握全國大部分土地的地主，當然都支持他。國王流亡期間，西班牙的唯一立法機構，即西班牙國會（Cortes Generales），於一八一二年在加的斯起草了憲法。然而在國王、教會與許多貴族眼中，這部憲法太偏向自主與自由思潮。於是在一八一四年，斐迪南七世宣布，在加的斯召開的那次大會是非法行動，並且廢除了這部新憲法，也終結了人民在自由平等的社會中投票的開明理想。當時斐迪南無法預知的是，他在西班牙壓制的思想，日後在許多西方國家將開拓出民主的道路。

一份西班牙食譜與將軍夫人

在半島戰爭、或稱西班牙獨立戰爭期間，許多修道院與女修院遭到法軍搶劫甚至摧毀。這還只是天主教會一章慘史的開始，最後將以剝奪一連串權利作結。一八〇七年，拿破崙軍隊在開往葡萄牙的路上，洗劫了埃斯特雷馬杜拉的阿爾坎塔拉城修道院（Alcántara）。有一道山鶉食譜稱為阿爾坎塔拉式山鶉（perdiz al estilo de alcántara），在那時落入了朱諾將軍（General Juno）暨阿布蘭特侯爵（Marquise of Abrantes）夫人之手；至今經常有相關文章提及這道食譜出自該修道院食譜書。可是夫人在回憶錄裡從未提起這道菜，因此關於這道食譜一直有爭議。這道食譜甚至這本修道院食譜書真的存在嗎？這份食譜裡除了西班牙中部盛產的山鶉，還用了許多珍貴的材料，比如鵝肝醬與松露。當年的僧侶用的是鵝肝醬及松露嗎？還是這道菜用的是當地物產呢？埃斯特雷馬杜拉的位置正在非洲候鳥來往遷徙的路上，僧侶們用的應該是鴨肝，而非鵝肝，還有當地出產的沙漠松露（criadillas de tierra，學名 *Terfezia arenaria*），外型很像松露，可以替代。這份食譜中還有一種關鍵材料是波特酒（port wine），則是產於國界另一邊的葡萄牙。

還有其他可能，比如也許某位來訪的法國修士把這道食譜帶到了阿爾坎塔拉，或者這本來是一份法國食譜，只是被某位趕流行的大廚加上這個名字，實際上與阿爾坎塔拉並無關聯。在法國還有其他無法證明起源的菜餚，名稱帶有諸如「加泰隆尼亞式」（à la catalana）、「瓦

倫西亞式」（à la valenciana），甚至「阿爾布費拉式」（à la albufera）等字眼。法國名廚卡漢姆曾發明一道菜向絮歇元帥（Mariscal Suchet）致敬，他是法國在半島戰爭中的英雄，被冊封為阿爾布費拉公爵。多年之後，奧古斯特·埃斯科菲耶（Auguste Escoffier）在著作《烹飪指南》（*Guide culinaire*, 1903）裡也收錄了幾道鵪鶉、鷸、山鶉，都是「阿爾坎塔拉式」。總之，要製作這道來源存疑的山鶉（一人一隻），先以鵝肝醬與松露塞滿山鶉，然後在波特酒裡醃製一夜。瀝乾，以高溫在鴨油中煎至金黃，然後放在大烤盤裡，加上一點高湯與波特酒，以中溫烤至肉已軟嫩，淋上一點烤盤的醬汁上桌。一八一四年，半島戰爭結束。威靈頓公爵的軍隊與西班牙游擊隊以葡萄酒和僅剩的一點食物盛大慶祝。法國軍隊素以擅長就地取得糧草聞名，不過他們戰敗的原因之一就是沒有攜帶任何補給到伊比利半島。西班牙人堅壁清野，不讓法國人找到任何吃的，而威靈頓公爵的高效管理確保盟軍尤其是英國軍隊的補給線始終暢通。

到底要做還是不要做：失敗的西班牙中產階級革命

西班牙獨立戰爭結束，開啟了西班牙飲食史的新一章。新生的中間階級（la clase media）為居於上下兩端之間的西班牙人引進第三種烹飪方式。不過必須弄清楚的是，嚴格來說，西班牙的中間階級並非歐洲其他地區的資產階級（bourgeoisie）。首先，西班牙的中間階級在全國大部分地區並沒有經濟上的獨立。上層階級的飲食受到法國菜的強烈影響，而中間階級由於缺乏政治、經濟，甚至飲食上的革命，因此在早期受到的是傳統影響，特別是在十九世紀初；在馬德里、巴塞隆納，以及暫時在西班牙政治上佔有一席之地的加的斯更是格外如此。

十九世紀上半葉，關於現代化與真正的中產階級成形這兩件事，法國與西班牙走的是兩條不同道路。這兩個國家由於戰爭及大量思想交流而關係密切複雜，而大多數情況下思想交流的方向是由法國傳入西班牙。

西班牙獨立戰爭也給社會最上層帶來了災難，這個情況類似十八世紀末大革命之後的法國。戰爭結束之後，西班牙大廚以及法國大革

命後來到此地的法國大廚，都必須離開上層階級的廚房、尋找新工作。最後他們在貴族、地主家中擔任大廚，這些貴族有天主教會與國王保護，在戰爭中毫髮無損；有些大廚自己開了法式潮流的現代餐廳，不過即使是馬德里與巴塞隆納，也遠不及巴黎美食薈萃。他們試圖照搬法國的風格、食譜、專業服務，但僅有少數成功。獨立戰爭對於西班牙飲食的重創，實在比大革命後法國烹飪所受的影響嚴重得多。

斐迪南七世從法國歸來後曾經廣受擁戴，然而對於現代化進程及一八一二年憲法帶來的自由思想，他的反應令人十分失望。西班牙再次困於分裂與騷亂。一方是「法國派」人士（afrancesado），支持進步與自由思考；另一方是「傳統派」人士（tradicionalista）與國王，他們要保住過去的行事方式，以及凌駕在對方之上的絕對權利。但是法國派並不像很多人所想的那樣，對法國大革命之後的思想及方式亦步亦趨。事實上他們更重視的是法國大革命對現代世界的正面影響，為了這個原因，他們只好離開祖國。

拉臘的夢想

一八一八年，「法國派」馬里亞諾・何塞・德・拉臘（Mariano José de Larra）與家人在去國數年之後，回到馬德里，後來成為一位出色的記者、政治評論家與政治活動人士。年少的拉臘很快就發現，欠缺自由、普遍落後，都是祖國的特點。在其短暫的一生中，浪漫主義的拉臘專注於持續抨擊西班牙政治上的無能，並且為社會革新辯護，堅持對西班牙的信心以及充滿愛國情感的夢想。他是一位極富才能的自由派雜文作家，諷刺與冷嘲在他的手中是威力強大的工具。他以筆名費加洛（Fígaro）為《西班牙評論》（Revista española）寫作極豐。在他的部分雜文裡，食物是有力的道具，雖然論點看起來不大公平，但發揮了他想要的功能。遺憾的是，他在二十八歲那年自殺身亡。

在三篇重要雜文中，拉臘尖銳批評了十九世紀初西班牙中間階層對於一切社會活動的假想，其中也包括飲食。這三篇文章是〈小精靈來信〉（Correspondencia del duende）、〈新客棧〉（La fonda nueva）、〈老派的卡斯提亞人〉（El castellano viejo）。對拉臘來說，食物就是文化與

進步，而當他從法國回到西班牙之後，他發現這兩個元素在西班牙付之闕如，尤其是與他習慣的法國飲食情況比較之下。上述的前兩篇文章，主角費加洛抱怨首都馬德里有許多客棧與餐廳的飲食品質低下，不但食物本身粗劣，令他無法忍受的還有侍者毫不專業的服務，以及顧客的過低標準。《新客棧》的主角是一位法國遊客，他所要求的優秀完美在西班牙是找不著的。費加洛說：「馬德里沒有賽馬，沒有駕馬車兜風，沒有公開跳舞，沒有客棧提供該有的講究食品。」精采的〈老派的卡斯提亞人〉裡，對於西班牙中間階層的嗜好，他加以嚴厲批評。文中主角應邀赴午餐，主人布奧利歐是一位政府官員，「非常粗魯，對於最基本的文明行為一無所知。」顯而易見，從一開始布奧利歐宅中就沒有一件事讓費加洛開心，包括待客的食物；對他來說這次作客就是一場災難。即使他覺得有些食物還算可口，可是在他看來那是一盤巴洛克風格的繁複菜餚，完全看不出是什麼東西。他不喜歡牛肉捲豬脂油（carne mechada），也不喜歡硬得切不動的閹雞，這隻雞可能是根本沒有廚藝可言的僕人在幾天以前就做好的，更糟的可能是從當地客棧買來的。在他描述之下，女主人也好不到哪裡去，男主人選的酒也不高明。[3]

事實上，拉臘對於西班牙中間階層飲食的批評是很不公平的。這些社會新階層的家庭廚師已經開始考慮美味營養與種類均衡，這在西班牙史上還是頭一遭；況且十九世紀上半葉西班牙還沒有出版什麼廚藝書籍。

▍重溫家庭料理

要是拉臘在十九世紀末的安達盧西亞生活並從事寫作，那麼他的批判觀點可能就會改變了。那個時候在安達盧西亞，正流行家庭烹調（recetarios domésticos）手抄本裡的可口食譜。這些新舊手稿讓烹調傳統跟上了時代，而且是重要的社經與文化資料來源。此種風潮之所以興起，是因為修會與學校把烹飪課包括在年輕女性的課程中。

部分手抄本的原稿是母女代代相傳下來，有些則是那個時代的產物。塞維亞大學的人類學教授伊莎貝爾・岡薩雷斯・土爾默（Isabel

González Turmo）到目前為止已經研究了四十三份這類手抄本，前後橫跨將近兩百年，內容都是安達盧西亞農村與城鎮的飲食，省分包括塞維亞、加的斯、威爾瓦、格拉納達。

　　岡薩雷斯・土爾默的看法是，這類手抄本裡的資料並不是家家戶戶在現實生活中的真正飲食，而是建議與設想。這些手抄本也讓我們一窺當時人喜愛的食品，以及家庭廚師在當地市場可以買到哪些材料。新的技術也是內容之一。此外，這些手稿還讓我們看到烹飪知識是由什麼人、以什麼方式代代相傳。岡薩雷斯・土爾默的著作《烹飪兩百年》（200 años de cocina）強調了女性在西班牙烹飪知識傳承中的角色，而且她把這一點與專業烹飪藝術加以明顯區分。在家庭烹調方面，人們一向認為擅長烹調是一種「don」，即天賦，有些人與生俱來，而非遺傳或者可以傳授的。不過《烹飪兩百年》本身並不受這種觀點的影響，它是一份忠實的紀錄，不但有安達盧西亞生活與飲食的長期變遷，還有西班牙所經歷的艱辛，當時西班牙正在試圖趕上前進的綠燈，以及歐洲北部的工業革命進程。引用岡薩雷斯・土爾默自己的話來說：「西班牙的十九世紀複雜而曲折，既改革，又保守。」[4]

　　十八世紀出版的食譜書大獲成功，然而十九世紀卻完全相反。卡斯提亞語的食譜書在十九世紀上半葉不再盛行，只有十七世紀佛朗西斯科・馬丁尼斯・蒙提涅羅的《烹飪與製作糕點、麵點、蜜餞之藝術》，還有胡安・德・阿爾提米拉斯的《新烹飪藝術》這兩本名著再印了幾個版本。從烹飪來說，則是加泰隆尼亞再次取得了中心地位。

加泰隆尼亞料理

　　從中世紀開始，西班牙出版的食譜書大部分是卡斯提亞語及加泰隆尼亞語著作，而此時聚光燈開始移到了後者。卡斯提亞的經濟似乎一直處於永久的混亂狀態，而加泰隆尼亞，尤其是在巴塞隆納，發展十分明顯。紡織工業興盛，成長的中產階級手中有閒錢，對於生活中的好東西也有品味，這些原因都促成了人們對於當地食品及食譜的興趣愈來愈濃厚。一八五一年，在巴塞隆納出版了一本《加泰隆尼亞廚師：實用、簡單、安全、經濟的烹飪新法則，出自本領域最專精的作者》

（*La cuynera catalana: o sia, reglas utils, facils segures i economiques per cuinar be, escudillas dels autors qui millor han escrit sobre aquesta materia*），作者軼名，是韻文體的烹飪實用指導。此書可說是地方飲食領域中，尤其是加泰隆尼亞地方烹調的破天荒著作。它的目標讀者是在家自己做菜待客的加泰隆尼亞婦女，這一點與眾不同，因為當時絕大部分食譜書針對的是專業大廚的需要，而大廚都是男性。

書中一段韻文建議，當製作濃郁的索佛利托底醬，要使用大量橄欖油，還有烹調山鶉、羊羔肉、雞肉、牛肉的時候也是一樣：

No mires nostre profit
ni menos nostra ganancia
gestalt oil en abundancia
no t' saps tourer del pregit
aten á lo que t' tinch dit
mira lo que est llibre te diu
sabrás de guisar perdiu
moltó, gallinas y bou
Va, mentressa i tinch prou,
de gustos ningú n' escriu.

別想著找什麼好處
也別想要掙點什麼
總之多放油
索佛利托就不會糟
聽我的話
看書裡怎麼說
你就會知道怎麼做山鶉
羊羔肉，雞與牛
沒錯，夫人，我有許多
別人沒寫過的菜餚。

在《加泰隆尼亞廚師》的內容編排之下，加泰隆尼亞飲食的基本原則清晰易懂，這些原則就是今日當地烹調的基礎。此書分為四個小冊，每個小冊又分為兩個部分，包括基本準則、實例、食譜。第一部分詳細呈現的重點是如何成為熟練的家庭廚師，以及如何清潔廚房並保持整潔，然後有三十種濃湯、湯、燉菜，二十種蔬菜與鮮蔬沙拉，五十種肉類與內臟菜餚。第二部分是禮節指導以及在家待客時最合適的作法。書中有各種材料的甜鹹油酥麵點與餡餅、糖食與甜點，遵循的是很好的老式中世紀製作方式，這些在加泰隆尼亞的烹調世界裡始終沒有遭到遺忘。其中一種甜點食譜是「修女的梅托乳酪」（mató de monja），這個名字容易令人困惑，因為它的材料並不含梅托（mató），即一種瑞可塔乳清乳酪（ricotta）。這道食譜源於中世紀的「白醬佳餚」，在中世紀的《桑特索維之書》及《烹飪之書》都有這道菜，但是《加泰隆尼亞廚師》的「修女的梅托乳酪」裡並沒有雞胸肉，而在中世紀這道食譜裡雞胸肉是主角。在十九世紀，白醬佳餚已經從一道甜味菜餚變化成真正的甜點了。現在「修女的梅托乳酪」又稱為「佩德拉爾瓦的梅托」（Mató de Pedralba），材料包括杏仁露、牛奶、檸檬皮、肉桂、糖、水、一點玉米澱粉。首先將杏仁去皮、磨碎，浸在水中數小時。當杏仁變軟之後，盡量加以擠壓，擠出杏仁露。將牛奶加上糖、檸檬皮、肉桂，一起煮開、過濾。在牛奶裡溶解玉米澱粉，再加上杏仁露，繼續煮並持續攪拌，直到煮開。再次過濾，將牛奶杏仁露倒入容器中。

西班牙旅人手冊

「西班牙的民族烹調是東方式的，而且最高原則就是燉。」這是理查・福特（Richard Ford, 1796-1858）在《給前往西班牙的旅客及家中讀者的手冊》（*Handbook for Travellers in Spain and Readers at Home*）裡說的。[6] 福特是一位經濟獨立的紳士，在西班牙各地旅行之後回到英國，出版了一份手稿。他畢業於牛津，擔任律師，最重要的是，他還是一位旅行作家，喜愛收藏藝術品，而且他反對教皇制，厭惡法國。他曾經與家人住在塞維亞，在當地寫作這本後來使他成名的旅行手冊。

　　之前提到，從十七世紀開始、尤其在十九世紀，外國遊客將西班牙批評得體無完膚，只有一兩位例外。這些遊客包括美國人、法國人、英國人，甚至丹麥人。不過雖然他們對西班牙嚴加批評，其中還是有許多人迷上了這個豐富多采、天然獨特的世界，畢竟在他們自己的祖國，受到金錢驅役的工業化社會已經失去這一切了。上層階級的英國旅行作家在西班牙找到了無盡缺點，可供吹毛求疵。就像兩個世紀前一樣，這些作家的批評著作讓出版商與銀行經理都大為滿意。他們嘲弄權勢滔天的西班牙神職人員、無能的貴族、自我毀滅的男性雄風，最重要的就是西班牙的危險路途，有真正的強盜攔路打劫。這些作家的大多數作品都極盡譏諷之能事，繪聲繪色，卻絕不鐵石心腸。其中包括大仲馬、泰奧菲爾・哥提耶（Théophile Gautier）、喬治・博羅（George Borrow）、安徒生、拜倫，當然還有理查・福特，即《給前往西班牙的旅客及家中讀者的手冊》的作者。對於許多關注這個主題的人來說，這本手冊一直到現在都是最引人入勝的作品之一。他在西班牙居住並旅行多年，做過詳盡的調查，最後於一八四五年在倫敦出版

M・索里安諾・富爾特斯（Mariano Soriano Fuertes, 1817-1880）作曲、西班牙喜歌劇（zarzuela）《坎尼伊塔斯大叔》（*El Tío Caniyitas*）中的一幕，古斯塔夫多雷（Gustave Doré）繪製，一八七四。

此書，馬上十分轟動。書中充滿了幽默精巧的細節，涵蓋了政治、歷史、藝術、人民的飲食，以及他在鄉間客棧學到的當地諺語。福特的確懂得欣賞生活中的樂趣，對這樣的旅人來說，食物就和分散在鄉間的旅館與客棧服務網一樣重要。就算西班牙客棧永遠也無法符合外國旅客的要求，但事實證明它們是新消息與刺激素材的珍貴來源，在這裡可以見到最令人痴迷的人物。福特在作品裡完美運用了包羅萬象的西班牙諺語（refranero español），可見他對西班牙語了解深刻，他也傳達出西班牙人引用諺語時的一針見血。他是與當地旅人輕鬆坐在爐火前小酌一杯的時候學會運用這些諺語。

　　福特書中收集的食譜可說是一份詳細的西班牙傳統菜餚名單，而且寫作精準無誤。這些菜就是他的塞維亞家中僕人做的菜，也許他在書中提到的某處客棧或旅店也吃過相同風格的菜。當時和過去一樣，旅店未必有好的飯菜，富裕的外國旅客要找點東西吃、找個最好沒有跳蚤的地方睡覺，就必須忍受這些提供住宿的旅店。所以福特建議自行雇用一名符合某些必要條件的可靠當地人。做菜及採購食物是兩大要務。客棧老闆通常都會提供烹具，即使客棧供應飯菜，品質幾乎都很糟。

　　意料之中的是，福特的食譜以最傳統的菜餚開頭，也就是燉菜（olla）。對他來說，這是西班牙人晚餐的同義詞，不過他的製作方式是自己原創的。他建議讀者不要只用一口陶鍋，而是要用兩口。這麼做其實是忽略了用一口鍋把所有肉類、莢豆類、蔬菜放在一起煮自有其優點。福特的燉菜十分豐富，先將鷹嘴豆、南瓜、胡蘿蔔、菾蓮菜（chard）、短麵條、豆子、芹菜、大蒜、洋蔥，幾片寬葉菊苣（escarola）或者苦苣（frisée）放進第一個鍋，加水覆蓋。第二個鍋裡放入蒙坦切斯（Montánchez）產的乾辣椒香腸（chorizo）、產於比克（Vic）的加泰隆尼亞龍干尼薩臘腸（longaniza）、血腸、半個鹽醃豬頭（先洗去鹽分）、一隻雞、一塊牛肉，加上大量水，一起小火慢燉數小時。按照傳統，這鍋燉菜是分為三部分上菜食用。首先是內容豐富的湯料與湯，或者只用湯，其次是莢豆類與蔬菜。燉得酥軟的香腸與肉類則是第三道菜。福特書中的食譜還有洋蔥湯、蔬菜加肉煎蛋餅、用醃汁醃過再炸的腦花，還有一道沙拉以龍蒿（tarragon）以及油醋醬拌洋蔥調味。

西班牙煎蛋餅，理查・福特的煎蛋餅就是這樣。

　　福特的食譜裡也有一道燉山鶉或者野兔，還有一道燉野味（gazpacho），他說這是按照起源於古羅馬與阿拉伯的早期作法製作的，材料是洋蔥、大蒜、小黃瓜、菜椒、水、橄欖油、醋、鹽，但是沒有番茄。當時當地人已經食用番茄，但是上層社會還沒有。福特甚至還寫了一道起源於阿拉伯的酸葡萄汁（verjuice），在西班牙稱為「agraz」或「verjus」，歐洲中世紀烹調經常使用此物製作醬料，或是當作調味品，或者用來溶解黏在煎鍋上的油脂肉渣、做成底醬。一直以來，製作酸葡萄汁的方法都是用綠葡萄榨汁。在安達盧西亞也用它做成清涼飲料，方法是加上糖、水、壓碎並過濾的葡萄；喝的時候加上冰，甚至一兩滴曼薩尼亞（Manzanilla）雪利酒。福特對於西班牙不同地區使用的油脂類也有興趣，其中包括橄欖油與豬脂油。西班牙的牛油品質無法與愛爾蘭或者佛蘭德斯地區的相比，不過他還是訝異於伊比利廣泛使用橄欖油而非牛油。福特在書中提出一個疑問：古希臘學者斯特拉波著作中不是說古代伊比利人大量使用牛油嗎？意外的是，福特書中沒有馬鈴薯薄餅（tortilla de patata）的食譜，這是一種樸素的食品，用的是橄欖油，十九世紀出版的西班牙食譜書裡都有它。他選擇的兩種橄欖油食譜也很有意義：橄欖油炒蛋（huevos estrellados），以及瓦倫西亞式的雞肉飯（pollo con arroz），可見他相信自己選擇的地方菜

餡都是當時西班牙食物的最佳代表。

▌好胃口的女士

當斐迪南七世的長女阿斯特里亞公主伊莎貝拉還在御花園玩耍的年紀，又一場戰爭在醞釀，而且這次是內戰。這一年是一八三三年，斐迪南七世自認命不久矣，於是廢除了薩利克繼承法（Salic Law），這是由費利佩五世從法國帶來的律法，限制女性繼承權；廢除之後，就能讓伊莎貝拉在母親攝政之下登上西班牙王位。斐迪南七世的弟弟卡洛斯王子當然不接受如此安排，他認為自己身為男性才是合法的王位繼承人。伊莎貝拉即位之後，可怕的內戰時期隨之而來，新舊價值觀彼此衝突；一邊是卡洛斯一派的專制主義者與教權主義者，另一邊是女王與國內的自由主義傾向人士。巴斯克地區、加泰隆尼亞與亞拉岡的邊遠地區、特別是極度信奉天主教的納瓦拉地區，都支持卡洛斯。保衛伊莎貝拉權利的保皇派軍隊本身已經損耗甚多，增強軍備需要強力的財政支持，而西班牙已經負擔不起。於是，大部分天主教會財產的命運就到此為止了，波旁君主也終於接受了一八一二年憲法自由派思想的基本原則。從這個時候開始，西班牙的統治權屬於國王與兩院制國會，即眾議院（El Congreso de los Diputados）與參議院（El Senado）。對於卡洛斯戰爭（Carlist War, 1833-1840）的所有參戰方而言，盡快結束戰爭是當務之急。首相曼迪薩巴爾（Mendizábal）負責國家財政，決定實施自由主義的農業改革計畫，依然與從前的農業改革一樣，從收回自治區與天主教會的土地著手，並且將以往繳給教會的什一稅及其他賦稅都轉讓給國家。國家將這些土地重新分配，並且獲取可觀的利益；戰爭停止了，不過出售土地始終無法達成曼迪薩巴爾開啟社會福利改革的初衷。大部分土地依然落入了並不急需土地的人手中。一八五五年立法出售公有地，再次剝奪了更多權利。原本在公有地上打獵為食、燒製木炭、放牧牲口的人民從此不得繼續使用公有地。不過納瓦拉是個例外；埃斯帕特羅將軍（Espartero）代表女王，與卡洛斯黨的馬洛托將軍（Maroto）簽訂了貝爾加拉和約（Vergara），結束了戰爭，但納瓦拉得以保留古老的自治權利（fueros）與共用的公

有地。

　　雖然自由派的部長再次統一了國家，在重新分配土地這件事上也大致有了成績，但是他們卻沒有達到原來的目標：雖然西班牙的小麥產量勉強還能應付，但西班牙亟須提高農業出產，跟上自由市場的需求。

　　對愛吃麵包的西班牙人來說，這是個好消息。由於擴大耕地，現在小麥與馬鈴薯在西班牙人的膳食中佔了同等分量，開始取代品質較差的穀物。在綠意盎然的西班牙北部，用作牲口飼料的玉米是十九世紀農業的一大成績，這樣的成就只有三十年後拉曼查、里奧哈、瓦倫西亞與加泰隆尼亞的葡萄園大幅增長才比得上；彼時根瘤蚜（phylloxera）破壞了四成法國葡萄園，因此造成法國葡萄酒的危機，於是從一八七七至一八九三年，西班牙葡萄酒出口營收極高。但是這種原生美洲的蟲害接著也入侵了西班牙，導致同樣嚴重的損失。在這之後，西班牙的農業出口面對強勁的北美、阿根廷、巴爾幹半島，遭遇了很大的挫折，而當時西班牙正開始進入它的漫長歷史中最低谷時期。[7]

　　伊莎貝拉二世熱情充沛，胃口不僅限於食物，而且喜歡吃甜食。她為宮中的非正式廚房引進了一些改變，這與當時中產階級家庭廚房裡的改變是一致的。所有西班牙人都愛吃麵包以及一切簡單美味的食物，伊莎貝拉女王也不例外，所以麵包製作在她統治期間大有進益。她還喜歡專業大廚烹製的著名地方菜餚，這一點也讓一向著重正式場合與國宴的法國波旁王室特色菜有了些變化。她愛吃肉丸與濃郁醬料（albóndigas en salsa）、鱈魚加上濃稠的番茄醬汁、雞肉與米飯及番紅花，而且午飯吃這些菜的時候她都會吃上好幾盤。她也喜歡鐵鍋飯（paella）、燉菜（cocido），特別喜歡馬德里式牛肚（callos a la madrileña）。她還有一道心愛菜餚是炸肉餅（croquetas），是西班牙式的法國菜，使用的醬汁是乳脂含量最高而且最有味的白醬（salsa bechamela），然後以橄欖油炸成。女王像她的祖先一樣，喜歡打獵，不過她並不像他們一樣喜歡吃小型野味。她倒是繼承了祖先對於巧克力的熱愛，而且她最喜歡濃醇的鮮奶油餅乾。

　　伊莎貝拉經常光顧首都最時興的餐廳，當時這些餐廳在西班

牙各地蓬勃湧現。法國菜已經成為時尚，還有一些西班牙地方菜餚也很流行。一八三九年，位於馬德里聖傑若尼莫街（Carrera de San Gerónimo）的拉蒂餐廳（Lhardy）開幕，這家餐廳後來極受王室與貴族喜愛。它的創始人是瑞士實業家奧古斯丁·拉蒂（Agustín Lhardy），他在巴黎與波爾多也擁有同名餐廳。在馬德里，它的香醇高湯（consommé）、傳統燉菜，以及直到今日還在供應的各色甜鹹油酥麵點，都是一時之冠。馬德里的其他餐廳比如佛爾諾斯（Fornos）、英國飯店（Hotel Inglés）、老柏廷（El Viejo Botín），也都是高朋滿座。在巴塞隆納，法蘭西大飯莊（Grand Restaurant de France）、七門餐廳（7 Portes）也都很成功。中低階層光顧的酒館（meson）與飯館（casa de comida）提供傳統餐點，由於十九世紀西班牙特有的平等精神，大餐廳的菜餚也對小飯館的菜色產生了正面影響；不過這類場所的廚房管理要達到出色水準還有很長的路要走。

　　鐵路連接了之前無法通行的地區，乘客抵達市鎮之後，就需要食物與點心。咖啡店很快流行起來，比起提供巧克力與其他提神飲料的老式飲料店（botillería）與巧克力店（chocolatería），咖啡店是更精緻的選擇。十八世紀末法國作家尚—馬利—傑宏·富勒希尤·德·隆格勒（Jean-Marie-Jérôme Fleuriot de Langle）名著《費加洛遊記》（*Voyage de Figaro*）的記載毫不令人意外，雖然法國人對於所有西班牙相關事物一向吹毛求疵，卻也承認西班牙的咖啡的確出色：

　　我相信在地球上你能品嘗到的最佳咖啡就在馬德里。比全世界所有利口酒都要可口百倍……咖啡讓你快樂，給你精力，為你充電。咖啡使你的腦子裡充滿了靈感……[8]

　　到了十九世紀，咖啡已經與西班牙的政治及知識階級產生了關聯，尤其是那些隨興的政治辯論，在西班牙稱為「tertulia」，通常都在全國各地有名的咖啡館裡，吸引了自由派與保守派的討論。西班牙的咖啡館裝潢優美，氣氛高雅，布置著舒適沙發與女性化的小咖啡桌。幹練侍者身著時尚的白襯衫與黑色法式長圍裙，多年前總是持批評目光的馬里亞諾·何塞·德·拉臘，要是見到這一身打扮也必定讚賞。街頭

巷尾的氣氛仍是緊張，在一八六八年的短暫革命之後，伊莎貝拉女王與家人離開西班牙前往巴黎，打算永不回國。

　　這次革命雖然短暫，卻咸認為是西班牙現代史上最有趣的時期，它標誌著西班牙的轉變；從斐迪南七世的西班牙轉換到了女兒伊莎貝拉二世與外孫阿方索十二世的西班牙。據當時美國使節團的一等祕書愛德華・亨利・史陀貝爾（Edward Henry Strobel）報告，一八六八年九月三十日，在聚集群眾一片沉默之中，女王與家人離開了聖塞巴斯提安（San Sebastián），準備終生流亡法國。拿破崙三世的妻子歐珍妮・德・蒙提荷（Eugénie de Montijo）在法國的比亞希茲（Biarritz）等待他們。[9]史陀貝爾與其他歷史學者認為伊莎貝拉沒有實現她在國內所創造出的期待。她在政治與個人事務上放縱無度，最終導致她下台，而這些個人事務也包括飲食習慣。駐在加的斯的海軍首先叛變，這座城市與自由及一八一二年憲法有關，而她不尊重這部憲法。接著陸軍與西班牙其他地區也群起叛變。兩年後，一八七〇年六月二十四日，

馬德里的拉蒂餐廳，伊莎貝拉二世最愛的西班牙餐廳。

伊莎貝拉女王在巴黎宣布退位，以便她的兒子阿方索‧德‧波旁能夠即位。與此同時在西班牙，互不相讓的政壇人物面臨一個難題：他們找不到人選可以代替伊莎貝拉。他們決定立薩伏依家族（House of Savoy）的阿瑪迪歐一世（Amadeo I）為國王，但最後又以共和制告終，而且依然無法穩定西班牙的政治與經濟。於是迎立另一位新王看來才是前進的方向。

　　後來擔任首相的著名政治人物安東尼奧‧卡諾瓦斯‧德爾‧卡斯提歐（Antonio Cánovas del Castillo），是推動西班牙波旁王室復辟的主要人物。這次西班牙波旁復辟（La Restauración Borbónica）時期很長，是從流亡的阿方索十二世回國開始。阿方索帶回來新的樂觀氣氛，不過在國王的新婚期間，某次車駕經過馬德里的瑞提若公園（El Retiro），一個名叫歐特若（Otero）的糕餅師開槍擊中國王的馬車。首相安東尼奧‧卡諾瓦斯‧德爾‧卡斯提歐負責起草法案，準備實行新的君主立憲制。新的民主制度參考英國制度，立意雖好，但是設計極

《La Tertulia》，咖啡館裡的政治辯論集會，加利西亞自治區，朋提威德拉（Pontevedra）的「摩登」咖啡館（Café Moderno）前。

差，有很大缺陷。從此西班牙就由最有影響力的兩大黨輪流執政，必要時還間或發生軍隊政變，西班牙語稱為「pronunciamiento」。

是西班牙湯還是法國湯

西班牙大廚試圖照本宣科為上層階級提供法國菜的做法，曾經被理查．福特批評，而他的批評是對的。他認為模仿外國人的強烈渴望已經毀了西班牙廚師。幾乎可以說，除了本地與地方性烹調流派中尚存的誠實與質樸，在法國陰影下創作出來的西班牙食物都是為了出奇制勝，而非為了滿足食客的味覺。對於西班牙城市人口以及快速增長的中間階級來說，主要的文化參考仍是巴黎而非馬德里。不但在有名的餐廳，在家裡也都有做得很糟糕的法國菜，通常都用錯了材料，這種東西讓西班牙菜餚背上了至少長達一世紀的黑鍋。雪上加霜的是法國食譜書對於西班牙飲食寫作造成了衝擊。十九世紀上半葉西班牙出版的這類書籍大都是翻譯自法文著作，或者根本就是翻印法文原著。這種情況使得真正的西班牙菜、也就是西班牙地方菜餚，開始尋找自己的真正身分定位。西班牙地方菜餚是這個國家的「國菜」嗎？飲食作者與評論家開始激烈討論這個問題。漸漸地，部分評論家寫出當時最富代表性的食譜書，還有一些著名西班牙小說家，以食物當作故事情節的部分內核；他們的付出使得飲食相關寫作進入政治與社會論述的世界。西班牙必須前進，努力趕上其他歐洲國家已經完成的現代化進程。

接近十九世紀末及二十世紀初的時候，西班牙的飲食專家與評論家、政論家寫出的著作，反映出不同思潮之間的衝突。部分作家捍衛法式與國際化風格，也捍衛這兩種風格在流行文化上的影響；反之也有人相信傳統流派才是西班牙的烹調傳承，視法國菜為重大威脅。[10]對後者而言，地方菜餚是西班牙國菜烹飪的代表，充滿了潛力與真正原創的個性，但是長久受到忽視，而且他們認為西班牙各地區的獨特與多樣並不妨礙上述信念。還有一群人可能思考得更實際，也在努力為西班牙地方招牌菜尋求一席之地，這些著名招牌菜正逐漸與正宗法國菜或其他國家菜餚並駕齊驅，並不求完全取而代之。當時有一長串

名人以報紙、雜文、書籍為這些西班牙地方招牌菜爭取地位，其中大部分是作家，少數是烹飪專業人員。包括D・馬里安諾・帕爾多・德・費克若阿（D. Mariano Pardo de Figueroa, 1828-1918）、何塞・德・卡斯特羅—瑟拉諾（José de Castro y Serrano, 1829-1896）、安哲爾・穆洛（Angel Muro, 1839-1897）、艾米莉亞・帕爾多・巴桑（Emilia Pardo Bazán, 1851-1921）、馬努爾・馬利亞・普加—帕爾加（Manuel María Puga y Parga，又稱皮卡迪歐〔Picadillo〕, 1872-1935）。此外還有一群人一直從事這方面工作直到二十世紀中，並且擁有同樣重要的地位，包括迪奧尼希歐・裴瑞斯（Dionisio Pérez, 1872-1935）、筆名瑟布松支持者（Post-Thebussem）、瑪麗亞・梅斯塔爾・德・艾查貴（María Mestayer de Echagüe,1877-1949）、筆名帕哈貝女侯爵（Marquesa de Parabere），以及兩位能言善道的大廚暨著名作者，伊格納斯・多曼尼克（Ignasi Domènech, 1874-1957）、提歐多若・巴爾達荷（Teodoro Bardají, 1882-1958）。

　　《現代餐桌》（*La mesa moderna*）出版於一八七八年，當時正是波旁復辟極盛時，此書突出了西班牙需要的強烈民族主義觀點。國家落在失敗的執政階層手中，他們沒有能力實行正確的策略，而西班牙正在尋找自身認同。《現代餐桌》並不是食譜書或者廚師字典，也不是諷刺作品。這是一本書信集，收錄了兩位作家朋友之間的通信，他倆與其他人一樣，都注意到了自己捍衛的真正西班牙烹調面對居於主導地位的法國菜，處於何等的劣勢下風。馬里安諾・帕爾多・德・費克若阿是律師暨飲食作家，筆名瑟布松博士（Dr Thebussem），這個筆名是將西班牙文的「embuste」（謊言）變形，然後加上英文「The」以添加一絲國際氣息。何塞・德・卡斯特羅—瑟拉諾是法官暨美食評論家，使用的筆名與眾不同，叫做「Un Cocinero de Su Majestad」（國王陛下的大廚，御廚）。這兩位都是阿方索十二世的仰慕者，因此將這本書信集題獻給他。兩位作者都是知名的文學人士，對於十九世紀西班牙境內飲食，在信中各持相反觀點，即傳統派與現代闖入派針鋒相對。瑟布松博士狂熱捍衛偉大的西班牙地方菜餚；而何塞・德・卡斯特羅—瑟拉諾則站在法國與法國高級烹調這一邊，同時腳踏實地為西班牙的最佳地方名菜辯護。最終這兩人團結起來，嚴厲批評對於真正西

班牙飲食與國家福祉造成威脅的事物；畢竟法國傳統包含了許多不健康的習慣，是必須不惜任何代價加以避免的。從一八六九到一九二一年，這些信件每年在《西班牙與美洲畫報》（*La ilustración española y americana*）上連載四次。這份雜誌是以著名歐洲雜誌為藍本，諸如《義大利畫報》（*L'illustratrazione italiana*）、法國的《畫報》（*L'Illustration*）及《世界畫報》（*Le Monde illustré*）。瑟布松博士與「御廚」（又稱HM's Chef）的探討有兩大主題，一是分析西班牙菜的可悲現狀，二是鼓勵作家與廚師保護西班牙烹飪的原創與真實，擺脫法國大革命與美好年代（Belle Époque）對西班牙的傑出烹飪造成的影響。

「為什麼王宮裡的慶典食品菜單必須是法文呢？」瑟布松博士說，「如果英國宮廷裡吃的是『Roast Beef』、德國宮廷吃『Sauerkraut』、義大利宮廷吃『Polenta』，那麼為什麼西班牙的佳餚燉牛肉『Olla Podrida』就不能像往日那樣，以它的本名登上本國國王的餐桌？」而「御廚」斬釘截鐵地回答：

> 法文是現代餐飲的語言，就像它是外交語言一樣……法國是唯一的語言，只有它才能表達美食，其他國家做的菜只是方言。[11]

隨著兩人信件來往，作者的立場就越發明顯了。「御廚」並不反對來自各國的菜餚使用原文名稱，但是他反對現在這種情況：所有菜餚、餐桌裝飾、上菜方式、切肉手法、進餐禮儀全部照搬法國習俗。他認為餐桌中間的「plateau」（長桌中央的裝飾大托盤）是不必要的，大托盤上頭那些鮮花、水果、燈光，徒然妨礙男士欣賞對面女士的美。「御廚」不喜歡長方形餐桌，認為如此一來用餐時無法同時與數人談話，而八到十人座的小圓桌可讓大家輕鬆交談。他也不喜歡那些侍者，經常打扮得比賓客還講究，從大菜盤裡為大家分食，實際上還控制了分量。「御廚」認為大菜盤應該放在餐桌上，由大家按照食量與喜好自行取食，還可以為同桌的人服務。

「御廚」注意到了每一絲細節，包括不同菜餚的上菜順序。為什麼魚就得排在湯的後面、肉的前面？為什麼油炸食品身為烹飪化學的極佳範例卻不得上桌？以他看來，油炸食品是生活中的樂趣之一，而法

傑出的作家艾米莉亞・帕爾多・巴桑。位於加利西亞的塑像。

國人根本不懂怎麼油炸，他們擔心的只是沒法給油炸食品澆上又一種濃稠醬汁，遮掩不新鮮。他還堅持針對另一件同樣重要的主題發表評論，任何一桌體面的晚餐都應該重視這件事：佐餐酒。

　　首先他認為菜單上應該列出酒類，這樣大家就可以知道自己接下來會吃喝些什麼東西。接著他主張餐桌上要有自由，每個人都應該從菜單上選擇自己要喝的酒。他建議使用小筆記本，類似女士們在舞會上使用的那種，寫下自己要喝的酒類與順序。如此一來侍者就可以讀清楚每個人搭配每道菜的選酒，免除侍者與賓客之間無謂的交談。

　　「御廚」認為使用這種筆記本也可以安排出一些秩序，避免西班牙菁英階層品酒的混亂情形；生蠔搭配蘇玳（Sauternes），湯搭配雪利酒，魚搭配啤酒，開胃菜搭配波爾多，禽類搭配托考依（Tokay），烤肉搭配香檳。他堅信西班牙飲用葡萄酒的現狀需要巨大改變。瑟布松博士對於這一點感到很高興。他不同意「御廚」的部分意見，但是在通信過程中逐漸同意他的許多觀點。這兩位作者付出如此心力，《現代餐桌》卻沒有得到開拓性作品應有的認可。不過後來它影響了許多深受啟發的作家，比如迪奧尼希歐・裴瑞斯，他的筆名就是「瑟布松支持者」。

《習藝者：給所有人的完整烹飪書以及如何使用剩餘材料》（*El practicón: tratado completo de cocina al alcance de todos y aprovechamiento de sobras*）出版於一八九四年，作者是安哲爾·穆洛。許多學者認為這本書不但在文化上很重要，而且是有史以來最暢銷的西班牙烹飪書。穆洛出生於安達盧西亞，他不是大廚，而是政論家與記者，為報紙雜誌寫稿，比如《白與黑》（*Blanco y Negro*）、《領域》（*La Esfera*）、《君主》（*La Monarquía*）。他在南非為波多黎各的《公正日報》（*El imparcial*）擔任海外通訊記者。不過最後還是在巴黎工作並居住數年期間，他對食物相關事物產生了強烈愛好。

他是一位極具才智的著名作家，留下大量雜文與食譜以及實際的建議，從這些建議可以看出，在波旁復辟時期（La Restauración, 1874-1931）的西班牙當權人物與中上階層的飲食情況。《習藝者》與當時品味一致，為西班牙傳統食物與世界性烹調的優點辯護，當時有影響力的外國烹飪不只是法國菜，還有義大利菜與德國菜。穆洛的討論範圍鉅細靡遺，書中有幾百道食譜、烹調術語辭典、葡萄酒介紹、衛生指導，還有禮儀綱要。[12]

艾米莉亞·帕爾多·巴桑伯爵夫人（Emilia Pardo Bazán, 1851-1921）是知名小說家，仰慕法國哲學家埃米勒·左拉（Émile Zola）。她的著作豐富，主題多樣，並非都與女性有關，不過她曾有一系列書籍題為「婦女叢書」（Biblioteca de la mujer），這些書的目的就很明顯了。她要為西班牙女性提供歐洲女性主義的最新消息。她決定撰寫兩本烹飪書，她稱之為「爐灶書

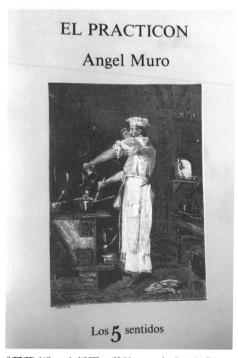

《習藝者》，安哲爾·穆洛，一九八二年版。

籍」（libros de fogón），對一位成功的小說家來說，這一步頗不尋常。
這兩本書是《古代西班牙烹飪》（*La cocina española antigua, 1913*）與
《現代西班牙烹飪》（*La cocina española moderna, 1917*）。[13] 她選用了
略帶貶義的「爐灶」（fogón）這個詞，很明顯是刻意與讀者習慣的嚴肅
主題拉開距離，進入無庸置疑的女性世界。在現實中，她參與國內知
識分子關於飲食的辯論。帕爾多・巴桑的思路是很實際的，與穆洛一
致，從各個可能的角度來討論西班牙國內的食物；從地方及傳統飲食、
到對於食品與烹飪術的現代處理方式，其中以法國為代表。

聖地牙哥大學的學者莉貝卡・殷格朗（Rebecca Ingram）把帕
爾多・巴桑的烹飪相關計畫定義為「與更大範圍的國族建構論述一
致，同時揭露出西班牙自由派民族主義者內心的階級區別」。[14] 她的
《古代西班牙烹飪》收集了大量食譜，這些食譜代表了理想中的人民
（pueblo）。其中一部分來自作者的故鄉加利西亞，部分取自西班牙各
地區，還有最後一部分取材自當時在西班牙工作並寫作的著名作者與
大廚，比如伊格納斯・多曼尼克、穆洛、馬努爾・馬利亞・普加—帕
爾加（皮卡迪歐）。殷格朗說：

> 巴桑在《古代西班牙烹飪》一書中呈現的現代烹飪，成為焦慮的
> 中間階級的日常烹調，她以傳統取代高雅，使傳統成為西班牙國際名
> 聲的關鍵特色。

帕爾多・巴桑究竟是親法派或者親西班牙派？有些專家一直在提
出這個問題，大部分認為她更傾向西班牙。墨爾本大學的西班牙與南
美研究專家拉若・安德森（Lara Anderson）持相反意見。她認為帕爾
多・巴桑身為一位嚴肅作家及思想家，卻是自相矛盾的。她很明顯渴
望讚揚西班牙地方烹調的優點，但是為了自己的文學需要，又必須借
鑑現代法國文化。[15]

▎寧願遺忘的一年：一八九八年

西班牙帝國正在土崩瓦解，這一點已經很明顯了。到一八二〇年

代為止，斐迪南七世還在位的時候，阿根廷與智利已經獨立，西蒙‧玻利瓦爾（Simón Bolívar）也正在南美洲北部地區攻城掠地。剩下的只有菲律賓、波多黎各、古巴，以及盛產蔗糖的加勒比島嶼，而這些地區只專注自己的利益。到了一八九五至一八九八年之間，事態急遽改變，這三年大概是西班牙的政治人物與知識分子希望從未存在過的三年。對西班牙而言，尤其是對卡斯提亞與加泰隆尼亞的小麥與紡織貿易商，失去中南美洲殖民地造成了嚴重的商業後果。不過西班牙的反應積極，增加了與歐洲的貿易關係，並且加強關注最重要的貿易基地古巴，畢竟食糖已經是極重要的必需品，在英國與美國都是如此。「La suerte estaba echada」（好運快用完了）！一八九八年，西班牙敗於美國。「los últimos de Cuba, Filipinas y Puerto Rico」，即西班牙的最後殖民地：古巴、菲律賓、波多黎各三地駐防軍隊只能回到吃了敗仗而深感屈辱的祖國。不過引人注意的是，失去這些島嶼所造成的經濟損失並不若失去美洲大陸殖民地那般嚴重。就古巴而言，當地西班牙人擁有的公司與產業並未受到獨立的影響，大部分西班牙船運公司依然繼續營運。

西班牙人丟了面子，無法面對自己被打敗的事實。對西班牙來說，美洲是刺激而昂貴的冒險，持續了四百年之久。到了最後，一八九八年事件充滿戲劇性而且後果嚴重，但並非只與戰敗有關，也並非只是失去最後的殖民地。有些現代歷史學者認為西班牙的負面反應過度，並且決定對國際市場閉關自守，這兩點更加耽誤了西班牙的工業化與進步。經濟史告訴我們，保護政策並不能保證成功，甚至通常導致反效果。當其他歐洲國家正朝著繁榮與現代化世界前進，西班牙無法跟上腳步，再次被拋在後頭。這幾乎就是兩百年前的舊事重演。西班牙這個國家千瘡百孔，必須重建；令人感興趣的是，就某種程度而言，這項使命再次落在文人學者身上，他們決心要讓西班牙重登它在文學與智識方面應有的輝煌地位，而之前西班牙在這項地位上的時間並不長。在文學方面，一群雜文家與小說家在各領域努力、引領方向，他們是「一八九八年一代」（Generation of '98），其中有米蓋爾‧德‧烏納穆諾（Miguel de Unamuno）、阿索林（Azorín）、巴列—因克蘭（Valle-Inclán）、皮奧‧巴羅哈（Pío Baroja）、布拉斯科‧伊

巴涅斯（Blasco Ibañez）、何塞・奧特加・伊・加塞特（José Ortega y Gasset）。他們渴望喚醒西班牙人民，擺脫在他們眼中的麻木冷漠、重建民族自豪感。他們的語言文字大都直白易懂，這一點也鼓舞了飲食作家、廚師、記者、大廚，他們挺身保衛西班牙從自身豐富歷史傳承而來的獨特飲食文化，也就是西班牙的地方菜餚。[16]

好廚師卡門希塔

要做一道世紀末（final de siglo）的兔肉，首先要用切碎的洋蔥與番茄加上一些豬脂油做油煎底醬，而且要用傳統的陶鍋。在另一只煎鍋裡，小火慢煎裹上麵粉的兔肉塊。然後把兔肉放到煎好洋蔥番茄底醬的陶鍋裡，加上杏仁皮卡達（picada）醬，還有一點檸檬皮增加香氣。這道菜要和燙過的苦苣（endive）做成的小煎蛋餅一起吃。必須在臨上菜前才把小蛋餅加進陶鍋裡。

以上這道食譜出自一八九九年出版的一本食譜書，作者是一位加泰隆尼亞母親，她決定要讓自己的女兒有一天能夠做到自己該做的職

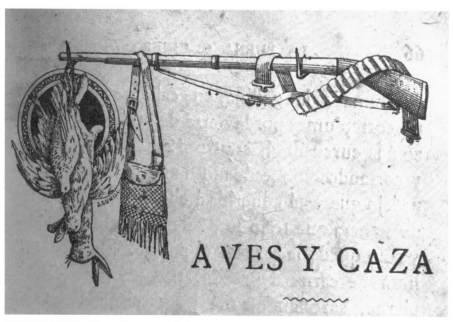

《好廚師卡門希塔》的插圖，一八九九。

責,即為家人準備菜餚。這是一本內容豐富的合集,書中食譜都來自巴塞隆納一戶舒適家宅的廚房。當時出版商對於知名大廚的食譜更有興趣,大多數情況下這些大廚都受到法國影響,然而《好廚師卡門希塔》(Carmencita, o la buena cocinera)一出版,馬上暢銷。一八九九年一月五日,巴塞隆納最有聲望的報紙《先驅報》(La Vanguardia)推薦了這本書。這種做法前所未見,而且引來許多知名加泰隆尼亞大廚抗議。該報的推薦如下:

可敬的艾拉迪亞・M・德・卡爾皮內爾夫人(Eladia M. de Carpinell)出版了《好廚師卡門希塔》,這是一本實用的食譜書,內容清晰,用料分量準確,因此我們在此推薦給讀者。此書可向作者購買,地址在洛斯・安哲勒斯街十六號2a一樓。或者在聖派德羅食品行(El Colmado de Padros),聖佩德羅大街三十號;安東尼爾食品行(El Colmado de Antonell),勞瑞亞街六十六號。(加泰隆尼亞語「colmado」是食品與葡萄酒商店)

不過艾拉迪亞夫人無法預料的是,下一個世紀給她的城市與整個國家帶來的是飢餓與荒涼,然而她的書還將再版許多次。[17]

【第七章】

飢餓，希望，成功

> 西班牙聞起來像熱麵包，像剛熨過的床單，像灰塵，像海。還像
> 冬季裡宰豬的日子、夏季裡的水果，像友誼與鮮花、入窯之前的陶器、
> 葡萄酒、香菜、鬥牛、鮮牛奶與孩童、醋、乾紅椒粉、黑色的菸草、
> 茴香利口酒、綿羊，它像許多事物……
> ——伊斯邁爾・迪亞斯・育貝羅（Ismael Díaz Yubero）[1]

雖然電力大大改變了人們生活與飲食的方式，但是西班牙的二十世紀一開頭就是繼承自上一世紀的經濟與政治重擔。

一九〇二年，攝政王太后退位，阿方索十三世正式繼位。其父阿方索十二世早逝，所以他在一八八六年出生就是國王，成年後親政。不幸的是，對他的國家來說，他欠缺培養與人格力量，無法統治在社會與經濟混亂中尋求國際認可的西班牙。他與英國公主、巴騰堡的維多利亞・尤金尼（Victoria Eugénie of Battenberg）之間的婚姻對此也沒有任何助力。當時西班牙報紙刊載了一則軼事，稱王室婚宴上將首次出現結婚蛋糕；畢竟這是外國傳統。這個蛋糕高度一米一，重量超過三百公斤，飾以糖霜做成的西班牙葡萄園，是英國糕點師傅為了向新王后致敬而做的。

在西班牙的獨特議會系統之下，執政黨與首相上下台猶如四季更迭，這一點也使得國王面對的問題更加惡化。他任命米蓋爾・普里莫・德・里維拉（Miguel Primo de Rivera）為首相，日後事實證明這個決定也是極為不利；德・里維拉是出身貴族的軍官，後來成了獨裁者，國王的某些決定終將以交出王位為代價。與此同時，作家與大廚及廚師們仍在尋找民族定位與認同。「御廚」在一八八八年的《現代餐桌》裡寫道：「西班牙每一個縣都有好菜足以端上世界上所有王宮的餐桌。我們應該向每個人打聽他們的食譜，做一本輝煌的西班牙傳統菜餚大

全。」[2]

　　著名作家暨西班牙地方菜的狂熱支持者迪奧尼希歐・裴瑞斯，選了這段話當作自己的一本著作題辭，而這本書將成為西班牙飲食史上的決定性時刻。迪奧尼希歐・裴瑞斯博學多才，他決心匡助自己的祖國，他的方式與工具不只是自己的大量文章及著作，而且還要利用獨一無二的西班牙事物，那就是西班牙地方烹調。他關心政治，並且對於西班牙烹調懷有強烈的民族觀點。外國的、尤其是來自法國的影響，必須就此永遠揚棄。

　　他的第一本書是《西班牙美食指南：西班牙烹調的歷史與地方特色》（*Guía del buen comer español: historia y singularidad regional de la cocina española*），此書指出，只要人們能夠接受並了解西班牙烹調的地方特色，那麼真正的西班牙烹調就能存在。[3]他過於投入而稍欠嚴謹，所以遭到批評，但是他的西班牙相關知識廣博，依然受到尊崇。所有希望了解西班牙飲食的人都應該拜讀此書，書中有西班牙飲食材料與傳統，以及西班牙飲食的多樣特性。迪奧尼希歐・裴瑞斯還有兩本書，其一主題是柳橙，《柳橙：烹調與食用的藝術》（*Naranjas: el arte de prepararlas y comerlas*）[4]，合著者是著名外科醫生暨歷史學家格瑞戈迪歐・瑪拉農（Gregorio Marañón），他也著迷於西班牙菜的多種多樣。接著的另一本主題是西班牙的經典烹飪，《西班牙經典烹飪：它的優點，美妙，歷史與食譜》（*La cocina clásica española: excelencias, amenidades, historia y recetarios*）。[5]

　　數年之後，在「法國菜對西班牙地方菜」這一場左右為難的困局之中，瑪麗亞・梅斯塔爾・德・艾查貴的立場始終模糊不清。迪奧尼希歐・裴瑞斯嚴厲批評她是糟糕的廚子、像樣的小說家。她的父親是派駐在畢爾包的法國外交官，她以筆名「帕哈貝女侯爵」從事寫作，是有名的餐廳老闆暨飲食作家。終其一生，她自由悠遊於兩種文化之間，她定居在畢爾包，這座城市文化發達，而且工業與商業已有所成。十九世紀末，畢爾包已擁有六份報紙與十五份刊物，到了二十世紀初的二十五年裡，這個數字又再增加。即使你是女性，只要文筆精采，在畢爾包很容易就能功成名就。

　　梅斯塔爾・德・艾查貴受到鼓舞從事飲食寫作，可能是因為其時

畢爾包的酥皮稻米點心。

烹飪已經時興起來，而且所有知識分子都自稱對廚藝很拿手。無論在飲食寫作或經營餐廳方面，她的立場都是偏向法國所代表的現代化，但是她也和西班牙地方菜的支持者意見一致。她的知名著作《烹飪全集》（*Cocina completa*），是獻給法國菜的食譜書，甫出版即暢銷，也連帶讓她日後於一九三六年開張的餐廳生意興隆。

　　她的其他著作，比如《糖食、烘焙、冷盤、開胃菜與沙拉》（*Confitería, repostería, entremeses, aperitivos y ensaladas*），現今大廚依然經常參考；「entremeses」指的是冷盤，諸如冷肉類拼盤（charcuterie）、法式開胃小點心（canapés），通常在第一道菜之前上桌。還有一本《巴斯克菜餚精選》（*Platos escogidos de la cocina vasca*），雖然她無法否認自己的法裔身分與社會階級，但是在此書中她依然採取了民族主義的立場。《巴斯克菜餚精選》出版沒有多久，巴斯克地區人民就為之喝采，直至今日依然認為此書為堅強的巴斯克飲食傳統做出了重大貢獻，這本書在一九三五年由知名的格瑞荷摩出版社（Editorial Grijelmo）於畢爾包發行了限量版，並沒有再版。由於緊接下來西班牙內戰爆發，此書在國內外都沒有得到應有的名聲。一九三七年，作

者梅斯塔爾·德·艾查貴的住宅被佛朗哥的摩爾親衛隊徹底洗劫，此書也一度被認為絕版，不過後來終於在巴斯克作者何塞·馬利亞·布斯卡·伊索斯（José María Busca Isusi）的個人藏書中發現了一本。[6]

《庇護所餐廳：它的經典菜餚》（*El Amparo: sus platos clásicos*）是一本原創的手稿，作者是三位傑出的巴斯克廚師：德阿斯卡拉伊家的烏蘇拉、希拉、文森塔三姊妹（*Ursula, Sira and Vicenta de Azcaray*）。她們在畢爾包經營一家餐廳名為庇護所（El Amparo），並且親自掌廚。這本手稿內容是經典法國與國際菜餚以及最好的巴斯克傳統烹調，在一九三九年於聖塞巴斯提安首次出版。這本書證明了，在二十世紀初葉就已經有一些餐廳能夠為顧客提供最好的數國菜餚；而持民族主義觀點的人曾經強烈反對這種可能性。庇護所餐廳在一八八六年開張的時候，還是一家酒館，由老闆菲利芭·德·伊蓋利爾（Felipa de Eguileor）掌杓。這家樸素的酒館最後成為講究的餐廳，在那個時候，經營者已經是菲利芭的三個女兒，能幹的烏蘇拉、希拉，以及文森塔，她們從母親那裡學到了烹飪的藝術，也曾在法國幾處專業餐廳習藝。在庇護所餐廳，三姊妹提供鮮美精緻而且正宗的菜餚，評論家也多所讚譽，尤其是當地最挑剔的美食家，包括幾位知名大廚。

庇護所餐廳的菜餚種類豐富，這一點從書中目錄就看得出來：高湯與湯羹、沙拉與豆類、開胃菜與醃製食品、配菜與裝飾性的麵食、醬料與蘸汁、蛋與煎蛋餅、魚類、油炸類、帶醬汁的肉類、豬肉、羊羔肉、帶醬汁的小型野味與禽類、烤肉、烤禽類與小型野味、香腸、清涼飲料、布丁、冰淇淋、油酥麵點、法式糕點、蛋糕、果醬、果凍、酒漬水果、冰糖水果。

這份菜單是以當地與法國市場上最好的材料做成的，按照當時的流行，菜單中部分菜名使用的是完美的法文：「Consommé royale」（香醇高湯加蒸蛋）、「louvine sauce hongroise」（羅浮宮匈牙利醬）、「bisque d'écrevisses」（螯蝦濃湯）、「chateaubriand」（沙托布里翁牛排）、「vol-au-vent aux perdreaux」（酥盒山鶉）、「gâteaux et fruits variés」（什錦水果蛋糕）、「petites patisseries」（小糕點）。此外，以卡斯提亞語寫出的巴斯克特色菜也符合喜愛當地烹調的人們需求：「sopa de pan de chirlas」是精緻的麵包蛤蠣湯，「sopa 'verde prado'」則是用最細膩的

木薯粉做的清湯，只煮五分鐘，而且三姊妹強調一人份只用一茶匙木薯粉。這道湯以菠菜泥、蘆筍尖，以及在畢爾包稱為「arbejilla」的嫩豌豆增加色香味。「huevos empanados」（麵包裹起來的蛋）以及蛋餡油炸麵團點心（huevos fritos en buñuelo）則是這家餐廳的特色菜。

當然這家餐廳的主要菜色是海鮮、小型野味，以及各種肉類菜餚。使用鰻魚、幼鰻（elver）、鹽漬鱈魚的幾道巴斯克菜特別受到重視。鰻魚尤其是幼鰻，在那個年代並不貴且容易買到，書中有六道菜使用這種材料，作法都解釋得十分詳盡專業。其中包括豌豆幼鰻，搭配醬汁是橄欖油、大蒜、西洋芹、乾紅椒（dried red peppers）；一道最風行的幼鰻是陶鍋幼鰻（angulas en cazuela），即幼鰻加上橄欖油與大蒜，在陶鍋裡同煮。阿斯卡拉伊三姊妹建議，這道肉質細嫩的菜要用銀杓或木杓輕輕攪動，以確保整鍋同時煮熟，而且絕對要保持純白，不能變色。值得一提的是，庇護所餐廳的陶鍋幼鰻並不像現在常見的使用紅辣椒（chilli pepper）。畢爾包菜餚一向與最好的鹽漬鱈魚（bacalao）有關，所以三姊妹在手稿裡收錄了多達十道鹽漬鱈魚食譜，都是巴斯克本地菜，其中兩道最有名：鹽漬鱈魚配綠色醬汁（salsa verde），還有繁複華麗的比斯開灣鹽漬鱈魚（bacalao a la Vizcaína），這道菜濃郁的深紅色來自串成一長串的乾紅椒，在里奧哈與納瓦拉稱這種乾紅椒為「choricero」。

巴斯克人特別喜愛小型野味，這一點從書中也看得出來，一共有三十多道菜，用的是山鶉、鵪鶉、雉雞、野鴨、鴿子、兔子等等。其中部分是法國菜，比如佩里格山鶉（perdices à la Perigueux）。在糕點（reposteria）一章裡，旱金蓮糕（tarta capuchina）未必源自巴斯克，但是清楚顯示了三姊妹「甜食廚房」裡多采多姿的產品汲取了許多不同傳統。做這種甜點要用十二個蛋黃，攪打直到蓬鬆，近似白色，過程中需要借助一點溫度。這是一種水蒸布丁，冷卻之後，加上最清淡的糖漿。此外還有著名的聖歐諾黑甜點（Saint Honoré）、蘋果派（tarta de manzana）、蛋白小脆餅加鮮奶油或者草莓（merengues con crema o con fresas）、鮮奶油千層派（milhojas de crema）即法文的「millefeuilles」（奶油點心切片）。有一種比較不那麼法國風的甜點叫做畢爾包酥皮米點（pasteles de arroz de Bilbao）類似葡萄牙蛋撻（pastéis de Belém），是三姊妹的發明，以稻米布丁取代原來的濃稠蛋奶糊，現在整個巴斯克地區都有這種甜點。[7]

▌「共和國萬歲」

事實證明，阿方索十三世無力處理他所面對的政治動盪。政客、軍隊，還有最重要的但也是他從不關心的中產與農民階級，都拋棄了他，於是他只好流亡義大利。傑拉德・貝瑞南（Gerald Brenan）在著作《西班牙迷宮》（*The Spanish Labyrinth*, 1943）裡說過：「眾所周知，西班牙人對他們的君主忠心耿耿，但是很久以前，他們的忠誠就已經破滅了……從一七八九年以來，沒有一個西班牙君主的任期是自然交卸的。」[8] 在阿方索十三世之前，除了攝政王太后，連續四任君主都是不得不遜位，其中斐迪南七世全仗著法國人才保住王位，阿方索十二世則是早逝。

＼ 畢卡索的餐桌 ／

巴布羅・魯伊斯・畢卡索（Pablo Ruiz Picasso, 1881-1973）出生在馬拉加，首先遷往加利西亞的拉科魯尼亞（A Coruña），然後到巴塞隆納，成年後大部分時間都在巴黎，他把自己的一生活得淋漓盡致。沒有人能否認，畢卡索從未停止對於西班牙食物的熱愛，甚至是對所有食物的熱愛。那是他童年時期的食物、母親在安達盧西亞為他烹調的食物、他所摯愛的加泰隆尼亞的食物。那也是為他帶來回憶的食物，在小村歐爾塔（Horta）的夏天與冬天，加泰隆尼亞與亞拉岡之間的山野上。他在這裡照料牲口、採收橄欖，並且不斷繪畫，用的是番紅花那樣生氣勃勃的色彩，還有哀傷的秋日色澤。這裡的日子屬於雞蛋與薯條（fried huevos con patatas）、豆子與布提法拉香腸（butifarra），當然還有米飯，他從許多食譜裡學會烹調米飯，都是那麼美味，令人滿足，然而當他被大城市的人造燈光吸引離去的時候，他也把這些都拋在腦後。直到一九〇六年的夏天，庇里牛斯山間的戈索爾（Gósol），喚醒了他對打獵與野味菜餚的喜愛，還有「escudella」燉菜和一點好香腸，而這一切當年被他遺忘在歐爾塔。

巴布羅・畢卡索，靜物油畫《水罐與蘋果》，一九一九。畢卡索畫過兩百多幅食物。

　　有一天他將永遠離開自己的祖國。佛朗哥和畢卡索很明顯並不屬於同一個世界。對他這樣熱情恣意的人來說，食物與烹飪始終是重要主題，一再出現在他的許多繪畫與素描裡。今天，畢卡索的多幅靜物畫（naturalezas muercas），與桑切斯科坦、委拉斯奎茲、梅倫德斯的靜物並肩陳列在全世界許多國家美術館與私人收藏。除了靜物，他還有兩百多張畫可說是獻給cocina的藝術作品，而且主題是與cocina相關事物當中關係最遠的，比如他與朋友們喜歡去的餐廳，像是巴塞隆納的「四隻貓」（Els Quatre Gats），巴黎的「加泰隆尼亞人」，這家餐廳距離他在大奧古斯丁街（Rue Grands-Augustins）的畫室不遠；或是他在一八九六年畫的廚房炊具；還有他喜歡用的烹飪材料。在他長久的一生中，食物不僅是一種熱愛，而且顯然是他的藝術創作語言裡不可缺少的一部分。[9]

犁田。卡斯提亞自治區昆卡省，一九二○。

　　西班牙的農業問題長久以來使得整個國家逐漸窒息，眾人期待已
久的第二共和無法處理農業難題，也無法預見同樣危險的另一件事：
軍隊與天主教會的利益歷來就是分歧的。

　　在二十世紀初的十年裡，工業與貿易的發展使得鄉間部分地區情
況有所改善。新的農業技術增加了作物生產，比如橄欖、葡萄酒、柑
橘，甚至人民平均膳食的卡路里含量也提高了。但是這種好景並不長
久；小麥市場崩塌，拉垮了經濟，尤其危及了西班牙的兩大動力來源，
即加泰隆尼亞與巴斯克地區。更糟的是，從十九世紀開始，佔了全國
農業產出四分之三的小麥就在國際市場上處於劣勢。

　　就在內戰之前，西班牙人的飲食情況依然與上個世紀沒有兩樣：
一邊是中間階級的食物，大部分都是傳統與地方性的，還有上層階級
與貴族的食物，依然受到法國影響；另一邊則是城市勞工與鄉下農民

午餐食用橄欖與麵包。
安達盧西亞自治區哈恩
省,一九三〇年代末、
西班牙內戰之前。

收成小麥。加泰隆尼亞,
一九三〇年代。

的食物，依然是莢豆類與幾種蔬菜、劣質麵粉、豬脂肪、橄欖油，加上非常少的肉與鹹魚。

包括傑拉德‧貝瑞南在內的一些作家與歷史學家至今認為，在二十世紀前半葉，西班牙的基本問題就是農業、以及農業與工業之間的關係。大部分人民依然在田裡幹活，而且大多數是文盲。農民勉強維生，完全仰賴多種複雜的土地所有制、降雨量與耕地肥沃程度。城市工人逃離鄉間，到城裡尋求更好的生活，卻遇上他們完全無法左右的問題，那就是狂飆的通貨膨脹。即使他們在城裡找到工作，通貨膨脹卻使得糧價上漲到了他們負擔不起的程度。當飢餓與營養不良成為常態，西班牙政壇人物僅剩的一點信譽也就蕩然無存。天主教會也漸漸不受擁戴，人民急於尋找替代品。社會主義，尤其是無政府主義的理念已經隱約可見；在這個知識分子擴大活動的時期，諸如皮奧‧巴羅哈與阿索林等作家與思想家，都開始追隨這些理念，但後來事實證明，他們的迷戀是短暫的。沒有多久，情勢就很明顯了，不加控制的熱情過了頭，隨之而來的是殘暴野蠻，這就是西班牙即將走上的道路。

國王與政府都試圖解決累積了數百年的不動產與土地所有制老難題。卡洛斯三世與大臣們曾經天真地以為可以將土地分割為小塊分給佃農，這樣他們就能夠養活自己與家人。在十九世紀，政府曾經施行幾次解除土地限定繼承權法案（Disentailment Acts），以此支付部分國債，也是為了促進平均分配可耕地。然而當計畫遇上現實，這兩樣都落空了，尤其是因為牴觸了擁有土地的既得利益團體。天主教會的勢力不如貴族階級和握有權勢的地主，所以就成了所有改革的靶子。政府把剝奪來的土地標上固定價格，然而從中獲利的是新富的中產階級；對農民而言，土地依然遙不可及。

出乎意料的是，二十世紀的頭十年裡，西班牙嘗試工業化，情況有所改善。富藏鐵礦的北方以及加泰隆尼亞的紡織工業都有些許進步，但是礦業特別是鐵路都掌握在法國與英國投資商手中，所以增長的利潤都在外國銀行裡，這已經不是西班牙歷史上頭一回了。歐洲愈來愈接近全面工業化，而且諸如德國與義大利在政治上都已經全國統一，西班牙被拋在後頭，依舊在保護效率低下的農業，而且試圖再次分裂。一九三一年的第二共和的確帶來了真正的農業改革希望，但是已經太

晚了。不到五年，可怕的內戰就毀了這個國家，以及人民的希望。

女權主義者與婦女身分

許多人已經遺忘了一九三六年西班牙內戰之前的第二共和。有些人受益於那段時間裡施行的部分先進計畫，其中也包括女性，這些人讚揚新政治體系帶來的成就。令人驚訝的是，對於女性的支持來自部分知識階層，雖然受到支持的是已經準備好保衛自身權利的女性。在一九三三年，西班牙絕大多數女性依然樂於擔負母親與家庭廚師的角色，但是有六百八十萬婦女首次在普選中行使了自己的選舉權，而其中有幾位是作家。

廚房是家中的實驗室，這裡準備膳食，所以管理應該方便、安全、經濟。廚房應該位於一樓地面層，其他房間在樓上。廚房裡應該有一座食物升降梯，能夠快速將食物送到飯廳，同時又能避免廚房的氣味散逸到家中其他空間。無論如何，廚房都應該盡量與臥室分開。廚房要寬敞，照明採光好；還要通風良好，因為潮濕容易讓食品尤其莢豆類變質。要格外小心去除不好的氣味，如果有另一個房間專用於洗滌、還有獨立的食物儲藏室用來儲存雜貨與食品，那麼會更方便。廚房應該專用於準備食物及烹調。牆壁要用白色油性塗料或者乳膠漆粉刷。地板應該鋪上磁磚或者油氈。爐灶要設置在採光良好的位置，上方的油煙罩要易於清理。像樣的廚房必須要有時鐘，以確保準備與烹調的時長正確。木製桌面要用鋅皮包覆，其他家具也應該是木製的，但是要易於清潔。廚房中央要有一張大桌子，用以暫時放置杯盤等等，然後送進飯廳。熟肉也應該在這張桌子上切割……[10]

這段描述的是一九三〇年代富裕人家的廚房，出自一九三一年在巴塞隆納出版的一本廚師手冊，《你想吃得講究嗎？》（*Quiere usted comer bien?*）。作者是卡門・德・布爾戈斯（Carmen de Burgos, 1867-1932），目標讀者是家庭廚師以及想要管理家政、參與廚房工作的女士。卡門・德・布爾戈斯筆名柯隆賓（Colombine），她和艾米莉亞・帕爾

多・巴桑一樣，都不是飲食作
家，不過她自認是很好的家庭主
婦，能夠以精緻洗鍊的風格款待
賓客。她的菜餚是由精湛盡責的
廚師使用優良材料在家庭廚房烹
製出來的，這類廚師通常都住在
雇主家中。

　巴塞隆納具有強烈的地方
烹飪傳統，而且風格天生近似
法國，但是也受其他國家影
響，尤其是義大利。德・布爾
戈斯的手冊裡有許多菜餚使用
義大利麵食，特別是通心粉

《你想吃得講究嗎？》（一九三一）。作者
卡門・德・布爾戈斯，筆名柯隆賓。

（macarrones），由此可看出義大利麵食在加泰隆尼亞十分流行。她的
書裡還有食譜使用寬扁麵（tagliatelle）、義大利餃（ravioli）、加乃隆尼
麵捲（cannelloni）。其中有一道使用通心粉的原創食譜是「Macarrones
de Vigilia o Divertidos」（這個名字頗為矛盾，因為「vigilia」是大齋，
「divertidos」是娛樂）。先將通心粉在鹽水裡煮開，然後在番茄醬汁裡
小火慢煮。接著在一種叫做「tartera」的陶盤裡鋪放一層，上面鋪一層
分開攪打過的蛋黃與蛋白，再撒上帕瑪森乳酪（parmesan）。如此一再
重複，不過最上一層必須是蛋與乳酪。最後放進烤爐裡烤至金黃。德・
布爾戈斯也在其他菜餚與湯裡使用通心粉。

　德・布爾戈斯並不只是家庭主婦，她還是作家、報刊作者、戰地
記者，而且她是西班牙第一位女性戰地記者。她也是女權活動家，她
支持離婚，這一點尤其激怒天主教會甚至佛朗哥。她本身也離了婚。
從一九三九至一九七四年，德・布爾戈斯的文章都被佛朗哥政權歸類
為「危險」，但這一來反而吸引了更多讀者。

▌ 飢餓年代

　老爐子火焰熊熊，灶裡燒的是木頭與垃圾，爐上坐著一把大鐵壺，

開水啵啵作響。整個廚房浸在水蒸氣裡慢燉，這股蒸氣仰賴的是早已成為過去的精華，來自真正的家常菜、瀰漫的番茄香氣、乾豆子與大蒜香腸，還有從骨頭上剔下來的白煮雞肉。

——羅瑞‧李（Laurie Lee）[11]

　　在西班牙內戰期間（一九三六－一九三九），並且直到一九五〇年代初，對很多西班牙人來說，食物變成了攸關生死的事物，而且又回到了僅能餬口維生的程度。在陷入貧困的過程中，真正的西班牙飲食，也就是鄉鎮地方上的食物、在小康之家的廚房裡烹調出來的食物，遭到了影響與破壞。如果未來還有完全復甦的希望，那麼需要的是時間與專業奉獻。

　　胡安‧伊斯拉巴‧加蘭（Juan Eslava Galán）的著作《恐懼的年代：新西班牙，一九三九－一九五二》（*Los años del miedo: la nueva Españaa, 1939-1952*）封面照片裡是四位全身黑衣的年輕婦女、一位男人、一名兒童，全都笑容燦爛，左手拿著白麵包，右手高舉行法西斯

一九三〇年代末，西班牙內戰期間，婦女排隊購買必要食物。

禮。這張照片可能拍攝於內戰後、一九四〇年代初的塞維亞或者薩拉戈薩地區，麵包可能是從黑市買來的。這些地區盛產小麥與其他穀物，還有莢豆類與蔬果，而且是國民軍一派，因此熬過了內戰。如果這張照片拍攝地點是在支持共和軍的巴塞隆納、畢爾包、阿利坎特，就不會有白麵包，當地人也根本不想被攝入鏡頭。內戰期間，支持社會主義理念的幾乎都是工業化地區，在這些地方，糧食生產只佔第二位。

內戰的結果之一就是所有西班牙人都遭受了損失，營養不良甚至挨餓。戰後的年代還將帶來連年的配給制與大排長龍，可是他們完全沒有準備面對這一切，尤其是內戰裡支持共和軍的人們，其中有許多人還在坐牢。到了第二次世界大戰，西班牙不但與歐洲其他國家之間的國界完全封閉，連大西洋兩岸的貿易也變得危險，嚴重影響了來自南美友好國家的補給。

佛朗哥無力兌現對西班牙人的承諾，那就是食物。黑市上的灰色產業變成了一種藝術，除了有能力在黑市上買到一切的人，全國人民都在苦捱無法忍受的艱困生活，尤其是在大城市與市鎮。農村情況稍

麵包配給證，一九三〇與一九四〇年代的飢餓年代。

微好一點，人們至少可以種點蔬果，殺一隻雞或兔子、小野豬甚至珍貴的家豬。一九三九年五月十四日，西班牙開始實施配給制，到了一九四三年，食物短缺已經到了嚴峻的程度。除此之外，當局還經常拿乾旱當藉口，但事實上當時乾旱還不至於造成糧食如此短缺；短缺的主因是土地與農業普遍狀況不佳。從一九三六至一九五四年之間，農耕從自由轉為管制，結果造成產量低於內戰前水平。

在飢餓年代，婦女利用剩菜、野菜、不值錢的材料，變魔術一般做出菜餚。顯而易見，當時食譜書幾乎沒有市場，但是在政府的審查員眼裡這種書很安全。一九四〇年，《隨機應變的烹飪》（*Cocina de recursos*）出版，馬上暢銷。作者是伊格納斯‧多曼尼克，他是知名大廚、美食評論家，而且是成功的作者。此書遠不只是一本食譜及建議合集，它的本意是幫助廚師對付缺少糧食的困境，但是作者同時也以聰明微妙的方式，批評了佛朗哥的干涉主義政策以及面對現狀的無能。書中一道煎蛋餅完美傳達了作者的想法：使用的材料是在豐足富裕的年代裡根本想不到的東西。這道「tortilla sin huevo de gallina」——沒有蛋的煎蛋餅，用的是麵粉、小蘇打粉、洋香菜、大蒜、番紅花（如果有的話）、芹菜葉、水、幾滴橄欖油。他甚至還更進一步，做出了沒有蛋也沒有馬鈴薯的馬鈴薯蛋餅。此一天才發明為最受喜愛的西班牙傳統菜餚提供了一道像樣的替代品，使用的材料是柳橙皮下的白色海棉層、大蒜、麵粉、小蘇打粉、白胡椒、薑黃粉、油、鹽。[15]

多曼尼克的世界

伊格納斯‧多曼尼克對於食物的專業眼光及處理、以及他身為作家的影響力，都是不能否認的。即使他早期的一些著作，比如一九一五年的《新的高雅西班牙烹調》（*La nueva cocina elegante española*），一開始有損他的聲譽。[16]這本書被評為矯揉造作、自相矛盾，要是在瑟布松博士與「御廚」看來，就算不是叛國，至少也是冒犯。此書代表了西班牙地方烹飪捍衛者鄙棄的國際性食譜書。它的第一頁上寫著，作者是「伊格納斯‧多曼尼克，《白帽》」（*El Gorro Blanco*）雜誌負責人，並曾經為以下諸位擔任大廚：梅錫納塞利公爵（Duque

╲ 粥與煎餅 ╱

　　粥（gacha），也稱「poleada」、「puches」、「farapes」、「farineta」，就是到處都有的粥，從伊比利半島使用陶器以來，粥就開始餵飽西班牙人，直到一九五〇年代。從前它是用來代替一種稱為「黑麵包」（pan negro）的粗劣麵包。在所有能夠對抗飢餓的食物裡，粥可說是最經濟且最有飽足感的。想要從粥中攝取營養，只需要搗碎一些穀粒、在耐熱的器皿中混合一些水，煮的時候要不斷攪動，然後趁熱吃。隨著時間過去，現在粥已經變化出更可口的食譜，而且類似內戰之前的作法，通常是加上大蒜、洋蔥、橄欖油、鹽、一點水。

　　在飢餓的歲月裡，還有一種讓西班牙人充分發揮創意的食品則是煎餅（hormigo），也稱為「formigo」、「ormigo」、「hormiguillo」。這是很早就有的創意食品，能夠加以變化適應不同貧富人家。最簡單的類似蛋餅，其材料包括麵包、牛奶或水、蛋、橄欖油或豬脂油，可以做成甜味或鹹味。從中世紀以來，許多西班牙食物作家與廚師的不同著作裡都有它，比如魯伯特·德·諾拉、安東尼奧·薩瑟提。薩瑟提的煎餅不用牛奶、麵包甚至雞蛋。他在書中向讀者建議，雖然煎餅有許多種配方，不過他相信這種使用榛子的是最好的：

　　烘烤榛子，但要注意不可烤焦，然後用一塊布去除外皮。搗碎之後，放進煎鍋，加一點水。小火加熱，一煮沸就離火。加一點肉桂粉、丁香、糖，糖最好和榛子一起搗碎，以避免出油。不要加蜂蜜或鹽，也不要加番紅花或香料，不要加麵包或油……[13]

　　二十世紀初，著名的加利西亞作家瑪麗亞·梅斯塔爾·德·艾查貴（筆名帕哈貝女侯爵）、馬努爾·馬利亞·普爾—帕爾加（又稱皮卡迪歐）都在自己的書中收錄了比較接近煎蛋餅的煎餅，材料包括麵包。[14]現在這種作法已經差不多被遺忘了，但是在阿斯圖里亞斯以及加利西亞的偏僻鄉間，依然會給剛分娩的產婦端上一盤熱騰騰撒了糖的煎餅。

　　在葡萄牙的多米紐（Do Minho）及特拉斯烏斯蒙提斯（Tras-os-Montes，山後）地區，聖誕節期間依然製作一種類似的煎餅，不過更甜而濃郁，材料是麵包、牛奶、蛋、豬脂油、一點水。現在還會加上波特酒、葡萄乾、松子、肉桂粉、萊姆。

de Medinaceli）、因凡塔多（封祿）伯爵（Duque del Infatado）、阿爾奎耶斯侯爵（La Marquesa de Argüelles）、魏爾德親王（Prince von Wrede）、瑞德伯爵（Baron Wedel）、亨利・杜蒙德・沃夫爵士（Sir Henry Drummond Wolff）、瑞典大使、挪威大使。

一九三〇年代，多曼尼克為了捍衛自己的名聲，出版了《巴斯克烹調》（La cocina vasca），多曼尼克是道地的加泰隆尼亞人，似乎與這個主題無關，但這本書可說是同主題書籍中的一流佳作。他經常旅行各地，到處收集食譜，並加以修改、跟上時代，然後發表給讀者、大廚、家中廚師參考。他的風格如同報刊作者，目光超越材料清單與作法步驟之外，但是依然以廚師的標準來審視食譜，使之精確可行。此書收錄了數百道食譜，鮮奶油捲（canutillos de crema）是其中之一。它的外皮是薄的千層酥皮，裡面是蛋奶糊卡士達（crème pâtissière），這種點心通常與十九世紀的畢爾包有關，不過在整個巴斯克地區都很流行。

多曼尼克與亞拉岡人特奧多羅・巴爾達荷（Teodoro Bardají）可能是二十世紀前半葉最有影響力的西班牙大廚與飲食作家。有趣的是，他們了解西班牙內戰前後不同的兩個飲食世界，內戰前依然受到法國很大影響，內戰後則是非常西班牙風格。聲譽卓著的多曼尼克在不到五十年裡出版了二十六本食譜書，特奧多羅・巴爾達荷則是自學成材的大廚、報刊作者，也是出色的作家，他為西班牙飲食帶來了現代與創新，而且方式前所未見。但他的情況與多曼尼克相反，後來他的書不再受到出版商歡迎，他在烹飪上的藝術性與智性也從此消失了。

西班牙正在內戰的廢墟之中掙扎恢復，卻再次面臨戰爭，因此在一九四〇年不得不宣布中立。二戰後，一九四七年，美國對歐洲開始援助計畫，協助這些國家重建經濟與公共設施，而西班牙卻不在名單內。獨裁者佛朗哥依然掌權。很遺憾的是，美援計畫、即馬歇爾計畫，卻把最迫切需要援助的國家摒除在外。

路易斯・加西亞・貝爾蘭加（Luis García Berlanga）執導的電影《歡迎馬歇爾先生》（Welcome Mr. Marshall, 1953）滑稽而哀傷。片中描述西班牙中部一座小城，正準備迎接美國外交人員到來。牧師、市長等所有官方人士希望貴客能夠包涵一切不盡之處，大家努力之後可以獲賜經濟援助。於是整座城裝飾成安達盧西牙農村，男女老少都打扮成

塞維亞人與哥多華人（西班牙服裝的典型刻板印象），焦急地揮舞著小星條旗，夾道歡迎。最後終於來了一隊看不到盡頭的加長禮車，呼嘯而過，沒有絲毫停留。

《烹飪手冊》，一本突破傳統的書。

一本爭議性的書

一九五〇年，《烹飪手冊》（*Manual de cocina*）出版，作者是安娜・瑪麗亞・艾瑞拉（Ana María Herrera）。此書十分流行，那個時候，讀者已經無法讀到諸如特奧多羅・巴爾達荷的《她們的烹飪》（*La cocina de Ellas*）這類好書。艾瑞拉是馬德里的羅佩德維加學院（Lope de Vega Institute）的食品教師，由婦女事務組運動（Sección Femenina del Movimiento）贊助。婦女事務組（Sección Femenina）是西班牙法西斯長槍黨（Falange）運動下的婦女分支。艾瑞拉此書問世，正是經濟極度困難、糧食供應依然有限的時候，所以書中食譜使用的都是比較容易買到的便宜材料，同時又讓人充滿食慾，並且易於製作。此外，此書也顧及一件很重要的事，那就是婦女處境的改變。直到當時不久之前，婦女的職責還僅限於家事與烹飪，但是現在已經開始外出工作了。對她們來說，時間很寶貴。由於有佛朗哥政權支持，《烹飪手冊》成為一份理想禮物，可以送給新婚婦女、經驗豐富的家庭廚師，甚至烹飪的從業人員。祖母也可以買一本，將來送給孫女。

然而在婦女事務組看來，此書太成功了。於是在作者退休不久且去世之後，她的名字就被抹掉了。新出的版本號稱是長槍黨婦女事務組的集體創作。佛朗哥死後，這座學院解散，此書列入文化部出版品

名單中，如此延續了幾十年。四十年之後，在一九九五年，此書的著作權才歸還給安娜‧瑪麗亞‧艾瑞拉及其後人。直到今天，在許多西班牙圖書館裡依然有《烹飪手冊》，這是一本暢銷書，也是經典，熬過了這個國家分崩離析的頹圮歲月。

　　此書第一部分是一些基本資料，介紹食品原料、屠宰、切割、清理魚類，以及最新的烹飪術語表。第二部分按照一年四季，提供許多午餐及晚餐的「minutas」，也就是菜單。這一來就大大減輕了廚師的負擔。比如作者建議的一份春季晚餐菜單裡，有一道大分量的薯泥，裡面加了一點奶油與乳酪，然後是無鬚鱈魚（hake）做成的魚肉餅（timbal），材料包括鮮魚肉、菠菜、牛奶、奶油、橄欖油、一點鹽。[17]雖然悠久的西班牙飲食傳統現在已經受到全球化的嚴重衝擊，西班牙人還是喜歡把蔬菜當成一道單獨菜餚，與肉和魚分開，這一點依然與安娜‧瑪麗亞‧艾瑞拉的《烹飪手冊》描述的一樣。

從邊陲地帶開始

　　雖然有巴爾達荷、多曼尼克這般人物以及其他大廚的努力，但是到了二十世紀中葉，專業的西班牙烹調顯然必須革新、跟上時代。它困在過去已經太久了，沒有辦法前進，不然就是走錯了方向、跟在其他國家的飲食傳統後頭，總是在模仿，幾乎毫無創新。

　　「這個國家的語言陌生，民風澆薄，到處是茂密的森林與橫斷的山脈，在這裡沒有麵包，沒有葡萄酒，甚至沒有東西可吃，除了牛奶與蘋果酒。」這段文章的作者據信是艾梅瑞克‧皮寇（Aymeric Picaud），收錄在十二世紀的《加里多之書》（Codex Calixtinus）、又稱《聖雅各之書》（Liber Sancti Jacobi）。為什麼艾梅瑞克能夠如此準確預見巴斯克飲食的未來，甚至是整個西班牙飲食的未來呢？在二十世紀後半葉，直到今天，多虧了烹飪從業人員的創造力與新意，西班牙終於能夠成為世界的烹飪大國。

　　西班牙沒有明確的「飲食首都」來帶領全國的烹調，但是有好幾個強大的飲食烹飪傳統流派，比如巴斯克、加泰隆尼亞，這些烹飪傳統在歷史上都超越了國家的政治中心，一九七〇年代更是為它們帶來

了發揮力量的機會。二戰後的年代遠去了，那個年代對於烹調傳統的負面影響，也已經成為過去。更重要的是，在將近四十年的獨裁統治之後，西班牙到處充滿了民主的精神與氣息。加泰隆尼亞與巴斯克地區在歷史上、地理上、文化上，都比西班牙其他地區更接近歐洲，而此時歐洲的經典烹調正在創新改造。在歷經數十年所謂「後埃斯科菲耶時代的停滯」（Post-Escoffier immobility）之後，法國已經重新前進。世界其他地區，尤其是巴斯克，都在拭目以待。

　　一九六八年五月，巴黎的示威活動激勵了年輕人，促使他們開始尋找新的方法與方向。其中有幾位法國大廚，日後他們將名留當代飲食史：米歇・吉哈（Michel Guérard）、侯傑・維爾傑（Roger Vergé）、妥阿勾兄弟（the Troigros brothers），格外引起巴斯克大廚們重視的則是保羅・波克斯（Paul Bocuse）。一九七三年，這幾位法國大廚發起了一次烹調革命，稱為「新烹調」（nouvelle cuisine）。這場運動為烹飪從業人員的世界帶來了戲劇性改變，它的基礎是以下幾項信條：品質最高級的生鮮、當季材料、技術革新諸如減少烹飪次數及減少使用動物油脂。要記住的是，新烹調運動之所以出現，其實是因為大廚們渴望為自己的顧客提供健康的食物。一九七六年，在馬德里的美食圓桌會議（Gastronomic Round Table）上，巴斯克大廚佩德羅・蘇比哈納（Pedro Subijana）與胡安・馬利・阿爾薩克（Juan Mari Arzak）聆聽保羅・波克斯的演講，受到了啟發。他們知道巴斯克烹調擁有一切傳承，足以讓它登上應得的地位，成為有趣而有創意的世界性烹調。於是他們在「Euskal sukalderitza berria」即「nueva cocina vasca」（巴斯克新烹調）的旗幟之下，開始了漫漫長路，同時參與的還有十位才華洋溢的巴斯克大廚。接著漸漸有數百名西班牙專業廚師加入他們的行列，每一位都發揮了獨特的天分與風格，再次展現出這個國家多采多姿的烹調流派。在二〇一六年出版的《創意的土地：巴斯克》（*Basque, Creative Territory*）一書中，費蘭・阿德里亞（Ferran Adrià）在其中一篇文章中分析過，通往改變的路上充滿了障礙：

　　新烹調運動出現，帶動了一連串骨牌效應，但是一開始我國的烹飪界卻沒有跟上。首先我們需要一段過渡時期，西班牙逐漸一點一點

調整了自己的結構，帶動起來，與其他西歐國家並肩。[18]

西班牙的每個地區都保持了自己的特性，因此這項新運動能夠以許多不同方式進行。有時候，新舊之間必須互相妥協。

巴斯克新烹調運動讓阿德利亞提到的過渡期得以實現，這項新運動並非簡單抄襲法國的新烹調。在這段過渡期，當然巴斯克大廚們創造的菜餚靈感大多來自巴斯克，使用的材料遵循了巴斯克獨特烹調傳統，直到現在也是如此。這一點並不出人意料，因為世界上沒有幾個地方的大廚能夠像巴斯克人這樣，在思考烹飪這件事的時候，充滿了理想色彩的自尊，並且希望保持完整傳統。他們堅信烹調是國家與地區遺產的一部分，而且飲膳老規矩也是巴斯克身分認同不可缺的一部分。有意思的是，一開始參與這項改革的巴斯克大廚幾乎都來自聖塞巴斯提安，而這個城市其實並不很在意保存傳統。在法國大革命之後超過一百年的時間裡，國際烹調在聖塞巴斯提安居於絕對優勢，乃至損及當地原創的本地烹飪。在這一百多年，尤其是在美好時代，聖塞巴斯提安是西班牙貴族傳統的夏日度假勝地。這些貴族的大廚與廚師，將自己的經驗技術傳授給其他從業人員，也傳給了夏季受雇在廚房幫傭的當地婦女。許多一開始就參與此項改革的巴斯克大廚，之前受到的影響包括巴斯克家庭烹飪及專業國際烹飪，因此正好有利於開展下一步。此外，他們其中許多人還出身於從事專業餐飲的家族。

這段過渡期間，在一九八〇年代早期，有幾道食譜證實了這種觀點。胡安・馬利・阿爾薩克經營自己的同名餐廳，他發明了獅子魚醬（pastel de krabarroka，獅子魚〔scorpionfish〕）這道菜，用的是番茄醬汁、經過一次分離的稀奶油（single cream）、蛋、韭蔥、胡蘿蔔、一點奶油、乾麵包渣、鹽、白胡椒。作法是經典的隔水蒸（bain-marie）法式醬糜（terrine），必須冷食，上菜時佐以蛋黃醬，醬裡加了花生油與一滴雪利酒醋。

報刊供稿人暨巴斯克作者胡安・何塞・拉彼茲（Juan José Lapitz），祖上是航越大西洋前往美洲捕撈鱈魚的漁夫。他也在這段過渡期跟隨著新運動前進，在一九八二年出版的第一本著作《吃在巴斯克》（Comer en Euskalherria），已經成為經典。接著是《巴斯克現代烹

巴斯克新烹調運動的創始人合影。

調》（*La cocina moderna en Euskadi*），這是一本食譜集，都出自一九八
〇年代末，現代巴斯克烹調的最佳餐廳，地點在聖塞巴斯提安、畢
爾包周邊及阿拉瓦省（Álava）。[19]書中的餐廳包括古莉亞（Guria）、
花籃（Panier Fleuri）、城堡（Castillo）。古莉亞位於畢爾包，大廚是
傑那羅·皮爾丹（Genaro Pildain），又稱為「鹽漬鱈魚之王」（El Rey
del Bacalao），他做的一道大廚鱈魚（El Bacalao del Chef）是分為小
分量的鱈魚，分別佐以巴斯克食譜上幾種美味醬汁：綠醬汁（salsa
verde）、皮里－皮里辣醬（pil-pil）、比斯開醬汁（vizcaina）。在這個
時候，巴斯克新烹調運動的創始十二位大廚中唯一的女性，塔圖斯·
佛貝葉達（Tatus Fombellida），在聖塞巴斯提安開了一家新餐廳，即
花籃（Panier Fleuri）。在老家倫特里亞城（Rentería），她的家族餐廳
早已經是美食的代名詞。她並沒有與老家客戶喜愛的風格完全決裂，

在自己的餐廳提供法國與巴斯克菜餚，高標準完全比照她父親的餐廳。雖然菜餚名稱不變，比如「佛羅倫斯」比目魚（Lenguado 'a la Florentina'）、「聖塞巴斯提安」石斑魚（Mero 'a la Donostiarra'）、「美式」龍蝦（Homer 'a la Americana'）、「雅文邑白蘭地」山鷸（Becada 'al Armagnac'），但是她的作法更接近巴斯克新烹調運動，這也是往後她的軌跡特色。

何塞・胡安・卡斯蒂略（José Juan Castillo），也是這項運動的發起人之一，他的經歷很有趣。他曾經在吉普斯夸省（Guipúzcoa）的奧拉維里亞（Olaberria）擁有一家同名旅館。他為巴斯克新烹調運動奉獻心力，然後買下了聖塞巴斯提安標誌性的餐廳，尼可拉斯之家（Casa Nicolasa），在大眾的要求下，他讓這家餐廳回歸更傳統的巴斯克菜餚風格。他在這裡工作了二十七年，供應的菜餚包括黑豆（alubias rojas）、馬鈴薯燉鮪魚（marmitako，鮪魚、蔬菜等做成的燉菜）、鐵鍋煎蘑菇（guibeludiñas a la plancha，學名 *Russula virescens*，變綠紅菇），以及精美的文火燉小牛胸腺（mollejas salteadas）。

運動發起人之一路易斯・伊利薩爾（Luis Irizar），於一九七六年創立了巴斯克地區第一所職業烹飪學校。這所學校發揮了關鍵功能，教育出非常成功的大廚，比如佩德羅・蘇比哈納（Pedro Subijana）。後來蘇比哈納在聖塞巴斯提安開設阿克拉瑞（Akelarre）餐廳，並擔任

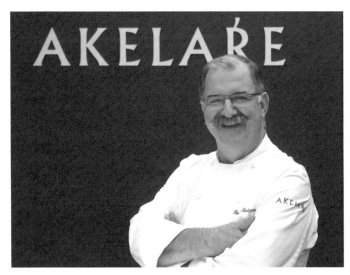

阿克拉瑞餐廳的創始人佩德羅・蘇比哈納，他是巴斯克新烹調創始人之一。

大廚。一九九〇年，他接受聖塞巴斯提安政府之邀，在倫敦的多徹斯特飯店（Dorchester）為英國新聞界掌廚。這是西班牙首次以現代美食作為宣傳推廣。在場賓客極為賞識其中一道海鱸佐以綠胡椒粒（lubina a la pimienta verde），不過這道菜依然反映了經典法國菜對於聖塞巴斯提安大廚的影響。去骨魚片以清淡醬汁煮熟，醬汁裡有紅蔥頭、綠胡椒粒、橄欖油、一些奶油、巴斯克蘋果白蘭地、一點鮮奶油。隨著時間過去，當地傳統與現代手法更加融合。蘇比哈納的「本地番茄與醃汁鮪魚沙拉」（ensalada de tomate del país y bonito marinado）看似簡單，其實並非如此。這是一道夏日的慶典：成熟恰到好處的番茄，加上全西班牙最受喜愛的高品質鮪魚「bonito del Norte」（長鰭鮪魚，學名 Thunnus alalunga）。比起其他鮪魚，這種魚的脂肪較少，先用含有檸檬皮與少量蘋果醋的醃汁醃上幾小時。這道菜需要兩種醬汁，一是番茄，調味包括鹽、胡椒、幾滴檸檬汁；二是綠菜椒，使用前要先煮幾分鐘。擺盤也很重要。首先放幾片經過正確調味的番茄，適量倒上兩種醬汁，最後小心擺上經過醃製的魚片。

在地中海與遠方

新聞記者卡門・卡薩斯（Carmen Casas）在著作《吃在加泰隆尼亞》（Comer en Catalunya）一書中強調，最好的加泰隆尼亞烹調還是在這個地區的北邊、赫若納省（Girona）的安普爾丹縣（Ampurdán），此地位於西法邊境。[20] 漸漸地，她的這番斷言範圍可再擴大到加泰隆尼亞其他地區。從那時至今，有幾位加泰隆尼亞大廚已經成為傳奇，包括已故的桑提・桑塔馬利亞（Santi Santamaría）、勢不可擋的費蘭・阿德里亞，卡梅・魯斯卡耶達（Carme Ruscalleda）、洛卡三兄弟（Roca）等人。當年卡薩斯做出如此斷言的時候，加泰隆尼亞最好的餐廳都堅守著強烈的地方傳統，而且加泰隆尼亞有許多最好的餐廳，但是這些餐廳也正在發展出更現代的手法，包括「亞維儂的亞固特」（Agut d'Avignon，在巴塞隆納）、「小艾爾多拉多」（Eldorado Petit）、「汽車旅館」（El Motel）、「費博之家的角落」（El Racó de Can Fabes，桑提・桑塔馬利亞的餐廳）。十年之後，它們的大廚又有了年輕一代的追隨

者，分布在巴塞隆納與赫若納省。新一代大廚的菜餚不但擁有強烈的地中海特色，而且他們的廚房基本原則已經跟上了法國新烹調運動及巴斯克新烹調運動。沒有多久，這些新餐廳都出了名，比如佛洛里安（Florian）、洛伊格羅比（Roig Robí）、天藍（Azulete），不只是因為它們的大廚剛好都是美麗的女子，而是因為它們的菜餚與擺盤格外別緻。[21] 在當時還有一位年輕大廚已經注定將影響全世界，他就是費蘭・阿德里亞。

桑提・桑塔馬利亞在二〇一一年去世，享年五十三歲。他的餐廳「費博之家的角落」，位於巴塞隆納省的聖瑟洛尼（San Celoni）。他也是在新烹調運動初期就加入的主廚。一九九四年，「費博之家的角落」得到了米其林三星，這是加泰隆尼亞的第一家三星餐廳。當時他已經是知名作者與報刊供稿人。《每日電訊報》在二〇一一年二月十七號刊登了一篇感人的報導，紀念他的一生，文中描述在費博之家用餐的詩意印象：

它讓他想起自己的母親，鋪開她那塊宴席專用的白色桌布⋯⋯他只用火就能變出魔術，把生鮮變成餐點。做出來的可能是一道蝦，足以使你失去一切官能；也可能是馬鈴薯魚湯，把月亮摘下來放在你的餐盤上。

桑塔馬利亞對於本地食材的熱愛，以及在他看來對最佳地中海食品及西班牙美食造成威脅的事物，最終在專業烹飪團體裡帶來了論戰與分裂。他在著作《不加矯飾的烹調》（Cocina al desnudo）[22] 中大嘆速食興起，並且猛烈批評阿德里亞全力推廣的分子烹飪（molecular cooking）。許多人認為這本書過於嚴厲，當時西班牙高級烹調才剛得到國際上的認可與讚揚，不過分子烹飪也的確引起一些疑慮，特別是其中某些材料的安全性。然而，難道是忌妒造成他如此失態嗎？了解他的人們都認為這是不可能的。他全心捍衛本地食材與地中海飲食文化，阿德里亞在事業初期也是一樣。這些真正的食物誕生於悠久歷史的傳統，吃起來是山與海的滋味；魚來自距離最近的港口、下午歸航的魚市場；蘑菇與羊羔肉產自附近山間；香腸與新鮮松露來自庇里牛

斯山下的比克城；這一切在專業的本地大廚手中，昇華進入了享樂主義的國度。

往北邊約一百公里，就是約瑟佩・普拉（Josep Pla）深愛的安普爾丹縣。費蘭・阿德里亞在這裡的鬥牛犬餐廳（El Bulli）採取的是完全不同的方式，但是也令顧客激賞。他的成績斐然，路線是完全原創的。約瑟佩・普拉被公認為當代加泰隆尼亞文學的最佳敘事者、出色的飲食評論家、傳統加泰隆尼亞食物的擁護者，如果當時他還在世，他是否會贊同鬥牛犬餐廳的烹調改革呢？只有天知道了。喜愛食物的聰明人到底有多大能力，絕不可加以低估，即使普拉也不行。不過也許在一開始的時候，普拉的確低估了這一點；當時鬥牛犬還沒有成為上千名老少大廚與飲食評論家的焦點，阿德里亞的極端高級烹調也還沒有把他送上《時代》雜誌的封面。從阿德里亞開始，西班牙的專業烹飪世界只區分為兩個時期：阿德里亞之前，以及阿德里亞之後。

鬥牛犬原名鬥牛犬莊園（La Hacienda del Bulli），位於布拉瓦海岸（Costa Brava）典型的小海灣裡，距離羅薩斯港（Roses）七公里。這家餐廳供應出色的地中海風格法國菜，從前在法國及德國饕客之中就很有名。經營者是德國醫生漢斯・史令（Hans Schilling），以及原籍捷克斯洛伐克的妻子瑪爾克塔（Marketta）。夫妻倆有一隻法國鬥牛犬，這個品種在法文口語裡就是「Bulli」。

一九七五年，尚－路易・尼謝（Jean-Louis Neichel）受聘擔任主廚及經理。尼謝受到艾倫・夏培爾（Alain Chapel）的影響很大，他的到來標誌了鬥牛犬的新方向，這條路讓鬥牛犬成為世上最具新意與創造力的餐廳。一九七六年，鬥牛犬得到了第一顆米其林評星，接著很快得到第二顆，當時鬥牛犬的風格是強烈法國影響的精緻晚餐。

一九八一年，具有遠見的新經理尤里・蘇勒（Juli Soler）雇用了二十二歲的加泰隆尼亞大廚費蘭・阿德里亞，當時他沒有什麼經驗，但是天分很高，是一名直覺型而非努力型的大廚。蘇勒也決定把餐廳的名稱縮短。於是鬥牛犬就此開始發展出自己的風格，蘇勒與阿德里亞也同時展開漫長的學習，最終他倆進入全世界最好的餐廳工作，而且學習過程也將影響各自的獨特風格與思考方式。在史令夫婦全力支持之下，阿德里亞跟從前尼謝一樣，到國外工作幾個月。到了

不斷演變的烹調。影片海報，二〇一〇。

一九八七年，年輕的阿德里亞成為鬥牛犬餐廳的主廚。

鬥牛犬餐廳在夏天營業，供應午餐與晚餐。冬天裡阿德里亞就與團隊研究明年的新菜單。一開始，靈感顯而易見都來自地中海地區，說得更精確一點，是來自安普爾丹與羅薩斯港，這個地區擁有美味的米飯、魚、加上梨或蕪菁的鵝肉，還有更繁複的菜餚，在西班牙稱為「mar y montaña」，這個詞翻譯成英文差不多就是「surf and turf」（海陸大餐）。沒有多久，鬥牛犬的菜色就看得出法國新烹調運動與其他國家烹調的影響，比如日本菜。其中有一道開心果天婦羅（tempura de pistachos）就是絕佳例子。開心果的殼可以吃嗎？好吃嗎？阿德里亞的答案是肯定的，而且全世界也同意了他的看法。

阿德里亞的第一本書《鬥牛犬：地中海的滋味》（*El Bulli: El Sabor del Mediterráneo*）出版於一九九三年。這本書讓人一窺他不斷變革的事業。此書有一章專門說明自己發明菜餚時所遵循的新道路，包括以某種藝術形式為基礎的「靈感」、對現有菜餚「改編」，還有採用從前隨意組合的不同元素，阿德里亞把最後這種做法稱為「聯合」。[23] 書中的食譜分為幾類：「Tapitas」（小菜）、「Mar y Montaña」（海與山、即海陸大餐）、「Subasta de Roses」（羅薩斯魚市場）、「El Bulli」（鬥牛犬）和「Recetas Básicas」（基礎菜餚）。鬥牛犬在午餐與晚餐前供應幾種小菜，地點在俯瞰大海的漂亮露台上。這些小食都是小小的藝術作品，不同材料與口感的組合令人驚喜，通常搭配一杯雪利酒，只有這種酒能夠完美配合這些食品。這些小食包括燻烤茄子搭麵包片（Coca de escalibada），培根與兔肋排（costillitas），當地淡菜凍（dátiles de mar en gelée）加上茴香湯，焗烤海膽（gratinados），烏賊搭配髓骨與酸模……

阿德里亞這本書收錄了幾道安普爾丹烹飪中的海陸主菜。海陸組合這種思路並不是新創，加泰隆尼亞有鹹甜組合、酸甜組合、魚與肉組合，都可以追溯到中世紀。阿德里亞在此書中寫道：「如果沒有這種交融關聯，我的烹調可能根本不會誕生。」「Tuétano con caviar」，即火烤髓骨，搭配花椰菜泥上加大分量魚子醬，保羅・波克斯評價為「一道傑出的菜餚」。還有其他諸如醋辣醃汁（escabeche）山鶉加龍蝦、紅蔥頭加鵝肝、豬蹄加上當地一種特產大蔥苗「calçots」、海參

（espardenyes）與牛肝菌，都是錯綜繁複，被眼光獨到的人群所賞識。後來阿德里亞還有許多著作問世。在他的指導之下，追隨者開誠布公討論並實踐新技術，不過偶爾會遭到評論家與其他大廚的誤解。每次他在文章與公開討論中提出新見解，爭論總是隨之而來。他在巴塞隆納的工作室（taller）令人難忘，食材儲藏室裡不斷加入大家從來沒聽過的新材料。最重要的是，與此同時，來自西班牙與許多國家的眾多

費蘭・阿德里亞，在專業餐飲界推動了食物革命的人。

年輕大廚，也在鬥牛犬廚房裡那座牛頭雕塑的莊嚴目光下受訓學習。

　　鬥牛犬多年處於創新尖端，在那個時代裡，它可能是世上最有名的餐廳；二〇一一年，它為一群朋友做了最後一次晚餐。費蘭・阿德里亞、已故的尤里・蘇勒，還有鬥牛犬餐廳，已經完成了自己該做的事。後繼者是洛卡之家（Can Roca），它本身在國際上就居於領導地位。在這家餐廳，洛卡三兄弟提出的飲食思想非常不同於鬥牛犬時代，但是他們所做每一件事的核心依然是創造力與新意。

　　阿德里亞總是充滿新點子，永遠有話要說，現在完全專注在教育以及飲食的未來發展。他不坐待歷史為他的偉大貢獻做出評斷，他已經在飲食史上擁有精采而根本的地位。而現在，他做的是思考與講述。

　　由於有了充滿改革精神的巴斯克與加泰隆尼亞第一代與第二代大廚，以及在西班牙各地奮鬥的大廚，西班牙的餐廳與旅館業（la restauración española）在世界上才能繼續以同等的速度、甚至更快的腳步前進。從中世紀加泰隆尼亞稱霸地中海地區以來，局面曾經與現在完全不同。在創始期發揮了影響力的前輩，現在開始觀察深具天分的第三代西班牙大廚，包括胡安・馬利・阿爾薩克的女兒伊蓮娜・阿爾薩克（Elena Arzak）、巴斯克地區穆加利斯餐廳（Mugaritz）的安東

納丘‧曼薩諾以現代手法完成傳統食物。

尼‧路易斯‧阿度利斯（Andoni Luis Aduriz）、阿斯圖里亞斯馬爾希
爾之家（Casa Marcial）的納丘‧曼薩諾（Nacho Manzano）、里奧哈伊
查倫餐廳（El Echaurren）的法蘭西斯‧潘尼耶戈（Francis Paniego）等
等。現在西班牙大廚不只在西班牙餐廳大放異彩，也領導著許多其他
國家的知名餐廚。此外，評論人員與饕客也在尋找不同的飲食體驗。
最近幾年裡，西班牙大廚比從前更能自由發揮，培養自己的個人風格。
其中有人決定追隨大師的腳步，也有人選擇回歸自己的背景，也就是
母親的食物以及自家菜園栽種的食材。他們很清楚自己要做什麼，也
明白要如何說服他人加入，如今他們的菜單來自巴斯克、卡斯提亞、
加泰隆尼亞、加利西亞。

【第八章】
西班牙的地方烹調

　　直到進入二十世紀，許多大廚與飲食作家還在辯護，聲明西班牙地方烹調真的存在。他們相信地方烹飪傳統曾經挽救西班牙免於國際風入侵，因此這些傳統真正能夠代表純粹的西班牙食物。不過他們卻沒料到，到了二〇一七年，使用地區性西班牙這樣的字眼已經是政治不正確的行為了。本書開頭曾經提到，在一九七八年，西班牙原本的政治區域劃分變成了自治區制度、寫入了新憲法，並且由西班牙人投

一九七八年的西班牙自治區劃分。

票通過。那麼西班牙各地區烹調（Las Cocinas de España）是否還能保有「地區」這個字眼呢？或者應該稱為西班牙烹調，但是在各地改以當地語言稱呼之？可惜的是，往昔前輩諸如拉臘、巴爾達荷、多曼尼克、帕哈貝女侯爵、「御廚」、普拉等人已經遠去，不然對於這個複雜的問題，他們必定會提出自己的答案。

　　西班牙某些地方烹調使用的許多材料都是一樣的，不過有些地方烹調更強烈獨特。每一種地方烹調的食物都是由不同的地理、氣候、水土、傳統，當然還有歷史，層層堆積而成。如果要繪製一張西班牙烹飪地圖，以上這些方面都要列入考慮，至於分離的民族主義訴求以及情感，雖然必須知道它們的確存在，但考慮時則要排除在外。地方烹調承認自己的獨特性並且加以捍衛，同時彼此之間又有相同的歷史與文化，它們都屬於同一張複雜的飲食地圖，這張地圖包括了伊比利半島、巴利亞利群島及加那利群島。每一種地方烹調傳統都有一道燉菜、一道馬鈴薯煎蛋餅，這兩樣是西班牙可稱為「國菜」的極少數菜色之一。每一種地方烹調傳統也都有風行的「tapas」小吃、一盤可口的米飯、好麵包、節慶食物，以及一杯當地出產的好酒。

西班牙地方烹調的過去與現在

　　不久前，記者請教一位知名巴斯克大廚，當他在加泰隆尼亞與其他大廚旅行的時候，喜歡在哪裡吃飯。他的答案是「西斯班尼亞」（Hispania），這家餐廳的主理人是琶克塔・瑞薩克與羅莉塔・瑞薩克姊妹（Paquita and Lolita Rexach），她倆在這裡烹調純正的加泰隆尼亞菜餚已經有五十年。如果這個問題是他和朋友在巴斯克喜歡在哪裡吃飯，他大概會回答：「在聖塞巴斯提安的某個美食社團。」

　　在情感上，西班牙人很依戀自己的出生老家以及兒時的食物，而且他們的依戀方式與表現十分不平常。在西班牙，每個村莊城鎮都有自己的特產菜餚，或者某道常見菜餚的獨特版本，而在當地人、特別是在移居國外的子民心目中，這道菜就是人類所能吃到的無上佳品，尤其是自己的母親親手做的，更是如此。這種情況與心理可能不是西班牙獨有的，不過的確是一項要素，在我們討論西班牙飲食的時候，

必須加以鄭重考慮。這種愛鄉之情（localismo）以老家的傳統菜餚為根源，說得更精確一點，是地方郡縣（comarca）的飲食傳統。地方郡縣指的是一個自然區域，區域內擁有相同的地理、氣候、土壤、農業與市集，轄下有數個市鎮。由於十九世紀開始有了鐵路，在一九五〇年代又開始建設主要道路，地方烹調可說是首次遭遇來自外部的影響。西班牙在中世紀曾經有國內遷移，從北方移往南方充實人口，在接近現代的時期又由比較貧困的南方移往工業化的北方與東北方，在這些過程裡，地方菜餚可能曾經跨越起源地的自然邊界，產生交流與影響。

　　如果要了解西班牙地方烹調，就必須回到從前，對於每個地區的特點加以辨認並定義。不過由於西班牙各地區多樣而獨特，這件事很不容易。最好的方法是仔細爬梳地方烹飪的每一塊拼圖，才能在腦海中畫出一幅飲食地圖，這份飲食地圖能夠跨越現實中的郡縣邊界，發現新風景與市集城鎮、新的人群、材料、食譜，甚至新的炊具。自然邊界在過去曾經促進並保護了各地特性，尤其是在鄉間；現代交通工具與新築的道路已經打破這種自然邊界，但是許多當地市集上依然出售本地生產的食物，以及流動商販帶來的少量鄰近地區產品。不過很遺憾的是，這種市集也面臨危機了。

從咆哮的大海到高地

　　從加利西亞到法國邊境，這一片是「綠色西班牙」，永恆不變的特色是咆哮的大海、古老山脈，以及伊比利半島上最好的牧草地。西班牙文稱為「maíz」的玉米從美洲傳入之後，就一直在這裡種植以供人類與家畜食用。這些地區都熱愛白豆、紅豆、黑豆、豬肉與豬肉製品，也都熱愛乳酪；最有名的乳酪，包括加利西亞的帖提亞（Tetilla）、阿斯圖里亞斯的卡伯拉勒斯（Cabrales）、坎塔布里亞的克蘇寇斯（Quesucos）、巴斯克的伊迪亞薩瓦爾（Idiázabal）等等。此地冬季潮濕，所以加利西亞與阿斯圖里亞斯的農家歷來必須燻製豬腿、乾辣椒香腸、血腸等。在坎塔布里亞與巴斯克，煙燻就比較少見。比斯開灣裡的海產以及航越大西洋捕撈的魚類，一向暢銷，包括介殼類、無鬚鱈魚、

在加利西亞與阿斯圖里亞斯，玉米儲藏在傳統的石砌穀倉裡。

鮟鱇魚（monkfish）、鰈魚（turbot）、鰹魚（white bonito）、沙丁魚、
鰻魚、章魚、墨魚。如果從陸地或高地望向大海，很容易就會以為這
一片北方地區沒有什麼不同，但事實上遠非如此。這裡充滿了迷霧與
神祕故事，每一個區域都有自己的悠久歷史與傳奇、人民的個性、語
言與烹調方式，都是獨特而原生的。

加利西亞、阿斯圖里亞斯、坎塔布里亞、巴斯克

　　加利西亞鄉間瀰漫著海洋與柴火堆的氣息，還有松樹與尤加利樹、
海鮮與玉米麵包。長得很高的包心菜點綴田間，這種包心菜的菜葉為
本地熱騰騰的清湯與豐盛燉菜增色。伊比利半島西北端的土地，是由
古老的繼承法所分割的。小農的農莊（minifundia），以及沿海一帶原
始粗獷的大自然，在這片地景上留下了痕跡。

　　古代的入侵者與開拓者相信這裡是「finis terrae」，世界的盡頭。凱爾特人選擇在此定居。在內陸，基督教城市聖地牙哥—德—孔波斯特拉（Santiago de Compostela）靜待朝聖者到來，並承諾賜予救贖。這些朝聖者渴望親吻聖徒的衣袍，然後得到長久的歇息，共享一杯本地產的阿爾巴利諾、瓦爾德歐拉斯，或者里貝若（Albariño、Valdeorras、Ribeiro），吃一份全西班牙最好的西班牙煎蛋餅。這座中世紀大學城早已習慣照料過路訪客，朝聖者在此停留期間，數百家小餐館隨時敞開大門，供應好吃的麵包與各色菜餚，使用的原料是馬鈴薯、栗子、牛肉、蕪菁葉、醃製與煙燻豬肉製品，尤其還有魚及介殼類。沿著海岸線上，灰色的石頭房子、層層疊疊的綠色和雨天的灰色，襯托出明亮燦爛的海水色澤，以及加利西亞始終如故的谷灣（ría）海岸。現在全身黑衣的婦女跟在牛車後步行的景象已經逐漸消逝。

　　對漁夫來說，生活也變得大不相同了，卻不一定都是好事。西班牙漁船隊伍已經不如往昔，如今在競爭與配額壓力之下不得不改變。但是加利西亞依然處處有漁港與魚市場（lonja），在這裡每天有兩次漁獲拍賣，供應給餐廳，也供應當地市場及內陸大城市的市場，尤其是在馬德里。在加利西亞，海產是賺錢的行業，而且也以許多不同方式精心烹調。無鬚鱈魚用於油炸，或者與馬鈴薯一起燉，還要加上大蒜紅椒粉醬「ajada」，這是以橄欖油、大蒜、乾紅椒粉做成的醬料，新鮮扇貝與淡菜也很受歡迎。最近幾十年，扇貝與淡菜已經在加利西亞海岸養殖成功，都是在大片的谷灣裡，上面有遮蓋。這些谷灣經常被拿來與浪漫的挪威峽灣作比。加利西亞淡菜及扇貝、叫做「nécora」的香腴小螃蟹，還有最新鮮的海螯蝦（langoustine），在魚市上各擅勝場。長長的細沙海灘退潮的時候，地平線上出現另一種朝聖者，那就是前來尋找蛤蠣與蟶子的婦女，這些貝類躲藏在海沙中或者淺水裡。飽經浪濤的岩石此時有部分露出海面，膽大的男人就從海崖頂往下爬，到這些岩石上尋找野生淡菜與鵝頸藤壺（goose barnacle）。在西班牙，鵝頸藤壺即「percebe」，被視為大海中最珍貴的食品。

　　在加利西亞內陸，豐盛的一天從包心菜與馬鈴薯清湯開始，這種湯稱為「caldo」，以一小塊豬脂油（unto）增添風味，它釋放出來的味道非常獨特，外地人嚐起來只有愛或恨兩種反應。這道肉湯有很多版

＼ 燉菜 ／

　　如果要選出一道菜代表西班牙地方烹調，那麼應該就是燉菜（cocido），或稱「olla」。卡斯提亞語裡的「cocido」來自動詞「cocer」，即煮熟之意。「cocido」其實並非單指一道菜，而是一類菜，大部分都包括蔬菜、莢豆類、義大利麵食，還有肉類與香腸，在全國各地區有不同配方，而且在各地烹調傳統中自有當地語言的名稱，比如在加泰隆尼亞稱為馬德里燉菜（cocido madrileño）或者燉肉菜（escudella i can d'olla），在阿斯圖里亞斯稱為「pote」，在坎塔布里亞稱為高地燉菜（cocido montañés），在安達盧西亞稱為「puchero」。從每一家燉菜裡的肉類品質與多寡，可看出這戶人家的經濟情況。肉類通常包括牛肉、雞肉、香腸。有些燉菜分成三道上菜：湯、蔬菜與莢豆類、肉與香腸。通常第一道清湯裡會加上義大利麵食。在馬德里，這些肉類要加上現做並煮過的番茄醬汁，因為長時間燉煮往往使得肉類有點太乾。卡斯提亞與加泰隆尼亞的燉菜基本原料是鷹嘴豆；加利西亞、阿斯圖里亞斯，甚至加泰隆尼亞用的是其他豆子，比如四季豆（haricot）或者加泰隆尼亞的白腰豆（ganchet）。

　　有些歷史學家相信，由於燉菜作法簡單而且材料眾多，所以這類菜應該是同時誕生於許多不同地區，是一種徹底利用當地物產的烹調方式。也有歷史學家認為它應該是中世紀的燉牛肉（olla podrida）演變而來的樸素版，甚至它的起源還可以追溯到「adafina」，即西班牙薩法迪猶太人的一道燉菜，每逢星期五做好，在安息日食用。猶太廚師製作「adafina」時，先將菠菜或酸模在橄欖油中燙熟，油裡還有羊羔肉或山羊肉片、幾捧已經泡過水的鷹嘴豆、若干帶殼的全蛋。然後加水將這些材料蓋過，並加上調味料。為了遵循猶太律法對於安息日的規定，這道菜要放在微弱的餘炭上慢煮。鍋蓋上要堆滿熱的餘炭，這樣可以慢火煮熟，又能保持熱度直到第二天。

　　一九五〇年代末，新發明的壓力鍋為西班牙尤其是城市家庭主婦帶來了自由。到了今天，已經很少用烤爐製作燉菜，烹製長時間燉煮的傳統菜餚時，依然經常使用壓力鍋。如果想在馬德里找到餐廳供應好吃的馬德里燉菜，雖然不容易，但是也並非不可能。最好的燉菜必須一做好就上桌，否則鷹嘴豆的熟嫩、馬鈴薯與肉的質地都會受影響。在完美的燉菜國度裡，絕對禁止重新加熱。如今在地方上被稱為「restaurantes económicos」的本地小餐廳裡，依然供應不同的傳統菜餚，包括許多「cocido」與其他燉菜，而且幾乎每天都不一樣，比如星期一是馬德里燉菜、星期二阿斯圖里亞斯燉菜（pote asturiano）、星期三

> 加泰隆尼亞燉菜（escudella）、星期四扁豆燉乾辣椒香腸、星期五守夜湯（potaje de vigilia）、星期六火腿燉白腰豆（fabada）、星期天米飯（arroz）或者鐵鍋飯（paella）。

本，因為家庭、酒吧、餐廳都供應它。有趣的是，「caldo」也用來指另一道菜，更接近全西班牙到處都有的傳統燉菜「olla」與「cocido」。這道菜用的材料是白腰豆、馬鈴薯、蔬菜，以及滋味濃郁的豬肉部位比如肋排、尾巴、耳朵、後肘，加上大量的當地乾辣椒香腸切片。還有一道經典加利西亞菜餚的主要材料也是綠色蔬菜與豬肉，稱為豬前腿與蕪菁葉（lacón con grelos），用的是蕪菁葉與煙燻的鹹「lacón」，即加利西亞語所稱豬的前腿。直到不久前，加利西亞還被視為西班牙最窮困的地區之一，但是在舉行充滿美食的歡欣慶典時，從不吝惜；這類節慶是夏季的特色。此地有上千種不同的節慶與聖像遊行（romerías），期間有紀念聖徒與聖母的野餐。加利西亞的節慶食物是章魚。任何名目都能讓人們燃起灶火、架起大銅鍋，鍋裡煮的是當地捕撈個頭頗大的章魚。有專門的小攤烹製白灼章魚（pulpo á feira），這是一層煮熟的馬鈴薯淋上橄欖油與乾紅椒粉，再鋪上現煮章魚。還有一種廣受喜愛的食物是餡餅餃（empanada）。在加利西亞沒有人能想像哪一次夏季遠足、海灘出遊、家庭聚餐居然沒有餡餅餃。餡餅餃使用玉米粉或小麥麵粉，餡料按照不同的季節漁獲，可能是沙丁魚、鮪魚、淡菜或烏蛤、鹽漬鱈魚加無籽小葡萄乾與番紅花。還有些餡餅餃的餡料是鴿子、野兔、家兔，或者雞肉。此地盛產栗子，廚師用新鮮栗子做成濃郁的醬料，當作小型野鳥與閹雞的填料。西班牙很多地區在聖誕節吃的是閹雞，填料包括杏乾、李子、甜栗。塞滿填料的閹雞塗上豬脂油，放在烤爐裡烤熟，吃的時候搭配非常細緻的栗子泥。聖雅各糕（tarta de Santiago）用杏仁做成，最近有些飲食作家認為，它與西班牙驅逐猶太人之前居住在加利西亞的眾多薩法迪猶太人有關。不過到目前還沒有文字記載可以證明這一點。

從十四世紀開始，西班牙王位繼承人的稱號一直是阿斯圖里亞斯親王或者公主，其封地位於加利西亞、坎塔布里亞、雷昂之間。這裡

是一片經典的美麗草場，長年籠罩在水霧之中。狹長海岸上點綴著西班牙北方最浪漫的地點，背倚連綿高山，山中有河谷切割而過，唯一打破寧靜的是偶爾的採礦聲。這裡食物豐盛充足，幾百年來餵飽了此地的農夫、漁民、礦工。阿斯圖里亞斯與比斯開灣其他地區的主要差異可能是這裡土地的影響力大於海洋。與其他地區比起來，在阿斯圖里亞斯身為農夫的確是很值得自豪的。倒不是說在這裡捕魚並不重要，只不過和農耕比起來，捕魚還是第二位。

在阿斯圖里亞斯以及西班牙其他地方，現在很流行屬於船型麥（hulled wheat）的古老穀物，包括單粒麥（einkorn，*Triticum monococcum*）、二粒麥（emmer，*T. dicoccum*）、斯佩爾特麥（spelt，*T. spelta*）。在阿斯圖里亞斯的考古發掘已經讓學界開始重新思考小麥相關理論。由於阿斯圖里亞斯受到大西洋天氣影響，直到不久之前，研究新石器時代農耕及小麥傳統耕種地區的學者對此地還沒有什麼興

阿斯圖里亞斯，庫迪耶羅港（Cudilleros），人們在廣場的陽傘下享用蘋果酒與扁鯊（pitxin）。

趣。現在考古學家在阿斯圖里亞斯已經發現西元前五千年的穀物花粉，這是因為船型麥可以適應此地不利的氣候環境。船型麥有堅韌的穎片，能夠保護內部的麥粒免於天氣影響，而且利於儲存。船型麥可以在貧瘠土地上生長，對於疾病有抵抗力。現在阿斯圖里亞斯是西班牙唯一從古到今一直耕種古老麥種的地區。這裡的農民收穫小麥時依然以手工摘取麥穗，或者使用木棒製成的傳統工具「moseria」。

　　人們常說，阿斯圖里亞斯烹調與西班牙其他地方烹調有關的就是兩種主菜，「pote」與「caldereta」。「pote」是「cocido」燉菜的一種。「caldereta」是地方菜，是漁民烹製的魚燉馬鈴薯，在西班牙的大西洋與地中海沿岸都有類似菜餚。在加利西亞、法國西北部，以及與阿斯圖里亞斯食物有點關聯的愛爾蘭都有這道菜，畢竟這些地區都是凱爾特人的土地。

　　在阿斯圖里亞斯首府奧維耶多，每家酒吧的菜單上都有「pixin」，即煎過的扁鯊，搭配一兩杯當地的蘋果酒。蘋果酒是此地很多魚類菜餚的主要材料，其中一例就是在蘋果酒裡烹製的鯛魚（chopa a la sirda）。還有一道菜已經是阿斯圖里亞斯的代名詞，那就是「豆子煮蛤蠣」（fabes con almejas）。在遠離海岸的內陸地區則有湍急的河流，從高山奔騰而下的河水裡，盛產鱒魚與鮭魚。許多食譜使用玉米：鱒魚先蘸滿玉米粉，然後在以培根增香的油裡炸熟。玉米粉還用來製作油炸薄餅（torto），這是類似墨西哥玉米薄餅的麵餅，通常油炸。在阿斯圖里亞斯，玉米麵包稱為「borona」，還有同樣受到喜愛的美味稠粥稱為「farrape」，這種粥的材料是玉米粉、水、鹽，在過去曾經餵飽了最底層的窮人。

　　阿斯圖里亞斯烹飪很快吸收了來自美洲的物產，而且成果豐碩。玉米在一六〇四年到達阿斯圖里亞斯，馬上就開始種植在小麥難以生長的地區。到了十七世紀末，玉米已經大大改善當地人的膳食。這裡跟加利西亞一樣，要是鄉間沒有了石砌穀倉（hórreo）會令人無法想像，這種傳統的花崗岩與木材穀倉豎立在椿子上，裡面儲藏著採收的玉米棒。「Fabada」是應該在冬天裡吃的一道燉菜，主料是豆子，以煙燻鹹肉增添風味。飲食歷史學家內斯托爾・盧杭（Néstor Luján）、胡安・佩路丘（Juan Perucho）[1]，以及許多飲食作家都認為，這道菜是

西班牙地方烹調的主力之一。最好的阿斯圖里亞斯豆子稱為「fabe」，是美洲白腰豆（de La Granja）的一個品種[2]，不可與發現美洲之前即存在的「fava」混為一談。這道燉菜的鮮豔橘色來自添加的乾辣椒香腸，以及加了一點番紅花的煙燻血腸。

在首府奧維耶多，城中心的主教座堂、聖方濟各廣場，還有當地糕餅店都是訪客必到之處。當地家中自製的糕餅與甜食通常只有米布丁、小蛋糕、蘋果或榛子蛋糕。細緻如蕾絲、薄如紙的薄煎餅（frixuelos），在阿斯圖里亞斯又稱「fiyuela」及「fayuele」（類似可麗餅），一直都是狂歡節期的食品，在阿斯圖里亞全境都有。這種點心在西班牙其他地區也有不同名稱：在加利西亞是「filloa」，在卡斯提亞是「hojuela」。十七世紀的御廚佛朗西斯科・馬丁尼斯・蒙提涅羅在《烹飪與製作糕點、麵點、蜜餞之藝術》裡收錄了他稱之為千層炸麵點心（fruta de fisuelos）的食譜，材料是牛奶、葡萄酒、麵粉、蛋、鹽，以大量豬脂油煎熟，撒上蜂蜜或糖。[3]他很有可能為他的雇主阿斯圖里亞斯親王、即未來的費利佩三世做過這道點心。蒙提涅羅十分重視細節，關於薄煎餅煎熟時的質地與顏色，他為讀者提供了大量描述。阿斯圖里亞斯的米布丁起源已經無法追溯，上有一層獨特的焦糖薄殼。「Casadieles」是油炸甜味麵點，中間包著核桃泥，據信起源於古羅馬，不過大部分現代的阿斯圖里亞斯糕餅店與糖果店認為是十九世紀的產物。奧維耶多的千層杏仁甜點（carbayones）用的是千層酥皮、檸檬皮、杏仁。

坎塔布里亞位於阿斯圖里亞斯與巴斯克之間，盛產牛奶與檸檬。它的過去與卡斯提亞關係密切，因為它是卡斯提亞的主要出海口。今天它是成功的自治區（autonomía），境內高山綿延。歐羅巴山（Picos de Europa）俯瞰著眾多優美河谷裡的日常生活，不過山脈在這裡的位置比起阿斯圖里亞斯稍微靠後一點，所以山與海之間的銜接比較緩和。

在坎塔布里亞，人們說到「montañés」這個字的時候必定帶有敬意。這個字指的是人們出身的山脈，也指當地一道豐盛的燉菜，主要材料包括本地產的青翠包心菜、肉類及鷹嘴豆。與坎塔布里亞有關的菜餚還有「olla ferroviaria」燉菜，「ferroviaria」這個名稱來自煤炭爐上用的炊具，在從前通常是火車司機與車掌在鐵路上工作的時候使用

的。當蒸汽火車在旅途中前進，前方火車頭一路傳來烹煮食物的誘人香味，混合著乘客攜帶的馬鈴薯煎蛋餅、冷的烤雞腿、蘋果的香氣。通常男人們以皮製酒囊帶了南方產的葡萄酒，不時在旅客之間傳遞共飲。雖然這種別出心裁的炊具在很久以前就已絕跡了，但是在馬塔波爾克拉鎮（Mataporquera）每年一度的競賽上，依然可以品嘗不同的「ollas ferroviárias」燉菜。

拉雷多（Laredo）、科米亞斯（Comillas）、桑坦德（坎塔布里亞的首府）以及古城散提亞納德瑪（Santillana del Mar）每年夏天都吸引數千遊客前來尋找美食，並探訪史前遺跡阿爾塔米拉洞穴。拉雷多海灘上壯觀的烤肉野餐十分誘人，當季的新鮮沙丁魚在火紅餘炭上很快就能烤熟，香氣令人無法抗拒。坎塔布里亞人炸魚的手法和安達盧西亞人一樣高明，事實上一開始他們就是向後者學來的。當地所稱的「rabas」是以橄欖油炸的墨魚，香酥鮮嫩，而且當地廚師並不是將墨魚切成圈，而是切成薯條狀。

在初夏時分，非常適合為了鯷魚走訪漁村或酒吧。新鮮鯷魚稱為「bocate」，鹽漬鯷魚在當地稱為「anchoa」。在同一個海灣與拉雷多位置相對的是桑托尼亞（Santoña），這裡差不多一半居民是義大利姓氏。在十九世紀，有些西西里家庭移居到這個地區，並且帶來了自己的家庭加工業，很快就成為西班牙北部海岸的重要產業；他們比當地人更懂得如何製作鹽漬鯷魚。

這裡的甜點以奶製品為主，家庭廚師與生意興隆的傳統餐廳都會製作。炸牛奶（Leche frita）聽起來不怎麼吸引人，事實上絕非浪得虛名。最好的用料是乳脂含量極高的白醬（béchamel，或音譯為貝夏媚），這種醬汁是以當地農場的奶油與牛奶製成，此外還有麵粉、糖、當地的檸檬皮。待凝固之後，切成小正方塊，裹上一層薄粉保持形狀，蘸上蛋液，以橄欖油炸。坎塔布里亞鄉間距離海岸不遠的地方，就有茂盛的檸檬，這一點令人驚訝。盛產檸檬的這些地方也距離坎塔布里亞與巴斯克的天然邊界不遠。

要是隨便問一位西班牙人，西班牙什麼地方的食物最好，答案都是巴斯克。巴斯克的準則是食物與人並存並重，甚至到了執著的程度。在這裡每個人都可能是深具潛力的廚師，無論業餘還是專業，無論男

女。

　　起源成謎的巴斯克人，從史前時代就居住在這片土地，位置靠近庇里牛斯山脈西端。巴斯克歷史上有六個省，其中三個位於山脈北邊的法國境內。西班牙境內沿著海岸往西，依次是吉普斯夸省（Guipúzcoa）、比斯開省（Vizcaya），第三個省即阿拉瓦省（Alava）位於內陸。雖然西班牙與法國的巴斯克人都說同一種語言，都熱愛各種椒類，但是法國巴斯克人喜好肉類烹調，而西班牙巴斯克人的大部分食譜以魚為主。[4]

　　要精確定義巴斯克地方烹調並不容易。巴斯克烹調有幾個不同的靈感來源，從農民菜到上層資產階級飲食都有，而且一直忠於傳統與慣例。內陸的阿拉瓦省與沿海的吉普斯夸省及比斯開省在烹調上有些許不同，但是這三個省分都以使用當地當季物產為傲。隨著春天上市的是嫩豌豆，愈小愈好，都是由當地農場（caserío）的菜園供應。當地菜餚諸如小豌豆燴青蔥（guisantes salteados con cebolletas）並不需要火腿增添風味，而西班牙的蔬菜與豆類食譜通常加火腿。在初秋引人注意的是新鮮豆子，因為顏色淺，所以這種豆子在納瓦拉與里奧哈

稱為「pocha」，不過吉普斯夸省的托洛薩（Tolosa）種植的黑豆（alubia），才是當地農場菜色的主角之一。在巴斯克以及納瓦拉北部，每隔幾公里就有一處這種當地農家。這些小農莊都是獨立的經濟與社會單位，而且一直是此地鄉間生活的中心。在巴斯克人心目中，農莊象徵善良，保護著裡面的一切。每一處農莊都有自己的名稱，通常以主人的姓氏

在坎特布里亞的海岸，魚類加工是代代相傳的技藝。

命名。直到不久以前，黑豆還是此地一年到頭每天必吃的食物，同燉的有豬五花、洋蔥、一點橄欖油、豬肋排、血腸、當地的包心菜與大蒜。吃的時候搭配醃漬的「piparra」辣椒，這種醃辣椒是趁青綠時採收做成的。

　　幾世紀以來，巴斯克男性一直在尋找合適地點和哥兒們聚會吃喝。在巴斯克，從中世紀就有的蘋果酒屋（cider house），以及從十九世紀開始的美食社團（gastronomic society），現在都還很興盛。在距離聖塞巴斯提安不遠的阿斯提加拉加（Astigarraga）這類小城，蘋果酒屋對大眾開放的季節通常是一月至翌年四月，正是蘋果酒的裝瓶季節。在蘋果酒屋，顧客直接從發酵製作蘋果酒的大木桶裡取酒品嘗。有時候顧客自帶牛肋排（chuletones）或者大的海鯛，在共用廚房裡燒烤，這種廚房已經是蘋果酒屋的同義詞了；他們也品嘗廚房提供的菜餚，比如煎鱈魚與鹽漬鱈魚煎蛋餅。鹽漬鱈魚煎蛋餅實際上比聽起來美味多了，材料是小火煎軟的甜洋蔥與綠菜椒、已脫鹽的鹽漬鱈魚切片、雞蛋。

　　　巴斯克烹調除了烹製魚類的技巧之外，在烹製肉類、蔬菜、無數甜點與醃漬食品方面也有特殊技術，但是真正為它帶來獨特個性與自尊的，當然是製作烹調海產。

　　這段話出自西班牙科學家、史學家、哲學家與作家格瑞戈迪歐·瑪拉農（Gregorio Marañón），在一九七九年為《妮可拉薩的烹飪》（*La cocina de Nicolasa*）寫的介紹前言。

　　在巴斯克，人們談論魚的品質、種類、新鮮度，就跟談論天氣一樣，而且就像對政治一樣熱情投入。在聖誕節期，幼鰻（angula）及鯛魚（besugo）漲到了天價。用陶鍋烹調幼鰻只需一分鐘，材料是橄欖油、大蒜、乾紅辣椒。

　　當夏天來臨，就該慶祝鮪魚到來了。「Marmitako」是一道漁夫燉菜，使用馬鈴薯、番茄、綠菜椒、稱為「bonito del Norte」的淺色鮪魚（長鰭鮪魚〔albacore〕或〔longfin tuna〕）。「貝爾梅奧式」（al estilo de Bermeo）新鮮鯷魚則是一道與朋友共享的菜餚。作法是每個人帶三、四條鮮鯷魚，用一口裝滿熱橄欖油、紅辣椒與大蒜的陶鍋，輪流把自

己帶來的魚煮上一分鐘左右。

巴斯克人非常喜愛無鬚鱈魚，只要新鮮，無論油炸還是以烤爐烘烤都可以，不過只有美食社團的耐心與微妙風格才能把綠醬無鬚鱈魚（merluza en salsa verde）做成一道真正令人肅然起敬的菜餚。這些秉持平等精神的社團遍布整個巴斯克地區以及納瓦拉與里奧拉。男性在這些社團裡玩牌、唱歌，最重要的是做菜吃。美食社團興起大約在兩百年前，不過現代巴斯克生活改變劇烈，影響了它們的存續。美食社團直到不久前都還是女性勿入的地方，現在每星期有固定日子讓社團成員邀請女性賓客前來用餐，不過女性依然不能進入廚房。據這些堅持保衛社團真正精神的成員說，「女人會擾亂那份和諧」。對他們而言，這是由男人創造、屬於男人的空間，他們在這裡烹製食物給自己享受，也給其他男人品嘗。他們向自己的母親與祖母學會這些菜餚，而且使用的炊具通常是傳統陶鍋。這些社團的特色菜除了魚，還有小型野味。

有些飲食作家說，巴斯克地區流行小型野味菜餚多少是因為當地有打獵傳統，而非真正愛吃野味；但事實可能並非如此，在巴斯克，小型野味烹調很顯然受到法國影響，也受到納瓦拉北部與里奧哈的影響。蘋果醬燴鵪鶉（codornices con salsa de manzana，醬汁材料為蘋果、胡蘿蔔、洋蔥、韭蔥、白葡萄酒、蘋果酒、當地白蘭地）這道菜囊括了巴斯克飲食背後的所有思想，也含納了蘋果酒屋及美食社團。

每年一月十九日傍晚，聖塞巴斯提安的美食社團全部打開大門迎接會員，準備慶祝打鼓節（La Tamborrada），這可能是一年裡最重要的節慶。許多身著古代軍隊制服與大廚白衣的鼓手小隊，在老城裡徹夜遊行。這些鼓手與大廚小隊稱為「Tamborrada」，來自各美食社團，遊行結束後他們就供應晚餐。關於打鼓節的起源有很多說法。有些人相信起源於拿破崙戰爭時期，當時聖塞巴斯提安城牆內士兵比平民還多，每天早上五點鐘，城裡的麵包師傅都前往一座公共飲水井取水，同時衛兵也正在換崗。有時候，麵包師傅應和著衛兵的鼓聲節奏，半開玩笑拍打自己的水瓶與水桶。現在這些鼓手小隊裡的廚師，是否就代表了當年那些麵包師傅呢？也有其他人堅持別的起源說法。鼓手小隊是否源自狂歡節的滑稽樂隊（charanga）？這些樂隊穿著五顏六色的服裝在街上遊行，一面唱歌諷刺當權者。可以確定的是，聖塞巴斯提安最

聖塞巴斯提安，打扮成大廚與士兵的人群慶祝打鼓節。

早的美食社團之一「手藝人聯合會」（Unión Artesana），在一八七一年就參與發起了打鼓節。在一月十九日，美食社團會供應傳統甜點比如乳酪加核桃楹梓醬，然後是「甜凝乳凍」（mamia）、巴斯克蛋糕（pastel vasco）及杏仁蛋奶糊（frangipane）。

　　距離聖塞巴斯提安不遠，在庇里牛斯山腳，遠離塵囂的納瓦拉當地農場上，巴斯克的老奶奶依然製作古老的核桃醬（intzaursalsa），這是用核桃、糖、肉桂、水、牛奶做成的甜味核桃酪。首先將核桃包裹在白色厚布裡，用木槌壓碎直到變成質地細膩的醬。將核桃醬及肉桂粉放在滾水裡煮，直到水分幾乎完全蒸發，這個時候加進糖與牛奶，繼續煮至質地濃稠，並且呈清淡鮮奶油狀，然後撒上一點肉桂粉即可上桌。

▌庇里牛斯山一帶

　　沿著西班牙的庇里牛斯山腳，在納瓦拉北部、亞拉岡北部、加泰隆尼亞西北部，有許多小城。與這些小城名字有關的事物包括天主教會、前往聖地牙哥—德—孔波斯特拉的朝聖路線，還有法國人與巴斯克人在中世紀的戰役，這些小城包括哈卡（Jaca）、拉塞烏杜爾赫利（La Seu d'Urgell）、龍塞斯瓦耶斯（Roncesvalles）。

　　從庇里牛斯山開始、前往里奧哈與卡斯提亞—雷昂的聖雅各朝聖之路分為兩條，其一從納瓦拉的龍塞斯瓦耶斯出發，另一條從亞拉岡的哈卡出發。這兩條路線最後在蓬特拉雷納（Puente la Reina）會合，亞當・霍普金斯在他感動人心的著作《西班牙旅行》裡稱這座小城「位於世界上最美好的鄉間」。[5]

　　在中世紀，來自法國的天主教修會設立了一些修道院與醫院，為朝聖者提供免費的簡單膳食，這些數百上千的朝聖者的旅途漫長，他們翻越庇里牛斯山，前往終點聖地牙哥。春天裡，高山的冬雪初融的時候，朝聖者就開始越過國境，當地人則靜靜開始在溪中釣魚，採集蘑菇。

▌上厄波羅：河邊的菜園

　　厄波羅河從坎塔布里亞流往地中海，將里奧哈、納瓦拉南部以及亞拉岡綿延數百公里的乾土變為肥沃的蔬菜產區，這個區域名為上厄波羅（Alto Ebro），沿著這片沃土，十世紀阿拉伯人設置的灌溉系統至今依然在使用中。一年到頭的當季蔬菜做成本地特色菜餚，比如燉菜（menestra），以及聖誕節吃的杏仁醬汁菜薊（cardoen salsa de almendras）。「menestra」是一類菜餚的總稱，材料視季節而定，通常是五、六樣蔬菜，包括豌豆、朝鮮薊、蘆筍、菜薊、蠶豆、琉璃苣葉、莙蓬菜的白色部分，每一種都為燉菜添加不同的滋味與口感。這些蔬菜當中有些要事先分開煮熟，其他材料比如莙蓬菜的白色部分則是先水煮，然後裹上麵粉與蛋再油炸。燉菜要搭配某種清淡的醬汁食用，該醬汁材料是洋蔥、麵粉、一點煮過蘆筍的水。也可以用大蒜與小片火腿做成的索佛利托底醬調味。

　　以麵包、鹽漬鱈魚、羊羔肉，還有最重要的菜椒烹製而成的各種菜餚，是這個地區飲食文化的一部分。許多以麵包當作主材料的菜餚在這裡很常見，在西班牙其他地區也很風行。「sopa」是一類菜餚總稱，指的是濃湯，也指製作隨處可見的拌炒麵包塊（migas）所用的麵包。「migas」本來是牧羊人在戶外準備的食物，在古羅馬時代就已存在。納瓦拉的小鎮烏胡埃（Ujué）位於小山頂上，它出名的是一座

十三世紀的教堂，以及美味的麵包與拌炒麵包塊。這種樸素的食品在烏胡埃已經成為特色菜，每個週末都吸引數百遊客前來本地餐廳品嘗。作法是將乾麵包切塊加水濕潤，靜置一夜，就變得鬆軟。然後在大的鐵製平底鍋中，加上滿滿幾杓家中自製的番茄醬、小塊乾紅椒香腸、培根（panceta），一起烹製。在初秋，則以葡萄代替部分培根。

直到今日，上厄波羅地區依然與數百年來一樣，食用來自大西洋漁港的鹽漬鱈魚，不過現在這種魚比從前更有變化。現在市面上的鹽漬鱈魚所含鹽分較少、水分較多。「bacalao con leche」是牛奶煮鹽漬鱈魚，加上洋蔥、松子。大蒜紅椒煮鹽漬鱈魚（bacalao al ajoarriero）則主要以紅菜椒調味。厄波羅河沿岸有一種頗具歷史的菜餚，八角兔肉（conejo con anís，兔肉、八角、肉桂、黑胡椒），至今仍有幾個村莊烹製。

蒜椒燉羊羔肉（cordero al chilindrón）這道菜歷史不長，但是一樣傳統，是以濃郁醬料燉羊羔肉，這種醬的材料是乾紅椒、綠菜椒、洋香菜、大蒜，通常還有馬鈴薯。這個地區許多村鎮裡都有這種乾紅椒的味道，隨處可見懸掛在陽台上，在太陽底下曬乾。納瓦拉與里奧

納瓦拉的厄波羅河畔栽種的包心菜心（cogollo）。

哈有許多菜餚使用各色各樣、不同名稱的椒類，比如中間填餡的紅色小椒皮克尤（piquillo）、火烤雜色椒（entrevarado，顏色斑駁，有紫綠色、紅色），用於裝瓶的玻璃瓶椒（pimientos del cristal）。著名的春季蔬菜還有白蘆筍，加上自製的蛋黃醬，或者用一點醋煮過。圖德拉城（Tudela）的蔬菜品質著名，它的朝鮮薊很暢銷。最近一些餐廳開始供應粉紅色菜薊，這是一種瀕臨絕跡的古老品種，被當地大廚起死回生。十七世紀靜物畫家桑切思·科坦的作品中就有這種菜薊，十分美麗。傳統上它是在聖誕節期與濃郁的杏仁醬料一起烹調。豆泥（crema de alubias）是一道經典菜餚，材料包括多采的白紅色腰豆（caparrón）、豬五花、韭蔥、胡蘿蔔、綠菜椒、洋蔥，餐廳與一般人家都做這道菜，而且都使用老式的壓力鍋。在納瓦拉，慢烤乳豬稱為「gorrín」，其上一層薄薄脆皮十分誘人。

在里奧哈、納瓦拉、亞拉岡，種植用來釀酒的葡萄、橄欖樹、水果、蔬菜。初冬時分為葡萄藤剪枝，剪下的殘枝都加以充分利用。藤上的嫩枝作為燃料，用來烤製細長的「txistorra」香腸、本地的乾紅椒香腸、羊羔排。里奧拉首府洛格羅尼奧（Logroño）每年九月二十一日的古老節慶上，羊羔排是一大特點。節慶裡每條街上都在烤製羊羔排，向釀酒人的守護者聖米迦勒致敬。

在上厄波羅，酒莊向所有尋找一兩瓶好酒與些許食品的訪客敞開大門。在它們的菜單上，一定會有以當地乾紅椒香腸增味的里奧哈式燉馬鈴薯（patatas a la riojana）、馬鈴薯煎蛋餅、釀菜椒，尤其是羊羔排（chuletilla）。在最近十年裡，有些酒窖開設了新潮餐廳與旅館，提供當地特色菜與最前衛的新菜色，以及品酒活動。

卡斯提亞：古老國家的火車頭

在卡斯提亞的中心，伊比利半島的高原俯瞰著這個國家。卡斯提亞曾經是古老的西班牙諸國的龍頭老大，而現代的卡斯提亞已經分為兩個自治區，卡斯提亞—雷昂，以及卡斯提亞—拉曼查（Castile-La Mancha）。

在十二世紀，朝聖者認為沿聖雅各之路步行能讓他們擺脫甘美的

食物、斷絕飫甘饜肥的慾望、克制肉體的一切欲求。數百年後，現在聖雅各之路依然吸引了成千上萬的朝聖者，而且他們很清楚什麼也奪不走自己應得的美食。從納瓦拉出發之後，許多朝聖者沿著主線走上幾百公里，首先經過里奧哈，然後沿著斗羅河北岸，穿越布爾戈斯（Burgos）、巴利亞多利德（Valladolid）、雷昂（León）等三個省分，抵達加利西亞以及最後的目的地聖地牙哥—德—孔波斯特拉。如果走另一條較長的路線，朝聖者會經過幾百處羅馬時代的小教堂，它們的規模很小，建築風格簡單，與基督教的偉大建築、雷昂城及巴爾戈斯城的哥德式大教堂平分秋色。阿維拉（Ávila）、薩莫拉（Zamora）、索利亞（Soria）、塞哥維亞（Segovia）、巴利亞多利德、薩拉曼卡諸省都屬於卡斯提亞—雷昂。至於里奧哈及巴斯克部分地區本身已成為自治區，除了這些地方以外，現代的卡斯提亞—雷昂自治區界差不多就是十三世紀初由基督徒統一的同名王國疆域。

要完整介紹這麼大一片區域的飲食傳統幾乎是不可能的。不過這個區域都熱愛羊羔肉、豬肉、冷肉類拼盤、好麵包、莢豆類，以及本地五個葡萄酒產區（Denominations of Origin）的酒，這五個產區是斗羅河岸（Ribera del Duero [Douro]）、托羅（Toro）、盧厄達（Rueda）、斯加勒斯（Cigales）、艾爾畢耶爾索（El Bierzo）。與艾爾畢耶爾索同在雷昂省而且距離不遠的拉馬拉加特里亞縣（La Maragatería），有一道馬拉加特燉菜（cocido magagato），作法與卡斯提亞其他地方沒有區別，但是這裡的傳統是先吃肉、最後喝湯。據說十九世紀初，在西班牙對抗拿破崙的獨立戰爭中，某隊人馬正準備享用一鍋豐盛燉菜的湯，不巧傳來敵軍逼近的情報。此時必須做出生死之際的抉擇，於是他們決定先吃掉燉菜裡最重要的部分，也就是肉與香腸，然後滿懷遺憾拋下了鷹嘴豆與湯。

卡斯提亞—雷昂的經濟一向仰賴它所出產的穀物與麵包，這些物產在西班牙是品質最好的。在當地麵包店裡，有許多特色麵包可選購：小圓麵包（molleta）、大圓麵包（hogaza）、長條麵包（telera），以及斗羅河畔阿蘭達城的圓麵餅（Torta de Aranda de Duero）。節慶用的肉餡麵包（hornazo）是復活節必吃，餡料包括白煮蛋、乾紅椒香腸、醃火腿。古羅馬人選擇在卡斯提亞—雷昂大部分地區改善穀物產出，

做成麵包餵飽羅馬軍團。這些地區後來被稱為西班牙的穀倉，即「麵包的土地」（la tierra del pan）與「農田的土地」（la tierra de campos），位於薩莫拉省，這裡傳統上製作麵包的麵團有兩種。一種富拉瑪麵團（flama），做成的麵包鬆軟，特點是外皮酥脆易碎。至於還記得過去時光而且對卡斯提亞土地感情很深的人，則喜歡康迪奧麵粉（candeal）與同名麵團做成的白麵包。這種白麵包麵團幾乎不加水，因此無法揉捏。在家裡製作的時候，通常以擀麵棍壓揪數次，類似製作千層油酥麵團的手法。這種麵團只靜置醒麵一次，做出來的麵包外皮紮實、光滑。如果外皮上以輕輕刻出來的藝術圖案裝飾，這種麵包就稱為花樣麵包（pan lechugino）。這兩種麵團通常都做成大圓麵包，稱為「hogaza」，入爐之前在麵團上以刀刻出較深的線條，在烤好之後比較容易掰開外皮。

莢豆類曾經是窮人的主食，卡斯提亞上層階級也喜歡吃，而現在只有買得起的人才能吃，因為其中許多品種在產區認證制度（Denomination of Origin）之下，價格令人望而卻步。阿維拉出產的朱迪亞德巴科豆（judía del Barco）是質地滑膩的豆子。小的阿羅西納豆（arrocina），大的胡迪翁豆（judión），也都很受重視。

在卡斯提亞全境，以柴火烤爐烘烤的肉類一直是一種藝術。以這樣的高溫做燒烤，需要父子代代相傳的特別技巧。種類包括以奶餵養的羊羔、小山羊、乳豬（分別稱為「cordero lechal」、「cabrito」、「cochinillo」）。產酒區斗羅河岸（Ribera del Duero）的小城羅阿（Roa），趕集的日子是每個星期三，當地唯一一家酒館（mesón）每星期只有這一天向大眾開放提供餐點。應大家的要求，它的菜單從來不曾改變，而且將來也很可能不會改變。其中有烤羊羔肉，新出爐的麵包，萵苣、番茄與洋蔥新鮮沙拉加橄欖油、醋、鹽。到了午後兩點，等待的食客已經一直排到幾條街外的市集上了。麵包是前夜在烤爐裡烘焙出來的，同一座烤爐接著就用來烤肉。這些大圓麵包的橘色外殼堅硬，內裡鬆軟，正好用來抹乾淨盤子裡的香濃肉汁。整隻羊羔放在橢圓形陶質烤盤中，加上一點水與鹽，在爐中烘烤。

塞哥維亞城以壯觀的古羅馬高架水渠聞名，更有名的是當地幾家代表性餐廳，都供應此城的特色菜烤乳豬。乳豬很不容易烤，因為要

保持外皮香脆同時肉質多汁。為了向食客證明烤乳豬的肉質十分柔嫩，大廚們在餐桌旁當眾切割乳豬時用的不是刀具，而是餐盤。

　　布爾戈斯鄉間的鮮乳酪，即布爾戈斯乳酪（queso de Burgos），以及最著名的布爾戈斯血腸（morcilla de Burgos），在全國都很暢銷。布爾戈斯城起源於凱爾特伊比利亞人時代，在十一世紀成為卡斯提亞的首都。兩個世紀之後，雄偉的哥德式大教堂動工。一三三二年，國王阿方索十一世在布爾戈斯創立了一派與眾不同的中世紀騎士團，即綏帶貴族騎士團（the Noble Order of La Banda）。屬於這個修會的所有騎士（caballero）除了必須履行基督徒的重要職責之外，還要食用清潔的飲食，正襟危坐、細嚼慢嚥，而且餐桌必須鋪桌布；飲酒必須節制，睡眠要正常。與此同時，有幾個修道院修會，即所謂醫院修會（Hospitalária），仿效馬爾他騎士團（Order of Malta），向病人與窮人、尤其是朝聖者敞開大門。漸漸斗羅河北岸有了三十多處醫院修會（Órdenes Hospitalárias）。其中的國王醫院（Hospital del Rey），有強大

在卡斯提亞，羊羔放在陶盤中烤製。

的拉斯胡艾爾加斯修道院支援（Las Huelgas），尤其是當時不速之客喜愛的落腳處。在醫院裡，整整三層樓都提供豐足的食物與一兩杯葡萄酒，這些湯、肉、白麵包、葡萄酒全都是因著對上帝的愛而免費發放的。雞蛋只提供給有身分的人，所以平時鎖在食物儲藏室裡。說不定這就是為什麼現在這個地區特別流行雞蛋菜餚。

荷包蛋加雜燴醬（huevos escalfados con pisto）是荷包蛋加上濃稠的蔬菜醬，這種醬用的是橄欖油、洋蔥、綠菜椒、櫛瓜（courgette）、番茄、馬鈴薯，小火慢燉而成。炒蛋（revueltos）則是老食譜的新作法，大膽結合了兩三種材料與雞蛋。其中一種作法是大蒜苗與鮮蝦炒雞蛋（revuelto de ajetes y gambas）。

卡斯提亞的馬鈴薯，尤其是黃色的品種，栽種於帕倫西亞省（Palencia）及布爾戈斯省，特別適合用來烹製「重要的馬鈴薯」（patatas a la importancia）。這道菜的材料便宜，一九五〇年代在學校與醫院很盛行，其原因也顯而易見，因為吃上一頓能撐很久。馬鈴薯去皮後切成圓片，裹上麵粉與雞蛋，以橄欖油煎過，然後以清淡的高湯或者乾脆用水煮。煮至水分減少，就變得濃郁而美味。在一九七〇年代，一些創新的大廚改用清淡的魚高湯與蛤蠣，於是價格就很高了。很有趣的是，西班牙的馬鈴薯菜餚名稱經常有描述性字眼，諸如「a la importancia」（重要的）、「a lo pobre」（窮人的）、「a la brava」（加上番茄與辣椒煮成的醬）。

在卡斯提亞北部，甜點比較貧乏，但是有另一方面彌補，那就是當地傳統豐富的精美糕餅、雞蛋做成的甜食、餅乾、小派餅（pastelito），通常由女修院、麵包店與糕點店製作。在禮拜天，祖父母與教父母會買一些回來當茶點，而且現在依然如此。歷史悠久的油炸麵圈（rosquilla）則是在節慶與聖徒紀念日吃的。這種油炸麵團點心使用的材料是蛋、橄欖油、糖、麵粉、茴香酒、白蘭地，炸好後撒上一些糖粉。「聖徒的骨頭」（huesos de santo）作法稍微複雜一點。它的外皮麵團材料是檸檬糖漿、烤過的杏仁、蛋白、糖粉，餡料是蛋奶糊或者稀釋的榅桲醬。布里維耶斯卡鎮（Briviesca）的焦糖杏仁（almendras garrapiñadas）是以杏仁裹上一層焦糖漿，而雷昂的阿斯托爾加小蛋糕（mantecados de Astorga）的發明人是一位修女，她離開阿維拉的女修

院之後，決定投身烘焙業，成為成功的烘焙師傅。

　　春季最適合到中央高原南部旅行，這片地區綿延數百公里，中間被兩條山脈切斷，即西邊的托雷多山脈（Montes de Toledo），與北邊的瓜達拉馬山脈（Sierra de Guadarrama）。此處自有一種魔力與草原的廣袤，激發了塞萬提斯的想像。阿拉伯人稱這裡為曼查拉（al-Manchara），意為平坦乾燥的土地。這片土地後來因阿拉伯人種植的番紅花聞名，從那時起，每到十一月，家家戶戶親朋好友就全力投入一年一度的採收，將它做成全世界最昂貴的香料。在清晨，這片大地從最艱苦的季節裡脫胎換骨，番紅花開放的時候，一畦一畦的土地變成了壯觀的淡紫色地毯，在晨曦之下更顯得奪目。清晨的第一件要務就是手工摘取這些花朵。這個活兒能讓人累斷腰，必須盡快完成，並且要確保每朵花的三根紅黃色雄蕊完整無缺。採收當天，這些雄蕊就要做成香料番紅花。為了保持新鮮與品質，成千上萬朵花在當天下午運到當地村莊。每一家男女老少都已經準備好迎接這些珍貴的貨物。雄蕊摘取之後，馬上放進帶有細小網眼的容器裡。接下來是最困難的一道工序，即烘乾。這項任務都由家中的男性長輩負責，要以溫和的熱度加工，完成之後就儲存待售。很遺憾的是，西班牙番紅花的評價雖高，但是已經受到市場供需的影響，因此在國內外交易中不再那麼暢銷。

　　托雷多是西哥德人的皇城，扛過了歲月的滄桑。從十六世紀末畫家艾爾葛雷柯（El Greco）創作《奧爾加斯伯爵的葬禮》（*The Burial of the Count of Argaz*）以來，托雷多幾乎毫無變化。城中遍布古老的小街、猶太會堂、清真寺、天主教堂，周圍依然是摩爾人建造的城牆，所有現代改建方案都被摒除在外。在城外鄉間，葡萄園、大蒜田、橄欖園欣欣向榮。在拉曼查，可以說直到二十年前，當地餐廳與客棧裡幾乎找不到烹調得宜的地方菜。曼查地方烹調（La Cocina Manchega）的本質是農民菜，在過去一直被嚴重忽視。此外還有不少誤解以及對於創新的渴望，未必合理而且最後也並不成功，使得這種樸實豐盛的烹調無法自然適應現代世界，而事實上自然適應才是當時拯救它的唯一方式。幸好還有幾位當地大廚堅持追求，現在曼查地方烹調終於復興了，而且稍微精緻了一點，卻沒有失去它的特色。這些業務專精的

當地大廚深深著迷於家鄉的傳統，而各處新舊餐廳與酒館也都在全力跟隨他們的腳步。起源於安達盧西亞的燉蔬菜（alboronía），在拉曼查稱為「almoronía」，現在風味比從前更勝一籌。這道蔬菜與摩爾人及猶太人有關，現在使用的材料是番茄、綠菜椒、洋蔥、茄子，以小茴香籽調味。與傳統不同的是，現在要注意每一種材料的烹調時間長度，而從前是所有材料同時下鍋，最後幾乎煮成一鍋菜泥，顏色與質地很不討人喜歡。

在拉曼查，許多傳統菜餚的名稱都很有趣，帶有諷刺與象徵的意味。蘸醬「菜椒蒜」（pimentajo）以火烤紅菜椒、磨碎的熟番茄、大蒜、小茴香籽、橄欖油製成。材料豐富的「產婦湯」（sopa de parturienta）有蛋與火腿，到現在依然是產婦的食品。還有兩道傳統菜餚，「andrajos」與「ropa vieja」，名稱原意都是「舊衣服」，用的是邊角料與剩菜。「andrajos」是以白醬燉豆子，「ropa vieja」則是以燉菜剩下的肉做成的又一道燉菜。有些歷史學家認為「duelos y quebrantos」（痛苦與傷心）指的是農夫失去一兩頭牲口時的感覺。從前農民也在聖伯多祿節吃這道菜，這一天也是農民年度結算的日子。如今這道菜的材料是雞蛋、煎豬脂肪片、火腿、乾紅椒香腸。燉菜「tojunto」的名稱來自「todo」（一切）與「junto」（一起），所以這是一道把所有材料一起下鍋的菜，包括牛肉或雞肉、馬鈴薯、一杯乾白酒。

昆卡省的拉斯佩德羅涅拉斯（Las Pedroñeras）有一種特產紫色大蒜。傳統的卡斯提亞大蒜湯（sopa de ajo castellana），除了主角大蒜之外，還有麵包、菜椒、水、橄欖油，最後以雞蛋增添風味。野味雜燉（gazpachos galianos）或稱牧羊人的燉野味（gazpachos del pastor）是拉曼查的經典菜餚，至今在野外看顧羊群的牧羊人依然做這道菜。安達盧西亞有一道著名的摩爾人蔬食菜餚，即安達盧西亞蔬菜冷湯（gazpacho andaluz），與拉曼查這道野味雜燉雖然名稱類似，但是並沒有什麼關聯。野味雜燉用的是野兔、雞、家兔、無酵餅、菜椒、鹽與胡椒。[6]

中央高原南部到處都有小型野味菜餚，甚至現代餐廳往往也有這類傳統食譜。現在獵山鶉等小型獵物的活動已經像中世紀時那樣流行起來。托雷多式山鶉（perdices a la toledana）是西班牙最著名的山鶉

菜餚，作法簡潔。首先用橄欖油煎一顆蒜以增味，然後加入山鶉慢煎，接著加進其他佐料：月桂葉、黑胡椒粒、胡蘿蔔。托雷多山脈一帶可以獵到野豬，不過在市場上買不到。獵人習慣聚在一起，在空地上用烤肉叉烤製自己打到的獵物。有時候他們會平分獵物，帶回家做成自己愛吃的菜。燉野豬肉（estofado de jabalí）是一道很濃郁的燉菜，用的是大塊野豬肉。

杏仁糖糕（mazápan）從中世紀初以來就與托雷多關係很深，這種糖食通常是在聖誕節期食用。托雷多的編年史家們認為，當初是為了慶祝卡斯提亞的阿方索八世擊敗摩爾人，聖克勒曼提女修院（San Clemente）的修女們想用院內穀倉裡的糖與杏仁做成特別的麵包。在托雷多，這種糖食的作法是在研缽（maza）裡搗碎杏仁與糖，所以得名「mazapán」，不過威尼斯人肯定會說這個名字一點都不是原創。杏仁糖糕小塑像（figuritas de mazapán）有幾百種不同外型與象徵符號，讓人想起此城多元文化與寬容的過往。本地糕餅店用杏仁糖糕做成小新月，還有許多女修院特產的杏仁糕小蘋果與小羊羔也到處妝點著托雷多。

馬德里的心跳，與中央高原南部的曲調一起搏動。在西哥德時代，馬德里是西哥德托雷多王國的一部分，當時名為馬格里特（Magerit）。一五六七年，費利佩二世把王廷遷移至此，從此馬德里成為西班牙首都。費利佩是當時最具權勢也最簡樸的國王，他十分喜愛此地的新鮮空氣以及從山邊飄來的烤乳豬香氣。馬德里舊城最美的區域名叫奧地利人區（即哈布斯堡人之意），直到今天此處依然吸引著馬德里人與外國遊客前來尋覓正宗的地方美食。在此處，馬德里依然有卡斯提亞的客棧與愜意的老餐廳，供應傳統食品以及產自拉曼查與巴爾德佩尼亞斯（Valdepeñas）的葡萄酒。在這一區還有全西班牙最古老的餐廳，開業於一六二六年的柏廷客棧（Hostería Botín）。位於庫奇耶洛斯街（Cuchilleros）的柏廷客棧，至今依然供應豐盛美味的農民菜以及古老的原創菜餚。除了有馬德里燉菜（cocido madrileño），其他與馬德里有關的菜餚還包括馬德里式燉牛肚（callos a la madrileña）、盧卡斯大叔的白腰豆（judías del Tio Lucas）、馬德里式燉扁豆（lentejas a la madrileña），以及樸素但多汁味美的大蒜湯（sopas de ajo）。在從前，

這些菜必須與西班牙其他地區傳入的食品競爭。馬德里在十六與十七世紀逐漸成長，於是來自全國各地的居民帶來了老家的傳統烹調。最後這些移民開始開設餐廳，提供加利西亞、巴斯克、瓦倫西亞、安達盧西亞風味。

接著到來的是法國波旁王室，為馬德里帶來了強烈的巴黎風，並且在十八世紀改變了此城的基礎建設。於是馬德里又成長了，建起了又長又直的街道與高大房屋。貴族的餐桌上時興的是外國的精緻風雅。隨著卡洛斯三世來到西班牙，時尚的馬德里又變成了義大利。一七七二年，來自維洛那的大廚何塞・巴爾巴蘭（José Barbarán）開設了黃金泉（La Fontana de Oro），這是一家「fonda」（飯館）兼咖啡店與撞球室，沒有多久就成為超越黨派的聚會場所，也是名人出場露面的地方。至於馬德里的其他老百姓，喜愛的還是自己熟悉的、豐盛量大的食物。

馬德里的守護聖人是農夫聖伊熙多爾（San Isidro el Labrador），以及佛羅里達的聖安東尼奧（San Antonio de la Florida）。現在的馬德里人依然每年兩次前往這兩處教堂，首先為工作與愛情而祈禱，然後就像他們的祖上那樣，徹夜吃喝起舞。西班牙獨立戰爭期間，由於對抗拿破崙（一八〇八年），饑饉與絕望充斥了馬德里。到了十九世紀中，馬德里的貴族與上層階級開始加入歐洲其他地區的潮流，追求精緻美食，流行的依然是法國菜。於是馬德里成了傳統與矛盾的城市，尤其是在飲食方面，傳統菜餚比如燉菜，盛在銀碗裡上菜，同時菜單裡還有繁麗的特色菜，有著外國名稱與過高的價格，唯獨沒有個性與希望。距今不過三十年前，全世界各地的西班牙使館用的依然是法文菜單，即使菜餚出自西班牙地方烹調也是如此。二十世紀一開頭的大事就是政治不穩定。在這個國家裡，貧富兩極化已經太明顯，新的社會主義與無政府主義思潮的影響愈來愈大，當時需要改變，也的確發生了改變。傳統的社會結構改變了，變成了無力的貴族階級與強大的中上層階級、新生的城市中產階級、商販與成長中的工人階級。傳統的地方菜餚以及其他地區的菜餚又流行起來。遺憾的是，知名飯店與餐廳供應的依然是沒有什麼意思的國際性菜色，掌廚的通常是法國大廚及其生徒。接著是西班牙內戰，再次給馬德里以及許多其他地方帶來了饑

饉與絕望。一九七〇年代末，希望終於降臨。供應「高級西班牙燉菜」（alta cocina española）（以前從來沒有這東西）的餐廳接連開幕，它們的顧客也是新式的，會留心何處有美食好酒。

　　馬德里西南方向是埃斯特雷馬杜拉（意為極致的土地），與這片土地有關的是伊比利火腿、美洲的征服者、科爾特斯、皮薩羅、努涅斯·德·巴爾柏（Núñez de Balboa）。此地也與尚待發掘的地方烹調有關。埃斯特雷馬杜拉地方烹調（La Cocina Extremeña）類似卡斯提亞─拉曼查的食品，但是在小村鎮裡烹調的菜餚卻是原創的，而且外界所知甚少。這些菜用的是西班牙最好的材料。埃斯特雷馬杜拉到處都有伊比利火腿，這一點在意料之中，因為此地南部是森林牧場（dehesa）。昂貴的醃火腿、豬肩肉、里脊肉，都切成薄片，當作開胃菜。乾紅椒香腸、血腸、最好的豬脂油（manteca）以及美味的鹽醃豬五花，則用於材料豐盛的菜餚中，這些菜很多是以當地的乾紅椒粉（pimentón）調味。自從椒類傳入伊比利半島，深紅色的品種就用來增添大眾飲食的風味，也為顏色單調的傳統冷肉拼盤增色。西班牙東部穆爾西亞省的拉畢拉縣（La Vera）也生產乾紅椒粉，這是西班牙烹調傳統中位居第一名的香料，市面上的乾紅椒粉種類包括煙燻、未煙燻、甜椒、辣椒，甚至「agridulce」（酸甜口味）。

埃斯特雷馬杜拉的拉畢拉縣生產的乾紅椒粉，不可與匈牙利紅椒粉混淆。

＼塞拉諾火腿與伊比利火腿 ／

在十六世紀，「艾爾波斯科」（El Bosco，耶羅尼米斯・波希〔Hieronymus Bosch〕）畫了一幅《聖安東尼的誘惑》，畫中這位聖徒正在祈禱，旁邊有一隻小豬。這幅畫如今收藏在馬德里普拉多美術館。聖安東尼熱愛動物，這一點很有名，他尤其喜歡豬，總是讓豬在街上自由走動，希望愛心人士能餵養牠們，然後他再把這些豬肉分給窮人與病人。

從西班牙有史以來，豬肉一直餵養著這片土地上的人民，在匱乏的時代如此，在繁榮時代也如此。西北方加利西亞的凱爾特人珍視豬，南方的貝提卡地區人民也一樣珍視豬。

西班牙人用「塞拉諾」（serrano）這個名稱泛指所有鹽醃火腿。原意是在「高山上醃製」，傳統上是在冬季宰豬即「matanza」之後製作。宰豬是家族與地方上的慶祝活動，直到不久之前，都還是冬月裡在村落與小農場上舉行。現在，除了主要在埃斯特雷馬杜拉與安達盧西亞的少數例外，家族的宰豬活動已經成為過去了。現在「塞拉諾」這個名稱也可以指歐洲白豬的火腿與豬肩肉，由全國許多地區的合格企業大規模生產。比如亞拉岡的特魯埃爾城火腿（Jamón de Teruel）就是品質上乘的塞拉諾火腿，有國家的產區認證（Denomination of Origin）。

至於原生的伊比利豬（Ibérico）火腿、豬肩肉，以及其他鹽醃肉製品，在從前可說是國家級的祕密，以源自歐洲與北美的法規管理了數十年，現在不但住在橡樹林牧場（dehesa）附近的人可以吃到，凡是買得起的人也能享用。橡樹林牧場是伊比利豬在西班牙西部的原生棲息地，豬隻自由徜徉其間，地上則處處是從樹上掉落的橡實。伊比利火腿與豬肩肉使用的豬隻愛吃新鮮橡實與栗子、鮮花及香草植物。這些豬還喜歡睡午覺，並且每天在淺塘中泡澡，水塘裡泥巴愈多愈好。伊比利豬肉製品有好幾項產地認證：薩拉曼卡的吉胡埃洛（Guijuelo）、埃斯特雷馬杜拉的埃斯特雷馬杜拉森林牧場（Dehesa de Extremadura）、著名的安達盧西亞的哈布戈（Jabugo）。

埃斯特雷馬杜拉一直都出產精緻的食材，比如野鴨肝與松露。這裡的山間也盛產各種大型與小型野味。內斯托爾・盧杭與胡安・佩路丘合著的《西班牙烹調全書》（*El libro de la cocina española*）裡面就有部分內容專門介紹這個地區的野味菜餚。在此書所選擇的食譜裡，

最好的包括當地松露烹調的山鶉、兔肉燉蘑菇與葡萄酒及山上的香草植物。[7]一九八〇年在巴塞隆納出版的《埃斯特雷馬杜拉名菜》（*La mejor cocina extremeña*），作者是伊莎貝拉與卡門‧賈西亞‧艾爾南德斯（Isabel and Carmen García Hernández）。[8]此書回溯了一家數代的往事；關於十九與二十世紀西班牙地方烹調，此書可說是最真實也最令人難忘的個人紀錄。這本書內容詳盡，收錄了五百八十六道食譜，編排比較隨意，有的按照材料，有的按照烹飪方式。首先從帶有肉與火腿的湯類開始，這是非常具有西班牙特色優點的菜餚。蔬食用的是蘆筍、野菜薊、菠菜、包心菜。此外還有燉菜及「caldereta」、通心粉、煎炒麵條加肉醬（fideos refrito s con salsa de carne）、番茄與乳酪（tomate y queso）、醋辣醃汁（escabeche）、鐵鍋飯，以及許多道米飯（arroces）食譜。看到書中出現魚、肉、野味菜餚，就知道這一家是有辦法的人；原來作者母系的外曾祖母曾經在大地主的廚房裡工作，不但有當地最好的食材，還有進口貨。魚類菜色包括貓鯊湯（Sopa de Cazón，一種小鯊，安達盧西亞及埃斯特雷馬杜拉地方烹調裡都有）、填餡鯛魚、填餡沙丁魚、明蝦蛤蠣通心粉、無鬚鱈魚通心粉、搭配鱈魚煎蛋餅的一種醬料。當然，佔據最多篇幅的是肉類與肉製品。關於本地香腸與其他肉餡製品的作法描述、醃漬蔬菜與蜜餞的章節，都令人印象深刻。後者包括老式油酥麵點、冰淇淋、新鮮檸檬水、幾款利口酒，甚至還有一款香皂。其中也有奶昔（leche merengada），這是很流行的西班牙飲料，上桌的時候必須冰透。它的材料是牛奶、檸檬皮、糖、蛋白、肉桂粉，這是蛋白霜與牛奶的完美融合，以檸檬與肉桂畫龍點睛。

▍地中海沿岸

　　從加泰隆尼亞北部到穆爾西亞，這片土地大部分地區與人民都屬於地中海世界，這裡有橄欖與葡萄、研缽與研杵，還有諾拉甜椒（ñora）。在椒類抵達伊比利半島的時候，亞拉岡王國在地中海地區的擴張已經結束了。這些探險活動前後持續將近四百年，在這段時間裡，加泰隆尼亞、西班牙東邊地區（Levante）、巴利亞利群島、穆爾西亞

的大部分地區膳食已經大大豐富起來，超乎人們的夢想。

　　西元九世紀，分裂的基督教西班牙內部戰爭頻仍，此時出現了一位甚有遠見與野心的薩丁尼亞貴族，人稱「毛髮蓬亂的威爾佛瑞德」（Wifredo el Velloso），開創了巴塞隆納王室。他的意圖很明確，要將周邊地區統一在一位君主之下，不過他沒想到這片新疆域有多麼遼闊。他的後代拉蒙・貝倫格（Ramon Berenguer），娶了強大的亞拉岡王國的女王佩德羅尼拉（Petronila）。由於這樁聯姻，亞拉岡與加泰隆尼亞的地中海擴張開始了，烹調的交流也隨之而來。[9]

　　加泰隆尼亞烹調幾乎一直保存完整，直到步入現代。理論上來說，幾世紀以來，它應該受到與此地有歷史或地理關係的文化影響才是。遺憾的是，由於一九三〇年代末西班牙內戰帶來的災難，某些原來的加泰隆尼亞菜餚已經失傳或者被橫加篡改了。現在因為大眾對於正宗烹調的興趣愈來愈濃，在大廚及評論家與作家助力之下，這些食譜又逐漸復興。阿拉伯人對於中世紀加泰隆尼亞烹飪的影響至今依然可見，不過其中一些材料已經不再使用，比如玫瑰花水。至於杏仁、乾果、鮮果、乾香草植物、肉桂、番紅花、柑橘類果皮則依然存在。

　　西班牙其他地區的飲食傳統幾乎都是口耳相傳，而加泰隆尼亞正好相反，在這裡，菁英階級喜愛的食品保存在歐洲最古老的食譜書中，從十四與十五世紀流傳至今。其中包括《桑特索維之書》與《烹飪之書》，書中收錄的食譜比如濃湯「morterol」，這個字來自「motero」（研缽），材料是幾種肉類、杏仁露、蛋、香料；摩爾式南瓜（carabasses a la morisca）用的是南瓜、豬脂油、杏仁露、肉湯、乳酪、蛋黃、香菜、「好醬」。[10]從十二世紀至十五世紀末，亞拉岡王國在地中海地區的擴張所帶來的效果十分明顯。首先西西里在十三世紀被納入疆域，接著是薩丁尼亞在十四世紀、那不勒斯在十五世紀。後來亞拉岡王國失去了在地中海的部分主權，影響了香料運輸；本來東方風格的西班牙得益於地中海傳入的烹調傳統，但至此也受到了影響。於是加泰隆尼亞烹調閉關自守將近兩百年。從十八世紀末到十九世紀後半，義大利與法國的職業大廚改善了巴塞隆納的餐廳，而加泰隆尼亞其他地區卻誤打誤撞得以保留精采的傳統農民菜，以待日後子孫重新發掘。

＼ 麵食 ／

　　一開始是阿拉伯人把「fidaws」（fideos）這種麵食傳入西班牙。麵食師傅的行會稱為「fideuers」，從中世紀早期就已經在西班牙地中海地區註冊在案了。從那個時候、甚至在更早的時候起，西班牙膳食已經有許多不同形狀的麵食。十四世紀的加泰隆尼亞食譜書中有「aletria」，源自阿拉伯語的「itria」，就是「fideo」的別名。

　　西班牙人烹煮麵食有很多固定搭配方式。最細的「fideo」，也就是「cabello de angel」（天使髮絲），必須加到湯裡。「fideo gordo」類似義大利直麵條「spaghettini」，在阿斯圖里亞斯與蛤蠣一起烹煮，在安達盧西亞則用於漁夫燉菜，以番紅花調味。在西班牙東邊地區，阿里坎特省的海濱度假城甘迪亞（Gandía），每年夏天都有「fideua」烹飪大賽，這是一道現代菜餚，是以鐵鍋飯的平底鍋烹煮魚與介殼類，還有一根細長的「fideo」。除了阿拉伯傳入的麵食，還有主要源自義大利的種類為西班牙麵食增添了更多變化。比如加乃隆尼麵捲、義大利直麵條（西語espaguetis）、通心粉，雖然這些麵食缺乏真正的義大利風味，但的確是十九世紀來到西班牙的許多義大利大廚流傳下來的影響，當年他們是為富裕的加泰隆尼亞人與西班牙北部的企業家服務的。

　　義大利的經典麵食，羅西尼加乃隆麵捲（Cannelloni Rossini），在西班牙的版本是巴塞隆納加乃隆麵捲（Canalons a la barcelonesa），烹調方式完全是加泰隆尼亞風格。首先將麵捲水煮數分鐘，然後填入濃郁的索佛利托底醬（洋蔥、大蒜、番茄）與肉類；肉類包括絞碎的雞肉、雞肝、豬肉、小牛肉，先與蛋黃及麵包乾在底醬中慢煎，加入百里香與肉豆蔻，以鹽與黑胡椒調味。然後將填好肉餡的麵捲加上經典白醬、撒上磨碎的帕瑪森乳酪，放入爐中烘烤。

　　事實上，加泰隆尼亞地方烹調因為太分歧多樣，並不能簡單歸類為地中海式。這裡有一半地區海拔在海平面五百公尺以上，而且幾乎無法耕種。在這些地方，使用的是豬脂油而非橄欖油，但是在沿海地區，地中海式烹飪是主角，而且帶有獨特明顯的性格。深受景仰的加泰隆尼亞記者暨作者約瑟佩・普拉，曾經在法國與義大利各處遊歷，他寫道：「我們的食物怎麼可能跟法國資產階級烹調相提並論、甚至存在任何關聯？那種使用奶油還有大量牛肉的菜色？」[11] 普拉說的應該就是加泰隆尼亞北部的安普爾丹縣烹調，而且那也是他稱之為家常菜

（cocina familiar）的烹調。

　　巴塞隆納城裡的情況與加泰隆尼亞其他地方不同。其他地方的食物主要是家庭烹調，而巴塞隆納從十八世紀起就擁有專業餐廳的服務，這是連馬德里與塞維亞也沒有的。一百年後，城中以法文與義大利文命名的著名餐廳，其菜色可以與歐洲最好的飲食並駕齊驅。除了這類餐廳，也有餐廳供應加泰隆尼亞中產階級喜歡吃的菜餚，比如燉魚與介殼類（zarzuela de peix）、烤鹽漬鱈魚（bacalla a la llauna），還有一些受到瓦倫西亞而非義大利影響的菜餚，諸如黑米飯（arroz negre），這是以朝鮮薊或者墨魚汁做成的米飯。後來，西班牙與其他國家的風格逐漸流行起來，於是經典法國與義大利餐廳幾乎絕跡，不過就義大利風格而言，加泰隆尼亞人依然熱愛以本地口味烹製的義大利麵食，這一點一直沒變。在巴塞隆納，加乃隆麵捲深受喜愛，而且已經與聖誕節密不可分。加泰隆尼亞有數種麵點，有些用的是短通心粉，這一點則反映了阿拉伯的遺傳。

　　加泰隆尼亞人深愛品質優良的食材以及每週一次的市集，這一點與法國人相同。整體來說，加泰隆尼亞的市集是全西班牙最繁榮的。每個村莊小鎮都有長年的市場與定期市集，市集上出售各種本地產的蔬果、乳酪、火腿、麵包、小蛋糕、蜂蜜、榲桲醬、曬乾的豆子與新鮮帶莢的豆類，還有新鮮的與乾燥的香草植物。加泰隆尼亞人對於蕈類的胃口彷彿永無饜足，只有巴斯克人對蘑菇（seta）的熱情差堪比擬，到了春秋兩季盛產蕈類，終於可以大快朵頤。當地酒吧與餐廳供應豐盛的加泰隆尼亞早餐，包括各式鹽醃肉類與煎蛋餅、豆子菜餚、麵包與番茄（pa amb tomàquet），通常佐以紅酒或者玫瑰紅酒（rosé），並且從傳統的玻璃酒器「porrón」直接就飲。

　　在大城鎮與城市裡，建築優美的市場一週六天從早到晚營業，至今大部分居民依然前往惠顧。這種市場現在受到高房價的威脅，女性步入職業生涯以及超市進入西班牙生活也都有影響，但是在巴塞隆納依然有二十七處市場每天營業，而且生意興隆，位於蘭布拉大道（Las Ramblas）著名的聖約瑟夫市場是其中之一，或稱博蓋利亞市場（La Boquería）。有些市場遠遠不只是買菜買肉的地方，裡面也有許多小餐廳，供應三餐給商販、顧客以及遊客。這些外觀樸實的餐廳是許多正

博蓋利亞市場。

宗加泰隆尼亞烹調的保護者。其中部分菜餚就取材自這些市場，包括
蟶子、墨魚、新鮮的布提法拉香腸，還有燉菜，用的是魚、肉、豆子，
而且通常以各種絕佳的加泰隆尼亞醬料調味。其中皮卡達醬可以採用
不同材料組合，包括雞、魚肝、大蒜、杏仁、番紅花、肉桂、麵包，
甚至甜味小蛋糕。製作索佛利托底醬用的是洋蔥或者洋蔥與番茄。羅
馬醬（romesco）混合了諾拉甜椒與大蒜等等，不要把這種醬跟同名的
塔拉哥納省燉魚混淆。阿里歐里大蒜醬（allioli）則是大蒜與橄欖油的
完美融合。

　　在加泰隆尼亞，飲食通常從一兩片麵包與番茄開始。在鄉間的本
地餐廳裡，顧客經常會點一道特色菜「在熱盤子上」（a la plancha），
這些食品事先以橄欖油、檸檬汁、洋香菜、大蒜做成的醃汁醃漬過，
或者上菜時搭配阿里歐里醬。初春的時候，嫩朝鮮薊正當季，也會以
這種方式製作。著名的本地餐廳提供出色的加泰隆尼亞菜餚，尤其是

在加泰隆尼亞內陸，比如鴨肉與梨（anec amb peres）、濃湯燉肉類與蔬菜（escudella i carn d'olla），是最出名的兩道菜。形式簡單的燉菜「escudella」，一星期裡有六天餵飽了加泰隆尼亞的農民。節慶裡吃的「escudella」雖然名稱不變，但內容物是對肉類的禮讚，包括小牛脛、雞肉、豬肉（五花、豬頭肉、耳、蹄、豬骨）。另外還要添加許多材料，比如鷹嘴豆、馬鈴薯、四五種蔬菜、麵包乾、洋香菜、黑胡椒、番紅花、鹽。與其他燉菜一樣，這道菜分兩部分上菜，先是豐富的湯，然後是肉、香腸與蔬菜。

塔拉哥納是加泰隆尼亞的第四個省，此地以古羅馬歷史與建築聞名，還有杏仁與榛子樹、香草植物，以及全境都生產的好酒。沙特勒斯會（Carthusians）的上帝之梯修道院（Scala Dei），始建於十二世紀，修道院中的僧侶釀造一種甜葡萄酒用於彌撒。已故的澳大利亞記者東尼洛爾德在一九八八年的著作《西班牙的新酒》（*The New Wines of Spain*）中寫道：

德穆勒（De Muller）是塔拉哥納港附近的一家酒莊（bodega），已經為教宗提供這些葡萄酒有一百年之久了。酒味甜，是比較強烈的莫斯卡特爾酒（Moscatel）或者馬卡貝歐酒（Macabeo），儲存在古老的美洲橡木桶裡逐漸熟成，隨著時間醞釀出深沉的葡萄乾風味。[12]

塔拉哥納省也以特產大蔥苗（calçot）的節慶聞名（在街上火烤這種大蔥苗，佐以羅馬斯科醬）。稻米則產於厄波羅河三角洲。

厄波羅河對岸是西班牙東邊地區，以及卡斯特利翁—德拉普拉納省（Castellón de la Plana）、瓦倫西亞省、阿利坎特省。這些地方連成一長塊，都在地中海沿岸。其西邊是高山，帶來多樣的地貌與珍貴的雨水。山區的松林與橡樹林、野花與香草植物，從古以來點綴著這片土地。位於海岸與山區之間，則是伊比利半島最肥沃的耕地，栽種著棉花、柳橙、檸檬，當然還有稻米。

可以說，西班牙東邊地區、包括穆爾西亞以南的飲食文化，就隱藏在「一盤米飯」裡，這些米飯使用各種不同材料與烹調手法。很久以前，此地沿海一帶的濕地與沼澤限制了其他作物生長，由於當地居

民的需要，米飯應運而生。在距離瓦倫西亞城不遠的阿爾布費拉潟湖，解決貧窮與飢餓的方式就是稻米與鰻魚。

西班牙東邊地區的飲食遠不只米飯、柳橙、新鮮蔬菜。許多縣具有強烈個性，無論位於內陸或濱海，都保存了歷史悠久的獨特烹飪，外地人通常不喜歡這些烹調，而這些烹調與此區域的關聯也不為人所知。莫瑞亞（Morella）位在卡斯特利翁—德拉普拉納省的艾爾斯波爾特斯縣（Els Ports），當地出售黑松露與鹽醃牛肉（cecina）。鹽醃牛肉以少許鹽醃製，上菜時通常淋上幾滴橄欖油、撒上一點現磨的黑胡椒。「莫瑞亞曾經是繁榮的猶太人聚居地。猶太人喜歡火腿，但是不能吃豬肉，所以他們以牛腿製作火腿，這個傳統流傳至今。」[13]莫瑞亞式馬鈴薯（Patatas a la morellana）是一種烤馬鈴薯，也來自此城。先將馬鈴薯去皮、切成兩半，並且深深劃上幾刀，然後以橄欖油、新鮮大蒜、甜椒磨碎之後醃漬數小時，最後把馬鈴薯皮放在上面，一起烤熟。古老的甜點芙拉歐（flaó），據信起源於猶太人，這是一種小的油酥麵點，中間包著瑞可塔乳酪或者不加鹽的新鮮綿羊乳酪。麵團材料包括麵粉、水、橄欖油、糖、一點水果烈酒（aguardiente，本地產的「eau de vie」），餡料是鮮乳酪、杏仁、蛋、糖、肉桂。伊維薩島及福門特拉島（Formentera）從中世紀以來有一種同名的乳酪塔，但是與莫瑞拉的芙拉歐非常不同。

摩爾人把火藥與煙火傳入西班牙東邊地區。從那時開始，首府瓦倫西亞城的煙火師傅就在全世界名列前茅，與中國大師並駕齊驅。每次節慶上點燃的第一支焰火為多采多姿的光聲盛宴拉開序幕，引頸期待的觀眾合不攏嘴，陪伴一旁的還有油炸小麵點，以及冷飲油莎草塊莖露（horchata），以油莎草的塊莖「虎堅果」（tiger nut）製成。

法雅節（Las Fallas）慶祝春天來臨與萬物復甦，這是瓦倫西亞規模最大也最喧鬧的節慶。這個名稱也指在該節慶最後要燒掉的大型人偶，都是以木材與紙板製造。法雅節的起源可能是當地木匠行會的慶祝活動，為了紀念木匠的守護聖人約瑟夫，在街上燒掉不要的木材與刨花。現在每年三月十九日的晚上，瓦倫西亞各大廣場上都會焚燒當地藝術家創作的這類流行藝術人偶，數量共有六百多個，主題大都是政治或者社會諷刺。

＼ 稻米烹調 ／

西班牙地中海地區有數百種稻米烹調。稻米以高湯或水煮熟，還有各種各樣輔料可供選擇，視米飯口味而定，包括蔬菜、莢豆類、堅果、海鮮、禽類、紅肉類、小型野味、冷肉類、香草植物，還有乾紅椒粉、諾拉甜椒、番紅花等香料。

西班牙的米飯菜餚不只食材獨特，連炊具、烹製的方法、加進去的液體分量都很獨特。乾米飯（arroz seco）以鐵鍋飯平底鍋（paella），或者較深的琺瑯盤，直接放在明火上煮，也可以用陶質烤盤放在烤箱裡烘烤。至於濕潤的「arroces melosos」（意為蜂蜜質地的米飯）用的是比較深的平底鍋，arroces caldosos（濃湯飯）則用陶瓷鍋或者金屬湯鍋，放在明火上烹煮。添加水或高湯的多寡，視米飯種類而定，通常乾米飯添加的液體分量是米的兩倍，濕米飯是兩倍半，湯飯則是三倍。

有名的西班牙菜，瓦倫西亞鐵鍋飯（paella valenciana），用的炊具是平底鍋（paella），而且最好用柴火。這道菜源於瓦倫西亞阿爾布費拉潟湖周邊的農田，已經成為節慶食品，通常由男性在露天烹煮。大部分外國人、甚至西班牙國內也有人認為這道菜要用海鮮、雞肉、豬肉，甚至香腸，事實上對於出生在

露天烹製鐵鍋飯。正宗的瓦倫西亞鐵鍋飯，裡面有兔肉、雞肉、豆子。最後高湯會被米飯全部吸收。

瓦倫西亞並堅持純正傳統的廚師而言，這種說法簡直是異端。本來鐵鍋飯是農民菜，所以用的是在阿爾布費拉附近能找到的一切吃食。隨著當地情況與人民生活進步，雞肉、兔肉、蝸牛（可以用一枝迷迭香代替）就成為瓦倫西亞鐵鍋飯的部分主料了。

　　烹製鐵鍋飯並不容易，肉類要先在鐵鍋裡以高溫橄欖油煎軟，然後加進切碎的番茄與一些甜椒攪拌。接著要加入正確分量的冷水。然後是三種不同豆子，其中包括當地稱為「garrafón」的皇帝豆（lima beans），同時以一點高湯融化幾根番紅花蕊並加入。番紅花的香氣比顏色深，所以只需要使用一點點。如此煮至湯滾沸而且肉類也熟了，就以手均勻撒進米粒，不可攪拌。大約二十分鐘之後，柴火將近熄滅，飯粒也完全吸收了水分，而且粒粒分明，滋味濃郁。

　　還有其他米飯菜餚稱為「arroces」，如果與魚或介殼類同煮，則要先準備材料豐富的高湯。必須先將米放入鍋中，再倒入熱湯。海鮮飯（arroces de pescado y marisco）通常以諾拉甜椒增添風味。

　　瓦倫西亞城的中央市場位在阿拉伯舊城區，靠近清真寺，周圍是迷宮般的窄巷與小廣場，這一帶今天依然是瓦倫西亞城最迷人的區域。從十五世紀開始，中央市場就是此城的神經中樞。在從前，每天清晨從鄉間運來一車車水果與蔬菜，喚醒睡夢中的中央市場。熱內亞與加泰隆尼亞水手、仕女與僕婦、大學生，還有想要觀賞或者參與熱鬧的城市生活的每一個人，都會光顧這裡。一九二八年，阿方索十三世建造了現代的中央市場，建築屬於現代派，帶有一點世紀之交風格的修飾，建築本身使用的是磚、鐵藝、布紐爾石（Emperador Buñol）與大理石、地中海馬賽克鑲嵌畫、彩色鑲嵌玻璃窗。這裡值得優游閒逛，可以順著市場裡的走道，欣賞商販引以自豪的各色蔬果，都以天生的藝術眼光設計陳列。到了冬季，新鮮橄欖上市，放在一起出售的還有醃漬橄欖需要的香草植物，尤其是茴香。市場裡大多數商販都是婦女，繫著蕾絲圍裙，髮型一絲不苟，十分奪目。

　　這裡可說是西班牙最美麗的市場，散發著山間香草與鹽醃火腿的香味。麵包鋪裡還有地瓜派、八角（aniseed）麵包捲、各種油酥麵點與小派餅（pastelito）。賣魚的攤位上有淡色的「galera」（mantis shrimp，蝦蛄），可以做出滋味濃郁的濃湯與高湯。艾倫・戴維森（Alan

Davidson）的著作《佩佩大叔的西班牙與葡萄牙海鮮指南》（*Tio Pepe Guide to the Seafood of Spain and Portugal*）中，關於蝦蛄有這麼一段：

> 一種奇怪的動物，不是真的蝦，也不是螃蟹，分類上屬於完全不同的一目，口足目（Stomatopoda）。顧名思義，牠的前腿就是口部的延伸；而且牠相當於海裡的螳螂。[14]

淡水鰻魚也是這個市場的特產，在西班牙別處很少見。待售的鰻魚都放在金屬水盆裡，在淡水中翻滾扭動。賣出的時候才當著顧客的面，以利刀劃開現宰，這樣才能保證新鮮。大蒜紅椒鰻魚（Anguilas all-i-pebre）滋味鮮美，在瓦倫西亞阿爾布費拉潟湖中的艾爾帕爾瑪島（El Palmar）上的餐廳可以一嚐。馬約卡島也流行這道菜。

如果不提沙拉，就無法了解瓦倫西亞烹調。麵包與橄欖搭配各種沙拉，沙拉內容包括新鮮菜葉、醃漬泡菜、多種醃魚（salazones），比如鹽醃鮪魚（mojama）與鹽醃烏魚子（huesvas）。季節是決定沙拉品質與內容組合的主要因素。新鮮沙拉的基本材料是萵苣或苦苣葉，不然就是小包心菜的嫩葉。瓦倫西亞人認為沙拉醬汁是一門藝術，必須了解每一種材料所扮演的角色才行。人們常說傳統西班牙沙拉醬汁的材料不多，但是需要四個人才能做好：一個慷慨大方的人提供橄欖油、一個吝嗇鬼提供醋、一個小心謹慎的顧問來加鹽，最後一個瘋子負責攪拌。

阿爾坎特省南部的阿爾科伊城（Alcoy）有一道很有趣的菜，叫做音樂家燉菜（olleta de músic），是在名為「摩爾人與基督徒」（Fiesta de Moros y Cristianos）節慶期間食用的，材料包括四季豆、血腸、火腿骨、莙蓬菜。吉亞波許（giraboix，意為轉動研杵）這道菜屬於海陸大餐傳統烹調，材料是鹽漬鱈魚、馬鈴薯、血腸與其他鹽醃香腸、朝鮮薊、洋蔥、諾拉甜椒、番茄、白煮蛋。

「coques」（扁麵包加佐料）是西班牙東邊地區、加泰隆尼亞與巴利亞利群島的傳統食品。在西班牙東海岸，這種食品的材料眾多，口味有鹹有甜，有的簡樸，有的加了餡料。鮪魚麵包片（coque amb tonyna）上頭塗了一層名為「fritanga」的索佛利托底醬，該醬材料是

鹽醃或新鮮鮪魚、新鮮菜椒、月桂葉、番茄、松子。製作麵包的麵團材料為麵粉、豬脂油與熱的橄欖油。豬脂油讓麵團比較鬆軟。直到十四、五年前，當地家庭主婦依然每天製作「coques」，如今幾乎都是麵包店製作或者工廠大規模生產。

　　在西班牙東邊地區、甚至西班牙全國，有兩個節期的食物與節日本身一樣重要。這些節期通常連續好幾天，甚至幾個星期。其一是從聖誕節到主顯節（Epiphany），其二是棕枝主日（Palm Sunday）到復活節。現在聖誕節的盛宴與慶祝活動在平安夜（Nochebuena）晚上十點左右開始，但是直到不久之前，必須等到午夜彌撒結束之後，才能享用這一頓大餐，接著在整個漫長節期還有許多美食。在從前，對成年人來說，天主教的聖誕節前夜是節制禁慾的日子。直到午夜彌撒之後，全家人聚集在傳統農舍的火爐周圍，把木炭燒得通紅、放上烤肉架（parrilla），西班牙東邊的人民這才開始慶祝節日，大啖羊小排、各種冷香腸（embutido）與火腿。蔬食通常是大量菊苣沙拉，上面加了香料及壓碎的橄欖，佐以滿滿一碗阿里歐里大蒜醬。有些人家還做豪華的節慶燉菜，材料包括經典的數種蔬菜、香腸、肉類。一直到現在，節慶燉菜裡都必須有聖誕節肉丸（pilotes de Nadal），這種肉丸大小如柳橙，用的是碎豬肉、豬脂油、乾麵包屑、乳酪、肉桂、大蒜，不過輔料配方有許多變化。餐後甜點一向是綠色的冬季甜瓜，去皮然後切成薄片。水果之後就是聖誕節甜食了：糖杏仁與松子、硬的阿里坎特牛軋糖、軟的希霍納（Jijona）牛軋糖、裹了巧克力的果乾。至於傳統的復活節甜食，復活節麵包（coca de Pascua，其他地區稱為「mona」）用的麵團類似布里歐許甜奶油麵團（brioche），入爐前要在頂上中央放置完整的白煮蛋作為裝飾。這種麵包的主料是麵粉、雞蛋、酵母、水、橄欖油與糖。

　　復活節當天上桌的是燉蔬菜（menestra）以及鹽漬鱈魚丸（albóndigas de bacalao），這種丸子用的是鹽漬鱈魚、煮熟的馬鈴薯、洋香菜、蛋、松子。與復活節期有關的還有南瓜甜點（arnadí），據信這是目前已知伊比利半島最古老的布丁。哈蒂瓦（Játiva）一帶的南瓜甜點則與猶太人有關。哈蒂瓦有很大的猶太居民聚居區，而且菜園非常美。我們今天所知的南瓜甜點是將大南瓜切半，裝滿糖、去皮杏仁、

核桃、無籽小葡萄乾、一點橄欖油、一點黑胡椒粉，然後入爐烘烤。大約一小時後，南瓜肉與餡料已經變成焦糖狀，於是挖出來，放在一大塊乾淨的布巾上，靜置一夜以便濾掉多餘水分。最後完成上桌時要以杏仁裝飾。

　　將葡萄汁或無花果汁加熱、減少水分，製作出來的糖漿稱為「arrope」，加泰隆尼亞語稱為「arrop」。有一種幾乎被遺忘的傳統美食，葡萄汁糖漿加水果切片（arrop i talladetes），在不久之前還由走街串巷的小販帶到村落中販賣。「talladetes」指的是南瓜、李子、桃子以及其他水果的切片，在萊姆汁與水的清淡混合液中靜置一夜，如此就能變硬。當葡萄汁糖漿已經做好但還溫熱的時候，把「talladetes」加進去。千層麵團做成的油炸小麵點，瓦倫西亞乃至全西班牙都有這種點心。在加泰隆尼亞，它屬於傳統油酥糕點的一員，家家戶戶在節慶時製作，比如聖約瑟夫紀念日、聖迪奧尼西歐紀念日（Saint Dionisio's day）。特製糕點店裡也製作這種點心。一般的油炸小麵點是最常見的，材料是麵粉、水、一點酵母。麵團完成之後，就分成小團在橄欖油中油炸，炸好的質地非常蓬鬆而且呈金黃色，習慣是撒上糖霜並且趁熱吃。「buñuelos de viento」用的是燙麵（scalded），但是加了打過的蛋液，能使麵團柔軟。燙麵團使用的是接近沸點的水與橄欖油，然後一點一點加入麵粉，一面混合均勻，直到成團。等到溫度降低之後，才加入雞蛋，能夠稀釋麵團並使之柔軟。油炸小麵點也經常加入質地柔軟的南瓜醬。

　　瓦倫西亞海岸對面就是地中海的巴利亞利群島，這裡自古以來一直吸引著遊客與入侵者。它的戰略位置重要，古代史上的主角都可以輕易抵達此地，因此是遊客、戰士、農學家的遊樂場，他們的遺產至今依然可見。這裡的鹽醃橄欖按照古羅馬與希臘傳統，以茴香調味。最甜的杏仁用來做冰淇淋，還有十八世紀的甜點潘那雷特（panellet），用以慶祝諸聖節。這種甜點有幾百種不同作法，主要使用杏仁、馬鈴薯、地瓜，其中許多配料明顯受到中東影響，也與歐洲北部地區的甜食傳統有關聯。

　　之後來到此地的是亞拉岡與加泰隆尼亞聯邦，接著是英國與法國殖民者，他們使得此地菜餚與食品種類更加豐富。其中最大的兩個島

馬約卡與米諾爾卡（Minorca）的土地十分肥沃，伊維薩島則以海灘與海鹽「鹽之花」（flor de sal）聞名。福門特拉島與卡夫雷拉島（Cabrera）小得多，兩地都有別出心裁的海鮮菜餚，而且一直都有缺乏新鮮農產品的問題。馬約卡島的飲食傳統則與加泰隆尼亞本土的關係密切。米諾爾卡島的名稱來源自羅馬人，意為「較小的島」。此地一直保留著英國特色與一點法國特色，這是馬約卡島所沒有的。一七一三年，根據烏特勒支條約（Treaty of Utrecht）內容，米諾爾卡島成為大英帝國的領土。英國人帶來了珍貴的菲仕蘭乳牛，這些牛在此地大量生產牛奶。在此之前，島上只有山羊與綿羊，因此實在想像不到能有如此局面。開始盛產牛奶之後，此地很快建立了以奶油與乳酪為主體的酪農業，改善了當地農民的生活。米諾爾卡島開始釀造琴酒是為了十八世紀時駐紮在此地的英國水手與士兵，之後也成為英國留在此地的遺產之一。法國人曾經短暫佔領此島，當時龍蝦佐以馬翁薩蛋黃醬（mahonesa）是一道名菜。一八〇二年，米諾爾卡島與首府馬翁（Mahón）歸還給了西班牙。

　　出身亞拉岡的大廚提歐多若‧巴爾達荷，在一九二八年出版了一本小冊，名為《馬翁薩醬》（*La salsa mahonesa*），他認為馬翁薩醬是冷醬中的女王，而且他堅持它的起源與國籍：

　　馬翁薩才是這種膏狀物的名字，而非mayonesa，它是大蒜醬（all-y-oli）名正言順的女兒，這種大蒜醬流行於瓦倫西亞、巴利亞利群島、加泰隆尼亞、亞拉岡，甚至是全西班牙……

　　馬翁薩是為了世界而生，可說是歷史悠久的大蒜蛋黃醬（ajolio），卻沒有大蒜的惱人氣味，精緻而且能夠取悅最敏感的味蕾。[15]

　　西班牙人相信，法國元帥黎希留公爵（Duke of Richelieu）在佔領馬翁港期間，吃過這種利幕贊蒜醋醬（pébre lemosin），十分喜歡，於是把配方帶回了法國。

　　從一九五〇年代以來，巴利亞利群島尤其是大島上的地主與農夫，一直在抵抗房地產開發商與旅遊業者求購土地的誘惑。很有趣的是，此地傳統上農地由男性繼承，而海濱由女性繼承，這一來女性就發了

財，而且很受眾人歡迎。從一九六〇年代末以來，馬鈴薯田與成畝菜園變成了高爾夫球場與漂亮的度假別墅，而這些產業的新主人喜歡當地豐富多采的市場，市場上食品、陶器、當地蕾絲銷路極好，紫色胡蘿蔔、小的甜茄子與細繩番茄串（tomatiga de ramellet）也很受歡迎。這種番茄不須灌溉，採收後用繩子串起來，掛在門廊與屋頂，在冬月裡始終是半乾狀態。同樣暢銷的還有新鮮的與乾燥的地中海香草植物、新鮮杏仁、本地橄欖油及葡萄酒與利口酒。特產麵包用的是獨特的無鹽麵團。還有馬約卡島與米諾爾卡島的牛奶做成的乳酪，以及極佳的冷肉類，比如巴利亞利群島特產的蘇柏瑞撒達香腸（sobrasada）。最好的蘇柏瑞撒達香腸必須用馬約卡島原產的黑豬（porc negre）肚子上的肥膘切碎，以及細切的豬肉。十月到來，鮮採的綠橄欖要以木槌輕壓，然後靜置在水中數小時再瀝乾，接著放進玻璃或者陶瓷容器裡，加進滷水、新鮮百里香、檸檬葉、大蒜、丁香、月桂葉，獨特的野茴香，橄欖須完全浸在滷水中。

巴利亞利群島的傳統菜餚有六百多道。有些專家認為巴利亞利烹調與其他西班牙地方烹調的不同之處並不在於食材，而是在於從前烹調方式不同。以安達盧西亞為例來比較，巴利亞利傳統菜餚很少油炸，這是因為此地氣溫適中，烹調方式也較為溫和。

馬約卡島的首府，帕爾馬—德—馬約卡（Palma de Mallorca）曾是羅馬人的軍營，後來被汪達爾人劫掠、被摩爾人殖民，十三世紀時又被亞拉岡的海梅一世（英文James I）收復。如今帕爾馬已經是現代城市，城中有一座宏偉的歌德式大教堂。此地除了旅遊業興盛之外，在經濟方面，農業也奇蹟般保持在重要產業的第二位。在馬約卡島，豐富的飲食文化的背後功臣不是牛，而是豬，尤其是馬約卡黑豬（porc negre mallorquí）。比起埃斯特雷馬杜拉黑豬（extremeño）以及安達盧西亞黑豬，馬約卡黑豬比較多毛，脖頸外皮鬆垂，頗為滑稽。一八三六年，法國作家喬治桑在馬約卡島避冬，一面照顧她的愛人，身罹肺結核的蕭邦。雖然她說過自己並不喜歡當地食物，但是她也注意到了對於當地民生來說，這種豬與豬肉製品是很重要的。與最近經營成功的伊比利豬比起來，同樣獨特的馬約卡黑豬就幾乎不為外界所知。這種豬吃的不是橡實，而是紫花苜蓿（alfalfa grass）、葡萄乾、新鮮

製作番茄串，從屋梁垂掛下來保存。

香草植物與豆子。在馬約卡，除了少數例外，新鮮豬肉在廚房裡並不常見。豬里脊加甜味醬汁（Lomo en salsa dulce）以及豬里脊加石榴醬汁（lomo en salsa de granadas）是兩個例外；還有「porcella」，這是塞了內餡的烤乳豬，餡料包括豬蹄、肝、心、麵包乾、數種香料與香草植物。馬約卡熱炒（frito mallorquín）的材料是豬內臟、馬鈴薯、茴香。很特別的是，在這裡甚至烤羊羔肉也先用豬脂油塗抹，而非橄欖油。西班牙人認為豬是長了腳的大餐，所以巴利亞利群島的冷肉拼盤格外是一件大事，通常會有「porc de xuia」（xuia是豬脂油，也可以指宰豬）。「Camayot」香腸使用的是數種豬肉、豬血、培根（pancetta）、豬脂油，調味料包括黑胡椒、乾紅椒粉與其他香料。除了肉類及魚之外，栽種的與野生的蔬菜也是當地居民的必要膳食。野生的海蓬子（samphire）、蕁麻葉、菊苣（chicory）、冠葉連翹（St John's wort），與栽種的朝鮮薊及菾菜一樣受人喜愛。馬約卡的特產茄子呈淺紫色，非常甜。烹調時通常塞進肉或魚，加上白醬烘烤，吃的時候搭配雜燴蔬菜醬（pisto）。煎烤番茄（tumbet）使用的是本地番茄、菜椒、茄子。馬約卡濃湯（sopa mallorquina）的主角是麵包，這種湯源自古代的蔬菜濃湯，材料是麵包與包心菜，從前是農民的日常主食。現在這道湯用的是切碎的韭蔥、洋蔥、番茄、大蒜、菜椒、包心菜、麵包。「Pa amb oli」（麵包與油）也是湯瑪斯・格雷夫斯（Tomás Graves）一本著作的書名。他是英國詩人羅伯特・格雷夫斯之子，出生在馬約卡島，他將這本書獻給巴利亞利的「pa amb oli」，相當於加泰隆尼亞的麵包與番茄（pa amb tomàquet），但是稍微貧瘠一點，因為裡面沒有番茄。書中說：「在巴利亞利群島以及地中海的每一個地方，在番茄敲開廚房大門之前，我們吃麵包與油已經兩千多年了。」[16] 甜或鹹口味的麵包片加醬料，以及肉餡餅與派餅，都是以最潔白的豬油（manteca）製作，只有大齋期間才換用橄欖油。「Cocorroi」小派餅的餡料通常是菠菜、醋栗（currant）、松子、橄欖油、乾紅椒粉、海鹽。

　　甜味的麵包片「coca」通常以幾滴八角利口酒調味，還加上松子與糖；蛋糕與糕餅則由當季的水果增美。「coca d'albercos」（杏子薄餅coca）與加泰隆尼亞及瓦倫西亞的不同，這種「coca」不是麵包片，而是甜薄餅或者餡料放在表面的派餅，起源於伊維薩島，通常以豬脂

油製成。豬脂油麵包捲（ensaimada）是一種特殊的油酥麵點，滋味極美，無法大規模生產。它的名稱源自馬約卡方言的「saim」（最高級的豬脂油）。想做這道點心的人要準備好把麵團揉、拉、推、捵，直到裡面形成充滿空氣的孔隙，這才可能成功。麵團還要繼續靜置醒麵兩次、拉捵一次，接著把每一層麵皮刷上薄薄一層豬脂油，才能把許多層麵皮揉在一起，做出它的獨特形狀，最後入爐。作家與畫家一直對「ensaimada」的起源有許多聯想，有些人認為它的起源不可考，已經遺失在黑暗的中世紀及摩爾人與基督徒的時代。它的形狀類似中東人的頭巾，但是現在已經改宗成為基督徒的食物。最近伊維薩島與福門特拉島組成聯盟，與馬約卡島之間開啟了一場美食主權爭奪戰，爭奪的主角是獨特甜點芙拉歐。這是真正的伊維薩特產，但是這兩個小島的聲譽已經受到馬約卡破壞，因為馬約卡人聲稱馬約卡才是它的原產地。巴利亞利群島的芙拉歐是一種鮮奶油塔，麵團材料是麵粉、橄欖油、八角利口酒、八角、水；餡料是乳脂含量很高的鮮奶油，以糖、蛋、本地的鮮乳酪與薄荷葉做成。最後入爐烘烤而成。到目前為止，卡斯特利翁─德拉普拉納省莫瑞亞城的廚師們還沒有加入這場論戰，但是當地在歷史上也與芙拉歐的起源有關。

安達盧西亞

在從前，對於安達盧西亞的一般印象就是稀薄的冷湯（gazpacho）、炸魚（pescaito frito），悲慘、飢餓。這種印象在國內外廣為傳播，然而至少在飲食方面，這是完全不符事實的。

關於伊比利半島南部的著作浩如煙海，但是關於那裡自古以歌舞自娛娛人的人們所烹調的食物，卻缺乏公正的評價。安達盧西亞是歐洲最富魅力的地方之一，一層又一層獨特的文化遺產累積，豐富了食物的內涵，幾乎沒有地方比得上。這片廣袤土地與非洲距離很近。它包含地中海地區，也包含大西洋地區，純淨燦爛的陽光使得這裡的建築與大地看起來永遠這麼美。高山上，松樹與橡樹林妝點著森林牧地，伊比利豬在此隨意漫遊。河谷裡，櫻桃樹與柳橙樹花朵綻放，令人陶醉。

「安達魯西亞四王國」是十八世紀時的總稱，指的是卡斯提亞王國

在今天安達盧西亞境內的領土，包括哥多華王國、哈恩王國（Jaén）、塞維亞王國（塞爾維亞、加的斯、威爾瓦）、格拉納達王國（格拉納達、阿爾梅里亞、馬拉加）。這是舊式的區分，不過可以幫助我們了解複雜如馬賽克鑲嵌畫的安達盧西亞飲食。

在哥多華和格拉納達都經常提到莫薩拉伯人烹調（Cocina Mozárabe）或安達盧斯烹調（Cocina Andalusí），而且不只這兩個省分如此。莫薩拉伯指的是在摩爾人統治安達盧斯時期居住當地的伊比利基督徒，其中也包括部分阿拉伯基督徒與柏柏爾人基督徒。莫薩拉伯人烹調的部分食譜與安達盧西亞飲食有關，另有部分與伊斯蘭入侵時期甚至之後的摩洛哥有關。有些人認為加蜂蜜烤製的小山羊肉（cabrito a la miel）這道菜與莫薩拉伯食譜關係最密切。莫薩拉伯肉丸加杏仁與番紅花醬汁（Albóndigas mozárabes con salsa de almendras y azafrán）、扁鯊燴松子與無籽小葡萄乾（rape mozárabe）也很明顯。在觀光客雲集的哥多華城以外的地方，現在有一道迷人的米飯，叫做鄉村鐵鍋飯（paella de campiña），但事實上並不是鐵鍋飯。這是用深的陶鍋，即「olla」，放入豬五花、雞肉、乾辣椒香腸、黑胡椒、丁香、洋蔥、烤大蒜、月桂葉、米、水一起煮。

塞維亞的美與哥多華不相上下，而且與西班牙歷史也一樣有關聯，甚至更密切，但是塞維亞並非尋找精緻餐飲的最佳地點。塞維亞是當之無愧的「tapa」小菜之都，近年來「tapa」這個字已經在國際上都有知名度了。正宗的「tapas」小菜如今在倫敦紐約都可以找到，然而這些在西班牙境外烹製的小菜總是缺少一點什麼，而且將來也依然如此。「tapas」小菜不只是以西班牙食材及獨特的本地特色烹製的小分量食品。最原始純正的小菜遠遠不只是食物，它們還是一種生活的方式，而且幾乎是無法模仿的。據信「tapas」小菜傳統誕生於十九世紀，在塞維亞城中、瓜達幾維河右岸的特里亞納區（Triana）。現在塞維亞城居民最愛的就是從一家酒吧逛到下一家，和酒保閒聊或者跟任何人閒聊，一面喝一杯「copita」（一杯芬諾「Fino」或曼薩尼亞雪利酒），吃幾顆免費的橄欖或者一片當地產的冷盤肉，這是非常具有交誼性質且輕鬆愉快的活動。人們還可能點一兩道「tapas」小菜，菜單都很清楚地寫在黑板上，讓顧客知道哪些是必須收費的，或者由侍者口頭報

菜名。小菜的分量可以做大一點，稱為「racion」，方便朋友們共享。「tapas」這個字源自動詞「tapar」——蓋住，因為從前習俗是以一片火腿或乾辣椒香腸蓋在酒杯上，是酒保的免費贈品。

　　在塞維亞的燦爛晨光中，酒吧與咖啡館、尤其是在食品市場裡的這些場所，永遠座無虛席。咖啡甚至「carajillo」（咖啡加一點白蘭地）通常搭配著「mollete」一起吃，這是麵包灑上一點橄欖油，或者抹上大量以乾紅椒粉染色的豬脂油（manteca colorá）。此外早晨還有油炸麵點「churro」與熱巧可力。在咖啡店與酒吧裡隨意吃點輕食之後，再以家中的午餐或晚餐補足，在冬月裡格外如此。炸魚店（Freidurías）以橄欖油炸魚，永遠酥脆不油膩。可以在店裡吃，也可以外帶；塞維亞的炸魚店尤其好。在整個塞維亞社會，傳統家庭烹調幾乎沒有變化，通常不複雜，而且滋味豐富。燉菜「puchero」這個字源自拉丁文「pultarius」；它不是以麵粉與水製作的，而是安達盧西亞版的燉菜。裡面有一點肉、鹽醃豬骨、蔬菜、鷹嘴豆。「gazpachuelo」並不是冷湯「gazpacho」，裡面也沒有番茄。這是一道精緻的熱湯，以蛋白、明蝦、無鬚鱈魚烹製。塞維亞式米飯（arroz a la sevillana）成本高昂，而且很明顯並非鐵鍋飯 。這是節日食品，材料是螯蝦、扁鯊、蛤蠣、墨魚、火腿、乾辣椒香腸、大蒜、豌豆、洋香菜、烤紅菜椒、洋蔥、橄欖油。

安達盧西亞蔬菜冷湯（gazpacho andaluz），又稱夏季冷湯。

　　阿爾哈拉費（Aljarafe）是塞維亞以西的一個地區，這裡曾經是羅馬帝國的果園（vergetum），產出大量橄欖油與甜葡萄酒，出口至羅馬。阿爾哈拉費濃湯飯（arroz dulce de Aljarafe）使用的是明蝦與扁鯊、番茄、洋蔥、芹菜、米、小茴香籽、當地的甜葡萄酒。經典名菜塞維亞式雞肉（pollo a la sevillana）裡面的橄欖很重要，這道雞肉要先煎過，再以迷迭香與薄荷醃漬，最後放在陶鍋裡面小火慢燉。最後加上橄欖。原本這道菜的顏色是很美的黃色，來自芝麻菜的花（flores de jaramago，芝麻菜英文俗名arugula），這是十字花科（Brassicaceae）的植物。油炸點心「pestiño」顯而易見起源於安達盧斯，不過現在已經很少有人在家自製，都是在節慶時從本地糕餅店購買。這是一種使用橄欖油製成的美味炸麵點，麵團以苦橙皮增加風味，分成小塊之後，擀出它的獨特形狀，然後油炸。這種麵團的材料是麵粉、白酒、肉桂、八角、芝麻、烤過的杏仁、核桃、八角利口酒、蛋、酵母、蜂蜜。聖利安德蛋黃糖糕（yemas de San Leandro）甜至極致，是塞維亞的代表性名產。這種甜點的配方起源於十六世紀，由塞維亞市中心著名的聖利安德女修院裡負責廚房的修女製作販賣，原料是蛋黃、糖漿、翻糖（sugar fondant）、檸檬。從塞維亞往埃斯特雷馬杜拉首府梅里達（Mérida）的路上，稍微繞點路，就能抵達阿拉塞納山（Sierra de Aracena），以及莫雷納山脈下的小村哈布戈；莫雷納山脈風景浪漫，但從前曾經是險地。哈布戈擁有一項產地認證，範圍包括鹽醃火腿、豬肩肉、里脊與冷盤肉。這裡是伊比利豬與森林牧場的王國，古老的橡樹林從這裡一路延伸，進入埃斯特雷馬杜拉的中心，直到北方。

　　在安達盧西亞的西南部，距離直布羅陀海格力斯之柱不遠，是西班牙最古老的城市，加的斯，別名「La Tacita de Plata」（小銀杯）。這座腓尼基古城位在一處四周環海的狹長岬地上。變化無常的地理環境限制了它的擴張，但也保護了歷史。在這塊岬地的最尖端，白牆金頂的教堂點綴著如畫的比聶阿（Viña）與聖馬利亞（Santa María）等舊城區，這裡曲折的街巷通往許多小廣場以及忙碌友善的室內大市場。海灣對面的聖馬利亞港（Puerto de Santa María）與桑盧卡爾─德巴拉梅達，和內陸的赫雷斯─德拉弗龍特拉一樣，都生產經典的雪利酒。海灣沿岸有一種特殊菜園稱為「navazo」，這裡生產全西班牙最好的蔬

菜。這些菜園原本是沙丘，由於外部潮汐的引力，使得地下淡水積聚在此。這裡栽種了許多種蔬菜，大部分由水手與傳教士從美洲傳入，當年許多航越大西洋的探險都是從這裡出發。這一帶食物豐富，應有盡有。每年鮪魚從大西洋游進地中海的季節裡，古老的「Almadraba」漁網系統能夠捕捉足夠的鮪魚。從瓜達幾維河口到特拉法加角（Cape Trafalgar），盛產魚類與介殼類，其中有明蝦、草蝦（langostino，tiger prawn）、對蝦（camaron、large prawn）、比目魚（acedia，sole）、溝迎風海葵（hortiguilla）、海鱸（corvina）、海鯛（dentón，dentex）等等。

赫雷斯—德拉弗龍特拉有數種地方烹調風格，而且其中有些永遠不可能融合。這一點從以下兩本書名可一目了然：拉羅·格羅索·德·麥克佛森（Lalo Grosso de Macpherson）的《雪利酒烹調》（*Cooking with Sherry*）[17]、馬努爾·瓦倫西亞（Manuel Valencia）的《赫雷斯的吉普賽烹調》（*La cocina gitana de Jerez*）。[18]拉羅的母系是波士頓人，父系安達盧西亞人。她的丈夫是蘇格蘭後裔，而她自己曾在英格蘭就學。現在她是成功的外燴大廚，在赫雷斯為若干酒莊工作，比如奧斯本（Osborne）、岡薩雷斯—比亞斯（Gonzales Byass）、多梅克（Domecq）。赫雷斯上層階級的飲食一直有法國與英國及當地貴族的影響，幾乎都聘請專業廚師，烹調的菜餚經常加上不少雪利酒，還加上西班牙或者冠有外國名字的濃郁醬汁。[19]

著名大廚馬努爾·瓦倫西亞是吉普賽人後裔，他力主創新，讓吉普賽人的傳統食物跟上時代，成果出色。在這本著作裡，他詳細追溯艱難時期與繁盛時代的吉普賽人飲食，最早的紀錄是十五世紀早期定居在當地的吉普賽人。部分歷史學家相信吉普賽人越過庇里牛斯山，從法國來到西班牙；也有歷史學家認為他們來自非洲。

一四九九年，他們被迫放棄原來四處遷移的生活方式，被迫定居、住在房舍裡、找工作、按照西班牙風俗穿戴，結果證明這幾乎是不可能的。幾個世紀之後，主要也是出於被迫，他們在赫雷斯一帶的「cortijo」即農莊找了照料葡萄園的工作，報酬則是與家人有棲身之處，每天有橄欖油與豬五花調味的豆子果腹，其他食物則是野生的，是來自大自然的免費餽贈，畢竟他們是採集食物的專家。他們吃野生洋菇（jongo）和平菇（jeta）、金薊（tagarnina，或稱為西班牙牡蠣薊），使

用的烹調配方與方式則是所謂的「esparragás」（吉普賽人烹調蘆筍的方式），即先煮熟，然後拌上以橄欖油、大蒜、煎麵包、乾紅椒粉做成的醬汁。許多原始的吉普賽食譜已經失傳了，不過現在菜市場外依然有吉普賽婦女出售金薊以及名為「cabrilla」的小蝸牛，還有用來烹調小蝸牛的香草植物。她們賣這些菜掙了錢，就買點新鮮沙丁魚、鰻魚、鯖魚，以及現在叫做「被遺忘的部位」的肉類，比如牛橫膈膜部位的肉。以「gandingas」（牛尾、豬頭肉、牛肚）做成的菜餚也一直是他們的日常膳食。[20]

　　加的斯以東、過了特拉法加角，就是巴爾瓦特港（Barbate），以及漁村薩阿拉—德洛斯阿圖內斯（Azahara de los Atunes）。這裡距離直布羅陀、馬拉加、古老的格拉納達王國都很近。在馬拉加城，船夫的麥稈帽、女士的精緻蕾絲襯衫、塗了顏色的棉布小洋傘現在可能都已經被遺忘了；不過，馬拉加的曾祖父母一輩曾經享用過的老式美食在被忽視了幾十年之後，現在又在職業廚師與飲食作家努力之下重獲新生。一九八〇年代初，馬拉加當地一位律師恩里克·馬培義（Enrique Mapelli）注意到了馬拉加美食烹調凋零的景況，決定開始行動，陸續出版許多當地食譜以及著名作家的相關主題著作。他明白家庭烹調才是馬拉加菜餚的精華。馬拉加烹調遠不只是海灘酒吧（chiringuito）裡供應的炸魚與冷湯；也不是當地正式典禮與富人餐桌上的國際菜單。

　　「Arroz a la parte」（不同材料分批上桌的米飯）已經不再像百年前那樣，以爐灶或者露天烹煮。作法是先在鍋裡以魚與介殼類熬好湯，然後撈出海鮮、加進米煮成飯，再加入醬料調味。醬料是以大蒜、搗碎的煎麵包、辣椒、洋香菜、牛至、葡萄酒等慢煎而成。這道米飯上菜的方式是非常傳統的西班牙式，共分為三道：湯、海鮮、米飯。窮人馬鈴薯（Patatas a lo pobre）這道菜隨處可見，是油煎薄片馬鈴薯，加上搗碎的醬，這種醬包括黑胡椒、小茴香籽、麵包乾、水、一點醋與乾紅椒粉，並且要先在煎馬鈴薯的油裡加熱過。

　　馬拉加食物的精髓，全在「moraga」聚會上的一盤沙丁魚裡。這種社交活動是朋友聚在一起，只為了很簡單的目的，那就是在溫暖的夏夜裡，在海灘上吃點新鮮沙丁魚。剛捕撈上岸的沙丁魚以金屬扦子直立插在沙灘上，圍繞在熊熊火堆四周，人們一面耐心等待，一

面喝點本地葡萄酒，這種酒曾經受到馬培義大加讚賞。他在《紀錄》（*Papeles*）一書中收錄了一則火雞食譜，原本是帕爾多・巴桑伯爵夫人為了凸顯馬拉加葡萄酒而特地創作的。這道「獻給馬拉加葡萄酒的火雞」（Pavipollo al Vino de Málaga），配料是豬五花、洋蔥、胡蘿蔔、葡萄酒、肉湯、月桂葉、百里香。馬拉加的無籽葡萄乾（Pasas）及無花果乾（higos secos）還有杏仁，也經常出現在當地食譜中。杏仁是「白色大蒜」湯（ajo blanco）的靈魂，哥多華也有這道湯，但是在馬拉加上菜前要加上新鮮葡萄（uvas）。這道「白色大蒜與葡萄」湯（ajo blanco con uvas）也算是一種「gazapaho」冷湯，材料包括甜杏仁與一點苦杏仁、大蒜、麵包、橄欖油、水、鹽。

　　安特克拉（Antequera）位於內陸，正好在塞維亞、馬拉加、格拉納達的路線交叉點上，擁有古老的歷史。建於西元前兩千五百年至一千八百年之間的史前石墓遺址，至今依然矗立在這座迷人城市的近郊。年輕的卡斯提亞王子斐迪南經過一場漫長的戰役擊敗了摩爾人，然後在自己的稱號加上了安特克拉。也正是這位王子，在十五世紀初創立了花瓶與獅鷲騎士團。非常具有基督徒特色的安特克拉豬油糕（mantecados de Antequera）是經典點心，至今當地的珍珠女修院（Convento La Perla）與伯利恆女修院（Convento de Belén）依然在製作這種點心，而且它屬於安達盧西亞的聖誕節眾多甜食之一。原始配方用的是稍微烤過的麵粉、糖、豬脂油、蛋、肉桂粉、芝麻，有時候還加杏仁。

　　以前從安特克拉很容易就能抵達格拉納達城，那裡有宏偉的阿爾罕布拉宮殿，以及阿爾拜辛區（El Albayzín）的「tapas」酒館。阿爾拜辛位於城中心，是穆斯林文化最古老的中心之一，最適合在此品嘗格拉納達烹調最有特色的幾道菜餚。距離城區不遠則是阿爾普哈拉斯（Las Alpujarras），以及肥沃的雷克林河谷縣（El Valle de Lecrín），一直以來都受到作家諸如傑拉德・貝瑞南、班納比德斯・巴拉哈斯（Benavides Barajas）的讚揚。這個西班牙摩爾人與摩爾時期最後的據點，四月裡當季的是蠶豆（haba）與小朝鮮薊。每年這個時候，這兩種蔬菜的個頭還很小，也還很嫩，通常當地酒館與餐廳都會供應格拉納達式綠蠶豆（habas verdes a la granadina）。這種豆子要先煮過並瀝

乾，然後放在以番茄、洋蔥、大蒜做成的醬汁裡，加上一點水同煮。用以增加滋味的是一束「阿爾拜辛花束」（ramillete albaicinero，月桂葉、薄荷、洋香菜），以及五六個切成四份的朝鮮薊。一待朝鮮薊煮軟，就加上小茴香籽、番紅花、黑胡椒。莫薩拉伯人風味的菜餚還包括茴香燉菜（cocido de hinojo）以及杏仁醬燉羊蹄（patitas de cordero en salsa de almendras）。

傑拉德·貝瑞南在阿爾普哈拉斯的偏遠小村耶痕（Yegen）住過幾年，並在那裡完成自傳體著作《格拉納達以南》（*South from Granada*）。他是著名作家，熱愛西班牙，書中對於自己的廚房與儲藏室有詳盡描寫。儲藏室裡的葡萄從天花板垂掛下來，自九月保存至翌年四月。幾只籮筐放滿了柿子、榲桲、柳橙、檸檬，還有一兩塊阿爾普哈拉火腿，都放在儲藏室裡。

接著是蔬菜：番茄乾與茄子乾，都切成條狀，晾在架子上。菜椒從天花板垂掛下來，罐子裡放的是自家鹽醃的橄欖、杏乾與無花果乾、鷹嘴豆與扁豆。

貝瑞南還提到，那時阿爾普哈拉斯居民很少吃肉，只有醃製的豬肉製品、偶爾一隻小山羊，以及特雷別勒斯村（Trevélez）的節慶火腿。「一年裡大多數晚上，由騾子馱著海岸地區的鮮魚送上山來，可能有沙丁魚、鰻魚、竹筴魚（horse mackerel）、章魚或墨魚。」關於一九五〇年代初的西班牙烹調，貝瑞南說：「西班牙烹調的優點究竟是優點還是缺點，看法因人而異。」[21] 他自己喜歡的是燉菜「cazuela」，米、馬鈴薯、綠色蔬菜加上魚或者肉一起燉，調味則有番茄、菜椒、洋蔥、大蒜、杏仁、番紅花。他喜愛沙拉，還有夏季與冬季的冷湯，但是不喜歡耶痕當地的燉菜「puchero」；還有，如果鹽醃鱈魚的品質不好，他也不喜歡以這種魚做的菜。他喜歡的食譜還包括兔肉、野兔、山鶉，而且極愛當地的麵包：「有一種全世界其他麵包都沒有的甜味。」他覺得這是因為當地穀物十分成熟之後才收割。許多年後的今天，阿爾普哈拉斯居民的廚房裡依然有貝瑞南提到的部分食材與菜餚，當地脫俗的美與性格吸引著國內外訪客來到格拉納達南方。最近出版的一本食譜書，

＼ 一條名叫維多利亞的鯷魚 ／

迪奧尼希歐・裴瑞斯（筆名瑟布松支持者）在《西班牙美食指南》一書中，以他一向熱烈誇張的筆調，描寫了馬拉加省埃斯特波納（Estepona）與內爾哈（Nerja）之間海域的鯷魚。以他的看法，這裡的鯷魚是全世界最好的，不過坎塔布里亞的拉雷多、巴斯克的貝爾梅奧這兩座漁港的居民很可能會提出異議，因為他們對鯷魚也是一樣的狂熱，這種魚是人類能品嘗到的最鮮美魚類之一。馬拉加捕捉的洄游鯷魚，在十九世紀不但令飲食作家與美食家嚮往，連知名小說家比如佩德羅・安東尼奧・德・阿拉爾孔（Pedro Antonio de Alarcón）也由此得到靈感。德・阿拉爾孔與迪奧尼希歐・裴瑞斯一樣，都認為馬拉加鯷魚是別處比不上的。不過這些作家都沒提到一件事，而這件事經常讓外地人一頭霧水；在馬拉加，鯷魚的名稱除了「boquerones」，也叫做「維多利亞」（Victorianos），得名於捕捉鯷魚的季節，通常都是在九月八號，即馬拉加的守護聖人、勝利聖母（Virgin of the Victory of Málaga）的生日。馬拉加省的林孔德拉維克托里亞（El Rincón de la Victoria）每年舉行慶典，這是典型的地中海陽光海岸城鎮，慶典上鯷魚是別具風格的主角，大街小巷飄散著烹炸鯷魚的誘人香氣。來自國內外成百上千的遊客，有機會品嘗各種維多利亞鯷魚菜餚，這份菜單相當可觀。以大量熱橄欖油油炸鯷魚（boquerones fritos），需要像安達盧西亞婦女那樣精於此道才能做好。沒吃掉的炸鯷魚通常加上醬料，材料是大蒜、番紅花、小茴香、牛至、醋或檸檬汁、橄欖油。家中自製的醋醃鯷魚（boquerones en vinagre）用的是剛捕撈上岸的生鯷魚，輕輕清洗、片成兩半，以鹽、醋、水醃上幾小時，然後再洗淨，上菜的時候加點橄欖油、洋香菜屑、大蒜。

大衛・艾爾斯理與艾瑪・艾爾斯里（David and Emma Illsley）合著的《煙囱：來自阿爾普哈拉斯一處村莊的食譜與故事》（Las Chimeneas: Recipes and Stories from an Alpujarran Village），已經獲得飲食作家與評論的讚賞。這本書是鮮活的例子，證明了安達盧西亞人與堅持根源及傳統的食物是分不開的。這本書名裡的「煙囱」（Las Chimeneas）是阿爾普哈拉斯中心地區的一家小旅館兼餐廳，它的燉菜「cazuela」全年用的都是短麵條而不是米，而且在初春還加上蠶豆與當地的火腿。有一道原創沙拉叫做「蘸一蘸」（remojón），用的是柳橙、蠟質型馬鈴

薯（waxy potatoes）、品質最好的鹽醃鱈魚、黑橄欖、石榴籽，就和
「berenjenas con caña de miel」（茄子加糖蜜）一樣正宗。可以確定的是，
雖然貝瑞南承認自己不喜歡「puchero」燉菜，但是他依然可能喜歡茴
香燉菜（puchero de hinojo），裡面有豆子、茴香、豬肉，「煙囪」餐廳
的廚師索力（Soli）與康奇（Conchi）經常做這道燉菜。[22]

▌加那利群島

　　在摩洛哥海岸以西約一百四十五公里處的大西洋上，加那利群島
是前往美洲的航線上一個短暫停靠的港口。從一四九二年以來，西班
牙船隻都在這裡停靠，補充食物飲水，在橫越大洋之前稍微休息一下。
在更久遠以前，這處群島以及它與亞特蘭提斯的傳奇故事，迷住了整
個古典世界。柏拉圖相信那片失落的大陸的確存在，托勒密明確指出
它的位置，並提醒水手們，過了耶羅島（Hierro）就是世界的盡頭，什
麼也沒有了。十四世紀初許多歐洲人來此，這些小島才算納入已知世
界的範圍。一四七九年九月四日，西班牙與葡萄牙簽訂了阿爾卡索瓦
什和約（Treaty of Alcácovas），結束了殘酷的卡斯提亞王位繼承戰爭，
帶來和平。和約條款包括葡萄牙取得亞速群島（Azores）、維德角群島
（Cape Verde）、馬德拉群島（Madeira）、幾內亞（Guinea）；西班牙選
擇了加那利群島，當時這個地方還只是來自西班牙、葡萄牙、熱內亞
與佛萊芒商人的遊樂場。

　　從那時起、甚至在更早之前，「Guanche」與「Canaria」這兩個詞
就一直籠罩在謎團與傳說裡。西班牙人稱特內里費島（Tenerife）的原
住民為古安切人（Guanche），後來這個指稱擴大到整個群島的原住民。
至於這處群島的名稱起源，也是現代的歷史學家們的爭論焦點。這個
名稱是不是來自拉丁文？指的是海豹（Monachus monachus），又叫做
「canes marinos」（海狗），每年大批這種海豹前來這一帶獵食墨魚並分
娩。還是來自「Canarii」這個字？「Canarii」是一支柏柏爾部族，原本
在北非的亞特拉斯山脈（Atlas），因為叛亂被羅馬人貶至這座小島。從
古典時代直到中世紀，這些島嶼對於歐洲殖民來說並沒有吸引力，而
且缺乏自然資源，因此一直被遺忘，幾乎停留在石器時代有數世紀之

在內里費島，烤石斑魚（cherna）搭配皺皮馬鈴薯（arrugada）與辣蒜醬（mojo picón）。

久。然而在歐洲人到來幾百年之內,古安切人就如同加勒比地區的塔伊諾人(Taíno),從地球上消失了。

不過沒有多久,加那利群島就開始大規模種植來自非洲的甘蔗,從事種植的是摩爾斯科人與非洲黑奴,其中有幾個島的土壤與氣候特別適合甘蔗生長。與此同時,特內里費島的葡萄園也開始生產馬爾瓦濟亞葡萄酒(Malvasías),吸引了來自英國與愛爾蘭的葡萄酒商人。馬鈴薯與辣椒也跟著大西洋兩岸的食品交流來到了群島。安地斯山脈的馬鈴薯,在此地被稱為「papa」,個頭小的稱為「papita」,加那利群島降雨適中,是理想的栽種地點,尤其是特內里費島。到了十六世紀中,大加那利島(Gran Canaria)與特內里費島出產的馬鈴薯已經成桶外銷至佛蘭德斯。根據佛朗西斯科・洛佩斯・哥馬拉的紀錄,皮薩羅首次在祕魯見到馬鈴薯,三十年之後此地也有了馬鈴薯,由此可見馬鈴薯來到舊大陸可能首先抵達加那利群島,而非直接傳入西班牙本土。[23]

還有一種在加那利種植成功的作物則是番茄。直到十九世紀,加那利群島都在外銷大量番茄到英國與歐洲北部。然而直到十九世紀,大部分島民的膳食依然很差,而且很少有熱食,這是因為肉類與木柴稀少、價格昂貴。當時本地膳食以麵包與「gofio」為主,「gofio」是以品質較差的穀物烤過之後磨成的五穀粉,有時甚至用的是豆子或者蕨類的根。最好的麵包用的則是大麥。蕨類的根也是當地古安切人的重要膳食,此外是山羊脂油、山羊肉、奶、魚。古安切人能夠以相當講究的方式烹煮食物,這一點與當時的早期報導及歐洲人的看法正相反。古安切人烤肉與魚,使之美味而好消化,他們把脂油儲藏在陶罐裡,還會烘烤磨碎的大麥,然後在水與奶裡煮熟,與蜂蜜一起吃。

我們現在所知的加那利烹調是不同菜餚的組合,其中最佳的屬於加那利烹調傳統,而加那利傳統受到的影響來自伊比利半島尤其是安達盧西亞,還有一些加勒比風味。燉烤兔(conejo en salmorejo)使用的兔肉是先以大蒜、小茴香籽、胡椒、鹽、橄欖油、葡萄酒等醃過再煎烤。皺皮馬鈴薯(papas arrugadas,海鹽水煮馬鈴薯直到鍋內水分幾乎完全蒸發、表皮起皺)通常搭配數種不同的醬料(mojo),而且都顯然起源於加勒比或者墨西哥。刺人辣蒜醬(mojo picón)呈紅色而且非常辣,材料是小茴香籽、大蒜、橄欖油、醋、番茄、紅辣椒。綠蒜

醬（mojo verde）的材料包括香菜，通常用來搭配魚類。以「sama魚」（Dentex dentex，細點牙鯛）做成的濃湯裡還包括馬鈴薯、小茴香籽、番紅花。橙汁魚（Escabeche de pescado）的佐料是柳橙、杏仁、葡萄乾，與安達盧西亞同名菜餚的佐料不同。但是從某些香辛料的用法可以看出加那利群島與西班牙南部的關係：肉桂、八角、肉豆蔻、丁香、黑胡椒、薑、小茴香籽、番紅花。米飯與雞肉的搭配在這裡和塞維亞都很流行，肉餡的油酥小餡餅（empanadilla）在加那利群島與西班牙其他地區到處都有。整個伊比利半島都有甜點「huevos moles」（嫩雞蛋），很明顯是起源於葡萄牙，然後依各地口味有些微調整。這種甜點的材料是蛋黃、糖、水、馬爾瓦濟亞葡萄酒、肉桂。最後成品是乳霜狀的糖漿與蛋黃混合物，是在隔水蒸的炊具「baño maría」裡不斷攪打而成。

至於五穀粉，從前是加那利原住民的救命恩物，也一直是其後人的食物，寄託了他們的歸屬感。在伊比利半島，以小麥做成的麵包具有重要地位，而在加那利群島，在牛奶與常見菜餚裡加入五穀粉與大麥甚至玉米粉，也是當地人至今依然喜愛的每日膳食。[24]

西班牙各地區乳酪

直到十年前，除了曼查戈乳酪，西班牙的乳酪在國外甚至產區以外的地方都不為人知，但是西班牙各地區生產的獨特乳酪歷史悠久。西班牙的乳酪文化結合了古老傳統與新技術，在過去三十年間，美食愛好者與乳酪製作者一直在拯救瀕臨滅絕的乳酪種類，逐漸拼湊起一幅獨一無二的地圖。如今這幅地圖包含了一百多種乳酪，其中二十多種屬於「原產地名稱保護」認證（Protected Designation of Origin），保證其正宗身分。西班牙生產的乳酪種類涵蓋廣泛，這一點反映了這個國家不同地區的風土與牲畜的多樣性。

西班牙各地都養山羊與綿羊。山羊尤其能適應從加泰隆尼亞直到直布羅陀海峽的地中海岸的艱困環境。綿羊從古代就在內陸居多，包括中央高原、納瓦拉、亞拉岡、埃斯特雷馬杜拉。而乳牛在綠意盎然的北方佔大多數，從加利西亞到庇里牛斯山腳下。許多乳酪在西班

牙有兩三個不同的變化品種，包括「fresco」，即剛做出來的鮮乳酪；「semicurado」，即經過短期熟成；「curado」，即完全熟成。

西班牙乳酪約有一半品種產在北方。降雨使得當地成為乳牛的理想棲息地，包括原生種如加利西亞金黃（Rubia Gallega）與阿斯圖里亞斯（Asturiana），以及外國品種如菲仕蘭。部分農夫也有少量綿羊與山羊，在牧草不足的季節，牛奶品質下降，此時可混合不同牲口的奶，繼續製造乳酪。這種做法是一種傳統，從前牧人在夏天會將所有牲口移牧至高地，並且使用兩三種不同奶類製作乳酪。

在加利西亞、阿斯圖里亞斯，尤其是在坎塔布里亞，直到幾年之前，擁有兩三頭乳牛都還是鄉間人家的夢想。這些珍貴的家畜養在住家旁邊，產出的鮮奶可以賣給當地酪農場，還有一點可以自家飲用，或是做成乳酪，要是還有多餘，還能做成節日布丁。有些農家婦女依然像從前那樣，在家自己製作乳酪，不過這樣的情況愈來愈少了。根據歐盟的規定，擁有乳牛數量在七頭以下的農家，不能出售牛奶給當地酪農場，因此對許多農家來說，這項規定終止了古老珍貴的生活方式。

加利西亞的帖提亞乳酪（Tetilla），得名於它的特殊形狀（據說像少女的乳房），在全西班牙都很風行，它的質地滑膩，滋味介於甜味與乳香之間。阿爾蘇阿乳酪（Queso de Arzúa）類似帖提亞，不過呈圓形，是傳統的農家自製乳酪。盧戈（Lugo）的聖西門（San Simon）是西班牙少見的煙燻乳酪。現在小型手工作坊與工業化企業蓬勃發展，促進了這些乳酪銷售至各方，不過加利西亞人依然在本地市場購買農家出售的不規則狀美味乳酪，這些都是由農家以自家生產的牛奶自製的。

再往東邊一點，就是阿斯圖里亞斯的河谷與茅屋，圍繞著雄偉的歐羅巴山，它峰峰綿延，如鋸齒刀鋒，矗立在坎塔布里亞山脈（Cantabrian range）的心臟地帶。這個地方出產的乳酪，在伊比利半島無人匹敵，跟許多生產乳酪的國家比起來也是與眾不同。阿孚爾勞皮圖（Afuega'l pitu）是手工塑形的新鮮乳酪，或者熟成的半軟乳酪，外型是獨特的圓錐體。它的名字也很特殊，來自當地方言，意思是「嗆死小公雞」，指的是這種乳酪質地綿軟濃郁，連小公雞都沒法直接嚥下去！

　　有幾種藍乳酪衝鼻而馥郁，比如拉裴洛（La Peral）、嘉蒙內多（Gamonedo），以及評價極高的卡布拉勒斯（Cabrales），都是放置在阿斯圖里亞斯的石灰石洞穴裡熟成的。卡布拉勒斯的原料通常是未消毒的牛奶（並非其名稱所暗示的山羊奶），不過在一年中某些時候可能使用牛奶、山羊奶與綿羊奶。石灰石洞穴裡終年低溫高濕，特別適合青黴從外皮往內生長、直抵中心，這一點在藍乳酪之中很少見。

　　在歷史上，乳酪製造並不限於小型作坊與牧人從事。宗教修會對於地區乳酪的發展也很關鍵。坎塔布里亞山脈與山谷周圍的許多修道院，依然如同中世紀時一樣，還在製作乳酪。科布雷瑟斯（Cóbreces）是坎塔布里亞海岸上的一個村莊，此地菜園與街道種植了許多檸檬，以出產多汁的檸檬聞名。當地的修道院出售自製的乳酪以補貼收入，包括奶油乳酪（queso de nata），以及克蘇科（quesuco），這是一種小型、獨特而滑膩的牛奶乳酪。在坎塔布里亞的帕斯河谷（Pas Valley），出產拉斯加爾米亞斯乳酪（queso de las Garmillas），質地脆弱細膩，製作過程中並沒有加壓，因此出售時必須放在兩片防油紙之間。目前當地大廚正在鼓勵生產這種乳酪，因為它精緻美味，而且容易應用在新的烹飪技術與食譜中。

　　在巴斯克任何一處美食社團或者蘋果酒屋聚餐之後，如果不吃上一片煙燻伊迪亞薩瓦爾（Idiazábal）、再加上幾個核桃，簡直不可想像。從古至今，當地農戶與巴斯克牧人一直製作依迪亞薩瓦爾乳酪。這個名稱源自吉普斯夸省內的一小片區域，位於烏爾巴薩山脈（Sierra de Urbasa）及阿拉爾山脈（Aralar）的心臟地帶。伊迪亞薩瓦爾乳酪以純綿羊奶製作，原本未加燻製，獨特品質來自以豐潤的夏季牧草為食的綿羊。燻過的則更為傳統，起源於古時夏季裡牧人移牧至濕冷的高山上，這些乳酪就放在牧人的灶台裡熟成。

　　往東更靠近庇里牛斯山的地區，放牧的除了乳牛還有綿羊。隆卡爾（Roncal）是納瓦拉最美的山谷之一，當地牧人製作的西班牙最古老的乳酪由此得名。隆卡爾的外型近似其他傳統綿羊奶硬乳酪，比如曼查戈，但是它的香氣非常特殊，來自新鮮青草與野花，這些植被覆蓋了羊群生長的山區及谷地中的陡峭斜坡。羊群性喜移動，所以牠們的同伴與照料者、也就是牧人們的生活方式也很獨特並充滿活力，因

此牧人變成了西班牙文學與民間故事裡的浪漫象徵，同時也是技巧高超的製作乳酪好手。

在埃斯特雷馬杜拉、卡斯提亞—雷昂、卡斯提亞—拉曼查，綿羊是大自然風景中的主角之一。這裡有許多原生種，其中最有名的是曼查戈以及卡斯提亞—雷昂的楚拉。從前養殖美麗諾種主要是為了精美羊毛與美味羊肉，現在也是若干最特別的西班牙乳酪的來源。在每年初冬的某一天，馬德里的一條主幹道上禁行所有車輛，就是為了讓路給大批移牧的綿羊，牠們正在從中央高原北邊移往南邊的路上。帶領這些綿羊穿過城市象徵著反抗，這是每年一次提醒所有人，遠在十二世紀，卡斯提亞國王阿方索六世把路權賜給了西班牙的牧羊人。

中央高原北部生產的薩莫拉諾，以及中央高原南部拉曼查生產的曼查戈，都是經典綿羊乳酪，而且都有值得紀念的歷史。西斯班尼亞的羅馬人吃的乳酪產自中央高原，而且羅馬人也鼓勵生產乳酪。首次提到乳酪的卡斯提亞語文獻是九世紀的《乳酪清單》（*Noticia de Kesos*），作者是修士耶米諾（Friar Jimeno），當時他在雷昂的羅素拉城（Rozuela）聖胡斯托修道院（San Justo）工作。十二世紀的阿布・薩卡利亞斯（Abu Zacarías）的著作論及西班牙農業，提到當時阿拉伯人在西班牙中部著重改良家畜，尤其是綿羊。阿拉伯人比較感興趣的是綿羊肉，不過當地牧人製作的阿爾穆亞巴阿那乳酪（al-Muyabbana）也很有銷路，這種乳酪就是現在的曼查戈。十一世紀，卡斯提亞國王阿方索六世拿下了摩爾人手中的托雷多，於是西班牙中部的經濟、宗教、社會結構都起了劇烈變化。基督徒軍隊佔領之後，原本由阿拉伯人、猶太人及基督徒擁有的典型小農場逐漸合併，變成阿方索宮廷貴族的產業。隨著基督徒軍隊南移，許多原來一直由摩爾人耕作的地區都荒廢了。重新遷移安置人口成為複雜的難題。

卡斯提亞—雷昂的臣民幾乎都不願意離開家鄉、遷往環境困難的鄉間過苦日子，他們要求有額外補貼獎勵南遷。阿方索能夠賜給他們大片土地，用以牧羊、生產羊毛，這在當時是利潤豐厚的行業，相比之下製作乳酪就不重要了。生產羊毛一直是拉曼查的主要產業，直到十七世紀人口增加才使得土地轉為生產穀物。最終冬季移牧成為過去，大群牲口遷移的場面也消失了。定時遷移的牧人少了，取而代之的是

定居的農人。羊毛生產減少，不過現在綿羊肉與曼查戈乳酪生產比從前重要得多。

中央高原的綿羊一直在埃斯特雷馬杜拉過冬。現在當地農人利用美麗諾綿羊奶製作兩種獨特的乳酪，卡薩爾乳酪（Torta del Casar）與拉塞勒那乳酪（Queso de La Serena），這兩種都以產於十一月到翌年六月的品質最好，因為這是牧草最豐美的季節。最受喜愛的則是使用植物性凝乳酶以手工製作的乳酪，這種植物性凝乳酶來自當地一種野生薊花：刺苞菜薊（Cynara cardunculos）。以這種凝乳酶製造出來的乳酪味美質軟，帶有獨特的微澀，與眾不同。

西班牙東部的地中海地區以山羊佔最大宗，生產的乳酪品種從柔軟鮮乳酪到堅硬熟成的都有。從羅馬時期到現在，山羊奶製的鮮乳酪一直供應給當地與城市。從北邊的加泰隆尼亞到南邊加的斯省的海格力斯之柱，主要城市與港口之間的乳酪貿易曾經興盛了數百年。加泰隆尼亞許多農場生產梅托乳酪（mató），這是一種鮮乳酪，加上蜂蜜稱為「mel i mató」，或者加上乾果與堅果，就是完美的甜點。

在瓦倫西亞，有幾種乳酪的名稱來自製作過程中使用的模子或者包裝布料，比如卡索雷塔（cassoleta，木製的模子，狀似小火山），還有非常近似希臘費塔乳酪（feta）的塞爾維耶塔（servilleta，餐巾）。有幾種鮮乳酪非常新鮮，出售的時候還在分泌乳清，也有幾種經過熟成，好讓質地不那麼脆弱。穆爾西亞乳酪以地為名，在不久之前還是由牧人製作。其中一種鹽醃過的稱為葡萄酒穆爾西亞乳酪（Murcia al vino），在熟成過程中浸過紅酒，使外皮染上獨特的顏色。

西班牙地中海地區山羊稱霸，只有在巴利亞利群島情勢不同，尤其是在米諾爾卡島。當地由於天氣多變，冬季多風雨，夏季乾熱，因此農夫生計主要依賴放牧乳牛，而非農耕。英國人在十七世紀佔領巴利亞利群島的時候，在米諾爾卡引進了產乳量更高的品種，因此當地乳酪大為精進，其中迄今最好的乳酪得名於米諾爾卡的首府馬翁。手工製的馬翁乳酪（Mahón）用的是未經高溫消毒的牛奶，以布塊圍裹成非常具有特色的正方形。傳統上馬翁乳酪的外皮必須塗上橄欖油或奶油，或者塗上奶油混合甜乾紅椒粉，使之具有美觀的橙色。馬翁乳酪稍帶酸與鹹，徹底熟成之後質地近似帕瑪森乳酪，是觀感良好的麵

粉狀。

　　加那利群島一向有製作硬質山羊乳酪的傳統，獨特而精緻。當地每個島都有自己的山羊乳酪，其中蘭薩洛特島（Lanzarote）出產西班牙最特別的山羊乳酪：馬霍瑞若（Majorero）。它的外型大而圓，風味複雜，有成熟水果的味道，外皮上有一枚棕櫚葉印記。

　　「只要有麵包、乳酪、葡萄酒，旅途終將抵達終點。」在西班牙，老人經常這麼說。幾世紀以來，西班牙烹調這條路上的美好事物還有許多。可以說，從史前的阿塔普埃爾卡山直到一九七〇年代，西班牙飲食一直在尋找自己的身分與認同，緩慢前進。如今西班牙飲食已經確認了自己的特色，依然多采多姿如往昔，同時已經成熟，擁有難以企及的地位。西班牙人比從前更有冒險精神，離開日常熟悉的環境往外探尋名勝的時候，也喜歡品嘗老家烹調以外的食物。有時他們吃到的是與某地有關的傳統食品，有時則是新潮的美食創作。然而難以預

以西班牙紙草（esparto-grass）編織成的草辮（pleitas），用來給許多卡斯提亞乳酪外皮印上圖案。

曼查戈乳酪是以曼查戈綿羊奶製成。

測的是，在飲食相關事物上，未來西班牙將繼續往何處前進。如今政
治與經濟不穩定引起的干擾再度來臨，不只在歐洲，在全世界許多地
區都是如此，而且正在影響西班牙食品與餐飲行業當中的某些環節。
對於品質的重視已經與西班牙密不可分，我們希望，這一點與專業人
士的投入都能讓西班牙適應可能的變化，免於不必要的妥協。從現在
起數年後究竟是何模樣，唯有歷史將記錄一切。

【 References 】

引用書目

Introduction

1 J. H. Elliott, *Imperial Spain: 1469–1716* (London, 2002), p. 13.

ONE: A Land at the Edge of the Unknown

1 Roger Collins, *Spain: An Oxford Archaeological Guide* (Oxford, 1998).
2 José Miguel de Barandiarán and Jesús Altuna, *Selected Writings of José Miguel de Barandiarán: Basque Prehistory and Ethnography* (Reno, NV, 2007), pp. 39–45.
3 María José Sevilla, *Life and Food in the Basque Country* (London, 1989), pp. 70–71.
4 Mattias Jakobsson et al. 'Ancient Genomes Link Early Farmers from Atapuerca in Spain to Modern-day Basques', *PNAS* (*Proceedings of the National Academy of Sciences of the United States of America*), CXII/38 (2015).
5 Jan Read, *The Wines of Spain* (London, 1982), p. 27.
6 Sebastián Celestino and Carolina López-Ruiz, *Tartessos and the Phoenicians in Iberia* (Oxford, 2016), pp. viii, 70–72, 191–6.
7 H. C. Hamilton and W. Falconer, trans., *The Geography of Strabo*, vol. III (London, 1857).
8 Carmen Gasset Loring, *El arte de comer en Roma: alimentos de hombres manjares de dioses* (Merida, 2004).
9 Cato, *Cato: On Farming* [1998], trans. Andrew Dalby, ebook (London, 2016).
10 Mark Cartwright, 'Trade in the Roman World', *Ancient History Encyclopedia* at www.ancient.eu, 12 April 2018.
11 Eloy Terrón, *España encrucijada de culturas alimentarias* (Madrid, 1992), pp. 45–6.
12 Paul Fouracre, ed., *The New Cambridge Medieval History: c. 500–700*, vol. I (Cambridge, 2005), p. 357.
13 Stephen A. Barney et al., eds and trans., *The Etymologies of Isidore of Seville* (Cambridge, 2009).

TWO: Moors, Jews and Christians

1 Garci Rodríguez de Montalvo, *Amadís de Gaula* (Barcelona, 1999).
2 Juan Lalaguna, *A Traveller's History of Spain* (London, 2011), pp. 22–3.
3 Joseph F. O'Callaghan, *History of Medieval Spain* (New York, 1983), pp. 49–54.

西
班
牙
飲
食
史

4 Emilio Lafuente y Alcántara, *Ajbar Machmua: crónica anónima del siglo XI, dada a luz por primera vez* (Charleston, SC, 2011).

5 Lucie Bolens, *La cocina andaluza un arte de vivir: siglos XI–XIII*, trans. Asensio Moreno (Madrid, 1992), pp. 43–6, 49–51, 71–2.

6 José Moreno Villa, *Cornucopia de México* (Mexico City, 2002), p. 381.

7 Manuel Martínez Llopis, *La dulcería española: recetarios histórico y popular* (Madrid, 1990), pp. 20–24.

8 Juan Antonio Llorente, *History of the Inquisition of Spain from the Time of Its Establishment to the Reign of Ferdinand VII*, ebook (London, 1826).

9 Elena Romero, *Coplas sefardíes: primera selección* (Cordoba, 1988).

10 Harold McGee, *On Food and Cooking: An Encyclopedia of Kitchen, Science, History and Culture* (London, 2004).

11 Gil Marks, *Encyclopedia of Jewish Food* (New York, 2010), p. 561.

12 Martinez Llopis, *La dulcería española*, pp. 24–5.

13 Carolyn A. Nadeau, 'Contributions of Medieval Food Manuals to Spain's Culinary Heritage', *Cincinnati Romance Review*, XXXIII (2012).

14 'Nunca dexaron el comer a costunbre judaica de manjarejos e olletas de adefinas e manjarejos de cebollas e ajos refritos con aceite; e la carnen guisaven con aceite, o lo echaven en lugar de tocino e de grosura, por escusar el tocino. El aceite con la carne e cosas que guisan hace oler muy mal el resuello, e así sus casas e puertas hedían muy mal a aquellos manjarejos: e ellos esomismo tenían el olor de los judíos, por causa de los manjares . . . No comían puerco sino en lugar focoso, comían carne en las cuaresmas e vigilias e quatro tenporas en secreto . . . comían el pan cenceño, al tiempo de los judios e carnes tajale.' Andrés Bernáldez, *Memorias del reinado de los Reyes Católicos, que escribía el bachiller Andrés Bernáldez, cura de los palacios*, ed. Manuel Gómez-Moreno and Juan de M. Carriazo (Madrid, 1962), pp. 96–7. In Spain olive oil and the fat from pigs, of which *manteca de cerdo* or rendered pork fat (lard) is the best, have always been used for cooking and pastry-making in diferent parts of the country.

15 Jaime Roig, *Spill o Llibre de les Dones. Edición crítica con las variantes de todas las publicadas y las de MS de la Vaticana, prólogo, estudio y comentarios por Roque Chabés* (Barcelona, 1905).

THREE: Life in the Castle

1 Juan Cruz Cruz, *Gastronomía medieval*, vol. II: *Dietética, Arnaldo de Vilanova: Régimen de Salud* (Navarre, 1995), pp. 8–9.

2 Rudolf Grewe, *Llibre de Sent Soví, llibre de totes maneres de potages de menjar*, ed. Amadeu Soveranas and Juan Santanach, 2nd edn (Barcelona, 2009).

3 Francesc Eiximenis, *Lo Crestià* [1379–1484] (Barcelona, 1983).

4 Eiximenis, *Com usar bé de beure e menjar: normes morals contigudes en el Terç del Crestià*, ed. Jorge J. E. Gracia (Barcelona, 1925).

5 Enrique de Villena, *Arte cisoria*, ed. Felipe-Benicio Navarro (Barcelona, 2006).

6 Angus Mackay, 'The Late Middle Ages, 1250–1500', in *Spain: A History*, ed. Raymond Carr (Oxford, 2000), p. 108.

7 Julius Klein, *La Mesta: A Study in Economic History between 1273 and 1836* (Cambridge, MA, 1920).

8 Henry Kamen, '*Vicissitudes of a World Power, 1500–1700*', in Carr, ed., *Spain*, p. 53.

9 Eloy Terrón, *España encrucijada de culturas alimentarias: su papel en la difusión de los cultivos americanos* (Madrid, 1992), p. 71.

10 José Pardo Tomás and María Luz López Terrada, *Las primeras noticias sobre plantas americanas en las relaciones de viajes y crónicas de Indias* (Valencia, 1993).

11 Manuel Zapata Nicolas, *El pimiento para pimentón* (Madrid, 1992).

12 Bernabé Cobo, *Historia del nuevo mundo* [1653], Google ebook (Seville, 1891).

13 Carolyn A. Nadeau, *Food Matters: Alonso Quijano's Diet and the Discourse of Food in Early Modern Spain* (Toronto, 2016), p. 90.

14 Garcilaso de la Vega (El Inca), *Royal Commentaries of the Incas and General History of Peru*, ed. Karen Spalding, trans. Harold V. Livermore (Indianapolis, IN, 2006).

15 Redcliffe Salaman, *History and Social Influence of the Potato*, ed. J. G. Hawkes (Cambridge, 1985), pp. 68–72.

16 José de Acosta, *Historia natural y moral de las Indias* [1590], ebook (Madrid, 2008).

17 Sophie D. Coe, *The True History of Chocolate* (London, 1996), p. 133.

18 Martha Figueroa de Dueñas, *Xocoalt: Chocolate, la aportacíon de México al mundo, recetas e historia* (Mexico, DF, 1995), p. 11.

19 Diego de Landa, *Yucatan before and after the Conquest*, trans. William Gates (Mineola, NY, 2014).

20 Gabriel Alonso de Herrera, *Libro de agricultura general de Gabriel Alonso de Herrera*, ed. Real Sociedad Económica Matrileña (Madrid, 1818–19).

21 Text trans. Robin Carroll-Mann, 2001.

22 Ibid.

23 Juan Cruz Cruz, *Gastronomia medieval*, vol. I: *Cocina, Ruperto de Nola: Libro de los Guisados* (Navarre, 1995), pp. 74–6.

FOUR: A Golden Age

1 Juan Sorapán de Rieros, *Medicina española en proverbios vulgares de nuestra lengua* (Madrid, 1616).

2 Otto Cartellieri, *The Court of Burgundy* (Abington, 2014).

3 Diana L. Hayes, 'Reflections on Slavery', in Charles E. Curran, *Changes in Official Catholic Moral Teaching* (Mahwah, NJ, 2003), pp. 65–9.

4 Nicholas P. Cushner, *Lords of the Land: Sugar, Wine and Jesuit Estates of Coastal Peru, 1600–1767* (Albany, NY, 1980), pp. 38–40.

5 Mitchell Barken, *Pottery from Spanish Shipwrecks, 1500–1800* (Pensacola, FL, 1994).

6 Regina Grafe, 'Popish Habits vs. Nutritional Need: Fasting and Fish Consumption in Iberia in the Early Modern Period', *Discussion Papers in Economic and Social History*, 55 (Oxford, 2004).

7 Rosa García-Orellán, *Terranova: The Spanish Cod Fishery on the Grand Banks of Newfoundland in the Twentieth Century* (Irvine, CA, 2010).

8 Julio Camba, *La casa de Lúculo o el arte de comer* (Madrid, 2010), p. 45.

9 Juan Ruiz, *Libro del Buen Amor* [1432], ed. Raymond S. Willis (Princeton, NJ, 1972).

10 Francisco Abad Nebot, 'Materiales para la historia del concepto de siglo de oro en la literatura española', *Analecta Malacitana*, III/2 (1980), pp. 309–30.

11 'Yo señora, pues me paresco a mi aguela que a mi señora madre y por amor de mi aguela me llamaron a mi Aldonza, y si está mi aguela bivia, sabía más que no sé, que ella me mostró guissar, que en su poder deprendi hacer fideos, empanadillas, alcuzcuz con garbanzos, arroz entero, seco, grasso, albondiguillas redondas y apretadas con culantro

verde, que se conocían las que yo hazía entre ciento. Mira, señora tía que su padre de mi padre dezía: !Estas son de mano de mi hija Aldonza! Pues adobado no hacía? Sobre que cuantos traperos avía en la cal de la Heria querian provallo, y maxime cuando era un buen pecho de carnero. Y !que miel! Pensa, señora que la teniamos de Adamuz y zafran de Penafiel, y lo mejor de la Andaluzia venía en casa d'esta mi aguela. Sabía hacer hojuelas, prestinos, rosquillas de alfaxor, textones de cañamones y de ajonjoli, nuégados . . .' José Carlos Capel, *Pícaros, ollas, inquisidores y monjes* (Barcelona, 1985), p. 186.

12 Linnette Fourquet-Reed, 'Protofeminismo erótico-culinario en *Retrato de la Lozana Andaluza*', *Centro Virtual Cervantes*, AISO, Actas VII (2005), at https://cvc.cervantes. es.

13 Juan Luis Vives, *The Education of a Christian Woman: A Sixteenth-century Manual*, ed. and trans. Charles Fantazzin (Chicago, IL, and London, 2000).

14 Miguel de Cervantes, *Don Quixote* (Part II)*, trans. Edith Crossman (London, 2004), pp. 582–91.

15 María del Carmen Simón Palmer, *Alimentación y sus circunstancias en el Real Alcázar de Madrid* (Madrid, 1982), pp. 45–53.

16 Carolyn A. Nadeau, 'Early Modern Spanish Cookbooks: The Curious Case of Diego Granado', *Food and Language Proceedings of the Oxford Symposium on Food and Cooking*, ed. Richard Hoskings (Totnes, 2009).

17 Domingo Hernández de Maceras, *Libro del arte de cocina* [1607] (Valladolid, 2004), pp. 3–71.

18 William B. Jordan and Peter Cherry, *Spanish Still Life from Velázquez to Goya* (London, 1995), p. 36.

FIVE: Madrid, Versailles, Naples and, Best of All, Chocolate

1 María de los Angeles Pérez Samper, *Mesas y cocinas en la España del siglo XVIII* (Jijón, 2011), p. 153.

2 Eva Celada, *La Cocina de la Casa Real* (Barcelona, 2004), p. 26.

3 Ken Albala, *Beans: A History* (Oxford and New York, 2007), pp. 71, 19.

4 William B. Jordan and Peter Cherry, *Spanish Still Life from Velázquez to Goya* (London, 1995), pp. 152–62.

5 Fernando García de Cortázar and José Manuel González Vargas, *Breve Historia de España* (Madrid, 2015), pp. 342–7.

6 Montesquieu, 'Consideraciones Sobre las Riquezas de España' [*c.* 1727–8], ed. Antonio Hermosa Andújar, *Araucaria*, XXXIX (2018), pp. 11–17.

7 Montesquieu, *The Spirit of the Laws*, ed. Anne M. Cohler (Cambridge, 1989).

8 'En el mismo instante que forzado de la obediencia me hallé en el empleo de la cocina, sin director que me enseñara lo necesario para el cumplimiento de mi oficio, determine, cuando bien instruido, escribir un pequeno resumen or cartilla de cocina, para que los recien profesos, que del noviciado no salen bastante instruidos, encuentren en él sin el rubor de preguntar que acuse su ignorancia quanto pueda ocurrirles en su oficina.' Juan Altimiras, *Nuevo arte de cocina sacado de la Escuela de la Experiencia Económica* (Madrid, 1791), p. 21.

9 Antonio Salsete, *El cocinero religioso*, ed. Manuel Sarobe Puello (Pamplona, 1995), p. 112.

10 Christopher Columbus, *The 'Diario' of Christopher Columbus's First Voyage, 1492–1493*, ed. and trans. Olive Dunn and James E. Kelly Jr (Norman, OK, and London, 1989).

11 Enriqueta Quiroz, 'Del mercado a la cocina: La alimentacíon en la Ciudad de Mexico en el siglo XVII: entre tradición y cambio', in Pilar Gonzalbo Aizpuru, *Historia de la vida cotidiana en Mexico*, vol III (Mexico City, 2005), pp. 17–44.

12 Elisa Vargas Lugo, *Recetario novohispano, México, siglo XVIII* (Anónimo) (Mexico City, 2010); Dominga de Guzman, *Recetario de Dominga de Guzman* [1750] (Mexico City, 1996); Jerónimo de San Pelayo, *El libro de cocina del Hermano Fray Gerónimo de San Pelayo, México, siglo XVIII* (Mexico City, 2003).

13 María Paz Moreno, *De la Página al Plato: El Libro de Cocina en España* (Gijón, 2012), p. 60.

14 Zarela Martínez, *The Food and Life of Oaxaca: Traditional Recipes from Mexico's Heart* (New York, 1997), pp. 160–61.

15 María del Carmen Simón Palmer, 'La Dulcería en la Biblioteca Nacional de España', in *La Cocina en su Tinta*, exh. cat. (Madrid, 2010), pp. 63–81.

16 Fernando Serrano Larráyoz, ed., *Confitería y gastronomía en el regalo de la vida humana de Juan Vallés*, vols IV–VI (Pamplona, 2008).

17 Miguel de Baeza, *Los cuatro libros del arte de confitería* [1592], ed. Antonio Pareja (2014).

18 Juan de la Mata, 'El café disipa y destruye los vapores del vino, ayuda á la digestion, conforta los espíritus, é impide dormir con exceso', in Mata, *Arte de repostería* [1791] (Valladolid, 2003).

19 Joseph Townsend, *A Journey through Spain in the Years 1786 and 1787, with Particular Attention to the Agriculture, Manufacturers and Remarks in Passing through a Part of France* (London, 1791), pp. 265–6.

20 Carolyn A. Nadeau, *Food Matters: Alonso Quijano's Diet and the Discourse of Food in Early Modern Spain* (Toronto, 2016), p. 96.

21 Sidney Mintz, *Sweetness and Power: The Place of Sugar in Modern History* (New York, 1985).

22 Joan de Déu Domènech, *Chocolate todos los días. a la mesa con el Barón de Malda: un estilo de vida del siglo XVIII* (Albacete, 2004), p. 255.

23 Tom Burns in David Mitchell, *Travellers in Spain: An Illustrated Anthology* (Fuengirola, 2004), p. 1.

24 Ibid., p. 8.

25 Madame d'Aulnoy, *Travels into Spain*, Google ebook (London, 2014).

SIX: Politics at the Table

1 Néstor Luján, *Historia de la gastronomía* (Barcelona, 1988), p. 156.

2 Lucien Solvay, *L'Art espagnol: Précédé d'une introduction sur l'Espagne et les Espagnols*, ed. J. Rouan (Paris, 1887).

3 Leonard T. Perry, 'La Mesa Española en el Madrid de Larra', *Mester*, X/1 (Los Angeles, CA, 1981), pp. 58–65.

4 Isabel González Turmo, *200 años de cocina* (Madrid, 2013), pp. 65–8.

5 María Carme Queralt, *La cuynera catalana* [1851], Google ebook (London, 2013).

6 Richard Ford, *Manual para viajeros por España y lectores en casa: observaciones generals* (Madrid, 2008).

7 Fernando García de Cortázar and José Manuel González Vesga, *Breve historia de España* (Barcelona, 2013), pp. 456–7.

8 'Je crois que Madrid est le lieu de la terre où l'on prend de meilleur café; que cette

boisson est délicieuse! plus délicieuse cent fois que toutes les liqueurs du monde . . . le café égaie, anime, exalte, électrife; le café peuple la tête d'idées . . .' Jean-Marie-Jérôme Fleuriot de Langle, *Voyage de Figaro, en Espagne* (Saint Malo, 1784).

9 Edward Henry Strobel, *The Spanish Revolution, 1868–75* (Boston, MA, 1898).

10 Fernando Sánchez Gómez, *La cocina de la crítica: historia, teoría y práctica de la crítica gastronómica como género periodístico* (Seattle, WA, 2013), p. 124.

11 Mariano Pardo de Figueroa, *La mesa moderna: cartas sobre el comedor y la cocina cambiadas entre el Doctor Thebussem y un cocinero de S.M.* (Valladolid, 2010), pp. 23–39.

12 Angel Muro, *El practicón: tratado completo de cocina al alcance de todos y aprovechamiento de sobras* [1894] (Madrid, 1982).

13 María Paz Moreno, 'La Cocina Antigua de Emilia Pardo Bazán: Dulce Venganza e Intencionalidad Múltiple en un Recetario Ilustrado', *La tribuna, cadernos de estudios da Casa Museo Emilia Pardo Bazán*, 4 (2006), pp. 243–6; Emilia Pardo Bazán, *La cocina española moderna* (Madrid, 1917).

14 Rebecca Ingram, 'Popular Tradition and Bourgeois Elegance in Emilia Pardo Bazán's *Cocina Española', Bulletin of Hispanic Studies*, XCI/3 (2014), pp. 261–4.

15 Lara Anderson, *Cooking up the Nation* (Woodbridge, 2013), p. 105.

16 Alvaro Escribano and Pedro Fraile Balbín, 'The Spanish 1898 Disaster: The Drift towards National Protectionism', *Economic History and Institutions, Series 01. Working Paper* (Madrid, 1998), pp. 98–103.

17 Eladia M. Carpinell, *Carmencita o la buena cocinera: manual práctico de cocina española, americana, francesa* (Barcelona, 1899), pp. 65–6.

SEVEN: Hunger, Hope and Success

1 Ismael Díaz Yubero, *Sabores de España* (Madrid, 1998), p. 9.

2 Mariano Pardo de Figueroa, *La mesa moderna: cartas sobre el comedor y la cocina cambiadas entre el Doctor Thebussem y un cocinero de S.M.* (Valladolid, 2010), p. 180.

3 Dionisio Pérez, *Guía del buen comer español: historia y singularidad regional de la cocina española* [1929] (Seville, 2010).

4 Dionisio Pérez and Gregorio Marañón, *Naranjas: el arte de prepararlas y comerlas* (Madrid, 1993).

5 Dionisio Pérez, *La cocina clásica española* (Huesca, 1994).

6 Maria Mestager de Echague (Marquesa de Parabere), *Platos escogidos de la cocina vasca* (Bilbao, 1940).

7 Ursula, Sira y Vicenta de Azcaray y Eguileor, *El amparo: sus platos clásicos* (San Sebastián, 2010), p. 217.

8 Gerald Brenan, *The Spanish Labyrinth: An Account of the Social and Political Background of the Spanish Civil War* (Cambridge, 1969), p. 86.

9 Ermine Herscher and Agnes Carbonell, *En la mesa de Picasso* (Barcelona, 1996).

10 Carmen de Burgos ('Colombine'), *Quiere usted comer bien?* (Barcelona, 1931), pp. 5–6.

11 Laurie Lee, *A Moment of War* (London, 1992), pp. 115–18.

12 Juan Eslava Galán, *Los años del miedo: la Nueva España (1939–52)* (Barcelona, 2008).

13 Antonio Salsete, *El cocinero religioso*, ed. Victor Manuel Sarobe Pueyo (Pamplona, 1995), p. 124.

14 Manuel María Puga y Parga (Picadillo), *La cocina práctica* (A Coruña, 1926), p. 15.

15 Ignacio Domènech, *Cocina de recursos* (Gijón, 2011).

16 Ignacio Domènech, *La nueva cocina elegante española* (Madrid, 1915).

17 Ana María Herrera, *Manual de cocina (recetario)* (Madrid, 2009), pp. 47–8.

18 Pedro Subijana et al., *Basque, Creative Territory: From New Basque Cuisine to the Basque Culinary Centre, a Fascinating 40-year Journey* (Madrid, 2016), pp. 15–17.

19 Juan José Lapitz, *La cocina moderna en Euskadi* (Madrid, 1987), pp. 27–55.

20 Carmen Casas, *Comer en Catalunya* (Madrid, 1980), p. 170.

21 Caroline Hobhouse, *Great European Chefs* (London, 1990), pp. 174–88.

22 Santi Santamaría, *La cocina al desnudo* (Barcelona, 2008).

23 Ferran Adrià, *El Bulli: El sabor del Mediterráneo* (Barcelona, 1993), pp. 15–71.

EIGHT: The *Cocinas* of Spain

1 Néstor Luján and Juan Perucho, *El libro de la cocina española, gastronomía e historia* (Barcelona, 2003), p. 158.

2 Ken Albala, *Beans: A History* (Oxford, 2007), p. 198.

3 Francisco Martínez Montiño, *Arte de cozina, pastelería, vizcochería y conservería* (Madrid, 1617).

4 Nicolasa Pradera (with Preface by Gregorio Marañon), *La cocina de Nicolasa* (San Sebastián, 2010).

5 Adam Hopkins, *Spanish Journeys: A Portrait of Spain* (London, 1992), p. 45.

6 Lorenzo Díaz, *La cocina del Quijote* (Madrid, 2005), p. 80.

7 Luján and Perucho, *El libro de la cocina española*, p. 395.

8 Isabel and Carmen García Hernández, *La mejor cocina extremeña escrita por dos autoras* (Barcelona, 1989), pp. 53–86.

9 Colman Andrews, *Catalan Cuisine* (London, 1988), pp. 15–17.

10 Josep Lladonosa i Giró, *La cocina medieval* (Barcelona, 1984), pp. 71–80.

11 Josep Pla, *Lo que hemos comido* (Barcelona, 1997), p. 18.

12 Tony Lord, *The New Wines of Spain* (Bromley, 1988), p. 51.

13 D. E. Pohren, *Adventures in Taste: The Wines and Folk Food of Spain* (Seville, 1970), p. 193.

14 Alan Davidson, *The Tio Pepe Guide to the Seafood of Spain and Portugal* (Jerez de la Frontera, 1992), p. 141.

15 Teodoro Bardají, *La salsa mahonesa: recopilación de opiniones acerca del nombre tan discutido de esta salsa fría . . .* (Madrid, 1928).

16 Tomás Graves, *Bread and Oil* (London, 2006), p. 107.

17 Lalo Grosso de Macpherson, *Cooking with Sherry* (Madrid, 1987).

18 Manuel Valencia, *La cocina gitana de Jerez: tradición y varguandia* (Jerez de la Frontera, 2006), pp. 18–20, 34–35.

19 Enrique Mapelli, *Papeles de gastronomía malagueña* (Málaga, 1982), pp. 101, 142, 239, 31.

20 Gerald Brenan, *South from Granada* (Cambridge, 1957), p. 125.

21 David and Emma Illsley, *Las Chimeneas: Recipes and Stories from an Alpujarran Village* (London, 2016), pp. 31, 136.

22 J. G. Hawkes and J. Francisco-Ortega, 'The Early History of the Potato in Europe', *Euphytica*, LXX/1–2 (1993), pp. 1–7.

23 José Juan Jiménez Gonzalez, *La tribu de los canarii, arqueología, antiguedad y renacimiento* (Santa Cruz de Tenerife, 2014), pp. 173–4.

【Bibliography】
參考書目

Abu Zakariyya'Yaliya ibn Muhammad ibn al-'Auwam, Sevillano, *Kitab al-falahab, Libro de Agricultura*, trans. José Antonio Banqueri [1802], e-book (Madrid, 2011)

Agulló, Ferràn, *Libre de la cocina Catalana* [1924] (Barcelona, 1995)

Ainsworth Means, Philip, *The Spanish Main: Focus of Envy, 1492–1700* (New York, 1935)

Alcala-Zamora, José, *La vida cotidiana en la España de Velázquez* (Madrid, 1999)

Aldala, Ken, *Food in Early Modern Europe* (Santa Barbara, CA, 2003)

Allard, Jeanne, 'La Cuisine Espagnole au Siècle d'Or', *Mélanges de la Casa de Velázquez*, XXIV (1988), pp. 177–90

Almodóvar, Miguel Angel, *Yantares de cuando la electricidad acabó con las mulas* (Madrid, 2011)

Alperi, Magdalena, *Guía de la cocina asturiana* (Gijon, 1987)

Apicio, *La cocina en la Antigua Roma*, ed. Primitiva Flores Santamaría and María Esperanza Torrego (Madrid, 1985)

Aram, Bethany, *Juana the Mad: Sovereignty and Dynasty in Renaissance Europe* (Baltimore, MD, 2005)

——, and Bartolomé Yun Casadilla, eds, *Global Goods and the Spanish Empire, 1492–1824* (London, 2014)

Arbelos, Carlos, *Gastronomía de las tres culturas, recetas y relatos* (Granada, 2004)

Azorín, *Al margen de los clásicos* (Madrid, 2005)

Azurmendi, Mikel, *El fuego de los símbolos: artificios sagrados del imaginario de la cultura vasca tradicional* (San Sebastian, 1988)

Badi, Méri, *La cocina judeo-española*, trans. Carmen Casas (Barcelona, 1985)

Balfour, Sebastian, 'Spain from 1931 to the Present', in Raymond Carr, ed., *Spain: A History* (Oxford, 2000)

Balzola, Asun, and Alicia Ríos, *Cuentos rellenos* (Madrid, 1999)

Barandiaran, José Manuel, *La alimentación doméstica en Vasconia*, ed. Ander Monterola (Bilbao, 1990)

Bardají, Teodoro, *La cocina de ellas* (Huesca, 2002)

——, *Indice culinario* (Huesca, 2003)

Barragán Mohacho, Nieves, and Eddie and Sam Hart, *Barrafina: A Spanish Cookbook* (London, 2011)

Benavides Barajas, Luis, *Al-Andalus, la cocina y su historia, reinos de taifas, norte de Africa, Judíos, Mudéjares y Moriscos* (Motril, 1996)

——, *Al-Andalus, el Cristianismo, Mozárabes y Muladíes* (Motril, 1995)

Bennison, Vicky, *The Taste of a Place: Mallorca* (London, 2003)

Bermúdez de Castro, José María, *El chico de la Gran Dolina* (Barcelona, 2010)

Bettónica, Luis, *Cocina regional española: trescientos platos presentados por grandes maestros de cocina* (Barcelona, 1981)

Blasco Ibañez, Vicente, *Cañas y barro* (Madrid, 2005)

Bonnín, Xesc, *La cocina mallorquina: pueblo a pueblo, puerta a puerta* (Mallorca, 2006)

Bray, Xavier, *Enciclopedia del Museo del Prado* (Madrid, 2006)

Brenan, Gerald, *The Face of Spain* (London, 2006)

Burns, Jimmy, *Spain: A Literary Companion* (Malaga, 2006)

Butrón, Inés, *Comer en España: de la subsistencia a la vanguardia* (Barcelona, 2011)

Cabrol, Fernand, 'Canonical Hours', in *The Catholic Encyclopedia*, vol. VII (New York, 1910)

Capel, José Carlos, and Lourdes Plana, *El desafío de la cocina Española: tres décadas de evolución* (Barcelona, 2006)

Caro Baroja, Julio, 'De la Vida Rural Vasca', *Estudios Vascos*, V (San Sebastian, 1989)

——, *Los Vascos* (Madrid, 1971)

Carr, Raymond, *Modern Spain, 1875–1980* (Oxford, 1980)

Casas, Carmen, *Damas guisan y ganan* (Barcelona, 1986)

Castellano, Rafael, *La cocina romántica: una interpretación del XIX a través de la gastronomía* (Barcelona, 1985)

Chela, José H., *Cincuenta recetas fundamentales de la cocina canaria* (Santa Cruz de Tenerife, 2004)

Chetwode, Penelope, *Two Middle-aged Ladies in Andalusia* (London, 2002)

Cieza de León, Pedro de, *Crónica del Peru* (Lima, 1986)

Civitello, Linda, *Cuisine and Culture: A History of Food and People* (London, 2003)

Cobo, Bernabé, *Historia del Nuevo Mundo*, trans. Roland Hamilton (Austin, TX, 1983)

Collins, Roger, *Visigothic Spain, 409–711* (Hoboken, NJ, 2004)

Columbus, Christopher, *The Log of Christopher Columbus* [1492], trans. Robert H. Fuson (Camden, ME, 1991)

Cooper, John, *Eat and Be Satisfied: A Social History of Jewish Food* (Northvale, NJ, and Jerusalem, 1993)

Corcuera, Mikel, *25 años de la Nueva Cocina Vasca* (Bilbao, 2003)

Cordon, Faustino, *Cocinar hizo al hombre* (Barcelona, 1989)

Cruz Cruz, Juan, 'La cocina mediterránea en el inicio del renacimiento: Martino da Como "Libro de Arte Culinaria"', in Ruperto de Nola, *Libro de guisados* (Huesca, 1998)

Cunqueiro, Alvaro, *La cocina gallega* (Vigo, 2004)

Dawson, Samuel Edward, *The Lines of Demarcation of Pope Alexander VI and the Treaty of Tordesillas, AD 1493 and 1494* (Ottawa and Toronto, 1899)

De Benitez, Ana María, *Pre-Hispanic Cooking* (Mexico City, 1974)

De Herrera, Alonso, *Ancient Agriculture: Roots and Applications of Sustainable Farming* [1513] (Layton, UT, 2006)

Del Corral, José, *Ayer y hoy de la gastronomía madrileña* (Madrid, 1992)

Delgado, Carlos, *Cien recetas magistrales: diez grandes chefs de la cocina española* (Madrid, 1985)

Della Rocca, Giorgio, *Viajar y comer por el maestrazgo* (Vinaroz, 1985)

De Miguel, Amando, *Sobre Gustos y Sabores: Los Españoles y la Comida* (Madrid, 2004)

Díaz, Lorenzo, *La cocina del Barroco: la gastronomía del Siglo de Oro en Lope, Cervantes y Quevedo* (Madrid, 2003)

Díaz del Castillo, Bernal, *Historia verdadera de la conquista de la Nueva España* [1632] (Madrid, 1955)

Doménech, I., and F. Marti, *Ayunos y abstinencias: cocina de Cuaresma* (Barcelona, 1982)

Domingo, Xavier, *La mesa del buscón* (Barcelona, 1981)

西
班
牙
飲
食
史

Domínguez, Martí, *Els nostres menjars* (Valencia, 1979)

Domínguez Ortiz, Antonio, *Carlos III y la España de la ilustración* (Madrid, 2005)

——, *La sociedad Española en el siglo XVII* (Madrid, 1992)

Eichberger, Dagmar, Anne-Marie Legaré and Wim Husken, eds, *Women at the Burgundian Court: Presence and Influence* (Turnhout, 2011)

Eléxpuru, Inés, *La cocina de Al-Andalus* (Madrid, 1994)

Escoffier, A., *A Guide to Modern Cookery*, trans. James B. Herdon Jr (London, 1907)

Espada, Arcadi, *Las dos hermanas: medio siglo del restaurante hispània* (Barcelona, 2008)

Fàbrega Colom, Jaume, *Cuina monástica* (Barcelona, 2013)

Fatacciu, Irene, 'Atlantic History and Spanish Consumer Goods in the Eighteenth Century: The Assimilation of Exotic Drinks and the Fragmentation of European Identities', *Nuevo Mundo, Mundos Nuevos*, 63480 (2012)

Fear, A. T., *Prehistoric and Roman Spain*, in Raymond Carr, ed., *Spain: A History* (Oxford, 2000)

Fidalgo, José Antonio, *Asturias: cocina de mar y monte* (Oviedo, 2004)

Fletcher, Richard, *The Early Middle Ages, 700–1250*, in Raymond Carr, ed., *Spain: A History* (Oxford, 2000)

Font Poquet, Miquel S., *Cuina i menjar a Mallorca: història i receptes* (Palma de Mallorca, 2005)

García Armendáriz, José Ignacio, *Agronomía y Tradición Clásica: Columela en España* (Seville, 1994)

García Mercandal, José, *Lo Que España Llevó a América* (Madrid, 1958)

García Paris, Julia, *Intercambio y difusion de plantas de consumo entre el nuevo y el viejo mundo* (Madrid, 1991)

Gautier, Théophile, *A Romantic in Spain* (Oxford, 2001)

Gitlitz, David M., *Secrecy and Deceit: The Religion of the Crypto-Jews* (Albuquerque, NM, 2002)

Glick, Thomas F., *Irrigation and Society in Medieval Valencia* (Cambridge, MA, 1970)

Gonzalbo Aizpuru, Pilar, *Historia de la vida cotidiana en Mexico*, vol. III: *El siglo XVIII: entre tradición y cambio* (Mexico City, 2005)

González, Echegaray J., and L. G. Freeman, 'Las escavaciones de la Cueva del Juyo (Cantabria)', *Kobie* (Serie Paleoantropología), XX (1992–3)

Gracia, Jorge J. E., 'Rules and Regulations for Drinking Wine in Francesc Eiximenis' "Terç del Crestià" (1384)', *Traditio: Studies in Ancient and Medieval History, Thought, and Religion*, XXXII/1 (1976), pp. 369–85

Granado, Diego, *Libro del arte de cocina* (Madrid, 1971)

Grewe, Rudolf, 'The Arrival of the Tomato in Spain and Italy: Early Recipes', *The Journal of Gastronomy*, VIII/2 (1987), pp. 67–81

——, 'Hispano-Arabic Cuisine in the Twelfth Century', in *Du manuscript à la table: Essais sur la cuisine au Moyen Age et rèpertoire des manuscrits médiévaux contenant des recettes culinaires*, ed. Carole Lambert (Montreal, 1992), pp. 141–8

——, *Llibre de Sent Soví: receptari de cuina* (Barcelona, 1979)

Haranburo Altuna, Luis, *Historia de la alimentación y de la cocina en el pais vasco, de Santimamiñe a Arzak* (Alegia, Guipúzkoa, 2009), pp. 264–6

Hayward, Vicky, *New Art of Cookery: A Spanish Friar's Kitchen Notebook by Juan Altamiras* (London, 2017)

Herr, Richard, 'Flow and Ebb, 1700–1833', in Raymond Carr, ed., *Spain: A History* (Oxford, 2000)

Herrera, A. M., *Recetario para olla a presión y batidora eléctrica* (Madrid, 1961)

Herrero y Ayora, Melchora, and Florencia Herrero y Ayora, *El arte de la cocina: fórmulas (para desayunos, tes, meriendas y refrescos)* (Madrid, 1914)

Huertas Ballejo, Lorenzo, 'Historia de la producción de vinos y piscos en el Peru', *Revista Universum*, IX/2 (Talca, 2004), pp. 44–61

Huici Miranda, Ambrosio, trans., *La cocina hispano-magrebí durante la* época *almohade: según un manuscrito anónimo del siglo XIII,* a preliminary study by Manuela Marín (Gijón, 2005)

Humboldt, Alexander von, *Ensayo político sobre el reino de la Nueva España* (Mexico, 1978)

Johnson, Lyman L., and Mark A. Burkholder, *Colonial Latin America* (Oxford, 1990)

Juan de Corral, Caty, *Cocina balear* (León, 2000)

——, *Recetas con Angel* (Madrid, 1994)

Juderías, Alfredo, *Viaje por la cocina hispano-judía* (Madrid, 1990)

Kamen, Henry, *The Disinherited, Exile and the Making of Spanish Culture, 1492–1975* (New York, 2007)

——, *The Spanish Inquisition: A Historical Revision* (New Haven, CT, 1999)

Keay, S. J., *Roman Spain (Exploring the Roman World)* (Oakland, CA, 1988)

Kurkanski, Mark, *The Basque History of the World* (London, 2000)

Lacoste, Pablo, 'La vid y el vino en América del Sur: el desplazamiento de los polos vitivinícolas (Siglos XVI al XX)', *Revista Universum*, XIX/2 (2004), pp. 62–93

Lana, Benjamín, *La Cucina de Nacho Manzano* (Barcelona, 2016)

Lladonosa Giró, Josep, *Cocina de Ayer, Delicias de Hoy* (Barcelona, 1984)

López Castro, José Luis, 'El poblamiento rural fenicio en el sur de la península ibérica entre los siglos VI a III A.C.', *Gerión*, XXVI/1 (2009), pp. 149–82

López Mendiazábal, Isaac, *Breve historia del país vasco* (Buenos Aires, 1945)

Luard, Elisabeth, *The Rich Tradition of European Peasant Cookery* (London, 1986)

Luján, Néstor, *El menjar (Coneixer Catalunya)* (Madrid, 1979)

Mackay, Angus, *The Late Middle Ages: From Frontier to Empire, 1000–1500* (New York, 1977)

March Ferrer, Lourdes, *El Libro de la paella y los arroces* (Madrid, 1985)

Marín, Manuela, and David Waines, *La alimentación en las culturas islámicas* (Madrid, 1994)

Marti Gilabert, Francisco, *La desamortización española* (Madrid, 2003)

Martínez Yopis, Manuel, *Historia de la gastronomía española* (Huesca, 1995)

——, and Luis Irizar, *Las cocinas de españa* (Madrid, 1990)

Mendel, Janet, *Traditional Spanish Cooking* (London, 2006)

Menéndez Pidal, Ramón, *Crónicas Generales de España* [1898] (Whitefish, MT, 2010)

Menocal, María Rosa, *The Ornament of the World: How Muslims, Jews and Christians Created a Culture of Tolerance in Medieval Spain* (New York, 2002)

Miguel-Prendes, Sol, 'Chivalric Identity in Enrique de Villena's *Arte Cisoria*', *La Corónica: A Journal of Medieval Hispanic Languages, Literatures and Cultures*, XXXII/1 (2003), pp. 307–42

Monardes, Nicolás, *La historia medicinal de las cosas que se traen de nuestras Indias Occidentales, 1565, 1569 and 1580* (Madrid, 1989)

Montanary, Massimo, *The Culture of Food*, trans. Carl Ipsen (Oxford, 1994)

——, *El hambre y la abundancia, historia y cultura de la alimentación en Europa* (Barcelona, 1993)

西班牙飲食史

Morris, Jan, *The Presence of Spain* (London, 1988)

Motos Pérez, Isaac, 'Lo Que Se Olvida: 1499–1978', *Anales de Historia Contemporánea*, xxv (2009)

Muñoz Molina, Antonio, *Córdoba de los omegas* (Seville, 1991)

Norwich, John Julius, *The Middle Sea* (London, 2006)

Obermaier, Hugo, *El hombre fósil* (Madrid, 1985)

Ortega, Simone, and Inés Ortega, *1080 Recipes* (London, 2007)

Ortega, Teresa María, ed., *Jornaleras, campesinas y agricultoras: la historia agrarian desde una perspectiva de género* (Zaragoza, 2015)

Pan-Montojo, Juan, 'Spanish Agriculture, 1931–1955. Crisis, Wars and New Policies in the Reshaping of Rural Society', in *War, Agriculture, and Food: Rural Europe from the 1930s to the 1950s*, ed. Paul Brassley, Yves Segers and Leen van Molle (New York, 2012), Chapter Five

Pelauzy, M. A., *Spanish Folk Crafts* (Barcelona, 1982)

Pérez Samper, María de los Angeles, 'Los recetarios de cocina (siglos xv–xviii)', in *Codici del gusto* (Milan, 1992), pp. 154–75

Pisa, José Maria, *El azafrán en Aragón y la gastronomía* (Huesca, 2009)

——, *Bibliografía de la paella* (Huesca, 2012)

Pla, Josep, *Lo que hemos comido* (Barcelona, 1997)

Pritchett, V. S., *The Spanish Temper* (London, 1973)

Quiróz, Enriqueta, 'Comer en Nueva España: privilegios y pesares de la sociedad en el siglo xviii', *Historia y Memoria*, 8 (2014)

Remie Constable, Olivia, 'Food and Meaning: Christian Understanding of Muslim Food and Food Ways in Spain, 1250–1550', *Viator, Medieval and Renaissance Studies*, xliv/3 (2013), pp. 199–235

Revel, Jean-François, *Un Festín de Palabras*, trans. Lola Gavarrón and Mauro Armiño (Barcelona, 1996)

Rios, Alicia, and Lourdes March, *The Heritage of Spanish Cooking* (London, 1992)

Roca, Joan, *La cocina catalana de toda la vida: las mejores recetas de mi madre* (Barcelona, 2004)

Rose, Susan, *The Wine Trade in Medieval Europe, 1000–1500* (London, 2011)

Sánchez, Marisa, and Francis Paniego, *Echaurren: el sabor de la memoria* (Barcelona, 2008)

Sánchez Martinez, Verónica, 'La fiesta del gusto: construcción de México a través de sus comidas', *Opción*, xxii/51 (Maracaibo, 2006)

Sand, George, *A Winter in Majorca* [1842], trans. Robert Graves (Valldemossa, Mallorca, 1956)

Santamaría, Santi, *Palabra de cocinero: un chef en vanguardia* (Barcelona, 2005)

Santich, Barbara, *The Original Mediterranean Cuisine: Medieval Recipes for Today* (Totnes, 1995)

Seaver, Henry Latimer, *The Great Revolt in Castile: A Study of the Comunero Movement of 1520–1521* (Cambridge, 1928)

Serradilla Muñoz, José V., *La mesa del emperador: recetario de Carlos v en Yuste* (Barcelona, 1997)

Serrano Larráyoz, Fernando, *Un recetario navarro de cocina y repostería (Siglo xix)* (Gijon, 2011)

Settle, Mary Lee, *Spanish Recognitions: The Roads to the Present* (New York, 2004, and Oxford, 2015)

Sevilla, María José, 'Pasus: A Basque Kitchen' in Alan Davidson, *The Cook's Room* (London, 1991)

Shaul, Moshé, Aldina Quintana and Zelda Ovadia, *El gizado sefaradí* (Zaragoza, 1995)

Sokolov, Raymond, *Why We Eat What We Eat* (New York, 1991)

Spataro, Michela, and Alexander Villing, eds, *Ceramics, Cuisine and Culture: The Archaeology and Science of Kitchen Pottery in the Ancient Mediterranean World* (Oxford, 2015)

Subijana, Pedro, *Akelarre: New Basque Cuisine* (London, 2017)

Sueiro, Jorge Victor, *Comer en Galicia* (Madrid, 1989)

Tannahill, Reay, *Food in History* (New York, 1998)

Thibaut i Comelade, Eliana, *La cuina medieval a l'abast* (Barcelona, 2006)

Thomas, Hugh, *The Spanish Civil War* (London, 1965)

Torre Enciso, Cipriano, *Cocina gallega 'enxebre': así se come y bebe en Galicia* (Madrid, 1982)

Vallverdù-Poch, Josep, et al., 'The Abric Romaní Site and the Capellades Region', in *High Resolution Archaeology and Neanderthal Behavior: Time and Space in Level J of Abric Romaní (Capellades, Spain)*, ed. Eudald Carbonell i Roura (2012), pp. 19–46

Van Hensbergen, Gijs, *In the Kitchens of Castile* (London, 1992)

Vázquez Montalbán, Manuel, *Las recetas de Carvalho* (Barcelona, 2004)

Vázquez Ramil, Raquel, *Mujeres y educación en la España contemporánea: La Institución Libre de Enseñanza y la Residencia de Señoritas de Madrid* (Madrid, 2012)

Vicens Vives, Jaume, *Aproximación a la historia de España* (Madrid, 1952)

——, *España contemporánea, 1814–1953* (Barcelona, 2012)

Watson, Andrew M., 'The Arab Agriculture Revolution and Its Diffusion: 700–1100', *Journal of Economic History*, XXXIV/1 (1974), pp. 8–35

Weiss Adamson, Melitta, *Food in Medieval Times* (Westport, CT, 2004)

Welch, Kathryn, ed., *Appian's Roman History: Empire and Civil War* (Wales, 2015)

Wittmayer Baron, Salo, *A Social and Religious History of the Jews*, 2nd edn (New York, 1969)

Zamora, Margarita, *Language, Authority and Indigenous History in the Comentarios Reales de los Incas* (Cambridge, MA, 1988)

Zapata, Lydia, et al., 'Early Neolithic Agriculture in the Iberian Peninsula', *Journal of World Prehistory*, XVIII/4 (2004)

【 Acknowledgments 】

致謝

　　這本書是我在西班牙食品與酒飲方面工作多年的成果。我要感謝許多人，他們對本書的寫作與出版有極大影響，包括我的家人、飲食作家與報刊執筆人、學者、攝影師，還有懷抱著悠久的西班牙往事的廚師、大廚、生產食品與酒類的人們。

　　這份長長的感謝名單首先要從麥可・李曼（Michael Leaman）開始，他是瑞克申出版社（Reaktion Books）的出版人。麥可為「飲食與國家」（Foods and Nations）書系投入了時間與心血，這個書系讓人們更加了解許多國家的生活與飲食。當我需要指引的時候，他幫助了我，讓我更能甄選材料並準確表達，要在文化豐富的西班牙題材上讓一個西班牙作者做到這一點，實在很不容易。

　　我的丈夫大衛・斯萬（David Swan）；編輯暨撰稿人派翠西亞・藍頓（Patricia Langton）；史學家暨傑出的語言學家莎拉・卡靈頓（Sarah Codrington），檢查了我使用的英文文法，確認無誤。我還要感謝瑞克申出版社的總編輯馬莎・傑（Martha Jay），她有耐心，深具才幹，不可或缺。我的兒子丹尼爾・J・泰勒（Daniel J. Taylor）順利處理了我與現代科技之間的糾纏，也值得幾枚勳章。

　　這份名單上必須還有在一開始鼓勵我進一步研究祖國飲食酒類的人，首先是小說家、出色的行銷人，派翠克・古奇（Patrick Gooch），當然還有胡安・卡拉波索（Juan Calabozo），他曾經是西班牙駐倫敦大使館的商業參贊。著名雜誌《西班牙美食之旅》（Spain Gourmetour）的發行人，才華洋溢、號召力強的的凱西・波利亞克（Cathy Boriac），以及許多一流撰稿人，包括已故的麥可・貝特曼（Michael Batema），還有麥可・拉菲爾（Michael Raffael），菲利琶・戴凡波特（Philippa Davenport）。

　　這三十年來，我定期出席飲食烹飪牛津研討會（Oxford

Symposium on Food and Cookery），這是絕佳的原創研究來源，而且能夠認識許多相關人士。在牛津，我見識到許多真正專家的研究，並且從中受益，他們影響了我思考飲食史及飲食寫作的方式。其中包括艾倫・大衛森（Alan Davidson），我和他都喜歡吃魚；研究巧克力歷史的索菲・蔲（Sophie Coe）；研究蔬菜與莢豆類的珍・格利格森（Jane Grigson）；研究薩法迪猶太人的克勞蒂亞・羅丹（Claudia Roden）。我還在牛津認識了維琪・海華（Vicky Hayward），如今她已經是西班牙飲食與西班牙文化的捍衛者與權威。多年以前，我倆一起愛上了巴斯克食物，這段共同的回憶永誌不忘。我與深諳西班牙文化的伊莉莎白・勞爾德（Elisabeth Luard），還有睿智而深具才華的吉爾・諾曼（Jill Norman），都是多年前在牛津就結下了友誼。近幾年我在其中一次演講上結識了卡洛琳・納都（Carolyn Nadeau），她從事西班牙中世紀與巴洛克時代飲食寫作，查爾斯・佩瑞（Charles Perry）從事安達盧斯飲食的寫作，在各自領域中都是至關重要、貢獻良多。在牛津我聆聽了帕斯・莫瑞諾教授（Professor Paz Moreno）的講座，他對於西班牙及美洲女性寫作的研究，為其他寫作者開拓出新的大道，其中也包括我自己。當我在尋找不同寫作材料的時候，倫敦塞萬提斯學院（Instituto Cervantes）的圖書館、安達盧西亞小城阿拉塞納（Aracena）的圖書館，都對我多有助益。

　　我有幸結識了以下幾位西班牙歷史的專家，他們的研究範圍也包括了飲食：已故的內斯托爾・盧杭（Néstor Luján）及其友胡安・佩路丘（Juan Perucho），著作等身的胡利安・費爾南德斯・阿爾米斯托（Julian Fernández Armesto），傑出的胡立歐・卡洛・巴洛赫（Julio Caro Baroja），認真嚴謹的伊斯邁爾・迪亞斯・育貝羅（Ismael Díaz Yubero）。很遺憾的是，我無緣得見約瑟佩・普拉（Josep Pla）與傑拉德・貝瑞南（Gerald Brenan，他幾乎可以算是西班牙人了）。如果想要更進一步了解西班牙人複雜的「愛鄉之情」（localismo）與西班牙農業，就必須一讀普拉的《我們吃下的食物》（*Lo Que Hemos Comido*）、貝瑞南的《西班牙迷宮》（*The Spanish Labyrinth*）以及《格拉納達以南》（*South from Granada*）。

　　在此我還要感謝兩位大廚，我們曾經一起分享過滋味極佳的餐

點，更美妙的是一起討論過西班牙專業廚房裡的飲食演進：佩德羅・蘇比哈納（Pedro Subijana），已故的桑提・桑塔馬利亞（Santi Santamaría）。這兩位的多種著作與文章已足以讓大家了解他們的觀點與偉大。

我也非常感激以下幾位學者，他們的著作裡也論及了西班牙飲食。在西班牙國內有瑪麗亞・德・卡門・西蒙・帕爾默（María del Carmen Simón Palmer）、瑪麗亞・德・洛斯・安吉勒斯・裴瑞斯・桑普勒（María de los Angeles Pérez Samper）；在美國有湯姆・佩瑞（Tom Perry）、肯・阿爾巴拉（Ken Albala）、莉貝卡・殷格朗（Rebecca Ingram）。我也要感謝拉若・安德森（Lara Anderson），她是墨爾本大學西班牙與南美研究的高級講師（Senior Lecturer）。關於 Cocinas de España（西班牙烹調），她的意見讓我重新審視自己對於西班牙地區飲食的原創觀點。

還有幾位是西班牙國內外的史學家，這六年來，他們關於西班牙歷史的著作始終佔據我的案頭。我永遠對他們的寫作心懷感激，包括約瑟夫・F・歐卡拉漢（Joseph F. O'Callaghan）、費南度・加西亞・德・科爾塔薩爾（Fernando García de Cortázar）、何塞・路易・洛伊格（José Luis Roig）、保羅・佩瑞斯頓（Paul Preston）、亨利・卡門（Henry Kamen）、雷蒙・卡爾（Raymond Carr）、尤其是約翰・H・艾略特（John H. Elliot），以及已故的瑤密・比森斯・比維斯（Jaume Vicens Vives）。

尋找插圖也是一件很有意思的工作，而且對我來說是全新經驗，在過程中我也結識了許多慷慨且才華洋溢的朋友。其中我必須特別提到胡安・馬努爾・加西亞・巴葉斯特若斯（Juan Manuel García Ballesteros）、盧斯・古提艾瑞斯・波拉斯（Luz Gutiérrez Porras），這兩位讓我能夠搜尋位於馬德里的農業部的照片檔案。佛朗西斯科・哈維爾・蘇阿瑞斯・帕德瑞恩（Francisco Javier Suárez Padrán），他專門研究特內里費島的美洲農作物；聖塞巴斯提安的歐斯卡・阿隆索（Oskar Alonso）；布魯塞爾的聖地牙哥・曼迪歐洛斯（Santiago Mendioroz）；納瓦拉觀光部的胡立安・費爾南德斯・拉若布洛（Julián Fernández Larraburou）。

Alamy: pp. 15 (Jose Lucas), 21 (blickwinkel), 29 (David Noton Photography), 32 (Danita Delimont), 35 (Classic Image), 116 (The Florida Collection), 194 (blickwinkel), 232 (World History Archive), 246 (Everett Collection, Inc); Oscar Alonso Algote: p. 264; Annual (CC by 3.0): p. 18; A. Barra (CC by SA 4.0) : p. 38; Markus Bernet (CC by SA 3.0): p. 257; © The British Library Board: p. 62; Juan Mari Camino: p. 241; Cellers Scala Dei, Catalonia: p. 89; Diego Delso (CC by SA 4.0): p. 253; Dungdung: p. 281; © Juantxo Egaña/Akelarre: p. 243; Eurocarne: p. 113; Getty Images: p. 291 (Fran & Jean Shor/National Geographic) ; Jglamela (CC by SA 4.0): p. 215 ; Kunsthistorisches Museum: p. 125; Louvre, Paris: p. 132; Photo courtesy of Nacho Manzano: p. 249; Ministry of Agriculture and Fisheries, Food and Environment. Technical General Secretariat: pp. 88, 96 (Javier López Linaje), 226, 227, 109 (Courtesy Fernando Fernández); Museum of the Americas, Madrid: p. 101; Museum of Fine Arts, Budapest: p. 114; The Museum of Fine Arts, Houston: p. 137 top (Accession number 94.245); Paul Munhoven: p. 40 (CC by SA 3.0); NASA/JPL/NIMA: p. 92; National Heritage of Spain: p. 153; National Gallery, Dublin: p. 148; National Museum and Research Center of Altamira, Cantabria: p. 12; National Museum, Warsaw: p. 136; PixofSpain (ICEX Inversion y Exportaciones): pp. 49, 247 (Pablo Neustadt); Prado Museum, Madrid: pp. 77 top, 85, 146, 157, 178, 193; Rasbak (CC by SA 3.0): p. 16; María José Sevilla: pp. 68, 97, 129, 137 bottom, 156, 205, 218, 223, 303; Scottish National Galleries: p. 147 (Accession Number: NG 2180); Shutterstock: p. 43 (Inu); Servicio de Marketing Turistico, Reino de Navarra: p. 266; © Succession Picasso/dacs, London 2019: p. 225 – SJ to add scan credit; David Swan: pp. 13, 27, 41, 50, 52, 53 bottom, 57, 64, 76, 171, 176, 189, 214, 230, 237, 261, 275, 308; Tamorlan (CC by 3.0): pp. 183, 185, 205, 295; Jo Soc De Torrent (CC by SA 2.0): p. 285; Daniel James Taylor: p. 251; Courtesy of the Teruel Museum, Aragon: p. 77 middle; UNESCO: p. 51 (José Jordan); Rufino Uribe (CC by SA 2.0): p. 118; Contando Estrellas por Vigo: p. 210 (CC by SA 2.0); Valdavia (CC by SA 3.0): p. 269; Villa Romana La Olmeda, Palencia: p. 30 (CC by SA 3.0 IGO).

Mirror 020

西班牙美食史：西班牙料理不只tapas
Delicioso : A History of Food in Spain

國家圖書館出版品預行編目（CIP）資料

西班牙美食史：西班牙料理不只tapas / 瑪麗亞·何塞·塞維亞（María José Sevilla）著；
杜蘊慈譯. -- 初版. -- 臺北市：天培文化有限公司出版：九歌出版社有限公司發行，2021.05
　　面；　　公分. --（Mirror；20）
譯自：Delicioso : a history of food in Spain.
ISBN 978-986-99305-9-8（平裝）
1.飲食風俗　2.文化　3.歷史　4.西班牙

538.78461　　　　　　　　　　　　　　　　　　　　　　110004837

作　　　者──瑪麗亞·何塞·塞維亞（María José Sevilla）
譯　　　者──杜蘊慈
責任編輯──莊琬華
發 行 人──蔡澤松
出　　　版──天培文化有限公司
　　　　　　台北市105八德路3段12巷57弄40號
　　　　　　電話／02-25776564·傳真／02-25789205
　　　　　　郵政劃撥／19382439
　　　　　　九歌文學網 www.chiuko.com.tw
印　　　刷──晨捷印製股份有限公司
法律顧問──龍躍天律師·蕭雄淋律師·董安丹律師
發　　　行──九歌出版社有限公司
　　　　　　台北市105八德路3段12巷57弄40號
　　　　　　電話／02-25776564·傳真／02-25789205
初　　　版──2021年5月
定　　　價──480元
書　　　號──0305020

Delicioso: A History of Food in Spain by María José Sevilla was first published by Reaktion Books, London, UK, 2019.
Copyright © María José Sevilla 2019.
Translation © 2021 Ten Points Publishing Co., Ltd.

ISBN／978-986-99305-9-8　　　　　　　　　　Printed in Taiwan